정도전
정치사상

삼봉학 연구총서 2

정도전 정치사상

엮은이 (사)삼봉연구원
경북 영주시 구성로 407

펴낸이 최병식

펴낸날 2026년 2월 20일

펴낸곳 주류성출판사

서울특별시 서초구 강남대로 435

TEL | 02-3481-1024 (대표전화) · FAX | 02-3482-0656

www.juluesung.co.kr | juluesung@daum.net

값 22,000원

잘못된 책은 교환해 드립니다.

ISBN 978-89-6246-571-6 93910

삼봉학 연구총서

2

정도전 정치사상

간행사

삼봉 정도전은 당대 최신의 사상인 성리학을 수용하여 조선왕조 건국의 이념을 만들었고, 『불씨잡변』과 『조선경국전』을 편찬하여 조선왕조 500년의 사상적·제도적 토대를 마련하였습니다. 그는 민본사상을 바탕으로 시대와 사회의 변화에 순응하는 개혁을 추구한 개혁의 상징 인물이라고 할 수 있습니다.

(사)삼봉연구원은 삼봉 정도전의 학문과 사상을 연구하여 그가 지향했던 민본정신을 되새겨 오늘날의 시사점으로 삼고자 2022년 10월에 창립하였습니다. 연구원은 삼봉 연구의 논저 목록 정리 작업을 시작으로, 정도전 유물·유적의 『도감』과 『삼봉학연구총서』의 기획, 그리고 매년 학술 포럼과 시민 강좌를 개최하고 있으며, 향후 『삼봉집』의 정본화 사업과 국역 정본화 사업 등 각종 연구 및 기념사업을 계획하고 있습니다.

연구원은 정도전을 올바르게 이해하고 연구의 심화를 위하여 『삼봉학연구총서』를 기획하였습니다. 총서를 통해 정도전 연구를 총정리하면서 정도전의 삶과 사상을 학문적으로 이해하고 그 역사적 의의를 파악하고자 하였습니다. 작년에는 『삼봉학연구총서』 제1권 총설 편을 일부 보완 정리하여 『정도전 연구입문』이라는 제목으로 출간하면서 많은 주목을 받은 바 있습니다.

이 책은 『삼봉학연구총서』 제2권 정치사상 편을 일부 보완 정리하여 『정도전 정치사상』이란 제목으로 출간합니다. 삼봉 정도전 정치사상을 구체적인 주제를 선정하여 그간의 밝혀진 연구 성과를 살펴보고 앞으로의 연구 방향을 정리하고자 한 것입니다.

이 책은 전체 논문 8편으로 구성되었습니다. 제1장에서는 정도전 정치사상의 토대가 되는 민본사상을 다루었고, 민본사상을 현실 정치에서 구현하기 위하여 어떤 정책과 제도를 추진했는가를 알아보고 그 사상적 의미를 파악하였습니다.

제2장에서는 정도전의 개혁 사상이 중국 유교 경전인『주례』를 활용했음을 기왕의 연구를 반영하여 실증적인 자료를 토대로 정리하였습니다.

제3장에서는 정도전의 군주관과 세자 교육론을 다루며 구체적인 이상 군주상을 밝혔으며, 군주의 전제가 되는 세자의 함양 중시의 교육론을 다루어 군주 안정을 도모함을 살폈습니다.

제4장에서는 정도전 정치사상의 핵심이 되는 재상정치론의 의미를 파악하고자 하였고, 그리고 재상정치를 의정부서사제, 육조, 대간제와 연관시켜 살펴보고, 이것이 산림이나 세도정치로 이어졌다고 보았습니다.

제5장에서는 정도전의 재상론을 조선 초기의 의정부 육조제와 연관시켜 살펴보았으며, 정도전의 재상론의 계승과 단절을 살폈습니다.

제6장에서는「정도전의 재상정치론에 나타난 권력분립」을 다루면서 전제군주라 하더라도 모든 권력을 독점하는 것이 아니라, 국왕과 총재인 재상이 나누어 행사한다는 관점에서 재상정치론을 분석하고 있습니다.

제7장에서는 정도전의 법 인식과 형률 운영을 연구 정리하였고, 형벌의 목적은 백성의 처벌이 아닌 교화이고 법의 궁극적인 목표는 분쟁의 해결, 억울함[冤抑]의 해소임을 재확인하였습니다.

제8장에서는 정도전의 진법훈련과 군제 개혁을 다루었습니다. 특히 정도전의 관력에서 무관직을 역임하지 않고 군사교육을 전담하게 되고, 결국 병권에 대한 장악 실패가 사병혁파의 어려움을 노정한 것은 아닌

지 살펴보았습니다.

　이 책은 기존의 정도전 연구에서 공감하고 공유하는 부분을 정리하고, 연구자들의 이견이 존재하고 논쟁이 되는 부분을 소개함으로써 앞으로의 연구 방향을 모색하고자 하였습니다. 삼봉 정도전과 그 시대를 연구하려는 대학(원)의 문학·사학·철학 외에 정치학, 경제학 등 여타 학문 분야의 한국학을 전공하려는 연구자(연구생), 나아가 삼봉 정도전에 관심있는 일반 고급 독자에게 유용한 참고 도서가 되기를 바랍니다. 앞으로 삼봉 정도전에 대한 관심을 환기시키고 삼봉 연구가 심화, 활성화되기를 기대합니다.

　이 책을 간행하는 데 많은 분의 도움이 있었습니다. 삼봉연구원에서는 박영호(경북대) 명예교수를 위원장으로, 도현철(연세대) 교수를 부위원장, 박창규(삼봉연구원) 학술이사를 간사로 참여하는 편집위원회를 구성하여 총서의 발행 목적과 의의를 설정하고 구체적인 편찬 계획을 세웠습니다. 편집위원회는 『삼봉학연구총서』(7권) 전체를 염두에 두면서, 제2권 정치사상 편의 기획과 책의 구성을 논의하고 이를 『정도전 정치사상』으로 정하여 책이 완성되도록 수고를 하였습니다.

　전공별 최고의 권위자인 집필자 선생님들은 최신의 연구를 수렴해서 주옥같은 원고를 제출해 주셨습니다. 주류성 최병식 사장님과 이준 이사님 그리고 편집 담당 선생님께서는 어려운 출판계의 사정에도 불구하고 본 연구원의 총서 출판을 맡아주셨습니다. 이 모든 분에게 깊은 감사의 말씀을 드립니다.

2026년 2월

(사)삼봉연구원 원장 **김장환**

목차

간행사 ··· 5

제1장. 정도전의 정치사상과 민본(民本)
　　　/ 강문식(숭실대학교 사학과) ································· 11

제2장. 정도전의 『주례(周禮)』 인식과 정치체제 구상
　　　/ 도현철(연세대) ·· 57

제3장. 정도전의 성리학적 군주관과 군주일심성패론
　　　/ 최민규(연세대) ·· 105

제4장. 정도전 재상정치론의 역사적 성격과 영향
　　　/ 정재훈(경북대 교수) ·· 159

제5장. 정도전의 총재육부론(冢宰六部論)과 의정부(議政府)·6조(曹)의 성립
　　　/ 이정훈(연세대) ·· 197

제6장. 정도전의 재상정치론에 나타난 권력분립
　　　/ 박창규(정치학박사, 삼봉연구원 학술이사) ········· 235

제7장. 정도전의 법 인식과 형률 운영
　　　/ 정긍식(서울대) ·· 289

제8장. 정도전의 진법 훈련과 군제 개혁
　　　/ 윤훈표(성균관대 한국철학문화연구소 연구원) ········· 333

집필자 약력 ·· 383

제1장 정도전의 정치사상과 민본(民本)

강문식(숭실대학교 사학과)

1. 머리말

2. 정도전의 정치사상: 선행 연구 개관

3. 정도전의 민본(民本) 이념

4. 정도전의 경세론과 민본(民本)

5. 맺음말

1. 머리말

정도전(鄭道傳, 1342~1398)이 고려 말 역성혁명을 주도적으로 이끌어 갔으며, 여말선초에 가장 뚜렷한 학문적·정치적 업적을 남긴 사상가이자 정치가였다는 점에 대해서는 이견의 여지가 없다고 할 수 있다. 그는 고려 말에 척불(斥佛) 운동을 주도하면서 구세력의 척결을 추진하였고, 『심기리편(心氣理篇)』·『불씨잡변(佛氏雜辨)』 등 성리학의 입장에서 불교를 비판한 여러 저술을 통해 억불(抑佛) 이념의 확립에 앞장섰다. 또 그는 조선 건국 후『조선경국전(朝鮮經國典)』·『경제문감(經濟文鑑)』등의 정치지침서를 편찬하여 새 나라 조선의 국정 방향과 정치 운영의 원칙을 제시하였다.

정도전의 여러 저술에서 확인되는 정치·사회사상은 기본적으로 그의 성리학 연구와 이해에 기반을 두고 있는 것이지만, 다른 한편으로는 그가 젊은 시절을 보냈던 고려 말의 정치·사회적 현실에 대한 비판 의식에서 비롯된 것이라고 할 수 있다. 정도전은 1375년(우왕 1) 나주의 거평부곡으로 유배된 이후 1384년 관직에 복귀할 때까지 약 9년의 유배와 유랑 생활을 하였다. 이 기간에 정도전은 고려 사회의 부조리한 현실과 피폐한 민생의 실상을 목도하면서 고려의 개혁 필요성을 절감하였다. 이에 정도전은 고려의 정치·사회를 개혁하고 민생을 안정시킬 방안을 모색하게 되었고, 그 결과가 그의 정치사상으로 정립되었다고 할 수 있다.

정도전이 민생의 현실을 직접 경험한 후 개혁의 필요성을 절감했던 점을 고려할 때, 정도전이 추진한 개혁의 궁극적 목표는 '민생 안정의 회복'이었다고 할 수 있다. 바로 이 점에서 정도전 정치사상은 백성의 삶에 최우선의 가치를 두는 민본(民本) 이념과 밀접한 연관성을 갖는다. 즉 민본 이념은 정도전 정치사상의 밑바탕이 되는 기본 정신이라고 할 수 있다.[1] 이에 본고에서는 정도전 정치사상의 토대를 이루는 그의 민본 이념을 고찰해 보고자 한다.

사단법인 삼봉연구원에서는 정도전에 관한 지금까지의 연구 성과를

---

1) 한영우, 『왕조의 설계자 정도전』, 지식산업사, 1999, 139쪽.

정리하고 향후의 연구 방향을 모색하기 위한 사전 준비 작업의 일환으로 '삼봉 정도전 관련 논저목록 작성 및 수합 사업'을 추진하였다. 2023년 4월부터 11월까지 진행된 이 사업에서는 정도전을 주제로 연구된 학위 논문, 학술지 게재 논문, 연구 저서 등을 망라·정리하여 약 400여 편의 연구 현황이 수록된 논저목록을 작성하였다.[2]

이에 본고에서는 이 논저목록 사업의 결과물을 바탕으로 정도전의 정치사상을 주제로 한 선행 연구 논저들을 선별하였다. 2장에서는 그 연구 논저들의 성과를 개관하는 방식으로 지금까지의 연구를 통해 확인된 정도전 정치사상의 주요 내용을 정리해 볼 것이다. 이어 3장에서는 정도전의 저술에 나타나 있는 민본 이념의 기본 원칙들을 살펴보고, 4장에서는 정도전이 자신의 민본 이념을 현실 정치에서 구현하기 위해서 어떤 정책과 제도를 추진했었는지를 검토해 보고자 한다.

2. 정도전의 정치사상: 선행 연구 개관

정도전의 정치사상에 관한 선행 연구 중 우선 검토할 대상은 한영우의 연구이다. 한영우는 정도전 연구를 실질적으로 개척한, 가장 대표적인 정도전 연구자이다. 1973년 『정도전 사상의 연구』(서울대학교 출판부)를 처음 발표한 이후 1983년에 『개정판 정도전 사상의 연구』(서울대학교 출판부)를 발간했고, 이어 1999년에 세 번째 단행본인 『왕조의 설계자 정도

───────────────────────────────

2) 봉화정씨영남문회·삼봉연구원 편, 『삼봉 정도전 관련 논저목록 작성 및 수합 사업 결과보고서』, 2023.

전』(지식산업사)을 출간하였다.

한영우는『왕조의 설계자 정도전』의 제1장에서 정도전의 가계와 생애를 정리하였고, 이어 제2장에서 사회·정치사상, 제3장에서 경제사상, 제4장에서 철학·윤리 사상을 다루었다. 제2장 사회·정치사상은 ① 민본사상과 혁명사상, ② 인정과 덕치, ③ 신분과 직업, ④ 교육과 선거, ⑤ 통치체제, ⑥ 언로와 언관, ⑦ 감사와 수령, ⑧ 자주정신과 사대외교 등 8개의 절로 구성되어 있다. 이중 특히 ①·②절과 ⑤~⑦절에서 민본론, 중앙집권적 관료체제 확립, 군주-재상의 관계 설정과 재상 중심의 국정 운영, 언관(言官) 활동의 강화 등 정도전의 정치사상에 관한 거의 모든 주제들을 종합적으로 검토하였다. 또 한영우는 정도전이 정치를 윤리의 실현 과정으로 생각했으며, 따라서 그의 국가 관념이나 통치 관념은 도덕과 문화가 중심이 되었고 국가와 통치권의 기능도 도덕의 관점에서 이해했다고 주장하였다.[3] 한영우의 연구는 정도전의 정치사상에 관한 선구적인 연구 성과이자, 이후 연구의 토대를 제공해 주었다는 점에서 중요한 의미를 갖는다고 할 수 있다.

도현철은 정도전의 정치사상에 관한 논저를 가장 많이 발표한 연구자이다. 도현철은 박사학위논문(「麗末鮮初 新·舊法派 士大夫의 政治改革思想 硏究」, 1996)을 단행본으로 발간한 『高麗末 士大夫의 政治思想硏究』(일조각, 2002)를 비롯하여 여러 편의 단행본과 논문을 통해 정도전의 정치사상을 정밀하게 연구하였다. 도현철의 연구를 통해 확인된 정도전 정치사상의 핵심은 ① 중앙집권적 정체체제의 확립, ② 재상정치론(宰相政治

---

3) 한영우, 『왕조의 설계자 정도전』, 지식산업사, 1999.

論), ③ 송대(宋代) 사공학(事功學)의 수용 등으로 정리할 수 있다.

정도전은 '왕(王)-관(官)-민(民)'으로 이어지는 중앙집권적 정치체제를 추구하였다. 그는 중앙 정부가 지방의 최소 단위인 향(鄕)까지 직접 파악하는 지배 체제를 지향했으며, 이를 통해 지방에 대한 중앙의 통제력을 강화하고 호족(豪族)이나 사문(私門)의 사적 지배에 의한 폐단을 막으며, 국가의 집권력·공권력을 강화하는 일원적인 지배체제를 확립하고자 하였다. 도현철은 이와 같은 정도전의 구상이 송(宋)의 중앙집권적 정치체제와 송대 유학자의 정치사상을 참고한 것이라고 하였다.[4]

다음으로 정도전은 정치 운영에서 재상정치론을 주장하였다. 왕조국가에서 왕이 최고의 통치자이자 권력자임을 인정하지만, 왕의 권한은 재상을 선택·임명하고 재상과 정치를 협의·결정하는 것에 한정되어야 하며 재상이 실질적인 주도권을 가지고 국정을 운영해야 한다는 것이 정도전이 주장한 재상정치론의 대체이다. 또 정도전은 재상의 권력 독점과 독주를 견제하기 위한 제도적 장치로서 대간(臺諫)의 역할을 중시하였다. 도현철은 정도전의 재상정치론이 『주례(周禮)』와 같은 유교 경전과 중국 역대 왕조의 정치론을 많이 참고했으며, 특히 주희(朱熹)의 견해를 많이 활용한 것으로 보았다. 즉 정도전이 주희의 말을 인용하여 정책 결정과 집행에서 재상이 최고의 실권을 가지고 백관을 통솔하며 만민을 다스리는, 실질적인 정치 운영의 주체가 되어야 한다고 주장했다는 것이다.[5]

한편, 도현철은 『조선경국전(朝鮮經國典)』·『경제문감(經濟文鑑)』 등의

---

4) 도현철, 「정도전의 정치체제 구상과 재상정치론」, 『한국사학보』 9, 고려사학회, 2000, 175~180쪽.
5) 도현철, 위의 논문, 181~190쪽.

내용을 면밀하게 분석하여 정도전이 송대(宋代) 사공학(事功學) 계열의 저술로부터 많은 영향을 받았음을 밝혔다. 도현철은 정도전이 통유론적(通儒論的) 관점에서 유학을 이해했으며, 주자학에서 말하는 것과는 다른 유자(儒者) 개념을 견지했던 것으로 파악하였다. 이에 따라 사회와 체제의 변동기라는 현실 상황에서 사공적 요소가 필요했던 정도전은 성리학과 유사하거나 성리학에 배치되지 않는 사공학을 적극적으로 참고하고 수용했다는 것이다. 도현철은 정도전이 성리학적 질서를 지향하면서도 개혁의 필요성에서 사공학을 받아들인 부분으로 ① 남송 대 사공 계열의 주례적 정치체제 구상, ② 재상정치론, ③ 능력 중심의 시험 제도, ④ 민생 안정과 국가재정 확충 등을 제시하였다.[6]

이석규의 「정도전의 정치사상에 대한 연구-유교적 民本 추구 방식과 관련하여-」(『한국학논집』18, 1990)는 정도전이 어떤 방식으로 유교적 민본 사회를 이루고자 했는지를 밝히는 데 초점을 맞춘 연구이다. 이 논문에서 필자가 특히 주목한 것은 정도전의 법치(法治) 인식이다. 이석규는 정도전의 민본사상이 기본적으로 덕치(德治)를 추구했지만, 현실에서는 법치를 통해 이를 달성하고자 했다고 보았다. 즉, 정도전이 의도한 법치는 민의 사욕(私慾)을 억제하는 것일 뿐만 아니라 통치구조에서 공정한 제도를 보장하는 것이며, 군주의 결단에 기대하기보다는 공정한 제도적 장치를 마련함으로써 민본정치를 이루는 것이라고 하였다. 그리고 이런 점에서 볼 때 정도전의 민본사상은 시의에 적절한 법과 제도를 중시하는 대단

---

6) 도현철, 「정도전의 사공학 수용과 정치사상」, 『한국사상사학』 21, 한국사상사학회, 2003.

히 현실적인 측면을 지니고 있다고 평가하였다.[7]

정호훈의 「정도전의 학문과 공업 지향의 정치론」(『한국사연구』 135, 2006)은 정도전이 구축하고자 했던 새로운 사회·국가의 내용과 성격, 그리고 그 정치·사회운영론의 성격이 무엇인지를 고찰한 연구이다. 이 논문에서 정호훈은 정도전이 국가의 공적 영역을 확장하고 공권(公權)을 강화하고자 했으며, 그 핵심은 인민과 토지에 대한 국가의 장악력을 높이는 것이었다고 하였다. 즉, 관·공가(官公家)의 공적 권한을 중심에 두고 사적 권력 혹은 권세가들의 토지·인민 지배를 부정하며 그들이 가진 지배력을 관·공가에서 일괄 제한하는 것이 정도전의 구상이었다. 또 정도전은 국가 운영에서 법의 역할을 강조했으며, 그에게 법은 선치(善治)의 중요한 수단이었다고 평가하였다. 한편 정호훈은 정도전에게 정치는 공업(功業)·사공(事功)을 실현하는 것이 주된 과제였으며, 공업을 강조하는 정도전의 정치적 사유는 ① 재상과 관료의 덕성과 재능을 갖추는 것과 ② 관료제를 통해 덕성과 재능을 실천하여 공업·사공을 완성하는 것이었다고 하였다.[8]

부남철의 「정도전의 유교 국가론과 『周禮』」(『퇴계학과 한국문화』 43, 2008)는 정도전의 정치사상과 『주례(周禮)』의 관계에 초점을 맞추어 고찰한 연구이다. 이 연구에서 부남철은 총재정치(冢宰政治)와 6전 체제(六典體制)를 정도전 정치사상의 핵심으로 지적했으며, 이것이 『주례』에서 비롯된 것임을 강조하였다. 부남철은 정도전이 추구한 총재정치는 군주 권

---

7) 이석규, 「정도전의 정치사상에 대한 연구 – 유교적 民本 추구 방식과 관련하여」, 『한국학논집』 18, 한양대학교 한국학연구소, 1990.
8) 정호훈, 「정도전의 학문과 공업 지향의 정치론」, 『한국사연구』 135, 한국사연구회, 2006.

력의 이전이나 대리로 보기에는 과도하며, 그것보다는 낮은 단계의 권력 위임 내지는 군주와의 역할 분담 정도라고 주장하였다.[9] 또 그는 『조선경국전』이 6전 체제로 구성된 것에 주목하고, 『조선경국전』에서 『주례』의 관직명을 동일하게 사용하지는 않았지만, 내용에 있어서는 『주례』에서 표방한 것을 받아들였다고 평가하였다.

박병련의 「정도전의 정치사상과 유교적 관료체제의 재설계」(『한국 사회와 행정 연구』 11-2, 2000)는 행정학자의 시각에서 정도전의 정치사상을 검토한 연구이다. 박병련은 정도전이 당시의 유학자 일반과 다른 신념과 사상적 기반을 가졌다고 주장하였다. 박병련은 정도전이 '군도(君道)'와 '민본(民本)' 등 새로운 이데올로기적 맥락을 설정한 바탕 위에서 '역성혁명'과 '제도개혁'을 구상하고 실천에 옮겼음을 볼 때, 그를 정통 유교 정치사상가로 보아 '윤리성'의 축에서 그 특성을 파악하는 것은 정도전의 구상을 이해하는 데 오류를 범할 가능성이 있으며, '경세성(經世性)'의 축에서 바라볼 때 그가 갖고 있던 사상의 특징을 더 분명하게 이해할 수 있다고 주장하였다.[10] 또 박병련은 정도전이 법가(法家)의 정치사상을 치인(治人)의 영역에 포괄되는 수준에서 적극적으로 파악했던 것으로 보이며, 이 점에서 그가 지향했던 유자(儒者)의 모습은 맹자(孟子)의 민본주의 노선과 순자(荀子)의 공리주의 노선을 통합시킨 것으로 이해할 수 있다고 하였다.[11]

---

9) 부남철, 「정도전의 유교 국가론과 『周禮』」, 『퇴계학과 한국문화』 43, 경북대학교 퇴계학연구소, 2008, 341~342쪽.

10) 박병련, 「정도전의 정치사상과 유교적 관료체제의 재설계」, 『한국 사회와 행정 연구』 11-2, 서울행정학회, 2000, 127쪽.

11) 박병련, 위의 논문, 131쪽.

송재혁은 정치학 분야에서 정도전의 정치사상에 관한 연구를 꾸준히 발표하고 있다. 특히 송재혁의 연구는 선행 연구들을 통해 확인된 정도전의 정치사상과는 다른 견해를 제시하고 있다는 점에서 주목된다. 먼저 송재혁은 정도전의 정치사상을 신권론(臣權論)의 입장으로 해석한 기존 연구에 대해 두 가지 문제점을 지적하였다. 그것은 첫째, 국내적 측면에서 신권의 난립을 억제하고 군주 중심의 중앙집권적 정치질서를 확립하는 것이 여말선초 당시의 정치적 과제였음을 간과했다는 것이고, 둘째, 국제적 차원에서 볼 때 신권론은 절대 황제[군주] 체제의 강화라는 당시 동아시아 정치사의 흐름에서 유리된다는 것이다. 이런 관점에서 송재혁은 신하의 직무를 다룬『경제문감』과 군주론을 다룬『경제문감별집』은 대등한 위상을 가진 저술이며, 정도전이 추구한 권력 구조는 군주를 중심으로 하는 권력의 일원화와 이를 보좌할 수 있는 위계적 관료조직의 구축이라고 주장하였다.[12] 또 송재혁은 정도전이『서경(書經)』에 담긴 군주정의 제도적 원리, 군주의 통치술, 국가공동체의 정당성 문제 등에 관한 내용들을 활용하여 조선의 새로운 정치 질서를 기획하고 정당화했다고 하였다.[13]

한편, 송재혁은『조선경국전』과 원대(元代)의 저술『경세대전서록(經世大全序錄)』을 비교·검토하였다. 그 결과 송재혁은 정도전이 조선의 국가체제를 설계할 때 원 제국의 유산을 적극적으로 활용하였고, 정부 구상

---

12) 송재혁, 「정도전의 군주론 ―『경제문감별집』을 중심으로」, 『정치사상연구』 22―2, 한국정치사상학회, 2016.
13) 송재혁, 「정도전의 신질서 구상과『서경』」, 『아세아연구』 60―3, 고려대학교 아세아문제연구원, 2017.

이나 재상권의 강화 등도 『경세대전서록』에 수록된 원의 제도를 따른 것이며, 태조 이성계가 따라야 할 군주의 모델로 원의 전장제도(典章制度)를 확립했던 세조(世祖)를 염두에 두었다는 결론을 제시하였다.

이상에서 정도전의 정치사상에 관한 주요 선행 연구들을 정리해 보았다. 이를 보면, 현재까지의 연구 성과들은 주로 정도전의 재상정치론이나 사공학 수용, 『주례』 이해 등에 초점이 맞추어져 있는 것을 알 수 있다. 반면, 정도전의 민본 이념을 다룬 연구는 한영우와 이석규의 논저 정도에 불과한데, 이는 지금까지의 연구에서 그의 민본 이념이 크게 주목받지 못했음을 보여준다. 하지만 머리말에서도 언급한 바와 같이 정도전의 정치사상은 고려 말의 부조리한 정치·사회 현실의 개혁 방안을 모색하는 과정에서 정립되었다. 고려 말의 가장 심각한 문제는 '민생의 파탄'이었으며, 따라서 정도전이 추진한 정치·사회 개혁의 최종 목표는 민생 파탄의 원인을 제거하여 민(民)의 삶을 안정시키는 것이었다고 할 수 있다. 즉, 정도전의 개혁 추진은 궁극적으로 민을 위한 것이었고, 이 점에서 민본 이념은 정도전 정치사상의 토대이자 근간이라고 할 수 있다.

3. 정도전의 민본(民本) 이념

백성을 나라의 근본으로 생각하는 민본사상이 맹자(孟子)의 위민(爲民) 의식에서 비롯되었다는 것은 널리 알려진 사실이다. 맹자는 "백성을 얻으면 이는 곧 천하를 얻는 것이다[得其民 斯得天下矣]."라고 하면서 민심을 얻기 위한 구체적인 방도를 『맹자』 전편에 걸쳐서 강조하였다. 백성을 중시하는 맹자의 입장은 종국에는 "임금에게 큰 과오가 있으면 간언하고, 반복하여 간해도 듣지 않으면 왕위를 바꾼다[君有大過則諫 反覆之而不聽則易位]."라고 하는 혁명론(革命論)으로 진전되었다.[14] 정도전의 민본 이념과 그가 추진했던 민본 정책들은 바로 『맹자』의 위민 의식에 기반을 두고 있으며, 궁극에는 혁명론에 근거하여 새 나라 조선을 건국하는 역성혁명(易姓革命)을 성공시켰다.

그렇다면 정도전이 주장한 민본 이념의 구체적인 내용은 무엇일까?

임금은 나라에 의존하고 나라는 백성에 의존하니, 백성은 나라의 근본이며 임금의 하늘이다. 그러므로 『주례(周禮)』에서 인구수를 기록한 장부를 왕에게 바치면 왕은 절하면서 받았으니, 이는 그 하늘을 존중하기 때문이었다. 임금이 이 뜻을 안다면 백성을 사랑함이 지극하지 않을 수 없다.[15]

윗글에서 정도전은 백성이 나라의 근본이며 임금의 하늘이라는 점을 강조하였다. 그리고 임금은 자신의 하늘인 백성을 존중하고 귀히 여기며 지극한 마음으로 사랑해야 한다고 했다. 정도전은 임금이 백성을 존중하고 귀히 여겼음을 보여주는 대표적인 사례로 중국 주(周)나라에서 관리들이 인구수를 기록한 장부, 즉 호적을 왕에게 올리면 왕이 호적에 절을 하고 받았던 것을 세시하였다. 비록 하나의 장부에 불과하지만, 그 안에 자신의 하늘인 백성들에 대한 정보가 기록되어 있기 때문에 다른 문서나 장

14) 이석규, 「정도전의 정치사상에 대한 연구」, 『한국학논집』 18, 1990, 20~21쪽.
15) 『朝鮮經國典』 上, 「賦典」, 版籍. "蓋君依於國 國依於民 民者 國之本而君之天 故周禮獻民數於王 王拜而受之 所以重其天也. 爲人君者知此義 則其所以愛民者 不可不至矣."

부와 동등하게 대우할 수 없고, 반드시 절을 함으로써 백성에 대한 존중의 뜻을 표시했다는 것이다.

> 임금의 지위는 높기로 말하면 높고, 귀하기로 말하면 귀하다. 그러나 천하는 지극히 넓고 만민은 지극히 많다. 한 번 그들의 마음을 얻지 못하면 아마도 크게 염려할 일이 생길 것이다. 하민(下民)은 지극히 약하지만 힘으로 위협할 수 없고, 지극히 어리석지만 지혜로 속일 수 없다. 그들의 마음을 얻으면 백성이 복종하게 되고, 그들의 마음을 얻지 못하면 백성은 떠나가 버린다. 그들이 떠나는 것과 따르는 것 사이의 간격은 털끝만큼의 차이도 되지 않는다.[16)

위 인용문에서 정도전은 비록 백성이 약하고 어리석은 존재이지만 그들을 힘으로 억누르거나 지혜로 속일 수는 없다고 전제한 후, 백성은 임금이 그들의 마음을 얻을 때 복종하고, 그렇지 못하면 떠나가 버리는 존재임을 강조하였다. 즉, 백성의 마음을 얻는 것이 백성을 위한 정치의 핵심이라고 할 수 있다. 정도전은 백성의 마음을 얻는 방법으로 '인(仁)'을 강조하였다. 임금이 백성을 자신의 친자식처럼 사랑하고 그 사랑을 실천하는 정치를 한다면 백성의 마음을 얻을 수 있다는 것이다. 정도전은 이런 정치를 '불인인지정(不忍人之政)'이라 명명하고, 이를 실천할 때 백성들은 임금을 마치 자기 부모처럼 우러러보게 되고 오래도록 편안함과 부

---

16)『朝鮮經國典』上,「定寶位」, "人君之位 尊則尊矣 貴則貴矣 然天下至廣也 萬民至衆也 一有不得其心 則蓋有大可慮者存焉. 下民至弱也 不可以力劫之也 至愚也 不可以智欺之也 得其心則服之 不得其心則去之 去就之間 不容毫髮焉."

유함, 존귀와 영화의 즐거움을 누릴 수 있게 될 것이며, 나라도 위태롭게 되거나 망하는 환란이 결코 없을 것이라고 주장하였다.[17]

　　백성은 나라의 근본이다. (중략) 옛적에 사해(四海)를 평정한 후에 천자(天子)가 작위(爵位)와 녹봉(祿奉)을 제정하여 나누어 준 것은 신하를 위해서가 아니라 모두 백성을 위해서였다. 그러므로 성인은 한 번 동작하거나, 한 가지를 설치하거나, 한 번 명령을 내거나, 한 가지 법을 제정할 때 반드시 백성에게 근본을 두었다. 그러므로 마땅한 적임자를 택하여 백성을 기르게 하였고, 그 소임을 무겁게 하여 백성들을 책임지게 했으며, 자신의 권세를 빌려주어 백성을 편안하게 했고, 그 녹봉을 후하게 하여 백성들이 은총과 이로움을 받게 하였다. 임금이 관리에게 책임을 맡기는 것을 한결같이 백성에게 근본을 두었고, 관리가 임금에게 보답하는 것도 한결같이 백성에게 근본을 두었으니, 그런즉 백성이 귀중하다.[18]

　　임금이 나라를 세우고 천하를 평정한 후에는 반드시 관리를 임명하고 그들에게 작위와 녹봉을 준다. 정도전은, 작위와 녹봉을 받는 이는 관리이지만, 그들을 위해 주는 것이 아니라 백성을 위해 주는 것이라고 주장하였다. 관리는 임금을 도와 백성들을 다스리는 존재이기 때문에 반드시 그 직책을 잘 수행할 수 있는 사람을 선발해서 임명해야 하고, 관리에게

<hr>

17) 『朝鮮經國典』 上, 「定寶位」.
18) 『經濟文鑑』 下, 「縣令」, "夫民者 國之本也. (중략) 古者方制四海 而天子列爵頒祿 非爲臣下 皆以爲民也. 故聖人一動作一施設 一命令一法制 必本於民 故擇其人以牧養之 重其任以付責之 假其權以安固之 厚其祿以寵利之. 上之責吏 一本於民 吏之報上 一本於民 則民重矣."

녹봉을 후하게 줌으로써 그들이 백성들을 사랑하고 백성에게 이로운 정치를 할 수 있도록 뒷받침해 주어야 한다고 하였다.

정도전은 임금이 관리에 적임자를 임명하고 작록을 후히 주어 백성을 위한 정치를 하도록 이끌어야 하는 이유로 '백성이 나라의 근본'이라는 점을 강조하였다. 관리에 적임자를 임명하지 못하거나 관리의 녹봉이 부족하여 경제적으로 어려움에 부닥치게 된다면 그들에게 백성을 위한 정치를 요구하고 그에 대한 책임을 지도록 하는 것이 불가능하다. 그렇게 되면 그 피해는 백성에게 돌아가게 되며, 나라의 근본이 흔들리게 된다. 그러므로 임금은 나라의 근본인 백성을 안정시켜서 나라를 굳건히 하기 위해 관리의 선발과 대우를 신중하게 해야 한다. 한편 임금의 후대를 받은 관리는 맡은 책임을 잘 수행함으로써 임금에게 보답해야 하는데, 정도전은 이 또한 임금을 위한 것이 아니라 백성을 위한 것이라고 강조하였다. 즉, 임금과 관리가 수행하는 모든 통치 행위는 나라의 근본인 백성을 위한 것이고, 또 그래야만 한다는 것이 정도전의 주장이다.

이상에서 정도전이 민본 이념, 즉 백성을 근본으로 하는 정치 시행의 당위성과 내용, 의미 등을 설명한 글들을 살펴보았다. 정도전은 이와 같은 민본 이념을 철학적·이론적으로만 탐구하고 강조했던 것이 아니라, 구체적인 제도 정비와 정책 추진을 통해서 실현하고자 했다. 물론 태조 대에 민본 이념 실현을 위한 정책 추진과 제도 정비가 충분하게 이루어졌다고 말하기는 어렵다. 하지만 정도전이 추구했던 정책의 지향은 뚜렷했고, 우리는 그 내용을 『조선경국전』·『경제문감』 등을 통해서 확인할 수 있다. 이에 다음 장에서는 정도전이 추구했던 민본 정책의 내용을 지방관 제도, 경제 정책, 법령 제정의 세 가지 측면을 중심으로 살펴보고자 한다.

4. 정도전의 경세론과 민본(民本)

1) 지방관 제도: 수령(守令)과 감사(監司)

정도전이 민본 이념의 실현과 관련하여 가장 중요하게 생각했던 것은 관직 제도, 그중에서도 수령과 감사 등의 지방관 제도였다. 정도전은 "백성은 나라의 근본이요, 군수·현령은 백성의 근본"[19]이라고 하였는데, 이는 그가 백성의 삶에 직접적인 영향을 끼치는, 가장 중요한 관직이 수령이라고 생각했음을 분명히 보여준다. 이와 같은 정도전의 인식은 『조선경국전』과 『경제문감』의 여러 곳에서 찾아볼 수 있다.

> 백 리의 고을에 나가 다스리는 관리가 백성들과 가장 가깝다. 조종(祖宗)께서는 백성들의 고통을 부지런히 돌보고자 한 까닭에, 재(宰)와 영(令)을 상세하게 가려 뽑아 반드시 인대(引對)하여 친히 그 재질의 여부를 보고 임명하였다. 비록 일명(一命)으로 처음 벼슬하는 자라도 편전에서 문답하여 재질을 시험하는데, 하물며 백 리의 고을을 맡기는 중책이겠는가?[20]

정도전은 국가의 모든 관직 중에서 백성과 가장 가까이 있는 이가 바로 수령이며, 따라서 백성의 행복과 불행은 수령에게 달려 있다고 생각하였다.[21] 이에 따라 정도전은 수령 임명을 매우 신중하게 해야 하며, 반

---

19) 『經濟文鑑』 下, 「縣令」.
20) 『經濟文鑑』 下, 「縣令」. "出宰百里 最近於民 祖宗勤恤民隱 故詳擇宰令 必須引對 親視才否而授之 雖一命初仕 亦臨軒顧問 況於百里之重乎."
21) 『朝鮮經國典』 上, 「治典」, 官制.

드시 군주가 수령 임명 대상자를 직접 만나서 그의 품성과 자질, 능력을 시험한 후에 임명해야 한다는 점을 지적하였다.

정도전은 수령과 백성의 관계를 유모와 어린아이, 목자와 소의 관계에 비유하면서, 수령은 군주의 명을 받아서 자신이 맡은 군현의 백성들을 사랑하고 먹이고 기르는, 유모와 목자의 역할을 담당하는 존재라는 점을 강조하였다. 이 점에서 정도전은 수령이 일을 맡아서 수행하는 관리가 아니라 사람을 맡아서 책임지는 관리라고 주장하였다. 또 대부분의 관직은 부여된 일이 정해져 있기 때문에 관리들은 그 일만 잘 수행하면 된다. 하지만 수령은 특정한 한 가지 일만 담당하는 것이 아니라 자신이 맡은 지역의 행정·사법·경제·교육 등 통치에 관련된 모든 일을 담당하면서 민생을 책임지는 자리이며, 이 점에서 수령은 여타의 관직보다 훨씬 중요하다는 것이 정도전의 주장이다. "수령은 일을 맡지 않는다[守令不任事]"라는 정도전의 말에는 바로 이런 의미가 담겨 있다고 할 수 있다.[22]

한편, 정도전은 많은 수령들이 직책의 중요성을 망각하고 백성의 부모로서 책임을 다하지 못하고 있으며, 심지어는 백성을 좀먹는 일을 자행하고 있다고 비판하였다. 정도전은 이와 같은 문제가 나타나는 이유 중의 하나로 수령의 위상이 낮아진 것을 지적하였다. 그는 중국 역대 왕조 중에서 한(漢)나라가 수령의 중요성을 가장 분명히 인식했고, 그에 맞는 제도를 시행했다고 평가하였다. 정도전은 한나라 때에 훌륭한 수령들이 많이 배출된 것은 중앙 관리와 지방 수령을 동등하게 대우했기 때문이라고 보았다. 즉, 한나라에서는 지방 군수가 중앙으로 들어와 삼공(三公)

---

22) 『經濟文鑑』 下, 「縣令」.

에 오르고, 중앙의 낭관(郎官)이 지방 수령에 임명되어 한 고을을 책임지기도 했다. 또 간언을 담당하는 대부를 수령으로 임명했다가 선정을 베풀고 임무를 잘 수행하면 그에 합당한 포상을 내려 주고 승진시켰으며, 특히 탁월한 이는 재상으로 발탁했기 때문에 많은 양리(良吏)가 배출될 수 있었다고 평가하였다.

정도전은 이와 같은 한나라의 제도가 위(魏)·진(晉) 시대를 거치면서 변질됐다고 지적하였다. 즉, 이 시기에는 중앙 관리들을 '요직에 있다'라고 하고, 군현의 수령들에 대해서는 '좌천되었다'라고 하는 등 지방관을 천시하는 인식이 나타났으며, 그 결과 탐욕스럽고 잔학한 관리들이 많아지고 풍속은 날로 무너지게 되었다고 비판하였다. 그런 중에도 정도전은 당(唐)나라의 군주들이 군수를 선임할 때마다 직접 만나서 위로하고 수령의 직책을 잘 수행하도록 훈사(訓辭)와 칙계(勅戒)를 내려 주며, 때로는 수령들에게 황제의 수찰(手札)을 내려 주었던 것을 지적하고, 이는 조종(祖宗)이 외직을 중히 여기고 내직을 가볍게 여기며 백성을 염려하여 관리를 가려 뽑은 지극한 은혜라고 높이 평가하였다.[23] 이처럼 정도전은 수령의 정치·사회적 위상이 그 직책에 부합하는 수준으로 높아져야 한다는 점을 강조하였다.

한편, 정도전은 좋은 수령과 탐학스러운 수령의 정치가 어떻게 다른가에 관해서도 자신의 견해를 피력하였다.

양리(良吏)가 고을에 나가 덕성(德星: 현인(賢人))이 되면 제(齊)나라가

23) 『經濟文鑑』 下, 「縣令」.

흉년을 만나 간난(艱難)에 처했더라도 백성들은 부모를 사모하는 마음을 품는다. 탐학한 정사가 자행되어 석서(碩鼠: 백성을 갉아먹는 큰 쥐)가 되면 비록 위(魏)나라의 보리가 먹을 만하더라도 백성들은 떠나갈 생각을 한다.[24]

즉, 경제적으로 어려움에 처했더라도 수령이 어질고 정사를 잘 운영하면 그 지역 백성들은 수령을 부모처럼 생각하며 사랑하지만, 수령이 탐욕스럽고 각박하면 아무리 경제적으로 풍족하더라도 지역 사람들이 모두 그 수령으로부터 도망치려고 한다는 것이다. 특히 정도전은 부당한 재물을 취득한 장리(贓吏)를 '사람 마음의 큰 좀'이라고 강력히 비판했으며, 그 뿌리를 잘라내고 그 가지를 쳐서 부당한 재물을 취하고자 하는 마음이 싹트지 못하게 해야 민생이 안정될 수 있다는 점을 강조하였다.[25]

지방 수령이 목민관의 직무를 충실히 수행하여 민생이 안정되도록 하기 위해서는 덕성과 능력을 갖춘 적임자를 신중하게 선발하여 수령에 임명하는 것이 가장 중요하다. 그다음으로 중요한 것은 수령들의 직무 수행을 공정하고 철저하게 관리·감독하고 평가하여 그 결과에 합당한 조치를 취하는 것이다. 이 점에서 주목해 볼 것이 바로 감사의 역할이다.

정도전은 『경제문감』에서 감사의 직무 수행에 필요한 몇 가지 조건들을 제시하였다. 먼저, 정도전은 감사의 직무를 수행할 만한 품성과 능력을 갖춘 적임자를 선발해야 한다는 점을 강조했다. 즉, 마음이 굳세고 바

---

24) 『經濟文鑑』 下, 「縣令」, "良吏出爲德星 則雖齊歲方艱 而民懷父母之戀 貪政肆爲碩鼠 則雖魏麥可食 而民興逝去之思."

25) 『經濟文鑑』 下, 「縣令」.

르며 강어(强禦)를 두려워하지 않는 사람만이 감사의 직분을 담당할 수 있으며, 외형적 풍채도 훌륭하고 관리로서 이룬 성과도 뛰어난 사람이라야 감사로서의 권위를 떨칠 수 있다고 하였다. 또 반드시 청렴하고 곧으며 치우치지 않고 바른 사람을 천거해야 하며, 가혹하게 꼼꼼하고 과격한 자를 감사로 임명해서는 안 된다고 하였다. 이어 감사를 선택하는 구체적인 기준으로 공정(公正), 총명(聰明), 강방(剛方: 심지가 굳세고 바름), 개재(愷悌: 용모와 기상이 단정함) 등을 제시하면서, 능력이 없는 사람이 감사의 대열에 끼는 것을 용납해서는 안 된다고 주장하였다.[26]

정도전은 감사가 마땅히 자신의 직분에 충실해야 한다는 점을 지적하였다. 이와 관련하여 정도전은 감사가 그 직분을 다하지 못한 사례를 구체적으로 제시하였다.

> 안일함을 기르는 것을 자중(自重)이라 하고, 하루하루 날짜만 쌓아 보내는 것을 계자(計資)라 하며, 옛것만 따라 그대로 답습하는 것을 때를 안다고 하고, 입을 다물고 침묵하는 것으로 계책을 얻었다 하며, 간사한 짓을 용납하는 것으로 관대하다 하고, 직분을 모두 들어 행하는 것을 번거롭고 가혹한 짓이라 하며, 이로운 것을 일으키고 해로운 것을 제거하는 것은 일만 만드는 짓이라 하고, 탁한 것은 헤쳐내고 맑은 것은 드높이는 것을 항알(抗訐: 일일이 들추어 냄)이라 하니, 이런 것들은 모두 그 직분을 다하지 못하는 것이다.[27]

---

26) 『經濟文鑑』 下, 「監司」.
27) 『經濟文鑑』 下, 「監司」. "養安以自重 積日以計資 以因循爲識時 以緘默爲得計 以容姦爲寬大 以擧職爲煩苛 以興利除害爲生事 以激濁揚淸爲抗訐 皆不能盡其職者也."

윗글을 보면, 정도전은 감사가 수령들을 관리 감독하는 일에 적극적으로 임해야 하며, 설혹 너무 각박하다는 비판을 받더라도 개의치 않아야 한다고 생각했음을 알 수 있다. 이와 관련하여 정도전은 감사가 군현 수령들의 모든 것을 조사해서 들추어내고 탄핵해야 한다고 주장하였다. 하지만 현실에서는 감사가 그렇게 하지 못하는 경우들이 자주 발생하였다. 이에 대해 정도전은 감사가 두려워하는 바가 있기 때문에 이런 일이 일어난다고 지적하였다.

어떤 군수는 이전에 시종(侍從)을 지낸 적이 있으므로 그가 요행히 다시 시종이 된다면 구할 바가 있을 것이라 하고, 어떤 이는 일찍이 대간(臺諫)을 지낸 적이 있으므로 그가 다시 대간이 된다면 자신이 도리어 탄핵을 당할까 두려워한다. 또 호족(豪族)이나 교활한 아전들이 죄를 범했을 경우 혹시 그들이 조정에 인척(姻戚)이나 구교(舊交)가 있을지도 모른다고 하여 불문에 부친다. 그에 따라 수령이나 세력 있는 아전에게 수탈을 당한 백성들이 분한 마음을 참지 못하고 감사를 찾아와 호소하지만, 감사는 이를 조사하지 않고, 심한 경우 소장(訴狀)을 봉해서 보내버리고 만다. 수령의 위세와 아전의 권세를 빙자하여 백성 보기를 원수 대하듯 하니, 곤궁한 백성이 입은 피해가 지난날보다 더 심하다. 후에 비록 원통한 일이 있다 한들 누가 이를 고소하겠는가?[28]

28) 『經濟文鑑』 下, 「監司」, "某郡之守嘗爲侍從也 則幸其復爲侍從而有所求 嘗爲臺諫也 則恐其復爲臺諫而有所劾 其豪族猾吏有所犯 則以爲在朝者有姻有舊 皆不問也. 故窮民爲守令豪吏所侵暴 不忍忿忿之心 一朝訴之於監司 而監司不之問 甚者封其辭以送之 憑守令之威豪吏之勢 視窮民如仇讎 窮民被害 反過於前日 後雖有冤 其誰告之."

이처럼 정도전은 감사가 수령이나 아전들이 위세를 두려워했을 때 나타나는 폐단을 강하게 비판하면서, 감사가 된 사람은 반드시 모두 들추어내어 탄핵하는 것을 자신의 직분으로 삼아야 한다고 주장하였다.

정도전이 감사의 직무 수행과 관련하여 또 하나 강조한 점은 감사가 관할 지역 중 멀리 떨어진 군현까지도 빠짐없이 직접 가서 수령을 관리·감독해야 한다는 것이었다. 정도전은 궁벽한 시골이나 먼 고장의 경우 강역(疆域)이 광막하고 멀다는 이유로 감사가 직접 가서 살피지 않으면, 이곳의 백성들은 억울한 일이 있어도 하소연할 길이 없게 된다는 점을 지적하였다. 이어 만약 이런 곳에 탐오한 자가 수령이 되어 그 욕심을 자행하면, 뇌물이 공공연히 행해지고 민생은 피폐하게 되며, 백성은 피해를 호소하지 못하고 민정(民情)이 막혀버리는 문제가 발생한다고 강조하면서, 감사는 아무리 먼 곳이라도 반드시 직접 가서 수령의 직무 상태와 지역의 현실을 살펴보아야 한다고 주장하였다.

그렇다면 수령에 대한 감사의 고과 평가는 어떻게 이루어져야 할까? 정도전은 『경제문감』에서 이에 대한 자신의 의견을 매우 구체적으로 제시하였다. 수령에 대한 감사의 평가는 수령의 직무 수행 결과를 대상으로 이루어진다. 따라서 감사의 평가 항목은 곧 수령이 수행해야 할 직무의 내용을 보여준다고 할 수 있다.

『경제문감』에서 정도전은 먼저 당(唐)·송(宋)의 고과법(考課法)[29]과 1392년 조선 건국 후 정리된 고과법의 내용을 제시했는데, 이를 정리하

---

29) 『경제문감』에는 이 고과법의 출처가 밝혀져 있지 않지만, 도현철의 연구에서 이 내용이 『산당고색(山堂考索)』에 수록된 당·송의 고과법을 인용한 것임을 확인하였다[도현철, 『조선전기 정치사상사: 『삼봉집』과 『경제문감』의 실증적 분석을 중심으로』, 태학사, 2013, 270쪽].

면 <표 1>과 같다.

<표 1> 당·송의 고과법과 1392년의 고과법 비교(전거: 『경제문감』하, 「감사」)

당·송의 고과법			1392년(태조 1) 조선의 고과법[30]	
선(善)	덕의(德義)·청근(淸謹)·공평(公平)·각근(恪勤)		선(善)	공(公)·염(廉)·근(勤)·근(謹)
			악(惡)	탐(貪)·포(暴)·태(怠)·열(劣)
최(最)	치사 (治事)	① 옥송에 억울함이 없음[獄訟無寃] ② 조세를 독촉하되 백성을 불안하게 하지 않음[催科不擾] ③ 부세에 흠이 없음[稅賦無欠] ④ 장부를 정제함[簿書齊整] ⑤ 부역을 공평하게 차출함[差役均等]	최(最)	① 전야를 넓힘[田野闢] ② 호구를 늘림[戶口增] ③ 부역을 균등하게 시행함[賦役均] ④ 학교를 일으킴[學校興] ⑤ 사송을 간결히 함[詞訟簡]
	권과 (勸課)	⑥ 농토를 개간하고 뽕나무를 심음[農桑墾殖] ⑦ 토지를 넓히고 개척함[野廣土闢] ⑧ 수리를 잘 다스림[水利興修]	전(殿)	① 전야가 황폐함[田野荒] ② 호구가 줄어듦[戶口損] ③ 부역이 번다함[賦役煩] ④ 학교가 폐함[學校廢] ⑤ 사송이 적체됨[詞訟滯]
	무양 (撫養)	⑨ 간특함과 도적을 없앰[屛除姦盜] ⑩ 곤궁함 백성을 진휼함[賑恤窮困]		
비고	상: 정사의 업적이 더욱 특이한 자 중: 직위를 지켜 직무가 대강 다스려진 자 하: 해이하고 태만해서 다스린 곳마다 보잘것없는 자		―	

정도전은 이상과 같이 기존 고과법의 기준을 먼저 제시한 다음, 옛사람의 선최법을 기본으로 하면서 옛 법에도 합당하고 지금에도 마땅한 고과 기준을 새로 정리하여 제시하였다.

---

30) 『경제문감』에는 "本朝壬申 卽位之敎 考課法"이라고 기록되어 있으나, 『태조실록』에 수록된 태조 즉위교서에는 고과법에 관한 내용이 없으며, 『태조실록』의 다른 부분에도 이와 관련된 기사가 실려 있지 않다.

<표 2> 정도전의 고과법(전거:『경제문감』하, 「감사」)

	항목	분수(分數)	비교: 『경국대전』수령칠사(守令七事)
선(善)	공(公), 명(明)	각 5푼[分]	–
	염(廉), 근(勤)	각 4푼	–
최(最)	전야를 넓힘[田野闢]	3푼 5리	농상성(農桑盛): 농사·양잠을 성하게 함 호구증(戶口增): 호구를 늘림 학교흥(學校興): 학교 교육을 진흥함 군정수(軍政修): 군정을 잘 정비함 부역균(賦役均): 세금을 공평하게 부과함 사송간(詞訟簡): 소송을 간명하게 함 간활식(姦猾息): 간사하고 교활한 범죄를 그치게 함
	호구를 늘림[戶口增]	3푼 5리	
	학교를 일으킴[學校興]	3푼 5리	
	예속을 이룸[禮俗成]	3푼 5리	
	옥송을 공정하게 함[獄訟平]	2푼	
	도적을 그치게 함[盜賊息]	2푼	
	부역 차출을 균등하게 함[差役均]	1푼	
	부세 수취에 절도가 있음[賦斂節]	1푼	

　　정도전은 '잘잘못을 살펴서 들춰내는 자', 즉 감사들에게 평가의 근거를 제공하기 위해서 위와 같은 기준을 마련했다고 하였다. 위의 내용을 보면 정도전의 고과 평정 기준은 1392년의 고과법에서 제시된 것보다 훨씬 구체적이고 세분되어 있다. 또 기존 고과 기준에서 볼 수 없던 '예속을 이룸[禮俗成]'이 포함된 점과 부세 관련 항목을 둘로 세분한 것은 민의 경제 안정과 풍속 교화를 중시했던 정도전의 지향을 보여준다고 할 수 있다. 특히 더 주목되는 점은 각 평가 항목의 분수(分數), 즉 평가 점수의 기준을 정했다는 점이다. 이는 보다 객관적이고 명확한 기준을 제시함으로써 평가 과정에서 부정이 개입될 여지를 차단하려는 의도가 반영된 것이라고 할 수 있다.[31]

31) 정도전은 선·최의 분수 책정 원칙과 관련하여 "선은 덕(德)이요 최는 재(才)니, 선의 분수가 많고 최의 분수가 적은 것은 덕을 우선하고 재를 뒤에 둔 까닭"이라고 설명하였다. 또

한편 정도전이 『경제문감』에서 제시한 수령 평가 기준은 이후 15세기 법전 편찬 과정에서 더욱 정비되어 『경국대전(經國大典)』에서 '수령칠사(守令七事)'로 정리되었다. <표 2>의 비교 내용을 보면, '수령칠사' 중 군정(軍政) 관련 항목 하나를 제외한 나머지는 모두 정도전의 고과 항목에서 영향을 받은 것이라고 할 수 있다.

2) 경제 정책: 호적, 부세, 구제

정도전은 『조선경국전』에서 새 나라 조선의 국정 운영과 제도 정비의 기본 방향을 제시하였다. 치전(治典)·부전(賦典)·예전(禮典)·정전(政典)·헌전(憲典)·공전(工典)의 6전(六典) 체제로 정리된 『조선경국전』에서 정도전의 민본 이념이 가장 분명하게 드러나 있는 부분은 경제 정책의 원칙을 밝힌 「부전」이라고 할 수 있다. 정도전은 「부전」의 총서에서 '부(賦)'의 의미를 다음과 같이 설명하였다.

부(賦)는 군국의 수요를 총칭하는 말이다. 이를 구분해서 보면, 나라에서 쓰는 것을 전곡(錢穀)이라 한다. 그러므로 치전에서 이미 그 출납의 방법을 자세히 설명하였다. 백성으로부터 수취하는 것을 부(賦)라 한다.[32]

<hr>

'선'의 분수 차등에 대해 "공평하고 밝으면 능히 청렴하고 부지런할 수 있으므로, 염·근을 공·명보다 한 등급을 감했다."라고 하였고, '최'의 분수 차등에 대해서도 "의식(衣食)이 넉넉하여 예절을 알게 되면 스스로 법을 범하지 않고 일에 잘 따를 수 있으므로 그 분수를 차례로 내렸다."라고 설명하였다.

32) 『朝鮮經國典』 上, 「賦典」 總序, "賦者 軍國所需之摠名也 分而言之 則用之於國曰錢穀 故治典論出納之節甚詳 取之於民曰賦."

윗글에서 정도전은 '부(賦)'를 국가의 수요를 총칭하는 말이라고 정의했다. 이어 그는 부를 전곡(錢穀)과 부(賦)로 구분할 수 있는데, 전자는 국가에서 사용하는 것을 가리키며, 후자는 백성으로부터 수취하는 것을 가리킨다고 하였다. 그런데 정도전은 『조선경국전』「치전(治典)」'전곡(錢穀)'에서,

> 전곡은 국가의 상비물이며 생민의 목숨을 좌우하는 것이다. 그러나 이를 백성으로부터 수취하는 데 도가 없고 이를 사용하는 데 법이 없으면, 함부로 거두는 일이 많아져서 민생이 괴로워지고 낭비가 커져서 국가재정이 탕진된다.[33)

라고 하여, 전곡이 백성으로부터 거두어들이는 것임을 분명히 밝혔다. 즉, 전곡과 부는 모두 백성에게서 나오는 것이라는 점에서 동일하며, 따라서 전곡과 부는 민생 안정 여부와 직결되는 것이라고 할 수 있다.

정도전은 「부전」 총서에서 부와 관련된 세목을 다음과 같이 설명하였다.

> 주군(州郡)·판적(版籍: 호적)은 부가 나오는 바요, 경리(經理)는 부를 제어함이요, 농상(農桑)은 부의 근본이요, 부세(賦稅)는 부를 바치는 것이요, 조운(漕運)은 부를 수송함이며, 염(鹽)·철(鐵)·산장(山場)·수량(水梁)·공장세(工匠稅)·상세(商稅)·선세(船稅)는 부를 돕는 것이며, 상공(上供)·국

---

33) 『朝鮮經國典』 上, 「治典」 錢穀, "錢穀 蓋有國之常備 而生民之司命也. 然取之無其道 用之無其法 橫斂多而民生苦 糜費廣而國用竭."

용(國用)·녹봉(祿俸)·군자(軍資)·의창(義倉)·혜민전약국(惠民典藥局)은 부의 쓰임이며, 견면(蠲免)은 부의 완화이다.[34]

정도전은 위와 같이 부의 세목을 8가지로 구분한 다음, 이 8가지 세목을 운영하는 원칙의 핵심으로 '민생을 후하게 함'을 강조하였다. 이어 정도전은 『대학(大學)』의 전(傳)에 나오는, "덕(德)이 있으면 이에 인민이 있고, 인민이 있으면 이에 토지가 있고, 토지가 있으면 이에 재물이 있고, 재물이 있으면 이에 용도가 있다."라는 말을 인용하면서 덕을 「부전」의 근본이라고 규정하였다.[35] 이는 경제 정책의 핵심이 덕의 정치, 즉 인정의 실현에 있음을 분명히 밝힌 것이다.

정도전은 「부전」에서 부의 8가지 세목의 운영 원칙을 하나하나 설명하였다. 궁극적으로는 8가지 모두가 민본 이념의 실현을 위한 것이지만, 그중에서도 특히 민생 문제에 직접적인 영향을 끼치는 것은 호적과 부세, 그리고 구제에 관한 정책이라고 할 수 있다.

① 호적 정책

정도전은 「부전」 '판적(版籍)'의 첫 부분에서 "나라의 빈부는 백성이 많고 적은 데 달려 있고, 부역의 균등함은 인구의 수효를 세밀하게 파악하는 데 달려 있다."[36]라고 하여, 국가 운영에서 인구를 늘리는 일과 그 인

---

34) 『朝鮮經國典』 上, 「賦典」, 總序. "曰州郡 曰版籍 賦之出也 曰經理 賦之制也 曰農桑 賦之本也 曰賦稅 賦之貢也 曰漕運 賦之輸也 曰鹽鐵山場水梁 曰工商船稅 賦之助也 曰上供 曰國用 曰祿俸 曰軍資 曰義倉 曰惠民典藥局 賦之用也 曰蠲免 賦之寬也."
35) 『朝鮮經國典』 上, 「賦典」, 總序.
36) 『朝鮮經國典』 上, 「賦典」, 版籍. "國之貧富 在民之衆寡 賦役之均 在民數之周."

구를 정확하게 파악하는 것이 가장 중요한 과제의 하나라는 점을 강조하였다. 이어 정도전은 인구를 늘리고 정확한 호적을 파악하기 위한 정책의 기본 원칙을 다음과 같이 제시하였다.

> 백성을 다스리는 직책을 맡은 사람이 백성을 휴양(休養)시키고 생식(生息)시켜 인구를 번창하게 하고, 백성을 위로해서 모여들게 하고 편안히 살 수 있게 해서 그들의 거주를 보호하면 백성의 수가 많아질 것이다. 그리고 호구를 등록하여 그 증감을 살피면 백성의 수효를 파악할 수 있고, 인구를 조사하고 장정을 계산하여 그에 맞게 차렴(差斂)을 부과하면 부역이 균등해질 것이다. 이와 같이 하면 위에서는 일이 성취되고 아래서는 시끄러운 일이 일어나지 않을 것이며, 나라는 부유해지고 백성은 편안하게 될 것이다.[37]

정도전은 이상과 같은 호적 정책의 대원칙을 밝힌 다음, 고려에서는 이러한 원칙이 무너졌기 때문에 나라는 더욱 가난해졌고, 민생의 고통은 더욱 심해질 수밖에 없었다고 비판하였다. 정도전의 말에 따르면, 고려 말에는 백성을 휴양시키는 방도를 잃어서 인구가 늘어나지 못했고, 백성을 편안하게 하는 방도를 갖지 못하여 굶주림과 추위에 죽는 사람이 발생하기도 했다. 그 결과 호구는 나날이 줄어들었고 남은 사람들은 부역의 번거로움을 견디지 못해서 호부(豪富)와 권세가에게 투탁하였다. 또 일

---

37) 『朝鮮經國典』 上, 「賦典」, 版籍, "任民牧之職者 休養生息 以蕃其類 勞來安集 以保其居 民可庶也. 籍其戶口 稽其登耗 民可數也 驗口計丁 科其差斂 賦役可均也. 夫如是 事集 於上而下不擾 國富而民安也."

부는 공업·상업에 종사하고 일부는 도망하여 승려가 되기도 해서 전인
구의 50~60%가 호적에서 누락됐는데, 공·사 노비와 사원(寺院) 노비는
여기에 포함되지 않았다. 그리고 호적에 등록된 경우도 가장이 숨기거나
간사한 관리가 점유하여 호의 가족이 모두 기재된 것이 아니었다. 정도
전은 이와 같은 고려 말의 상황에서는 백성의 수효를 정확히 파악하고 부
역을 균등하게 하는 것은 불가능한 일이었다고 비판하였다.[38]

이어 정도전은 조선 건국 후 고려 말 호적 정책의 문란을 개혁하기 위
해 추진한 정책에 관해 설명하였다. 즉, 건국 초기부터 담당 관서에 명하
여 백성을 편안하게 할 방도를 마련하게 하고, 중외에 교서를 내려 백성
의 수효를 등록하게 해서 가호와 인구의 수를 파악하게 했다는 것이다.
정도전은 이와 같은 정책에 대해 정치의 근본을 안 것이라고 자평하면서
도, 관리들의 능력이 일정하지 않아 일부 지역에서는 호구 파악이 불충
분한 한계가 있음을 시인하였다. 하지만 이와 같은 정책을 중단 없이 추
진한다면, 국가의 모든 호구를 세밀하게 파악할 수 있을 것이라는 낙관
적 입장을 피력하였다.[39]

② 부세 정책

정도전은 백성에게 수취하는 것을 '부(賦)'라 하였고, 백성이 그 부를
바치는 것을 부세(賦稅)라고 규정하였다.[40] 부의 운영에서 가장 중요한
핵심이 바로 부세 정책임을 지적한 것이라고 할 수 있다. 정도전은 『맹

---

38) 『朝鮮經國典』上, 「賦典」, 版籍.
39) 『朝鮮經國典』上, 「賦典」, 版籍.
40) 『朝鮮經國典』上, 「賦典」, 總序.

자」「등문공상(滕文公上)」에 나오는 "야인(野人)이 없으면 군자(君子)를 봉양할 수 없고, 군자가 없으면 야인을 다스릴 수가 없다."라는 말을 인용하면서, 부세 제도를 만든 이유를 다음과 같이 설명하였다.

옛 성인이 부세법(賦稅法)을 만든 것은 단지 백성으로부터 수취하여 자기를 봉양하게 하려는 것이 아니었다. 백성들이 서로 모여 살게 되면 음식과 의복에 대한 물욕(物慾)이 밖에서 공격하고 남녀에 관한 정욕(情慾)이 안에서 공격하여, 동류일 경우에는 서로 다투게 되고 힘이 대등한 경우에는 서로 싸워서 심하면 죽이는 데 이르게 된다. 통치자가 법으로 그들을 다스려서 다투는 자와 싸우는 자를 평화롭게 해 주어야만 민생이 편안해진다. 그런데 이 일은 농사와 병행할 수 없으므로, 백성은 소출의 10분의 1을 세금으로 바쳐서 통치자를 봉양해야 한다.[41]

윗글에서 정도전은 통치자의 가장 중요한 임무는 백성들 사이의 분쟁과 갈등을 조율하고 해결하여 민생을 안정시키는 것인데, 이 일은 생산 활동과 병행할 수 없기 때문에 백성들이 조세를 납부하여 통치자의 경제적 뒷받침을 해 주어야 한다고 주장하였다. 이를 역으로 생각해 보면, 백성들의 조세 납부가 없다면 통치자는 분쟁 조절의 통치 행위에 전념할 수 없고, 이는 결국 민생의 불안을 초래하게 된다고 할 수 있다. 이 점에서 정당한 조세 수취는 궁극적으로 백성을 위한 것이 된다.

---

41) 『朝鮮經國典』 上, 「賦典」, 賦稅, "古之聖人 立賦稅之法 非徒取民以自奉. 民之相聚也 飮食衣服之欲攻乎外 男女之欲攻乎內 在醜則爭之 力敵則鬪之 以至於相殘 爲人上者 執法以治之 使爭者平鬪者和 而後民生安焉. 然不可耕且爲也 則民之出乎什一 以養其上."

정도전은 이와 같은 부세의 취지를 통치자가 분명하게 인지해야 한다는 점을 강조하였다. 즉, 통치자가 백성들의 세금 납부를 당연하다고 여겨서는 안 되며, 부세 납부를 통해 자신을 봉양하는 백성들에게 보답하기 위해 맡은 직무를 수행하는 데 최선을 다해야 한다는 점을 분명히 하였다. 또 부세를 담당하는 관리들은 인욕을 억제하고 공정한 부세 운영에 힘써야 한다는 점도 지적하였다. 이어 정도전은 조선 건국 후 제정한 부세 제도가 거의 중정(中正)의 도를 얻었지만 아직도 미진한 부분이 있으며, 그 책임은 부세법의 의의를 강구하지 않는 관리들에게 있다고 하였다. 그리고 관리들이 틈틈이 부세법의 의의를 잘 강구해서 원칙에 맞게 운영할 것을 촉구하였다.[42]

한편, 부세 정책의 연장선에서 살펴보아야 할 것이 바로 부세의 운송 문제이다. 이와 관련하여 정도전이 가장 중요하게 생각한 원칙은 조세곡의 운반으로 백성들을 피곤하게 해서는 안 된다는 점이었다.

> 옛날에 천자와 제후들은 모두 기내(畿內)에서 나오는 부(賦)로 생활하였다. 그러므로 조운의 거리가 멀어도 5백 리를 넘지 않았고, 가까우면 50리를 넘지 않았으니, 백성들의 힘이 피곤한 지경에 이르지 않았다. 진(秦)·한(漢) 이래로 천하를 군현(郡縣)으로 편제하여 그 소출의 부(賦)를 모두 천자의 도읍으로 운반하게 하면서 수송하는 거리가 매우 멀어지고 운송하는 곡식도 매우 많아져 백성들의 힘이 피곤하게 되었다.[43]

<hr>

42) 『朝鮮經國典』上, 「賦典」, 賦稅.

43) 『朝鮮經國典』上, 「賦典」, 漕運. "古者 天子諸侯 皆享畿內之賦 故漕運之所責入 遠不過五百里 近不過五十里 民力不至於困. 秦漢以來 郡縣天下 而其所出之賦 輸之天子之都

정도전은 백성 동원을 최소화하면서 조세곡을 안정적으로 운송하기 위해 조운(漕運)을 적극적으로 이용할 것을 주장하였다. 특히 그는 우리나라가 3면이 바다로 둘러싸여 있어 조운에 적합한 자연환경을 갖추고 있지만, 고려 말 왜구의 침략 때문에 조운 운영에 차질이 빚어졌던 점을 지적하였다. 이어 정도전은 조선 건국 후 전함(戰艦)을 수리하고 해안 방어를 강화하여 왜구를 몰아내는 데 전력을 다했고, 그 결과 마침내 왜구가 물러가고 뱃길이 열려서 백성들의 노력이 절감되고 나라의 재정이 풍족해지는 성과를 거두었다고 하였다. 또 그는 비록 조운을 이용하더라도 올바른 관리를 얻지 못하여 일을 처리하는 과정에 조금이라도 문제가 발생하면 폐해가 생기게 되므로 이를 항상 유의해야 한다는 점을 강조하였다.[44]

③ 구제 정책

정도전은 민생 안정을 국가의 중요한 책무로 인식했고, 이를 위해 민생에 직접적인 영향을 끼치는 호적·부세 제도의 정비에 많은 노력을 기울였다. 여기에 더하여 정도전은 백성 중에서 힘없고 가난한 사람들을 위한 최소한의 보장 제도를 마련하는 일에도 깊은 관심을 가졌는데, 그 결과로 나타난 것이 의창(義倉)과 혜민전약국(惠民典藥局)이다.

먼저 정도전은 의창을 설치한 취지에 대해 다음과 같이 설명하였다.

홍수·한발·질병은 천도(天道)가 운행하는 과정에서 발생하는 것으로, 대대로 간혹 나타난다. 그런데 기근(飢饉)이 일어나면 백성을 다스리는 책임

道里至遠 運粟至多 而民力困."
44) 『朝鮮經國典』 上, 「賦典」, 漕運

을 맡은 사람이 그냥 앉아서 보기만 하고 이를 구제하지 않을 수 있겠는가? 우리나라에서는 중앙에 의창을 설치하여 곡식을 저축하였고, 이 제도를 확대하여 지방의 주·부·군·현에도 각각 의창을 설치하였다.[45]

위 인용문에서 정도전은 의창이 굶주린 백성을 구제하려는 목적에서 설치된 것임을 분명히 하였다. 그는 의창의 기능을 두 가지로 설명하였다. 하나는 춘궁기에 가난한 농민에게 곡식을 대여해 주었다가 가을 추수 후에 빌려준 원곡을 거두어들이는 것이고, 다른 하나는 흉년이 심할 때 의창 곡식을 풀어서 빈민을 구제하는 것이다. 둘 다 경제적으로 불안정한 처지의 농민들을 국가에서 구제한다는 공통점이 있다. 즉 가난한 농민들 또한 국가의 근본이 되는 백성이므로 국가에서 이들의 어려움을 파악하고 이들이 경제적 곤궁에서 벗어나 안정을 찾을 수 있도록 도와주어야 한다는 것이 정도전의 입장이다. 한편 정도전은 의창을 운영할 때 경제적으로 위급한 사람들만 구제하고 부유한 사람에게 의창곡을 주어서는 안 되며, 원곡이 줄어들지 않도록 잘 관리해야 한다는 점을 지적하는 등 공정하고 지속적인 의창 운영에도 많은 관심을 기울였다.

의창이 흉년과 가난으로부터 백성들을 구제하기 위한 제도라면, 혜민전약국은 질병의 고통으로부터 백성들을 구제하기 위해 설치한 기구였다.

나라에서는, 약재(藥材)가 본토에서 생산되지 않기 때문에, 만약 (부모

---

45) 『朝鮮經國典』 上, 「賦典」, 義倉. "水旱疾疫 在天道流行之數 代或有之 而飢饉至焉 爲民牧者 其可坐視而莫之救歟. 國家內置義倉 以儲穀粟 又推其法 及之州府郡縣 各置義倉."

가) 질병에 걸리면 효성스럽고 어진 자손들이 약재를 구하기 위해 이리저리 헤매다가 약은 얻지 못하고 병은 더욱 깊어져서 끝내 병을 치료하지 못하는 폐단이 발생할 것을 염려하였다. 이에 혜민전약국을 설치하고 관에서 약값으로 오승포(五升布) 6천 필을 지급하여 약재를 갖추게 하였다. 그리하여 무릇 질병이 생긴 자는 몇 말의 곡식이나 몇 필의 베를 가지고 혜민전약국에 가서 필요한 약을 구할 수 있게 하였다. 또 원본의 이자를 도모하여 10분의 1의 이자를 받아서 항구적으로 약을 비치하여 빈민들이 질병의 고통에서 해방되고 요절하는 액운을 면하게 하였으니, 살리기를 좋아하는 덕이 이렇듯 컸다.[46)]

혜민전약국은 대부분의 약재가 국내에서 생산되지 않아 일반 백성들이 병이 들어도 약을 구하기 힘든 상황에 대응하기 위해 국가 차원에서 마련한 대책이었다. 즉, 국가에서 재원을 조달하여 필요한 약재를 갖춰놓았으며, 약이 필요한 사람들이 일정한 비용을 지불하고 약을 살 수 있도록 하였다. 전근대 시대에 국가에서 일반 백성들의 의료 문제까지 책임지고자 했다는 점에서 정도전의 민본 이념이 잘 반영된 제도라고 할 수 있다.

정도전은 좋은 취지로 시작된 혜민전약국의 운영에도 문제가 있음을 지적하였다. 즉 관청에서 백성에게 약값을 지나치게 칠지히 징수하고, 권세 있는 사람들이 약물을 강제로 싼값에 사들이면서 한편으로는 약재

---

46) 『朝鮮經國典』 上, 「賦典」, 惠民典藥局, "國家以爲藥材非本土之所産 如有疾病 其孝子慈孫 傍求奔走 藥未之得而病已深 有不及救治之患. 於是置惠民典藥局 官給藥價五升布六千疋 修備藥物 凡有疾病者 持斗米疋布至 則隨所求而得之 又營子利 十取其一 期至無窮 俾貧民免疾痛之苦 而濟夭札之厄 其好生之德大矣."

마련에 필요한 재원이 축나고 다른 한편으로는 빈민이 자활할 수 없게 되었다는 것이다. 정도전은 이런 문제의 해결은 결국 혜민전약국을 관장하는 책임자가 자기 직책을 충실히 수행하는가에 달려 있다고 하면서, 담당 관리들이 백성을 살리기를 좋아하는 '호생지덕(好生之德)'의 실천에 힘쓸 것을 촉구하였다.[47]

3) 법령의 제정과 시행

정도전은 부세 제도를 만든 이유를 설명하면서 통치자의 가장 중요한 임무가 백성들 사이의 분쟁과 갈등을 조율하고 해결하여 민생을 안정시키는 것이라고 하였다. 그런데 분쟁과 갈등의 조율은 통치자의 자의적인 판단으로 결정하는 것이 아니다. 정도전은 통치자가 법으로 그들을 다스려서 다투는 자와 싸우는 자를 평화롭게 해 주어야 한다고 주장하였다.[48] 즉 정도전은 법령을 사회적 갈등 해결과 민생 안정의 도구로 규정하였다. 이 점에서 정도전에게 있어 법령의 제정과 시행은 민본 이념의 실현과 밀접한 관련이 있다고 할 수 있다.

정도전은 『조선경국전』「헌전(憲典)」총서(總序)에서 "성인(聖人)은 만민에 대하여 인(仁)으로써 사랑하고 형(刑)으로써 위엄을 보인다."라고 하여 국정 운영에서 인정(仁政)과 형정(刑政)이 함께 가야 한다는 점을 강조하였다. 이어 그는 "위엄을 보이는 것은 (백성의) 삶을 보전하기 위한 것"이라고 하여 형정의 궁극적인 목적이 백성들을 살리는 것에 있음을 분명히 하

<hr>

47) 『朝鮮經國典』上, 「賦典」, 惠民典藥局.
48) 『朝鮮經國典』上, 「賦典」, 賦稅.

였다.[49] 또 정도전은 형정을 시행하기 위해서는 먼저 백성들이 금법(禁法)의 내용을 분명히 알도록 해 주어야 한다는 점을 지적하였다. 그는 조선 건국 초에 당시 형률(刑律)로 사용하던 『대명률』을 방언으로 번역한 것은 백성들이 금령의 내용을 분명히 알아서 이를 범하지 않도록 하기 위한 것이었다고 설명하였다. 그리고 형정의 최종적인 목표는 백성들이 금법을 범하지 않아서 형벌을 사용하지 않게 되는 것이라는 점을 강조하였다.[50]

이처럼 정도전은 법률에 의거한 통치를 중시하였다. 하지만 정도전은 법령의 시행이 백성의 생명을 존중하기 위한 것이라는 점을 분명히 했으며, '어질고 밝은 덕[仁明之德]'을 형벌 사용의 근본으로 삼아야 한다고 주장하였다.[51] 이는 정도전 역시 인정이 통치의 근본이 되어야 하고 형정은 인정을 돕는 보조여야 한다는 유가(儒家) 정치의 원칙에 충실했음을 보여준다.

정도전은 「헌전」에서 법령 제정이 필요한 여러 항목들을 서술하였는데, 이를 정리하면 크게 두 가지로 나누어 볼 수 있다. 하나는 관리들의 직무 수행을 감독하고 제어하는 데 필요한 법령이고, 다른 하나는 민생을 보호하고 안정시키는 데 필요한 법령이다.

정도전은 「헌전」 '직제(職制)'에서 관직을 설치하는 이유를 다음과 같이 설명하였다.

왕자(王者)는 하늘을 대신하여 만물을 다스리므로 반드시 여러 현인(賢

---

49) 『朝鮮經國典』 下, 「憲典」, 總序.
50) 『朝鮮經國典』 下, 「憲典」, 總序.
51) 『朝鮮經國典』 下, 「憲典」, 總序.

人)을 등용하여 여러 직책을 맡긴다. 그러므로 모든 벼슬과 모든 관부(官府)는 하늘의 일[天事]이 아닌 게 없다. 『서경』에 "백료(百僚)가 서로 배우며 일하고, 백공(百工)이 때를 따라서 사시(四時)에 맞게 일하여 모든 일이 이루어지리로다."라고 했으니, 이것이 당(唐)·우(虞)의 정치가 융성하게 된 까닭이다.[52]

윗글에서 정도전은 군주가 하늘을 대신해서 백성을 다스리기 위해 관직을 설치하고 인재를 등용했으며, 따라서 모든 관리들은 하늘의 일을 수행하는 것이라고 규정하였다. 그런데 관리가 된 이후 그 직무를 제대로 수행하지 않는 경우들이 발생했기 때문에 형벌을 거행하지 않을 수 없게 되었다고 하였다. 정도전은 만약 명령을 어기고 직무 수행에 태만한 관리들을 법으로 징계하지 않는다면, 간사하고 거짓된 관리들이 백성을 병들게 하고 나라를 어지럽히는 것을 제어할 수 없다고 지적하였다. 이처럼 관형(官刑), 즉 관리에 대한 법령은 그들이 직무에 충실하여 책임을 다하도록 하려는 목적에서 제정되었다.[53]

한편, 정도전은 법령을 제정하고 이를 어기는 자에게 형벌을 시행하는 것이 민생을 보호하는 조치라고 주장하였다.

『서경』에, "백성은 나라의 근본이다. 근본이 튼튼해야 나라가 편안하다."라는 말이 있다. 그러므로 국가를 가진 자는 반드시 먼저 민생을 보호하는

---

52) 『朝鮮經國典』 下, 「憲典」, 職制. "王者代天理物 必用群賢以任衆職 故百官庶府 無非天事. 書曰 百僚師師 百工惟時撫于五辰 庶績其凝 此唐虞之治所以爲盛."
53) 『朝鮮經國典』 下, 「憲典」, 職制.

일을 급무로 삼아야 한다. 그러나 백성의 수가 많으므로 변고(變故)도 매우 빈번하다. 간교한 자는 간사한 짓을 행하고, 어리석은 자는 법을 범하고, 억센 무리들은 포악한 행동을 하고, 굶주림과 추위에 시달린 자들은 도둑질을 한다. 윗사람을 속이고 사욕을 자행하는 일이 한량없으며, 왕의 법도를 무너뜨리고 화란을 일으킨다. 백성의 어른이 된 자가 어찌 이런 사태를 염려하여 미리 예방하지 않을 수 있겠는가? 그러므로 반드시 법령을 엄하게 해서 위엄을 보이고 형벌을 밝혀서 징계한 다음에야 백성들은 두려워할 줄 알아서 화란이 그치게 될 것이다.[54)]

위 인용문에서 정도전은 국가와 사회에는 많은 사람들이 함께 살기 때문에 다양한 문제들이 발생할 수밖에 없음을 전제한 다음, 통치자가 이를 해결하지 않고 그대로 내버려 둔다면 나라의 법도가 무너지고 화란이 일어나게 된다는 점을 지적하였다. 정도전은 나라를 어지럽히는 변고를 억제하고 예방하기 위해서는 통치자가 반드시 법령을 제정하여 위엄을 밝히고 형벌을 시행하여 징계해야 한다고 주장하였다. 또 법령을 세워서 형벌로 다스리는 것이 비록 덕(德)과 예(禮)로 다스리는 효과보다는 못하지만, 성인도 화란의 예방을 위해서 부득이 이렇게 했다는 점을 지적하여 법령 제정과 형벌 시행의 불가피성을 강조하였다.[55)]

이상과 같은 정도전의 주장을 위 인용문의 첫머리에서 언급한, "민생

---

54) 『朝鮮經國典』下, 「憲典」, 戶役. "書曰 民惟邦本 本固邦寧 故有國家者 必先以保民生爲急務. 然民生之衆 變故甚繁 巧者生姦 愚者冒法 強衆爲暴 飢寒爲盜 誣上行私 罔有紀極 隳王度而致禍亂. 長民者其可不慮而預爲之防乎 故必嚴令以威之 明刑以懲之 然後民有所畏 而禍亂息矣."

55) 『朝鮮經國典』下, 「憲典」, 戶役.

보호가 통치자의 급무"라는 내용과 연결해 보면, 법령 제정과 형벌 시행은 결국 민생을 해치는 변고로부터 백성들을 보호하는 일이 된다. 이 점을 고려할 때 정도전에게 있어 법령의 제정과 시행은 민본 이념이 현실에서 구현되는 구체적인 통로였다고 할 수 있다.

그렇다면 백성들 사이에서 발생하는 변고는 구체적으로 어떤 것들일까? 정도전은 백성들이 기회를 틈타 간사한 행위를 하는 일이 매우 많지만, 그중에서도 통치자가 가장 먼저 법령을 세워서 제어해야 하는 7가지 사안이 있다고 주장하였다. 이를 정리하면 <표 3>과 같다.

<표 3> 정도전이 법령의 우선 제정을 강조한 사안(전거:『조선경국전』하, 「헌전」, 호역)

연번	법령이 필요한 사안	법령이 필요한 이유
1	호역(戶役)	민력(民力)의 출처이니, 명확하지 않으면 숨기거나 누락될 염려가 있다.
2	전택(田宅: 토지·가택)	백성 생업의 근본이니, 엄정하지 않으면 겸병하는 일이 생긴다.
3	혼인(婚姻)	인도(人道)의 중요한 것이니, 삼가지 않으면 음란한 행동이 일어난다.
4	창고(倉庫)	백성의 식량이 있는 곳이니, 완비되지 않으면 낭비의 폐단이 생긴다.
5	과정(課程: 세금 부과)	모두 백성들의 재산과 관계되는 것들로 살피지 않을 수 없다. 그러므로 그 법을 상세히 하고 금령을 엄격하게 해야 한다.
6	전채(錢債: 전곡 대여)	
7	시전(市廛: 시장)	

이상 7가지 사안들을 보면, 세 번째의 '혼인'을 제외한 나머지는 모두 경제생활과 관련된 것이라는 점이 주목된다. 이는 정도전이 생각한 민본 정책의 핵심은 백성들의 경제 문제를 해결하는 것이었음을 보여준다. 이를 통해 정도전이 "일정한 생업이 있는 자가 떳떳한 마음을 갖는다[有恒産者 有恒心]", 즉 백성의 경제적인 안정이 선결되어야 백성들이 인륜

(人倫)과 예(禮)를 실천할 수 있다는 『맹자』의 원칙을 충실하게 따랐음을 알 수 있다.

정도전은 '도적(盜賊)' 편에서도 민생 경제의 중요성을 역설하였다. 정도전은 사람의 성품이 기본적으로 모두 착함에도 불구하고 도적이 발생하는 것은 경제적 가난에 기인한다고 생각하였다. 따라서 통치자가 인정을 베풀어서 백성들이 생업에 안정하도록 하고 부세 수취를 공정하게 한다면, 남자에게는 먹고 남은 곡식이 있고 여자에게는 입고 남은 베가 있어서 위로는 부모를 섬기기에 풍족하고 아래로는 처자를 기르기에 풍족할 것이라고 하였다. 그리고 이같이 하면 백성들은 예의를 알게 되고 풍속은 염치를 숭상하게 될 것이므로 도적은 없애려고 애쓰지 않아도 저절로 없어질 것이라고 주장하였다.[56]

하지만 정도전은 사람의 욕심은 한량이 없고 이익을 추구하는 마음은 쉽게 솟구친다는 것도 인정하였다. 이에 정도전은 형벌을 밝혀서 이를 억제하지 않는다면 이 또한 금지하기가 어렵다는 점을 지적하면서 "착한 본성에 근본하여 간사한 도적을 징계해야 한다[本性善 懲姦寇]."라고 주장하였다.[57] 이를 통해서도 인정을 근본으로 하되 형정이 반드시 수반되어야 한다는 정도전의 기본 원칙을 확인할 수 있다.

이상과 같이 정도전은 민생 안정을 위한 법령 제정과 시행에 있어서 경제 문제를 우선적으로 중시하였다. 하지만 그렇다고 해서 징도전이 예(禮)와 관련된 문제를 전혀 도외시한 것은 아니었다. 위에서 본 7가지 사

---

56) 『朝鮮經國典』 下, 「憲典」, 盜賊.
57) 『朝鮮經國典』 下, 「憲典」, 盜賊.

안 중 세 번째로 혼인을 언급한 것은, 일상의 예와 도덕의 문제는 모두 부부 관계로부터 시작된다는 유학의 관념에 비추어 볼 때, 인륜의 첫 시작부터 바르게 해야 한다는 정도전의 입장이 분명하게 드러난 것이라고 할 수 있다.

정도전은 「헌전」의 명례(名例)에서 오복(五服) 제도를 언급하면서 친속(親屬)의 원근(遠近)에 따라서 상복의 경중(輕重)이 다른 것은 모두 친친(親親)의 정을 맺기 위한 것이라고 하였다. 이어 그는 상복이 중하면 예가 엄격하고 정이 친하면 은혜가 두텁게 마련이라고 한 다음, 법을 제정하는 자가 예를 거스른 죄는 중하게 다스리고 인정(人情)에서 일어난 죄는 관대하게 처리하니, 이것은 모두 인간의 기강을 중히 여기기 위한 것이라고 하였다. 여기에서 예를 거스른 죄를 중하게 다스린다는 것은 국정의 궁극적인 목표가 모든 백성들이 예를 실천하도록 이끄는 것임을 보여준다. 이점을 고려할 때 정도전이 추구한 민본 정책은, 현실에서 가장 우선했던 것은 민생의 경제적 안정이었지만, 그 최종적인 목표는 예의 실천을 통한 인륜의 확립에 있었던 것으로 생각된다.

5. 맺음말

선행 연구를 통해 확인된 정도전 정치사상의 핵심은 ① 중앙 정부가 지방 군현까지 일원적으로 통제하는 중앙집권체제의 확립과 ② 국왕의 위상을 상징적인 최고 통치자로 규정하고 국정의 실질적 주도권은 재상이 행사하는 재상 중심의 국정 운영으로 정리할 수 있다. 이와 같은 그의 정치사상은 고려 말의 부조리한 정치·사회 현실의 개혁 방안을 모색하는 과정에서 정립되었다. 고려 말의 가장 심각한 문제는 '민생의 파탄'이었으며, 따라서 정도전이 추진한 정치·사회 개혁의 최종 목표는 민생 파탄의 원인을 제거하여 백성의 삶을 안정시키는 것이었다고 할 수 있다. 즉, 정도전의 개혁 추진은 궁극적으로 백성을 위한 것이었고, 이 점에서 민본(民本) 이념은 정도전 정치사상의 토대이자 근간이라고 할 수 있다.

정도전은 '백성이 나라의 근본이고 임금의 하늘'이라는 점을 강조했으며, 백성을 위한 정치의 핵심은 백성의 마음을 얻는 것이고 그 방법은 '인정(仁政)'이라는 점을 분명히 하였다. 또 그는 임금과 관리의 모든 통치 행위는 백성을 위한 것이 되어야 한다는 점을 역설하였다. 정도전은 이와 같은 민본 이념을 정책과 제도를 통해 실현하고자 하였다.

정도전은 민본의 관점에서 가장 중요한 관직은 백성과 가장 가까이 있는 수령이라고 보았다. 그는 수령이 군현의 백성들을 사랑하고 먹이고 기르는, 유모나 목자와 같은 존재이며, 백성의 행복과 불행을 결정짓는 위치에 있다고 하였다. 또 수령 제도가 정상적으로 운영되기 위해서는 중앙 관리와 동등하게 수령의 위상을 높여야 하며, 수령 선발을 신중히 하여 군주가 직접 수령 대상자의 자질과 능력을 살펴야 한다고 주장하였다. 한편, 정도전은 수령의 충실한 직무 수행을 위해서는 감사가 수령들을 공정하고 철저하게 관리·감독하는 것이 필요하다는 점을 강조했다. 그는 마음이 굳세고 바른 사람, 청렴하고 곧으며 치우치지 않는 사람을 감사로 임명해야 한다고 하였다. 또 감사는 수령의 모든 것을 들추어내서 조사해야 하며, 관할 지역 중 멀리 떨어져 있는 군현까지 직접 방문해서 민정의 실태를 빠짐없이 감찰해야 한다고 주장하였다.

정도전의 『조선경국전』에서 민본 이념이 가장 분명하게 드러난 부분은 「부전(賦典)」이다. 정도전은 '부(賦)'를 국가 수요의 총칭이자 백성에게 수취하는 것으로 규정하면서, 부를 운영하는 원칙은 '민생을 후하게 함'에 있다고 하였다. 정도전의 경제 정책에서 특히 민본 이념의 실천과 밀접한 관련이 있는 것으로 호적·부세·구제 등 세 가지를 들 수 있다. 먼저 정도전은 정확한 호적 파악이 공정한 부세 운영의 선결 조건임을 지적하였다. 그는 고려 말에 호적 제도가 문란해져서 국가와 민생 경제의 악화를 초래했다고 비판하였고, 조선 건국 후 전국에 교서를 반포하여 가호와 인구를 파악하도록 한 것은 정치의 근본을 안 것이라고 자평하였다.

정도전은 통치자의 가장 중요한 임무는 백성들 간의 갈등과 분쟁을 조절하고 해결하는 것인데, 이는 생산 활동과 병행할 수 없기 때문에 백성들이 조세를 납부하여 통치자의 경제적 뒷받침을 해 주어야 한다고 하였다. 그리고 이 점에서 조세 수취는 결국 민생을 위한 것이라고 주장하였다. 또 그는 통치자가 이와 같은 부세의 취지를 분명히 인식하고 백성에 대한 책임 의식을 가져야 하며, 부세를 담당하는 관리는 공정한 부세 운영에 힘써야 한다는 점을 강조하였다.

정도전은 힘없고 가난한 백성들을 위한 최소한의 보장 제도를 마련하는 것에도 깊은 관심을 가졌는데, 이는 의창(義倉)과 혜민전약국(惠民典藥局)의 설치로 이어졌다. 의창은 흉년과 가난으로부터 백성을 구제하기 위한 제도이고, 혜민전약국은 질병의 고통으로부터 백성들을 구제하기 위해 국가가 설립한 약국이다. 혜민전약국은 전근대 시대에 국가에서 일반 백성들의 의료 문제까지 책임지고자 했다는 점에서 정도전의 선진적인 민본 의식을 잘 보여주는 제도라고 할 수 있다.

정도전은 사회적 갈등·분쟁의 조정은 통치자의 자의가 아니라 법에 근거하여 이루어져야 한다고 주장하였다. 이는 그가 법령을 사회적 갈등 해결과 민생 안정의 도구로 이해했음을 보여준다. 정도전은 『조선경국전』「헌전(憲典)」에서 법령 제정이 필요한 여러 항목을 제시했는데, 이를 정리하면 ① 관원의 직무 수행을 대상으로 한 법령과 ② 범법 행위 억제와 민생 보호를 위한 법령으로 나누어 볼 수 있다. 전자는 태만한 관리를 징계함으로써 관리들이 직무에 충실하게 하려는 목적으로 제정한 법령이고, 후자는 민생을 해치는 여러 가지 사건으로부터 백성들을 보호하기 위한 법령이다. 특히 정도전은 경제생활과 관련된 법령의 제정을 중시했는데, 이는 그가 경제적 안정이 선결되어야 인륜과 예를 실천할 수 있다는 『맹자』의 원칙에 충실했음을 잘 보여준다.

〈참고문헌〉

1. 사료

鄭道傳, 『三峯集』

『經國大典』

2. 단행본

도현철, 『高麗末 士大夫의 政治思想硏究』, 일조각, 2002.

도현철, 『조선전기 정치사상사: 『삼봉집』과 『경제문감』의 실증적 분석을 중심으로』, 태
　　　학사, 2013.

한영우, 『왕조의 설계자 정도전』, 지식산업사, 1999.

3. 논문

도현철, 「정도전의 정치체제 구상과 재상정치론」, 『한국사학보』 9, 고려사학회, 2000.

＿＿＿, 「정도전의 사공학 수용과 정치사상」, 『한국사상사학』 21, 한국사상사학회,
　　　2003.

＿＿＿, 「이색과 정도전 – 성리학의 개선론과 개혁론」, 『한국사시민강좌』 35, 일조각,
　　　2004.

＿＿＿, 「정도전의 경학관과 성리학적 질서의 지향」, 『태동고전연구』 24, 한림대학교
　　　태동고전연구소, 2008.

＿＿＿, 「정도전의 문치사회론의 성격」, 『다산과 현대』 7, 연세대학교 다산강진실학연
　　　구원, 2014.

박병련, 「정도전의 정치사상과 유교적 관료체제의 재설계」, 『한국 사회와 행정 연구』

11-2, 서울행정학회, 2000.

부남철, 「정도전의 유교 국가론과 『周禮』」, 『퇴계학과 한국문화』 43, 경북대학교 퇴계
학연구소, 2008.

송재혁, 「정도전의 군주론 – 『경제문감별집』을 중심으로」, 『정치사상연구』 22-2, 한
국정치사상학회, 2016.

______, 「정도전의 신질서 구상과 『서경』」, 『아세아연구』 60-3, 고려대학교 아세아문
제연구원, 2017.

______, 「정도전의 국가론 – 『조선경국전』과 원 제국의 유산」, 『한국사상사학』 65, 한
국사상사학회, 2020.

이석규, 「정도전의 정치사상에 대한 연구 – 유교적 民本 추구 방식과 관련하여」, 『한
국학논집』 18, 한양대학교 한국학연구소, 1990.

정호훈, 「정도전의 학문과 공업 지향의 정치론」, 『한국사연구』 135, 한국사연구회,
2006.

제2장 정도전의 『주례(周禮)』 인식과 정치체제 구상

도현철(연세대)

1. 머리말

2. 선행 연구의 검토

3. 개혁 사상의 경학적 기반과 대재(大宰) 강조

  1) 개혁 사상의 경학적 기반과 『주례』 인식

  2) 대재(大宰) 강조와 정치운영론

4. 송·원·명 정치론 활용과 육전적 정치론의 의의

  1) 송·원·명 정치론 활용과 『주례』 육전적 정치체제

  2) 재상정치론과 육전적 정치론의 의의

5. 맺음말

1. 머리말

정도전(1342-1398)은 당대 최고의 선진 사상인 성리학적 정치사상을 수용하여 시대 변화, 사회변동에 조응하는 개혁론을 정립하고 새로운 왕

조의 정치체제와 정치 이념을 만든 인물이다. 그는 유교 경전 가운데 주나라의 관제와 제도, 그리고 규범으로 이상적인 사회를 지향한 『주례』[1]를 활용하여 조선적 현실에 맞는 정치체제를 구상하였다.

그간 정도전의 정치사상에 대한 많은 연구가 진행되고 새로운 사실들이 밝혔다. 하지만 조선시대의 정치체제와 관련해서 정도전이 『주례』를 활용하여 조선에서 실현하려는 이상 사회상은 무엇인가에 대한 궁금증은 여전하다. 『주례』는 중국 역사에서 개혁정치가 필요할 때마다 제기되고 새롭게 해석되어 개혁 이념으로 작용되었다. 정도전은 한·당·송·명의 유교 해석을 수용한 원나라에서 『주례』와 같은 유교 경전을 익혔고, 현실 개혁에 필요한 『주례』와 그의 해석을 채용하였다. 여기에 조선왕조 건국의 설계자인 정도전을 이해하기 위한 전제로서 정도전의 『주례』 이해의 특징을 파악할 필요성이 있다.

이를 위해서는 정도전이 고려말 상황에서 유교의 여러 경전 가운데 『주례』를 주목한 이유는 무엇이고, 그 전제로서 『주례』는 어떤 책인가가 정리되어야 할 것이다. 아울러 정도전이 『주례』를 활용하여 만든 『조선경국전』과 『경제문감』을 만드는 데 참고한 도서는 무엇이고 그 결과로서 이들 책의 성격은 무엇인가? 정도전의 구상은 고려의 정치체제를 어떻게 인식하고 무엇을 개혁하려 하는가가 밝혀져야 할 것이다. 이를 통해서

---

1) 『주례』는 유교 13경의 하나로 『예기』·『의례』와 함께 삼례의 하나이다. 처음 이름은 『주관』인데 여섯으로 구분된 360관직의 직무를 규정하는 의미였다. 후한말 유흠이 『주관』을 『주례』로 부르고, 당나라때 정현이 三禮 주석을 통하여 유교 경전의 하나인 『주례』로 확정하였다(김준현, 「『주례(周禮)』의 저작시기 및 저자에 대한 시론」, 『태동고전연구』 45, 2020). 고려시대에는 『주관』과 『주례』이 혼용되다가 점차 『주례』로 이름 붙여졌다. 김지는 『주관육익』을 만들었고, 조준은 개혁 상소에서 『주례』 천관을 인용하였으며, 『조선경국전』에는 내용에 따라 『주관』과 『주례』을 혼용하였다.

정도전의 정치사상이 보다 진전되게 이해될 수 있을 것이다.

본고에서는 이러한 문제의식을 가지고 정도전의『주례』활용에 대한 최신의 연구를 유의하면서, 정도전이 활용한『주례』혹은 송·원·명의『주례』활용 내용을 종합적으로 검토하여 정도전의『주례』이해의 특징 나아가 그의 정치사상의 성격을 파악하고자 한다.

2. 선행 연구의 검토

정도전의『주례』[2]를 기반으로 그의 정치사상을 살펴보려는 연구는『주례』를 변화하는 사회에 대응하는 개혁 사상의 일환으로 파악하면서 진전되었다.[3] 우선『주례』는 유교의 이상사회인 주나라의 관직제도를 제시하면서 육전(六典)을 기준으로 6대 직관 및 그 속관 360여개 관직 기능을 기술함으로써 국가체제의 구상과 지배 방식을 담고 있다. 또한『주례』

2) 이재희·이준녕 해역,『주례』, 자유문고, 2002; 공병석,『예학 禮學 강의『주례』편』, 학고방, 2024.

3) 津田左右吉,「周官の研究」,『津田左右吉著作集』17, 岩波書店, 1965; 庄司莊一,「王安石周官新義の大宰について」,『集刊東洋學』23, 1970; 田中利明,「周禮の成立についての一考察」,『東方學』42, 1971; 重澤俊郎,「周禮の思想史的考察」,『東洋の文化と思想』; 閒嶋潤一,「鄭玄の周禮解釋について」,『東洋文化』復刊 40, 1976; 越智重明,「周禮の財政制度·田制·役制をめぐつて」,『九州大學東洋史論集』9, 1981; 曾我部靜雄,「周禮の井田法」,『社會經濟史學』50-4, 1985; 候家駒,『周禮研究』, 聯經出版社, 1987; 堀池信夫,「周禮の一考察」,『漢魏思想史研究』, 明治書院, 1988; 彭林,『周禮主體思想與成書年代研究』, 중국사회과학출판사, 1991; 姚瀛艇,「宋儒關於≪周禮≫的爭議」,『中國經學論文選集』下册, 文史哲出版社, 1993; 吾妻重二,「王安石『周官新義』の考察」, 小南一郎 編,『中國古代禮制研究』, 1995; 朱維錚 편,『周予同經學史論著選集』, 上海人民出版社, 1996; 憑紹霆,『周禮─遠古的 理想』, 1997. 上海古籍出版社; 張東宇,「『周禮』의 경학사적 위상과 개혁론─王權과 禮治에 대한 문제의식을 중심으로」,『東方學志』133, 2006.

는 관직을 중심에 두고 의례 등 일상생활의 규범에 이르는 예제를 포함하여[4] 중국 왕조의 정치와 행정의 원칙과 표본 및 규범을 담은 유가 정치론의 경전이라고 할 수 있다. 『주례』은 중국 고대의 이상이 담긴 유교 경전으로 파악되지만, 시대적 요구에 따라 다양하게 해석된다. 『주례』는 요순부터 내려오는 유교의 도의 전승을 담은 『상서』의 기본이념 속에 포함되었는데,[5] 서주의 봉건 이론을 기초로 중앙집권적 군현제를 내세우고 황제와 재상의 권력 분립 이론을 견지하며,[6] 국가주의, 통제책의 사상이 내포된다[7]고 한다.

정도전은 『주례』를 활용하여 새로운 국가체제를 구상하였다는 이해는 널리 통용되고 있다. 처음 정도전에 대한 새로운 인식과 본격적 연구가 진행[8]된 이래, 『조선경국전』은 원나라의 『경세대전』과 명나라의 『대명률』 헌전을 활용하였다[9]는 견해가 제시되었다. 이어 정도전의 사상을 구조적으로 분석하고 그 사상적 기초로 『주례』와 연관성을 밝히는 연구가

---

4) 문철영, 「다산 정약용의 《《주례》》 수용과 그 성격」, 『사학지』 19, 1985.

5) 조성을, 「정약용의 『주례』 연구와 개혁사상」, 『한국 중세의 정치사상과 周禮』, 혜안, 2005.

6) 송재윤, 「제국적 통합과 집권화의 이념 – 유종원(柳宗元)(773–819)의 봉건론의 정치 철학적 함의 –」, 『동양철학』 35, 2011; 「황제와 재상: 남송대(1127–1279) 권력 분립이론」, 『퇴계학보』 140, 2016; 「경(經)의 제국: 동아시아 유가 경학의 보편사적 함의」, 『역사와 현실』 113, 2019; 「경(經)의 통치: 남송대(남송대, 1127–1279) 봉건(封建) 논쟁)」, 『공자학』 48, 2022; 이자와 고이치(井澤耕一), 「남송기에 있어서 주례학에 대하여 – 주자의 『주례』 해석을 중심으로」, 『국학연구』 16, 2012.

7) 한영우, 「조선 건국과 사대부」, 『한국사특강』, 서울대출판부, 1990; 이근명, 「전통시대 중국의 지식인들은 왜 왕안석을 반대하였는가?」, 『전북사학』 38, 2010.

8) 李相佰, 「정도전론」, 『韓國文化史研究論考』, 乙酉文化史, 1947.

9) 末松保和, 「朝鮮經國典再考」, 『和田博士還曆記念東洋史論叢』, 1951/『靑丘史草』제 2, 1966.

제출되었다.[10] 이에 의하면, 정도전은 『주례』의 육전을 근거하여 『조선경국전』과 『경제문감』을 만들고 이상적인 정치체제, 권력구조를 창안하였다. 치전에서 권력의 중심이 총재 곧 재상에 있어야 하고, 부전에서 국가 수입원의 확대와 지출의 절약을 통한 재무 구조의 안정, 세금 부담의 공정성을 주장하였다. 예전에서는 국가의 각종 제사와 연향(燕享) 등의 의례의 원칙을 제시하고, 정전(政典), 곧 병전은 바르지 못한 인간을 바르게 하는 정인(正人)의 도덕성을 기초한 뒤에 백성과 군사를 아끼고 나라를 바르게 인도해야 한다고 하였다. 헌전에서 『대명률』에 기반하여 인정과 덕치가 중요한 데, 형벌은 이를 보조하는 수단으로 삼는다고 하였고. 공전은 검소, 인화 등의 유교 이념을 세우고 있다. 『주례』의 주석을 통한 정치체제 구상을 제시한 것이라 할 수 있다.

한편, 『조선경국전』과 『주관육익』의 관계에 대해서, 『주례』 육전에 기초하되, 유교 이념에 철저한 정치체제를 구상한 『조선경국전』과 고려의 왕실과 문물제도를 포괄하는 『주관육익』을 대비하여, 새로운 왕조를 건설하려는 전자와 왕조를 유지하려는 후자를 대비한 연구가 있다.[11] 이와 달리 『조선경국전』은 『주관육익』의 성과를 수렴하면서 체제 개혁을 도모하여 완성된 것으로 파악되었고,[12] 이 두 입장을 종합하여 『주관육익』이 『주례』의 육전 체제에 기반하여 강과 목으로 설정하고 운영체계를 만들어 기존 체제를 정상화하려는 사람에게 큰 도움이 되있고, 『조선경국전』

10) 한영우, 『정도전사상의 연구』, 서울대출판부, 1983.

11) 도현철, 『고려말 사대부의 정치사상 연구』, 일조각, 1999; 「여말선초 개혁사상과 『주례』」, 『한국 중세의 정치사상과 周禮』, 혜안, 2005.

12) 김인호, 「金祗의 周官六翼 편찬과 그 성격」, 『역사와 현실』 40, 2001; 「여말선초 육전체제의 성립과 전개」, 『東方學志』 118, 2002.

을 완성하는 지침이 되었을 것으로 이해하였다.[13]

『조선경국전』의 체제 구성과 그 인용 전거와 관련하여 많은 연구가 제시되었다. 초기 연구에서 전체가 아니라 대서(大序)와 소서(小序)만을 채록한 것이고 전체는 실전되었다[14]고 하였고, 또 다른 연구에서 『조선경국전』은 새 시대에 필요한 새로운 법으로 조선 건국 이념을 지탱하는 법제의 방향을 제시한 공식적인 입법 지침서이며, 개별 문(門)의 핵심적인 내용을 요약하는 것이 많고, 시제를 나타내는 부사를 찾을 수 없다고 한다. 그리고 재상 정치와 군주 관련 사항은 『경제문감』과 『경제문감별집』에서 이를 보완하였다[15]고 한다.

최근 정도전 사상의 주요 자료인 『조선경국전』과 『경제문감』의 근거 자료 연구가 활발하게 진행되어, 『경제문감』이 남송대의 『주례정의』·『산당고색』·『서산독서기』를 참고한 사실이 확인되었다.[16] 그리고 『조선경국전』에서는 『경세대전』·『경세대전서록』 등을 원용했고, 『경제문감』에는 『고금원류지론』·『경제문감별집』에서는 『십칠사찬고금통요(十七史纂古今通要)』·『역조통략(歷朝通略)』·『서전집록찬주(書傳輯錄纂注)』가 활용되었다[17]고 한다. 최근에는 이를 망라해서 『삼봉집』의 인용전를 정리하였

13) 윤훈표, 「高麗末 改革政治와 六典體制의 導入」, 『學林』 27, 2006.

14) 末松保和, 앞의 논문.

15) 정긍식, 「〈〈조선경국전〉〉과 조선초기 법제정비」, 『법학』 56, 2015.

16) 도현철, 『조선전기정치사상사 ─ 『삼봉집』과 『경제문감』의 실증적 분석을 중심으로』, 태학사, 2013.

17) 송재혁, 「정도전(鄭道傳)의 국가론: 『조선경국(朝鮮經國典)』과 원(元) 제국의 유산」, 『韓國思想史學』 65, 2020; 「경제문감별집(經濟文鑑別集)의 인용전거 탐색: 『사림광기(事林廣記)』, 『서전집록찬주(書傳輯錄纂注)』, 『십칠사찬고금통요(十七史纂古今通要)』를 중심으로」, 『아세아연구』 63, 2020; 「『經濟文鑑別集』의 『十七史纂古今通要』 인용 분석」, 『고전번역연구』 11, 2020; 송재혁·이아영, 「『경제문감(經濟文鑑)』 재상편의 「고금원류지론(古今

다.[18]

　또한 정도전의 『주례』 활용을 고려시대의 『주례』의 예제 활용과 대비하여 살폈고,[19] 『주례』를 조선 국가의 성격과 관련하여 파악하기도 하였다.[20] 또한 정도전 사상 연구에 필요한 근거 자료로 『주례』를 소개하기도 하였다.[21]

　기왕의 연구는 정도전이 『주례』와 송·원·명의 『주례』 연구를 참고하여 『조선경국전』[22]과 『경제문감』[23]을 저술하고 새로운 국가체제를 모색한 것임을 알게 해준다. 그런데, 이들 연구들은 개별 분산적인 연구 성과로 각각 연구를 아우르는 이해가 필요하다. 이와 더불어 최근에 밝혀진 조선 건국을 둘러싼 유교 경전 이해를 비롯한 사상사,[24] 정치사 연구[25]를 반영하는 종합적인 연구가 요구된다고 할 수 있다.

<hr>

　源流至論)」, 『한국사연구』 188, 2020; 「정도전 저작의 군신공치론적 구조: 『진서산독서기』와의 연관성을 중심으로」, 『공자학』 52, 2024.

18) 최민규, 2025, 「정도전 『삼봉집』의 판본과 연구 자료」, 『정도전 연구입문』, 주류성, 98쪽.

19) 이범직, 『조선중세예사상연구』, 일조각, 1991; 이유진, 「『고려사』 예지에 보이는 『주례』 수용 양태」, 『철학사상』 2, 1992.

20) 부남철, 「정도전의 유교국가론과 주례」, 『퇴계학과 유교문화』 43, 2008; 김인규, 『조선조 주례의 수용과 국가례』, 다운샘, 2021.

21) 최민규, 「정도전 『삼봉집』의 판본과 연구 자료」, 『정도전 연구입문』, 주류성, 2025, 98쪽.

22) 『太祖實錄』 권5, 3년 5월 30일(戊辰), "判三司事鄭道傳, 撰進朝鮮經國典. 觀覽嘆美, 賜廏馬·綺絹·白銀"

23) 『太祖實錄』 권7, 4년 6월 6일(戊辰), "判三司事鄭道傳, 撰經濟文鑑以進."

24) 도현철, 「정도전의 경학관과 성리학적 질서의 지향」, 『泰東古典研究』 24, 2008; 함영대, 「정도전의 『맹자』 해석에 대한 일고」, 『한국고전연구』 32, 2015; 「여말선초 『맹자』 이해의 주제와 관심사」, 『대동한문학』 48, 2016; 송재혁, 「정도전의 신질서 구상과 『서경』」, 『아세아연구』 169, 2017; 현수진, 「고려시기 伊尹 故事와 그에 나타난 군신관계」, 『역사학보』 244, 2019; 최민규, 「조선전기 주희 문헌 연구와 사대부 성학론」, 연세대박사논문, 2024.

25) 이익주, 「삼봉집 시문을 통해 본 고려말 정도전의 교유관계」, 『정치가 정도전의 재조명』, 경세원, 2004; 「고려말 정도전의 정치세력 형성 과정 연구」, 『東方學志』 134, 2006; 도현철, 『조선건국의 개혁사상과 문명론』, 지식산업사, 2024.

3. 개혁 사상의 경학적 기반과 대재(大宰) 강조

1) 개혁 사상의 경학적 기반과 『주례』 인식

정도전은 성리학을 수용하여 사서오경을 익히며 경학 체계를 세웠고, 이를 근거로 경세론 곧 새로운 왕조의 국가체제와 정치 운영 등을 구상했다. 그는 공민왕 11년(1362)에 과거시험 과목인 육경의·사서의(六經義·四書疑)[26]를 시험 보아 합격했다. 이때 사서는 『사서집주』, 오경의 경우, 『시경』은 주자의 주, 『상서』는 채침, 『주역』은 주자와 정이천의 주, 『춘추』는 삼전 및 호씨전 겸용, 『예기』는 고주소가 활용되었다. 사서오경이 주자주를 채택한 원 과거[27]를 참고한 결과라고 할 수 있다.

정도전은 사서오경에 기초한 성리학적 개혁 사상을 전개했다. 이때 성리학은 이기·인성설을 근간으로 하여 우주와 인간을 통일적·완결적으로 설명하는 철학사상으로 체계화된 점에서 단순히 사회·정치론, 수양론의 수준에 머물렀던 종래의 유교와 차원을 달리했다. 이에 따라 성리학을 통하여 세계와 정치사회론, 인간관과 수양론에 대한 체계적인 사고를 갖추고 현실 변화에 효과적으로 대응할 수 있는 정치사상을 갖추게 되었다. 더욱 성리학은 유교 본래의 문제의식, 곧 중국 춘추전국시대 사유와 세습에 기반한 양육강식의 논리가 횡행하며 법술을 위주로 정치를

---

26) 『高麗史』 권73, 「志」27, 選擧1 科目1(충목왕 즉위년 8월), "改定初場試六經義四書疑, 中場試古賦, 終場試策問."

27) 『元史』 권81, 「志」31, 選擧1 科目1, "考試程式, …… 漢人南人, 第一場明經經疑二問, 大學論語孟子中庸內出題, 竝用朱氏章句集註, 復以己意結之, 限三百字以上, 經義一道, 各治一經, 詩以朱氏爲主, 尙書以蔡氏爲主, 周易以程氏, 朱氏爲主, 以上三經, 兼用古註疏, 春秋許用三傳及胡氏傳禮記用古註疏, 限五百字以上, 不拘格律."

행하던 상황에서 야기된 쟁탈성을 해소해 가는 방법으로서 인륜에 대한 성찰과 제도화를 꾀하는 유교의 정치론을 제시하였다.[28]

더욱 정도전은『대학』의 수기치인론을 토대로 사물에 대한 이치 탐구를 통하여 성의·정심을 파악하고 이를 기초로 제가·치국·평천하로 이어지는 정치론을 제시하였다. 또한『논어』와『맹자』로 성리학적 인론과 경세론을 전개하였다. 그는 인을 천지가 만물을 낳는 마음(天地生物之心)으로 해석하고,『중용』으로 인간과 세계에 대한 철학적 근거를 파악하고 이를 기초로 인간 사회의 운영 원리를 제시하였다.[29]

또한 그는 정이천과 주자의 의리에 입각한『주역』과『춘추』이해,『시경』의 정심(正心),『서경』의 도통을 강조하였다. 특히 그는 유교를 정통·정학으로 인식하는 가운데 16자 심법의 도학·도통[30]의식을 견지하여, '정일집중(精一執中)'[31]이 성학(聖學)의 연원이라고 하였다.[32]

정도전은『주례』를 강조하였고『의례』에 대한 관심을 보이지 않았다.

28) 이봉규, 「인륜: 쟁탈성 해소를 위한 유교적 구성」, 『泰東古典研究』 31, 2013.

29) 『대학』·『논어』·『맹자』·『중용』와 관련된 先儒의 주를 모은 『사서집주』는 성리학의 理氣心性·道統·爲學之法을 제시한다. 주자는 『대학』을 통해서 수기치인의 학으로서 유교의 골격(규모)을 정하고, 『논어』를 통하여 공자와 그의 제자들이 『대학』의 도를 어떻게 실천했는지 이해하며, 『맹자』로 공자의 가르침의 발전 과정을 알고, 『중용』을 통해서 인간의 도를 하늘의 도와 연결시켜 인간의 도덕적 실천의 근거를 체득하도록 하였다(조성을 옮김, 『中國思想史』, 이론과 실천, 1988; 조경란 옮김, 『中國思想史』, 동녘, 1992).

30) 道統論은 儒家의 학문의 요지인 "人心惟危 道心惟微 惟精惟一 允執厥中"의 16자가 진수해 간 내력으로서, 요·순·우·탕·문·무의 帝王과 周公으로 이어진 후 공자가 이것을 계승하였고, 이것이 다시 顔子·曾子를 거쳐 子思·孟子에게 전해졌다는 것이다(金駿錫, 「17세기 畿湖朱子學의 動向宋時烈의 道統繼承運動」, 『孫寶基博士停年紀念韓國史學論叢』, 지식산업사, 1988, 352-354쪽).

31) 『書經』, 「大禹謨」, "人心惟危, 道心惟微, 惟精惟一, 允執厥中."

32) 『三峯集』 권13, 「朝鮮經國典」 上 敎書, "自典謨訓誥著於書, 而精一執中之說, 爲萬世聖學之淵源, 信乎其大矣."

주자는 『주례』는 주공에 의한 주나라의 이상이 담긴 한 시대의 정령으로 보았는데, 『의례』를 경(經) 곧 삼례(三禮)의 중심으로 파악했고, 경으로의 『의례』에 전(傳)으로서의 『예기』, 그 외의 예 관계 고전을 부기하는 형태로 파악했다.[33]

정도전은 『주례』를 통하여 주나라를 이상적인 국가상으로 지향하고 『조선경국전』과 『경제문감』을 저술하여 조선왕조의 국가체제를 모색하였다.[34] 『조선경국전』은 『주례』의 육전(六典)을 기초로 통치 이념과 통치 조직을 종합적으로 제시하였고, 『경제문감』은 『조선경국전』의 치전(治典)의 내용을 보완하여 재상과 대관·간관·위병·감사·주목·군태수·현령의 역할과 임무를 구체화시켰다. 그는 『조선경국전』을 올리는 글에서, "새로운 나라의 건국에 즈음하여 『주례』의 육관을 모방하여 조선의 법전을 만든다"[35]고 하였다. 그리고 "주상전하께서 하늘의 덕을 체인하시어 왕위를 인(仁)으로써 유지하시며, 국호를 정하여 민심을 안정시키고, 세자

---

33) 『朱子大全』 권14, 「乞修三禮箚子」, "周官一書, 固爲禮之綱領, 至其儀法度數, 則儀禮乃本經, 而禮記郊特牲冠義等篇, 乃其義說耳.……以儀禮爲經, 而取禮記及諸經史雜書所載, 有及於禮者, 皆以附於本經之下.": 『朱子語類』 권86 「禮」3 周禮 總論; 范壽康 著, 洪瑀欽 譯, 「朱子와 다섯가지 經書」, 『朱子와 그 哲學』, 영남대출판부, 1988, 239–242쪽; 上山春平, 「朱子の家禮と儀禮經傳通解」, 『東方學報』 54, 1983.

34) 〈표 1〉 『주례』 六典의 명칭 변화

『주례』	天官	地官	春官	夏官	秋官	冬官
『대당육전』	吏部	戶部	禮部	兵部	刑部	工部
『고려사백관지』	吏曹	兵曹	戶曹	刑曹	禮曹	工曹
『경세대전』	治典	賦典	禮典	政典	憲典	工典
『대명률』	吏律	戶律	禮律	兵律	刑律	工律
『주관육익』	典理	軍簿	版圖	典法	禮儀	典工
『조선경국전』	治典	賦典	禮典	政典	憲典	工典
『경국대전』	吏典	戶典	禮典	兵典	刑典	工典

35) 『三峯集』 권3, 「撰進朝鮮經國典箋」, "肇啓鴻休之運, 立經陳紀, 以詒燕翼之謀, 倣成周六官之名, 建朝鮮一代之典."

를 세워 나라의 근본을 견고히 하고, 세계(世系)로 여러 대에 걸쳐 선행을 쌓아 이룬 경사를 밝히고, 교서로 관대하게 포용하는 은혜를 반포하였습니다"고 하여 국호·세자·세계·교서의 의의를 명시하였고, "나라를 다스리는 도를 재상이 이루게 독려하고, 올바르게 거둔 부세는 공공의 재정이 되게 하고, 예악을 제정하여 귀신과 사람 모두 화합하여, 군사를 정비하여 나라를 바르게 하고, 형률은 간사하고 포악한 짓을 막으며, 노역을 동원하는 공사는 한계와 일정을 두게 하라고 하였습니다."[36]라고 하여 6전에 의한 조선왕조의 지배 이념을 천명하였다.

『조선경국전』의 서문을 쓴 정총(鄭摠)은 이를 부연하여 예로부터 지금까지의 천하와 국가의 치란 흥망을 환하게 상고할 수 있으니, 다스려지고 흥한 것은 이 육전을 밝혔기 때문이고, 어지럽고 망하게 된 것은 육전에 어두웠기 때문이라고 한 뒤에, 고려 말엽에 정치와 교화가 해이해지고 기강이 무너졌는데, 육전이 이름만 있고 실속은 없는 것을 탄식하여, 6전에 대한 바른 이해가 필수적이라고 하였다.[37] 『주례』의 육전으로 정치가 운영될 청사진을 제시하였다.

『주례』는 유교 13경 가운데 『예기』, 『의례』와 함께 삼례의 하나이다. 진위 논란이 있었는데 왕망 시기에 고문학의 주창자인 유흠이 그 이름을 『주관』에서 『주례』로 고치고 당나라 정현이 『주례주』를 지어 『주례』를 경

<hr>

36) 『三峯集』 권3, 「撰進朝鮮經國典箋」, "恭惟主上殿下體天之德, 保位以仁, 定國號以繫民心, 立儲副以隆邦本, 世系著積累之慶, 敎書頒寬大之恩, 謂治道責成於相臣, 而貞賦實歸於公用, 制禮作樂, 以和神人, 講武修兵, 以正邦國, 刑則詰姦而禁暴, 工則謹度而課程, 可見創業垂統之艱難."

37) 『三峯集』 권7, 「朝鮮經國典序」(鄭摠), "自古以來, 天下國家之治亂興亡, 昭然可考, 其所以治且興者 以明夫六典也. 其所以亂且亡者, 以昧於六典也. 高麗氏之季, 政敎陵夷, 紀綱頹敗, 所謂六典者, 名存實亡, 有志之士, 扼腕歎息者, 久矣, 亂極復治, 理之必然."

전 상의 체계를 세웠다.[38] 『주례』는 고대 주나라의 관직제도를 표방하고, 천지춘하추동(天地春夏秋冬)의 육상(六象)에 따라 관직제도를 천관(天官)·지관(地官)·춘관(春官)·하관(夏官)·추관(秋官)·동관(冬官)의 여섯 개로 나누어 설명한다. 첫째 치전(治典)은 나라에 법을 세우고, 관부를 다스리고 온 백성을 통솔하는 것이요, 둘째 교전(敎典)은 나라를 안정시키고 관부를 가르치고 온 백성을 길들이는 것이요, 셋째 예전(禮典)은 나라를 평화롭게 하고 백관을 통솔하고 온 백성을 화합하게 하는 것이요, 넷째 정전(政典)은 나라를 평정하고 백관을 바르게 하고 온 백성을 균등하게 하는 것이요, 다섯째 형전(刑典)은 나라의 책임을 묻고 백관의 본보기로 삼고 온 백성을 규찰하는 것이요, 여섯째 사전(事典)은 나라를 부유하게 하고 그 임무를 백관에게 맡기고 온 백성을 살린다[39]고 하였다.

『주례』는 관직을 중심에 두고 의례 등 일상생활의 규범에 이르는 모든 예제를 포함하여 예 체계를 형성하는, 중국 정치와 행정의 원칙과 표본 및 규범을 담은 유가의 경전이다. 특히 『주례』는 육전을 기준으로 설관분직(說官分職)하여 6대 직관 및 그 속관 360여개 관직 기능을 기술함으로써 국가체제의 구상과 통치 전략을 담고 있다. 『주례』는 정치 경제 등 모든 영역에서 국가에 의해 조직되는 체제를 지향하고, 주나라 주공(周公)의 정치를 담고 있다. 그러므로 현실 변화를 추구한 유학자들은 『주례』와 주공의 정치를 이념형으로 제시하며 현실 개혁의 근거로 삼게 된다. 이

---

38) 문철영, 「다산 정약용의 《주례》 수용과 그 성격」, 『사학지』 19, 1985; 張東宇, 「『周禮』의 경학사적 위상과 개혁론 – 王權과 禮治에 대한 문제의식을 중심으로」, 『東方學志』 133, 2006.
39) 『주례』 「천관」.

때 계승하는 것은 육전이라는 큰 틀에서 당대에 맞는 정치체제와 그 이면에 깔린 유교의 정신이라고 할 수 있다.[40]

정도전은 성리학의 사서오경에 기초하여 『주례』의 경학·경세상의 특징을 파악하고 고려말 개혁 사상의 사상적 기반을 마련하였다. 초기 성리학 수용 단계에서 사서오경 가운데 독자적인 『주례』 해석을 시도했다고 할 수 있다.

2) 대재(大宰) 강조와 정치운영론

정도전은 『조선경국전』에서 『주례』의 육전을 기초로 정치 형태와 정치 운영을 제시하였고 치전을 강조하였다.[41] 『조선경국전』은 『경세대전』을 본받아 육전의 앞부분에 총서(摠序)를 두어 육전 각 항목을 총괄하게 하였는데, 정도전은 치전(治典) 총서에서 총재(冢宰)가 육전을 관장하는 것을 명시하였다. 그에 의하면 치전(治典)은 총재(冢宰)가 관장하는 것이다. 사도(司徒) 이하가 모두 총재의 소속이니, 교전(敎典) 이하 또한 총재의

---

40) 이근명, 「전통시대 중국의 지식인들은 왜 왕안석을 반대하였는가?」, 『전북사학』 38, 2010.

41) 〈표 2〉 『조선경국전』의 『주례』의 활용

번호	『조선경국전』		『주례』	
1	治典	摠序		
2		入官 賚興	地官 大司徒	
3	賦典	版籍	秋官 小司寇	
4		上供 匪頒	天官 大宰	
5	政典	摠序	夏官 大司馬	
6		敎習 蒐苗獮狩	夏官 大司馬	
7		整點	夏官 大司馬	
8		功役	天官 大宰	
9		畋獵	地官 大司徒	
10	憲典	八議	秋官 司寇	
11	後序		天官 冢宰	

<표 3> 『경제문감』 재상조의 『주례』 천관의 활용

『주례』	『경제문감』
大宰之職 掌建邦之六典 以佐王治邦國 　一曰 治典 以經邦國 以治官府 以紀萬民 　二曰 敎典 以安邦國 以敎官府 以擾萬民 　三曰 禮典 以和邦國 以統百官 以諧萬民 　四曰 政典 以平邦國 以正百官 以均萬民 　五曰 刑典 以詰邦國 以刑百官 以糾萬民 　六曰 事典 以富邦國 以任百官 以生萬民	周官大宰之職 掌建邦之六典 以佐王治邦國 　近按 大宰卽天官冢宰也 天於萬物 無所不覆 　冢宰於百官 無所不統 以冢宰屬天官 帥百官 　以亮天工也 然列職於王則與六卿同謂之大 　百官總焉 則獨謂之冢 　一曰 治典 以經邦國 以治官府 以紀萬民 　天官冢宰之職 　二曰 敎典 以安邦國 以敎官府 以擾萬民 　擾馴也 地官司徒之職 此以下皆冢宰之所總 　三曰 禮典 以和邦國 以統百官 統合也 以諧萬民 　春官宗伯之職 　四曰 政典 以平邦國 以正百官 以均萬民 　夏官司馬之職 　五曰 刑典 以詰邦國 以刑百官 以糾萬民 　秋官司寇之職 　六曰 事典 以富邦國 以任百官 以生萬民 　近按 大宰卽天官冢宰也 天於萬物 無所不覆 　冢宰於百官 無所不統 以冢宰屬天官 　…… ……
以八法治官府 　一曰 官屬以擧邦治……八曰 官計以弊邦治 以八則 治都鄙 　一曰 祭祀 以馭其神……八曰 田役 以馭其衆 以八柄 詔王馭羣臣 　一曰 爵 以馭羣臣……八曰 誅置以馭其過 以八統治 詔王馭萬民 　一曰 親親 …… 八曰 禮賓 以九職 任萬民 　一曰 三農 生九穀 …… 九曰 閒民 無常職 轉 移執事 以九賦 斂財賄 　一曰 邦中之賦 ……九曰 幣餘之賦 以九式 均節財用 　一曰 祭祀之式 ……九曰 好用之式 以九貢 致邦國之用 　一曰 祀貢 ……九曰 物貢 以九兩 繫邦國之民 　一曰 牧以地得民 ……九曰 藪以富得民 九兩 旣廢 人心亦離 上之人果何道 而服屬其心也	以八法治官府 　一曰 官屬以擧邦治……八曰 官計以弊邦治 以八則 治都鄙 　一曰 祭祀 以馭其神……八曰 田役 以馭其衆 以八柄 詔王馭羣臣 　一曰 爵 以馭羣臣……八曰 誅置以馭其過 以八統治 詔王馭萬民 　一曰 親親 …… 八曰 禮賓 以九職 任萬民 　一曰 三農 生九穀 …… 九曰 閒民 無常職 轉 移執事 以九賦 斂財賄 　一曰 邦中之賦 …… 九曰 幣餘之賦 以九式 均節財用 式 謂財用之節度 　一曰 祭祀之式 ……九曰 好用之式 李氏曰 有以斂於民 無以節於己 則錙錘之積 不足以供泥沙之用 此九式所以統九賦也 ○ 陳氏曰 ……今闔門而與子弟爲市 雖盡得子弟 之財 猶不富也 以九貢 致邦國之用 　一曰 祀貢 ……九曰 物貢

<table>
<tr><td>

正月初吉 始和布治于邦國都鄙 乃顯治象之法
于象魏 使萬民觀治象 挾日而斂之 乃施典于邦
國而 建其牧 立其監一國之監 說其參 傳其伍 陳
其殷置其輔 乃施典于都鄙 而建其長采邑之長
立其兩 設其伍 陳其殷 置其輔 凡治 以典待邦國
之治 以則待都鄙之治 以法待 官府之治 以官成
待萬民之治 以禮待賓客之治
　　......
　歲終則令百官府各正其治 受其會其致事 而詔
王廢置 三歲則大計羣吏之治 而誅賞之
　小宰之職 掌建邦之宮刑 以治佐王宮之政令
　......

</td><td>

以九兩 繫邦國之民
　一曰 牧以地得民 ...... 九曰 藪以富得民
　......
正月初吉 始和布治于邦國都鄙 乃顯治象之法于
象魏 使萬民觀治象 挾日而斂之 乃施典于邦國
而建其牧 立其監一國之監 說其參 傳其伍 陳其
殷 置其輔 乃施典于都鄙 而建其長采邑之長 立
其兩 設其伍 陳其殷 置其輔 凡治 以典待邦國之
治 以則待都鄙之治 以法待 官府之治 以官成待
萬民之治 以禮待賓客之治
　　......
　歲終則令百官府各正其治 受其會會大計也 聽其
致事 而詔王廢置 三歲則大計羣吏之治 而誅賞之
　王氏曰 .... 章氏曰 .... 近按 ......
總論

</td></tr>
</table>

직책인 것이다. 총재는 훌륭한 사람을 얻으면 6전(典)이 잘 거행되고 모든 직책이 잘 수행된다. 총재는 위로는 군부를 받들고 밑으로는 백관을 통솔하며 만민을 다스린다. 백관은 직책이 다르고 만민은 직업이 다르니, 재상은 그들이 마땅함을 잃지 않도록 하고, 궁중의 비밀이나 빈첩들이 왕을 모시는 일, 내시들의 집무 상황, 왕이 타고 다니는 수레나 말, 의복의 장식, 그리고 왕이 먹는 음식에 이르기까지 파악해야 한다.[42] 총재가 육전에서 궁중의 일까지 관장하는 정치 운영의 책임자임을 분명히 하였다.

정도전은 재상을 보완하는 차원에서, 『주례』의 대재(大宰)와 궁정(宮正), 궁백(宮伯)을 선별하여 『주례정의』의 해당 사항의 주석을 활용하여

---

42) 『三峯集』 권7, 「朝鮮經國典」 上, 治典 摠序, "治典, 冢宰所掌也. 司徒以下皆冢宰之屬, 則教典以下, 亦冢宰之職也. 冢宰得其人, 六典舉而百職修. ......"

『경제문감』에서 재상조와 위병를 두었다.[43] 그리고 <표 3>과 같이, 『주례』의 6전 가운데 천관 부분을 뽑아 선유(先儒)와 권근의 주석을 붙였다. 여기에서 그는 대재(大宰)는 육전을 총괄하면서, 팔법(八法, 관부), 팔칙(八則, 경기), 팔병(八柄, 신하), 팔통(八統, 백성), 구직(九職, 직업), 구부(九賦, 세금), 구식(九式, 재화 지출), 구공(九貢, 공물 징수), 구양(九兩, 제후 백성)을 관장한다고 하였다. 그리고 정월 길일(吉日)에 치적을 발표한다고 하였다. 그는 새로운 왕조의 정치구조를 설명하는데『주례』의 천관 부분을 우선적으로 할애하고 재상이 정치의 중심임을 강조하였다. 이는 왕안석이 지은『주관신의』에서 대재(大宰)는 왕의 실질적인 정치 주도권을 인정하는 가운데 왕을 보좌하는 차원으로 한정한 것과 대비되었다.[44]

정도전은 성리학적 경학관을 기초로『조선경국전』에서 육전 중심의 『주례』를 통한 왕조의 정치조직을 구상하였고, 『경제문감』에서 특히 『주례』의 천관(天官)의 대재(大宰), 총재를 중심으로 하는 정치 운영을 제시하였다.

---

43) 〈표 4〉『경제문감』의『주례정의』원용과『주례』의 해당부분

『周禮』天官	『周禮訂義』天官冢宰	『經濟文鑑』
大宰	大宰(권1–3)	宰相
小宰	小宰(권4)	
宰夫	宰夫(권5)	
宮正	宮正(권5)	衛兵
宮伯	宮伯(권5)	衛兵

44) 庄司莊一, 「王安石 周官新義の大宰について」, 『集刊東洋學』 23, 1970; 또 다른 연구 역시 왕안석은 국왕이 群臣萬民에 군림하는 절대적 권위를 갖고, 大宰는 국왕을 보좌하는 것이 임무임을 강조했다(吾妻重二, 「王安石『周官新義』の考察」, 小南一郎 編, 『中國古代禮制研究』, 1995)고 한다.

4. 송·원·명의 정치론 활용과 육전적 정치론의 의의

1) 송·원·명 정치론 활용과 『주례』 육전적 정치체제

정도전이 『주례』를 활용하여 『조선경국전』과 『경제문감』을 저술하여 왕조의 정치조직과 천관(天官) 중심의 정치 운영을 기획하였다. 여기에 는 원대의 『경세대전』과 『경세대전서록』, 『대명률』이 참고되었다.[45]

우선 『조선경국전』은 『주례』에 없으면서, 『경세대전』의 군사(君事)편인 제호(帝號)·제훈(帝訓)·제제(帝制)·제계(帝系) 관련 4편과 신사(臣事) 관련 6편을 참고하여, 정보위(正寶位)·국호·정국본(定國本)·세계(世系)·교서 와 육전을 만들었다. 단, 헌전은 『경세대전』의 헌전과 함께 『대명률』을 참 고하였다.

『조선경국전』의 앞부분에서 국왕과 국가에 대한 이념과 원칙을 제시 하였다. 정보위(定寶位)는 국왕의 의의, 국호에서 명나라 문화의 수용, 정국본(定國本)에서 세자 교육, 세계(世系)와 교서(敎書)에서 국왕의 존엄 성을 설명했다. 그리고 정도전은 『조선경국전』에서 『주례』에 없는 국왕 에 대한 설명을 재상 부분에서 언급하고 『경제문감 별집』을 통하여 중국 과 우리나라 국왕의 특성을 평가하면서 국왕을 상대화하였다. 『주례』는 주(周)라는 이상적인 국가의 관료 체제 전반을 의미하고, 관직을 말하지 만 왕을 언급하지 않았다. 『경세대전』은 『주례』에 없는 국왕 관련 부분을 군사(君事)편으로 설정하고 황제의 역할과 의미를 설명하였는데, 『조선 경국전』이 이를 따와 유교적 국왕관을 설명하였나.

---

45) 末松保和, 「朝鮮經國典再考」, 『和田博士還曆記念東洋史論叢』, 1951/『靑丘史草』 제2, 1966; 송재혁, 「정도전의 국가론 – 『조선경국전』과 원 제국의 유산」, 『한국사상사학』 65, 2020.

『조선경국전』에는『경세대전』의 군사편에 이어 치·부·예·정·헌·공의 육전의 신사(臣事) 6편이 있다.[46]『조선경국전』은 각 전에서 총서와 소관 업무를 소목으로 나누어 서술한 소서로 되었다. 헌전만 후서가 따로 있다.『경세대전』의 각 전에 총서가 있는 것을 모방한 것이다. 치전(治典)은 총서를 포함하여 8항목으로 재상이 정치의 중심임을 제시하고 군주권의 한계와 관제 등의 제도를 순서대로 설명하였다. 그는 왕정을 대표하는 군주의 절대성을 인정하지만, 실질적인 정치운영은 재상이 담당해

46) 〈표 5〉『조선경국전』의『경세대전』,『대명률』활용 부분

	『경세대전』	『대명률』	『조선경국전』
치전	摠序 官制 三公 宰相年表 各行省 入官 補吏 儒學敎官 軍官 錢糧官 投下 封贈 承襲 臣事		摠書 官制 宰相年表 入官 補吏 軍官 錢穀 封贈承襲
부전	摠序 都邑 版籍 經理 農桑 賦稅 海運 鈔法 金銀珠玉銅鐵鉛錫첨찰木等果 鹽法 茶法 酒酤 商稅 市舶 宗親細賜 俸秩 公用錢 常平義倉 惠民藥局 市糴糧草 蠲免災傷免 借貸 賑貸		摠序 州郡 版籍 經理 農桑 賦稅 漕運 鹽法 山場水梁 金銀珠玉銅鐵 工商稅 船稅 上供 國用 軍資 祿俸 義倉 惠民典樂局 蠲免
예전	摠序 朝會 燕饗 行幸 符寶 輿服 樂 曆 進講 御書 學校 藝文 貢擧 擧遺逸 求言 進書 遣使 朝貢 瑞異 郊祀 宗廟 社稷 嶽鎭海瀆 三皇 先農 宣聖廟 諸神祀典 功臣圖形 諡 賜牌 旌表 釋道		摠序 朝會 宗廟 社稷 耤田 風雲雷雨 文廟 諸神祀典 燕享 符瑞 輿服 樂 曆 經筵 學校 貢擧 擧遺逸 求言進書 遣使 功臣圖形賜碑 諡 旌表 鄕飮酒 冠禮 婚姻 喪制 家廟
정전	摠序(征伐) 軍制 軍器 敎習 整點 功賞 賞罰 宿衛 屯戍 工役 存恤 兵離錄 馬政 屯田 驛傳 弓手 急遞鋪 祗從 鷹房捕獵		摠序 軍制 軍器 敎習 整點 賞罰 宿衛 屯戍 功役 存恤 馬政 屯田 驛傳 驍邏 畋獵
헌전	摠序 名例 五刑 五服 十惡 八議 衛禁 職制 祭令 學規 軍律 戶婚 食貨 大惡 姦非 盜賊 詐偽 訴訟 鬪毆 殺傷 禁令 雜犯 逋亡 恤刑 平反 赦宥 獄空 附錄序	名例 職制 公式 戶役 祭祀 儀制 宮衛 軍政 關津 廄牧 郵驛 盜賊 人命鬪毆 罵詈訴訟 受藏詐偽 犯姦 雜犯 捕亡斷獄 營造 河防	摠序 名例 職制 公式 戶役 祭祀 儀制 宮衛 軍政 關津 廄牧 郵驛 盜賊 人命鬪毆 罵詈訴訟 受藏詐偽 犯姦 雜犯 捕亡斷獄 營造 河防 後序
공전	摠序 宮苑 官府 倉庫 城郭 宗廟 橋梁 兵器 鹵簿 帳幕 金玉石木 攻皮塼埴等工		摠序 宮苑 官府 倉庫 城郭 宗廟 橋梁 兵器 鹵簿 帳幕 金玉石木攻皮塼埴等工

야 한다고 보았다. 그는 국왕은 혈연 세습 속에서는 혼명 강약의 차이가 있으므로[47] 세습에 의한 왕위 계승을 전제하는 장자(長子)가 아니더라도 현자(賢者) 중인(衆人)에게 세습되어도 좋다고 하였다.[48] 성인으로 의제된 군주가 요·순처럼 타고난 경우도 있지만, 후천적인 학문의 결과로 성인이 될 수 있다는 전제로, 군주의 자연인으로서의 성격을 강조하고 군주성학론을 제시한 것이다. 『경제문감』에서 『주례정의』·『산당고색』과 같은 주자의 글을 활용하여 재상정치론과 군주관을 보강하였다.

부전(賦典)은 17개 항목으로 성리학의 천리인욕설(天理人欲說)에 입각한 경제관(經濟觀)을 견지하였고, 국가 재정의 원칙과 계민수전(計民授田), 특히 과전법을 언급했다. 『맹자』의 군자와 야인을 인용하여 백성의 생활 안정을 위해 통치자가 필요에 의해 10분의 1세를 받는데, 후세 사람들은 백성들이 자신을 공양하는 것은 직분상 당연한 것이라 하여 가렴주구도 자행한다고 하였다. 즉 선왕이 법을 만든 것은 천리(天理)이지만 후세 사람들이 부세의 폐단을 일으키는 것은 인욕(人欲) 때문이라고 하였다.[49]

예전(禮典)은 27개 항목으로 예악 질서와 그 실천에 정성스러움을 강조하였다. 국왕 및 제사·외교·교육·과거·언론 등을 제시하였다. 그에 의하면, 예는 모든 인간이 지켜야 할 보편적인 규범으로, 인간의 본성에

---

47) 『三峯集』 권7, 「朝鮮經國典」 上, 治典 摠序, "且人主之材, 有昏明强弱之不同."

48) 『三峯集』 권7, 「朝鮮經國典」 上, 定國本, "儲副天下國家之本也. 古之先王, 立必以長者, 所以絶其爭也, 立必以賢者, 所以尙其德也."

49) 『三峯集』 권7, 「朝鮮經國典」 上, 賦典 賦稅, "孟子曰, 無野人莫養君子, 無君子莫治野人, 古之聖人, 立賦稅之法, 非徒取民以自奉, …… 後之人不知立法之義, 乃曰, 民之供我者, 乃其職分之當然也. 聚斂掊克, …… 蓋先王所以立其法者, 天理也, 後世所以作其弊者, 人欲也."

근거해서 행위의 중정(中正)을 추구하고 신분에 따라 지켜야 할 역할과 위상을 제시한다. 인간 사회에는 질서가 있고 존비, 친소는 존재하지 않을 수 없다. 따라서 예는 천(天)에 순응하는 인간이 걸어야 할 인도로서 사회질서를 유지하는 구실을 하게 된다.[50] 또한 사람이 본연의 성은 같으면서도 기질(氣)의 다름에 따라 과불급(過不及)의 차이가 있고[51] 인간의 차별이 나타난다. 여기에서 수기·수양을 통해 성인(=군자)인 지배층으로, 인민들을 기질과 인욕에서 벗어나기 어려운 우인(愚人, 小人)인 피지배층으로 설정된다. 그리하여 교화 곧 인륜의 확립을 통하여 존비, 귀천의 지배와 복종 관계의 신분 질서 정당화 논리가 제시된다.[52]

또한 그는 관리 임용과 관련하여 경학에 밝고 행실이 닦여지고 도덕을 겸비한 사람, 시무에 능통하고 재능이 경국제세(經國濟世)에 알맞으면서 가히 사공(事功)을 베풀만한 사람, 문사를 익히고 필찰(筆札)을 잘하여 문한의 직을 담당할 수 있는 사람, 율산(律算)에 정밀하고 이치(吏治)에 통달하여 능히 민을 다루는 일을 감당할 사람, 도략이 깊고 용기가 삼군에 으뜸이어서 가히 장수가 될만한 사람, 활쏘기, 말타기를 익히고 돌멩이를 잘 던져 군무를 담당 할만한 사람, 천문·지리·복서·의약 등에 밝은 사람을 선발하도록 하였다.[53] 이는 정도전이 재상정치로서

50) 『三峯集』 권7, 「朝鮮經國典」 上, 禮典 摠序. “臣以爲禮之爲說, 雖多, 其實不過曰, 序而已. 朝廷主嚴, 君尊而臣卑, 君令而臣行.”
51) 『三峯集』 권5, 「佛氏雜辨」, 佛氏因果之辨. “夫所謂陰陽五行者, 交運迭行, 參差不齊. 故其氣也, 有通塞偏正淸濁庫薄高下長短之異焉. 而人物之生, 適當其時, 得其正, 且通者爲人, 得其偏, 且塞者爲物, 人與物之貴賤, 於此焉分. 又在於人, 得其淸者, 智且賢, 得其濁者, 愚不肖, 厚者富, 而薄者貧, 高者貴, 而下者賤, 長者壽, 而短者夭, 此其大略也.”
52) 金駿錫, 「朝鮮前期의 社會思想」, 『東方學志』 29, 1981, 151~159쪽.
53) 『三峯集』 권7, 「朝鮮經國典」 上, 禮典 擧遺逸.

경세에 밝은 유학자들을 등용하여 공론을 형성하고 유교정치로 행하는 기반이 마련하도록 하는 것이다.[54]

정전(政典)은 병전으로 15개 항목을 두었고, 나라를 바로잡기 위해 성인이 부득이하게 만든 것이다. 정(政)은 바로잡는다는 뜻으로,[55] 자기 자신을 바로잡은 후에 남을 바로잡을 수 있다는 유교이념에 기초한 것이다.[56] 군제와 상벌·교습·숙위를 통하여 군주를 중심으로 통일된 질서를 지향하였고, 주나라의 병농일치제, 존휼(存恤)·전렵(畋獵)을 통하여 백성을 위한 군사제도가 제시되고 있다. 이밖에 전술을 가르치지 않고 백성을 이용하는 것은 곧 백성을 버리는 것이라고 하거나, 일이 없을 때 무를 닦는 것은 사냥을 통해서이지만, 마음에는 천리와 인욕의 나뉨이 있다고 하여 성리학의 정치사회 이념을 나타내 주고 있다.

헌전(憲典)은 『경세대전』과 『대명률』을 참고하여 22항을 만들었다. 헌전 내에 이·호·예·병·형·공의 6조별로 구분하였고, 후서를 두어 헌전이 다른 5전을 포괄하도록 하였다. 여기에는 유교 정치론을 반영하여 덕·예와 정(政)·형(刑)을 본·말, 중(重)·경(輕)으로 자리매김하였다. 덕과 예에 의한 정치를 지향하지만, 제도와 형벌은 예치와 덕치를 보완하는 수단으로 보았다.[57] 성인이 형벌을 만든 것은 형벌에 의지하여 정치를

---

54) 도현철, 「고려말 유학자의 성장과 재상성치론」, 『한국사상사학』 71, 2022.12.

55) 『論語』 권12, 「顔淵」, "季康子問政於孔子. 孔子對曰, 政者, 正也. 子帥以正, 孰敢不正"(집주)"范氏曰, 未有己不正而能正人者."; "爲政以德, 譬如北辰居其所, 而衆星共之". (집주)"政之爲言, 正也, 所以正人之不正也. 德之爲言, 得也, 行道而有得於心也."

56) 『三峯集』 권8, 「朝鮮經國典」 下, 政典 摠序, "六典皆政也, 獨於兵典言政者, 所以正人之不正也. 而惟正己者, 乃可以正人也."

57) 『三峯集』 권8, 「朝鮮經國典」 下, 憲典 後序, "孔子曰, 道之以政, 齊之以刑, 民免而無恥. 道之以德, 齊之以禮, 有恥且格, 觀此可以知本末輕重之倫矣."

하려는 것이 아니라 오직 형벌로써 덕치를 보조할 뿐이다. 형벌을 씀으로써 형벌을 쓰지 않게 하고 형벌로 다스려도 형벌이 없어지기를 바라는 것이다. 만약 정치가 이미 이루어지게 된다면 형벌은 쓰이지 않게 된다고 하였다.[58]

공전(工典)에서는 11개 항목이 있는데, 총서에서 유학의 절약과 검소, 사치 금지 인력, 동원의 신중함을 강조하였다. 특히 토목공사를 할 때에는 반드시 기록하게 한다는 『춘추』를 인용하였다. 궁원(宮苑)은 조정을 높이고 명분을 바루기 위한 것이고, 관부(官府)는 관리들이 직무를 수행하는 곳이며, 창고는 공부(貢賦)를 저장하는 곳이며, 성곽은 외적을 대비하며, 종묘는 조상을 제사하고, 교량(橋梁)은 하천과 육지를 통하여 왕래를 편리하게 하기 위하며, 병기(兵器)는 간사한 도적을 방비하여 왕실을 호위하기 위한 것이라 공사의 종류를 나열하였다. 그런데 고려말에 지출에 절제가 없고 백성을 수시로 동원하였으므로, 백성들이 원망하고 하늘이 분노하여 멸망하였는데, 즉위한 태조는 근검절약하고 토목공사를 부득이한 경우에만 행하여 백성을 사랑하는 마음을 가졌다는 유학적 토목관을 보여주었다.[59]

이 가운데 『조선경국전』의 헌전[60]은 『경세대전』 헌전과 『대명률』을 활

---

58) 『三峯集』 권8, 「朝鮮經國典」 下, 憲典 摠序, "聖人之制刑也, 非欲恃此以爲治, 惟以輔治而已."

59) 『三峯集』 권8, 「朝鮮經國典」 下, 工典 摠序, "爲國家者, 不可不節用而愛民. 故百工之事, 當崇儉朴而戒奢縱也. 夫不節國用, 則妄費而至於財殫, 不重民力, 則勞役而至於力屈, 財力竭而國家不危者, 未之有也. 若稽古昔, 治亂存亡, 靡不由此, 可不愼哉. 是以春秋, 凡用民必書, 其所興作, 不時害義, 固爲罪矣. 雖時且義亦書, 見勞民爲重事也. 人君而知此義, 則知愼重於用民力矣."; 도현철, 「여말선초 덕 근본과 형벌 보조의 정치론과 감흥적 교화」, 『한국사연구』 200, 2023.3.

60) 『경세대전』의 집필에는 우집, 揭傒斯, 歐陽玄 등의 漢人 유사들이 집필에 참여하였다(조

용한 사실이 주목된다. 초기 연구에서, 『조선경국전』의 헌전의 소제목은 <표 5>와 같이 명의 『대명률』을 참고하였다[61]고 하였는데, 최근 연구에서 『경세대전』 헌전의 총서와 후서와 편목을 활용하였고 『조선경국전』에 담긴 정도전의 국가론을 원 제국의 유산으로 파악하였다.[62]

『조선경국전』의 헌전은 <표 6>과 같이 『경세대전』의 총서와 후서의 2항목[63]과 『대명률』 헌전에서 20편목을 따와 모두 22편목으로 만들었다. 총서에서 유교의 형정론을 제시하여 예와 덕에 의한 정치에서 형은 예의 보조 수단이라고 설명하고 명례(名例)는 율의 총칙 일반적인 원칙을 규정하였으며, 그 다음에는 각 범죄 유형에 따라 직제 이하의 편목을 배치하였다. 그리고 다른 육전에 없는 후서를 두어 헌전은 육전 가운데 하나지만, 나머지 다섯 가지 전(典)은 모두 이 헌전을 힘입어서 효과를 본다고 하였다. 또한 『경세대전』의 총서를 활용하여, 이전(吏典)의 출척(黜陟)은 이 헌전이 아니면 공정하게 할 수 없고, 호전의 징렴(徵斂)은 이 헌전이 아니면 법을 고르게 할 수 없으며, 예전의 절도(節度)는 이 헌전이 아니면 의례를 엄숙하게 할 수 없고, 정전의 호령(號令)은 헌전이 아니면 그 군중들에게 위험을 보일 수 없으며, 공전의 토목공사는 이 헌전이 아니면 그 노력을 줄여 정도에 알맞게 할 수가 없다고 하였다. 그리하여 형률은 헌전 중에서도 헌전이고, 헌전은 그 어느 것에도 들어 있지 않은 데가 없다고

현, 「元 후기 『경세대전』의 편찬과 六典體制」, 『동양사학연구』 141, 2017).

61) 末松保和, 「朝鮮經國典再考」, 『和田博士還曆記念東洋史論叢』, 1951/『靑丘史草』 제 2, 1966.

62) 송재혁, 「정도전의 국가론 – 『조선경국전』과 원 제국의 유산」, 『한국사상사학』 65, 2020.

63) 『경세대전』의 헌전은 『원사』와 『고려사』 형법지에 영향을 주었다(채웅석, 「『고려사』 형법지의 성격과 사료적 가치」, 『『고려사』 형법지 역주』, 신서원, 2009).

하였다. 그러면서 성리학의 형정관에 따라 형과 제도는 예와 덕치를 보조하는 수단으로 본말과 경중의 차서가 있다고 하였다. 그리고 태조는 『대명률』에 근거하여 의형(議刑)이나 단옥(斷獄)을 실행하였다[64]고 하였다.

<표 6> 『조선경국전』 헌전과 『경세대전』 『원사』 『대명률』과 『고려사』 비교

번호	『경세대전』	『원사』	『대명률』	『조선경국전』	『고려사』
1	摠序			摠序	序
2	名例(五刑, 五服, 十惡, 八議)	名例(五刑, 五服, 十惡, 八議, 贖刑附)	名例(五刑, 五服, 十惡, 八議)	名例	名例
3	衛禁	衛禁	職制(吏律)	職制	職制
4	祭令	職制	公式	公式	公式
5	學規	祭令	戶役(戶律)	戶役	戶婚
6	軍律	學規	祭祀(禮律)	祭祀	姦非
7	戶婚		儀制	儀制	大惡
8	食貨	食貨	宮衛(兵律)	宮衛	殺傷
9	大惡	大惡	軍政	軍政	禁令
10	姦非	姦非	關津	關津	盜賊
11	盜賊	盜賊	廐牧	廐牧	軍律
12	詐僞	詐僞	郵驛	郵驛	恤刑
13	訴訟	訴訟	盜賊(刑律)	盜賊	訴訟
14	鬪毆	鬪毆	人命 鬪毆	人命鬪毆	奴婢
15	殺傷	殺傷	罵詈 訴訟	罵詈訴訟	
16	禁令	禁令	受藏 詐僞	受藏詐僞	
17	雜犯	雜犯	犯姦	犯姦	
18	逋亡	逋亡	雜犯	雜犯	
19	恤刑	恤刑	捕亡 斷獄	捕亡斷獄	
20	平反	平反	營造(工律)	營造	
21	赦宥		河防	河防	
22	獄空			後序	
23	附錄序				

<hr>

64) 『三峯集』 卷8, 「朝鮮經國典」 下, 憲典 摠序, "······若夫刑律, 又卽憲中之憲也. ······ 其議刑斷獄以輔其治者, 一以大明律爲據. 故臣用其總目作憲典諸篇, 又述其略, 作後序云."

고려말에 정몽주는 공양왕 4년에 『대명률』과 『지정조격』 그리고 고려의 법령을 참작해서 신율을 제정하였다.[65] 당시 고려에 들어온 원의 법률인 『지정조격』은 그때그때 시대의 변화에 따른 사회상을 반영하는 사례 모음집의 성격을 띠고 있었다. 『지정조격』의 입법 정신은 "고금이 다른 것은 마땅하므로 반드시 서로 따를 필요가 없고, 단지 지금에 타당한 것을 취한다"[66] 하였는데, 실용성은 있었으나 일관성이 없었고 서리들이 농간을 부리는 등 폐단이 많았다. 이에 고려의 유학자들은 법 적용의 일시성을 비판하고 통일된 법 적용을 모색하였고 그 과정에서 『대명률』을 주목하였다.[67] 다만 혼란을 피하기 위해 이전까지 써오던 원의 율(律)과 『대명률』을 혼용하여 그 장단점을 참작하여 쓰고자 하였다.[68] 창왕 즉위년 9월 전법사에서 원의 『지정조격』과 『대원통제』를 편찬한 뒤 중국의 속어로 『의형역람』을 만들었는데, 말이 통하지 않아 알기 어렵다고 하여 『대명률』·『의형역람』과 고려의 실정을 참작하여 시행하고, 고려와 중국의 문자, 속어를 잘 아는 자에게 지방의 관리들을 훈도하도록 건의하였다.[69] 윤해가 원나라 법전인 『통제조격』과 고려의 판지(判旨)를 함께 유

---

65) 『高麗史』 권117, 『列傳』30 鄭夢周, "(공양왕 4년), 夢周取大明律·至正條格·本朝法令, 叅酌刪定, 撰新律以進.";『高麗史』 권46, 「世家」46 恭讓王2(4년 2월 갑인), "守侍中鄭夢周進所撰新定律."

66) 『元史』 권20, 「本紀」成宗3(4년 2월 정미), "帝曰, 古今異宜, 不必相沿, 但取宜於今者."

67) 김구진, 「대명률의 편찬과 전래 – 경국대전 편찬 배경」, 『백산학보』 29, 1984; 趙志晩, 「朝鮮初期 《大明律》의 受容過程」, 『법사학연구』 20, 1999, 9–12쪽; 김백철, 『법치국가 조선의 탄생』, 이학사, 2016; 김인호, 「14세기 형정 개혁의 시도와 「신률」의 편찬」, 『포은학연구』 29, 2022.

68) 『高麗史』 권84, 「志」38 刑法1, "於是, 有建議雜用, 元朝議刑易覽·大明律, 以行者, 又有兼採至正條格言行事, 宜成書以進."

69) 『高麗史』 권84, 「志」38 刑法1 職制1(창왕 즉위년 9월), "典法司上疏曰, ……."

의하여 법을 집행하였다[70]고 하였듯이 『대명률』을 고려 사회에 적용하기 위해서는 이전까지 써오던 법제와의 혼란을 피하기 위한 현실에 적용하는 문제를 연구하였다고 하겠다.

조선왕조는 건국후 『대명률』을 통하여 국가를 운영하고자 하였고, 즉위 교서에서 『대명률』의 사용을 선포하였다.[71] 단 조선의 사정에 맞게 개작하는 과정이 필요하여 태조 4년(1396)에 『대명률직해』를 만들었고, 태종은 태조 연간의 『대명률직해』를 재번역하고 원률의 적용을 금지하도록 하였다.[72] 『대명률』에 의한 조선의 형법 적용은 유교 이념에 맞는 형정의 도입을 의미하는 것이었다. 『대명률』은 유교 질서를 확립하고 유지하는 중요한 기준이 되었다. 『대명률』은 명의 법체계로 국가에 대한 반역, 예 질서 위반, 강력 범죄 등 다양한 범죄의 양상을 구체적으로 규정하고 이들에 대해 엄격한 처벌을 내리도록 하였다. 범죄의 범위는 국가를 대상으로 한 범죄부터 개인적인 범죄까지 포괄적이며, 처벌의 수위는 참형(斬刑) 아래 다섯 등급으로 나누어졌다. 이 가운데 삼강오륜과 관련하여 신분 위계나 질서를 위반한 범죄자는 최고 수준으로 처벌되도록 규정하였다.[73] 이처럼 강상 윤리를 중요시하는 『대명률』을 기반으로 조선은 교화적 형정관을 정립하고자 하였다.[74]

---

70) 『牧隱集』 권18, 「坡平君尹公墓誌銘并序」, "…… 通制條格, 本國判旨, 留意尤深. ……."

71) 『太祖實錄』 권1, 원년 7월 정미(28일).

72) 『太宗實錄』 권22, 11년 12월 무자(2일), "命譯大明律, 勿雜用元律."

73) 정호훈, 「조선전기 법전의 정비와 경국대전체제의 성립」, 『조선건국과 경국대전체제의 형성』, 혜안, 2004; 윤훈표·임용한·김인호, 『경제육전과 육전체제의 성립』, 혜안, 2007.

74) 박병호, 「조선초기 법제정과 사회상」, 『국사관논총』 80, 1998; 조지만, 『『대명률』의 성립과 수용」, 『조선시대의 형사법 – 대명률과 국전 –』, 경인문화사, 2007, 48~49쪽; 한상권, 「『대명률』의 편찬 수용과 작용」, 『내일을 여는 역사』 76, 2019.

요컨대 『조선경국전』에는 성리학의 천리인욕설(天理人欲說)과 공의 사정론(公義私情論)으로 국가 사회 운영의 원칙과 기준을 정하였고, 『주례』의 육전과 『주례』를 활용한 남송대의 『주례정의』와 원나라의 『경세대전』, 명나라의 『대명률』을 참고하여 왕조의 정치조직과 재상 중심의 정치 운영론을 제시하였다.

2) 재상정치론과 육전적 정치론의 의의

『조선경국전』의 치전을 보완한 『경제문감』에는 재상정치론을 부연하고 재상의 역할을 보다 강조하였다. 『경제문감』은 『주례정의』·『산당고색』·『서산독서기』·『주관신의』 등이 참고되었고, 이것들이 『경제문감』 전체의 60%, 3/5 이상을 차지한다.[75] 정도전은 『산당고색』에 있는 주자의 『주례』관과 중앙집권론을 원용하였고, 『주례정의』·『산당고색』에 있는 재상·위병에 관한 사항을 참고하여 주자의 재상론을 이끌어왔으며, 『서산독서기』에서는 성리학의 군주론을 참조하였다.

『경제문감』에서 정도전은 <표 7>[76]과 같이 주자의 말(『주자대전』)·『주

<hr>

75) 도현철, 『조선전기정치사상사 – 『삼봉집』과 『경제문감』의 실증적 분석을 중심으로』, 태학사, 2013.

76) 〈표 7〉『경제문감』 재상조의 주자 글 인용 사례(도현철, 위의 책, 164–166쪽에서 선별 인용)

번호	『경제문감』의 재상조	인용전거
1	宰相只是一(个)進賢退不肖 若著一毫私心便不得 前輩嘗言做宰相 只要辦一片心 辦一雙眼 心公則能進賢退不肖 眼明則能識得(那箇是)賢 (那箇是)不肖 此兩言說盡做宰相之道 只怕其所好者未必眞賢 其所惡者未必眞不肖耳	『朱子語類』 권72, 易八 咸(『山堂考索』 別集 권18, 人臣門 宰相)
4	一家則有一家之紀綱 一國則有一國之紀綱 若乃鄕總於縣 縣總於州 州總於諸路 諸路總於臺省 臺省(總)於宰相 宰相兼總衆職 以與天子 相可否而出政令 此則天下之紀綱也	『朱子大全』 권11, 庚子應詔封事(1180)(『山堂考索』 別集 권18, 人臣門 宰相)

자어류」)이 담긴 『주례정의』·『산당고색』·『서산독서기』에서 선별하여 천관총재의 역할을 구체적으로 설명하였다. 그는 군주의 직책은 재상을 선택하는 데 있다고 하고 재상은 군주를 바르게 하는 일을 직분으로 삼아야 한다[77]고 했다. 천명의 대행자로 왕정의 최고 책임자인 군주는 상징적인 의미만 갖고, 실질적인 정치 통치를 재상에게 위임해야 한다고 하였다. 군주는 정사를 협의하는데, 큰 문제는 재상과 협의하지만 작은 문제는 재상이 독자적으로 처리해야 할 것으로 보았다. 그는 재상은 천하의 기강으로[78] 모든 것을 직접 처단하여 음양을 조화하고 아래로 백성을 편안히 하여 작상(爵賞)과 형벌이 나오는 곳이라 했다.[79]

정도전은 재상론을 보완하는 논거, 곧 권력 구조상 재상 일인의 권력 독주, 권력 농단을 견제할 수 있는 제도적 장치로 대(臺)·간(諫)(관)의 역할을 중시했다.[80] 그는 주자가 말한 대간의 일을 들어, 대간은 천자와 더

15	天官之職 是總五官者 若其心不大 如何包得許多事 且冢宰內 自王之飲食衣服 外至五官庶事 自大至小 自本至末 千頭萬緒 若不是大其心者區處應副 事到面前 便且區處不下 ……	『朱子語類』 권86, 禮3 周禮(『山堂考索』 別集 권18, 人臣門 宰相)
16	有度量則 宜有以容議論之異同 有心術則宜有以辨人材之邪正 欲成天下之務 則必從善去惡 進賢退姦 然後可以有濟	『朱子大全』 권38, 周益公書(慶元2년)(『山堂考索』 別集 권18, 人臣門 宰相)

77) 『三峯集』 권5, 「經濟文鑑」上 宰相 人主之職在論相(『山堂考索』 別集 권 18, 宰相)(『朱子大全』 권12, 己酉擬上封事).

78) 『三峯集』 권9, 「經濟文鑑」上 宰相 宰相天下之紀綱(『朱子大全』 권11, 庚子應詔封事).

79) 『高麗史』 권119, 「列傳」32 鄭道傳.

80) 대간(臺諫)은 재상을 비롯한 백관을 감찰하는 臺官(御史)과 황제에게 간언하는 諫官으로 구분된다. 漢에서 어사대부는 중앙과 지방의 감찰과 궁정내의 감찰권을 행사하며 승상을 보좌하였다. 당에서는 어사대가 독립하여 감찰권이 재상에서 독립하였지만, 간관은 재상의 下僚로서 황제를 감찰하였다. 그러나 송에 와서는 황제가 간관을 임명하고 간관은 황제에게 간언하지 못하고 재상을 규탄하였다(錢穆 著, 大澤一雄·王子天德 譯, 『中國政治制度史論』, 南窓社, 1984, 111~124쪽). 고려는 가문과 문벌을 자랑하는 소수의 귀족집단이 樞要의 관직을 독점하고 나라를 운영해 간 귀족제사회였다. 臺諫職은 이들 귀족의 중요한 官路로서, 諫諍, 封駁, 署經과 같이 귀족의 입장에서 왕권에 대한 규제,

불어 시비를 논하고 재상에 좌우되지 말아야 한다[81]고 했다. 대간이 군주나 재상의 하위자로서가 아닌 군주나 재상과 더불어 천하의 일을 도모하고 군주권과 재상권의 상호 견제와 균형을 도모해야 한다고 보는 것이다.[82] 이는 대간의 활성화를 통한 공론정치의 근거가 된다.

그리고 그는 대간이 재상보다 지위가 낮지만 재상과 마찬가지로 당당하게 시비를 논하는 일을 맡아야 한다고 하였다. 그는 "천자가 옳다고 해도 간관은 옳지 않다고 말하고 천자가 반드시 해야 한다고 말해도 간관은 해서는 안된다고 말할 수 있어야 한다. 전폐(殿陛) 앞에 서서 천자와 더불어 시비를 다툴 수 있는 사람은 간관이라"[83]고 하였다. 간관은 재상과 마찬가지로 천자와 더불어 시비를 논하고 항상 천자의 좌우에 기거하면서 수시로 간쟁을 할 수 있어야 한다[84]는 것이다. 대간이 국왕권을 견제하고 백관을 규찰하는 역할을 맡음으로써, 국가권력을 소수의 권귀의 이해에서 벗어나, 사대부층 전체의 이해·주체성을 확보하려는 것이다. 당시 고려의 대간은 권귀의 사적 영향 하에 있었다. 정도전은 권력 상호간의 견제와 비판을 통하여 권력기관(宰相, 臺諫)을 권귀의 사적 간섭과 지배로부터 벗어나야 한다고 하였다.

견제를 주된 임무로 하였다(朴龍雲, 『高麗時代臺諫制度研究』, 1987).

81) 『三峯集』 권5, 「經濟文鑑」下 諫官 是非不敢言(『山堂考索』 別集 권18, 「人臣門」 臺諫; 『朱子語類』 권111, 「朱子」8), "蓋事理只有一个是非, 今朝廷之上, 不敢辨別這是非, 如宰相固不欲逆上意, 臺諫亦不欲忤宰相意, 今聚天下之不敢言是非者在朝廷, 又擇其不敢言之甚者爲臺諫, 習以成風, 如何做得."

82) 韓永愚, 『성노전사싱의 연구』, 서울대출판부, 1983, 147-155쪽; 江原謙, 「三峰 鄭道傳の改革思想」, 『朝鮮史研究會論文集』 9, 1972, 91-96쪽.

83) 『三峯集』 권6, 「經濟文鑑」下 諫官 諫官與宰相等, "天子曰是, 諫官曰不是, 天子曰必行, 諫官曰必不行. 立乎殿陛之前, 與天子爭是非者, 諫官也."

84) 『三峯集』 권6, 「經濟文鑑」下 諫官 諫臣當在左右.

정도전이 참고한 주자의 정치사상은 재상정치론이 그 핵심이다. 주자는 송의 정치체제를 전제하면서 정치의 주체는 사대부의 공론을 수렴하는 재상이어야 한다고 보았다. 주자는 군주의 절대성을 자연의 질서로서 존중하였다. 군주는 천부(天賦)의 본연(本然)이고 민이(民彝)의 고유한 것이기 때문이다.[85] 그러나 그렇다고 해서 군주가 정치를 주도하는 전제군주를 말하지 않았다. 군주 한 사람이 권력을 장악하여 정치를 주도하기보다는 대다수 신료들의 공론을 집약한 재상 중심의 정치론을 지향했다.[86]

정도전은 공양왕 즉위(1389) 시기에 공양왕의 명을 받아 도평의사사(都評議使司)와 재상의 역할을 구체화하였다.[87] 정도전은 재상이 갖추어야 할 직무능력으로 정기(正己)·격군(格君)·지인(知人)·처사(處事)의 네 가지[88]를 제시하였다.[89] 진덕수는 주희의 성학론을 충실하게 활용하여 성학의 수행 지침을 『심경』으로, 격군의 지침을 『대학연의』로, 그리고 목

85) 『朱子大全』 권28, 「跋宋君忠嘉集」.

86) 守本順一郞, 「性理學の歷史的 構造」, 『東洋政治思想史研究』, 1967; 張立文, 「朱熹的政治學說」, 『朱熹思想研究』, 1986; 金駿錫, 「17세기 正統性理學派의 政治社會論」, 『東方學志』 67, 1990.

87) 이하 진덕수의 네 가지 재상의 역할에 대해서는 다음의 글에 의지했다(이봉규, 「정도전의 유교론과 조선의 文治」, 『2023 삼봉정도전 학술포럼 "삼봉학, 어떻게 할 것인가"』, 삼봉연구원·한국사상사학회, 2023).

88) 하륜도 같은 말을 하였다(『浩亭集』 권2; 『東文選』(하륜) 권98, 「議政府相規說」, "正己格君, 知人處事, 眞西山之論相業也.").

89) 『三峯集』 권4, 「高麗國新作都評議使司廳記」(1389), "古之善相天子者, 有若咎·夔·房·杜, 其在列國, 有若叔向·公孫僑, 名相也. 雖有天子列國之殊, 所以順天時遂民生, 奉君上理庶官, 則其職一也. 咎·夔不可尙已, 房以謀, 杜以斷, 叔向以直, 公孫僑以惠, 蓋非謀事不集, 非斷事不成, 非直民不服, 非惠民不懷, 若數子者, 亦善其職矣. 然猶有所未盡也, 必若先儒眞西山之論相業, 曰格君曰正己曰知人曰處事, 然後可也. 夫格君者, 亦自正己而已, 身旣正矣, 須有知人之明, 處事之方, 乃可濟也."

민의 지침을 『정경(政經)』으로 제시하였다. 주희의 성학론을 사대부가 수행으로 실현하는 실용적 지침뿐 아니라, 경세에 활용하는 실용적 방법을 제공한 점에서, 진덕수는 이학을 이론적 탐구로부터 실용적 활용으로 한 단계 전진시켰는데, 여말선초 성리학을 수용하면서 경연에서 진덕수의 『심경』과 『대학연의』를 동시에 활용하여 군덕(君德)을 향상시켜 갔다.[90] 정도전은 재상이 갖추어야 할 직무 능력에서 진덕수의 견해를 전면에 제시하고, 또한 경연에서 『대학연의』를 강론하게 할 것을 건의하여,[91] 그 초석을 놓았다.

정도전은 4가지 재상의 직무 능력 가운데 정기(正己)와 격군(格君)이 근본 요건이 되고, 지인(知人)과 처사(處事)가 직무를 수행하는 요건이 된다[92]고 하였다. 자신을 바르게 하여 그 수기(修己)를 토대로 군주를 교정하는 것은 이학의 성학(聖學)론에 기반한 것이다. 지인(知人)은 군자와 소인 또는 현능(賢能) 여부를 알아보고 현인을 등용하는 능력을 뜻하며, 처사(處事)는 사태가 변하는 기미를 미리 파악하여 화란의 발생을 막는 것에 중점이 있다.[93] 지인과 처사는 모두 사공(事功)의 성취를 위한 것이다. 네 가지 요건

---

90) 최근 연구에서, 『진서산독서기』의 자료 성격을 분석하였다. 이에 의하면, 『흠정사고전서』의 「독서기」(『흠정사고전서』 자부1 유가 독서기 권61 江西巡撫 採進本 提要)는 갑집과 정집만 있는 명대에 간행된 『독서기』를 기초한 것이다. 그러나 진덕수의 문인인 탕한이 발간했던 『독서기』는 을집이 포함되었는데, 세종과 설순(『世宗實錄』 권34, 8년 12월 8일)이 이 책을 보았다. 그리하여 이 기록을 토대로, 『진서산독서기』 乙集 上은 군수론, 乙集 下는 신하론, 재상론을 내포하는데, 『三峯集』의 '曰格君, 曰正己, 曰知人, 曰處事'는 『진서산독서기』 乙集 下의 '名臣宰相'을 가져온 것(송재혁, 「정도전 저작의 군신공치론적 구조: 『진서산독서기』와의 연관성을 중심으로」, 『공자학』 52, 2024)으로 추정하였다.

91) 『三峯集』 권7, 「朝鮮經國典」上, 禮典 經筵.

92) 『三峯集』 권7, 「朝鮮經國典」上, 治典 摠序, "臣愚以謂正已格君, 乃治典之本, 而知人處事, 治典之所由行也."

93) 『三峯集』 권5, 「經濟文鑑」上, 宰相 宰相之職 處事, "一日之內, 事幾之來, 至於千萬, 苟

은 정도전이 성학과 사공 양 측면을 결합하여 재상의 직무를 정립하였음을 보여준다.[94]

정기(正己)와 격군(格君)은 도덕의 차원에서 군덕(君德)을 향상시키는 것에 중점이 있는데, 군주의 무능과 무지로 인한 "군주의 잘못된 태도[君心之非]"를 바로잡는 일이다. 여기에 왕조 국가의 세습 군주의 불완전성을 극복하기 위하여 재상의 군주 계도의 역할이 있다.[95] 한편 백관에 대해서는 다양한 관직과 직업이 모두 제 역할을 할 수 있게 해주는 것이 재상의 책무라고 여긴다.[96] 정도전은 그 방법으로 적절한 인재를 관직에 배치하고 사안에 대하여 적시에 대처하는 사공의 능력을 중시한 것이다.

진덕수의 『대학연의』[97]는 성학을 강조하는데, 이는 이학에서 치국평천하(治國平天下)의 일을 수기(修己)와는 다른 사공(事功)의 영역으로 배치

或一事之有失, 則禍亂生焉. 故古之善處事者, 必於幾而謹之, 所謂圖難於其易, 爲大於其細者也. 然非知幾君子, 孰能審而處之, 使不至於失也? 故曰, 輔相之業, 莫大於處事."

94) 최근의 연구에서 정도전은 경세지향적 행도형 유자관료상을 제시하는 가운데 儒吏一致(도덕과 실무능력을 겸비하는)을 주장하고 관중과 주공, 제갈량을 유교적 재상 모델로 삼았다(박병련, 「유교이념(儒教理念)과 조선왕조의 관료 유형(類型)」, 『2025년 유교문화와 공직가치 학술대회』 2025, 한국유교문화 진흥원)고 하였다.

95) 『三峯集』 권7, 「朝鮮經國典」上 治典 摠序, "人主之材, 有昏明強弱之不同, 順其美而匡其惡, 獻其可而替其否, 以納於大中之域, 故曰相也, 輔相之義也."

96) 『三峯集』 권7, 「朝鮮經國典」上 治典 摠序, "百官異職, 萬民異業, 平之使不失其宜, 均之使各得其所, 故曰宰也, 宰制之義也."

97) 『대학연의』는 『대학』의 8조목을 本末, 體用으로 구분하여 격물·치지·정심·수신의 덕목을 體로 간주하고 제가·치국·평천하를 用으로 파악하여 本과 體를 우선하는 입장을 취한다. 『대학연의』에서는 이를 本末論에 따라 정치와 국가조직에도 적용하여 군주를 本으로 하고 治平의 구체적인 방법은 末로 해석하였다. 이때 本 우선을 강조하여 국가의 본인 군주가 도덕 수양의 완성을 위해 內聖을 달성하면 치국·평천하의 완성인 外王은 자연히 달성할 수 있다고 보았다. 따라서 개인과 사회·국가 등 삼자의 관계에서 군주 개인의 수양을 가장 중요한 요체로 파악함으로써 治平의 모든 문제는 本(君)에 따라 해결될 수 있다고 본다(윤정분, 「大學衍義와 大學衍義補」, 『中國 近世 經世思想 研究 － 丘濬의 經世書를 중심으로』, 혜안, 2002, 30~36쪽).

하지 않고, 수기의 결과를 미루어 적용하는 일로 설정하기 때문이다.[98]
반면, 정도전은 군주에 대해서는 성학의 역할을 중시하면서도 경세의 문
제에서는 사공의 성취를 중요시하였다. 이는 정도전이 성학(聖學)을 위
주로 삼는 이학(理學)을 사공(事功)의 측면에서 보완하는 흐름의 선구가
된다고 할 수 있다.

정도전이 참고한『경세대전』은 원(1279-1368) 문종 2년(1331)에 왕조의
국가 제도, 역사, 풍속 등을 수록한『당회요』와『송회요』를 참고하여 원나
라 건국부터 문종초까지 약 100년 동안에 반포된 역대의 제도와 법을 모
은 것이다.『경세대전』은 온전하게 남아있지 않지만, 우집(虞集)이『경세
대전서록』을 쓰고『국조문류(國朝文類)』·『영락대전(永樂大全)』 등에 편린
이 남아있다.[99]

『경세대전』은 빈번한 황제 쟁탈전에서 즉위한 문종이 황제의 권위를
확립하고 원나라의 체제를 정비하는 과정에서 완성되었다. 원은 세조 쿠
빌라이(1260-1294)에 의한 중국화, 한화(漢化) 정책으로 유교를 국교화
하고 당과 송 등의 중국 전통의 정치제도를 답습하여 원나라의 정치제도
를 만들었다. 문종(1328-1329.1)은 원의 중국화 정책의 일환으로 통일적
인 정치체제와 원리가 담긴『경세대전』을 완성하였다. 특히 이 시기에는
황제권이 불안정하여, 1321년(영종 즉위)부터 13년간 7명 황제가 교체되

---

98)『大學章句』"自天子以至於庶人, 壹是皆以脩身爲本"의 집주: "正心以上, 皆所以脩身也.
齊家以下, 則擧此而措之耳."

99) 蘇振申,『元政書經世大典之研究』, 중국문화대학출판사, 1984; 王愼榮,「『元史』諸志類와
『經世大典』」,「社會科學輯刊」1990-2; 魏訓田,「元代政書〈經世大典〉的史料來源」,「史
學史研究」137, 2012년 1기; 周少川·魏訓田·謝輝,『經世大典輯校』, 중화서국, 2020; 권
용철,「元代 政書『經世大典』의 활용을 위한 신간 소개」,「중국사연구」128, 2020.

었다(1333년 순제 즉위).[100] 황제권의 위상 정립과 정치체제의 정비 특히 관료의 역할을 명확하게 규정하여 원 제국의 안정을 도모할 필요가 있었다. 이에 한인(漢人) 관료들을 중심으로 정치체제를 정비할 필요가 있었고, 이것이 당송의 정치체제인 『주례』에 기반한 삼성육부제에 따른 『경세대전』의 편찬으로 이어진 것이다.[101] 당송대는 황제권이 강하고 재상과 육부는 이를 보좌하는 수준이었는데, 원은 이러한 황제권 체제를 답습하여 몽골적 원의 유목적 전제 군주상을 확립하여 갔다.

그런데 『경세대전』은 『주례』의 육전에 따르면서, 군사(君事)를 신사(臣事) 앞에 두어 황제의 역할과 의미를 설명하여 황제권을 정립하려고 하였다. 그리고 이러한 황제권을 바탕으로 재상이 정치를 주도하도록 하였다. 당과 송은 강력한 황제권을 바탕으로 삼성육부제를 실시하며 중서성을 중심으로 재상과 육부를 통할하는 체제였다. 남송대 주희는 송대 황제권 강화가 낳는 폐단을 시정하고자 공론 정치에 기반한 재상정치를 주장하였다. 하지만 이는 현실 정치에 실현되지 않았다.

원나라는 정복 왕조의 특성을 반영하여 강력한 황제권을 견지하면서

---

100) 이곡이 원 제과에 합격한 1333년의 시험 문제는 중국의 군주상인 황제왕패를 질문하는 것이었다(도현철, 「원 제과(1333년)의 고려인·중국인 對策文 비교 연구」, 『역사와 현실』 43, 2013).

101) 〈표 8〉 당(왼쪽) 송(오른쪽)의 정치기구(신채식, 『동양사개설』, 삼영사, 1995)

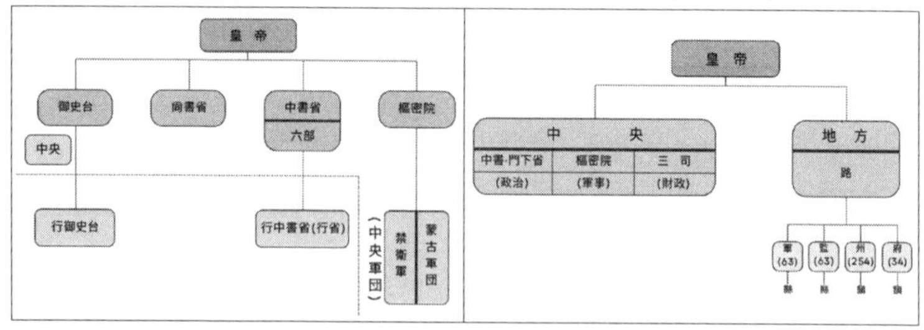

그 휘하에 황제의 명령을 수행하며 백관을 총괄하는 재상이 정치를 주도하였다. 세조 쿠빌라이는 1260년(중통 원년) 중서성을 설치하여 백관을 관장하고 서정을 총재하여 전곡(田穀)·전선(銓選)·형벌(刑罰)·흥조(興造) 등을 관장하도록 하였다. 중서성의 최고 위치에 있는 중서우승상은 백관회를 소집하고 주재하고 3일에 한번 입궁하여 대칸에게 상주하였고, 위급한 일이 발생하면 수시로 황제를 알현하였다. 쿠빌라이 재위 기간은 추밀원과 어사대를 제외한 제사 및 좌우의 근시 등은 중서성을 통헤서만 상주하였다. 그리하여 대칸은 중서성 재상에게 국정 전반을 일임하고 자신은 제국의 주인으로서 군사 원정과 황금 씨족을 통할하는 일을 맡았다.[102]

원나라에서는 황제권의 지휘를 받는 재상은 남송대 주자가 말한 공론 정치를 수반한 재상 정치와 거리가 멀었고, 황제권의 변동에 따라 권신으로 변할 가능성이 높았다. 실제 원나라 중기와 말기에는 권신이 출현했다. 세조 쿠빌라이가 사망한 후 황제 계승을 둘러싼 권력 싸움이 이어지면서 황제의 권위는 약화되고 권신들이 권력을 휘둘러 원 제국은 기울어 갔다. 무종(1308년 즉위)에서 순제(1333-1370)까지 25여년 동안 8명의 황제가 바뀌었다. 황제의 즉위 과정에서는 정변과 전쟁이 있었고, 새로운 황제의 즉위에 기여한 권신이 권력을 잡고 전횡이 이루어졌다. 문종 때의 엘테무르(燕鐵木兒), 순종때의 바얀(伯顏)은 전권을 장악히고 조정

<hr>

102) 윤은숙, 「원말 토큰 테무르 카안의 재상정치과 당쟁 – 톡토파와 베르케 부카파의 대립을 중심으로」, 『중앙아시아연구』 23, 2018; 「원대 중·후기 皇權과 權臣 – 톡테무리와 토곤 테무리 시기를 중심으로」, 『탐라연구』 60, 2019; 李治安, 『元代政治制度硏究』, 人民出版社, 2003; 張帆, 『元代宰相制度硏究』, 北京大學出版社, 1997.

을 좌우한 권신이었다.[103] 이들 권력자들은 재상이 되어 국정을 총괄하였다. 이는 송나라 성리학의 재상 정치가 지향하는 공론 정치를 수반하는 것이 아니었다. 한 두명의 재상 권력자가 독단적으로 정치를 운영하는 것이었다.

정도전의 정치 구상은 『주례』의 육전의 정치체제를 지향하면서 고려의 삼성육부제를 비판하려는 것이다. 고려의 삼성육부제는 『주례』가 활용된 당의 삼성육부제를 활용하여 운영되었는데, 중서성의 고관은 6부의 장관인 상서(정3품) 위에 판사를 겸하여 삼성과 6부가 분리되지 못하였고, 직무상의 분화가 이루어지지 않았다. 문하시중은 판이부사, 평장사(문하시랑)가 판병부사, 평장사(내사시랑)가 판예부사가 되었다. 또한 중서문하성은 국사를 총괄하는 재부(宰府)와 간쟁·봉박의 언론 역할인 낭사(郎舍)의 이중으로 구성되었고, 중추원은 군기(軍機)를 담당하는 추신과 왕명의 출납을 담당하는 승선 등 정치기구가 상하 2중으로 구성되었다. 재추회의는 국가의 중요 정책을 결정하였는데, 2품 이상의 중서성 관원 5명(省五)과 중추원의 고관 7명(樞七) 모두 12명으로 구성된 재상(太宰, 冢宰)이 재추회의나 도당 등 회의기구를 통해서 국정을 운영하고 있었다.[104] 이에 따라 고려의 삼성육부제는 외형상으로는 『주례』의 육전적 성격을 보여주지만 『주례』가 추구하는 다양한 계층의 성장이나 직능상의 분화를 반영하지 못하였다.

---

103) 傳樂成 著, 辛勝夏 譯, 『中國通史』 하, 宇鍾社, 1982, 715–717쪽; 권용철, 『원대 중후기 정치사연구』, 온샘, 2019.

104) 邊太燮, 『高麗政治制度史硏究』, 일조각, 1971; 朴龍雲, 『『高麗史』 百官志 譯註』, 신서원, 2007.

김지가 편찬한『주관육익』은『주례』의 6전 원리를 바탕으로 삼성 육부의 기능과 원리를 밝히고, 구체적인 매뉴얼과 해당 관리의 합리적인 운영을 주문하였으며,[105] 고려 왕실의 세계와 내력을 밝혀, 고려왕조 성립의 필연성, 성립의 의의를 밝히고 그 존립 근거를 재확인하려고 하였다.『주관육익』은『주례』를 기초로 고려의 정치체제와 문물제도를 재정리함으로써 관직 체계를 정상화하려는 취지에서 작성되었고,『조선경국전』에 영향을 주었다.[106]

정도전은 조준 등과 함께 보다『주례』의 6전에 부합하는 정치체제를 이상으로 하고, 송의 재상정치론, 원의『경세대전』, 명의『대명률』의 헌전을 참고하여 조선적 정치체제를 구상하였다. 정도전과 조준은『주례』의 천관총재를 바탕으로 총재=재상, 6전 그리고 속관으로 이어지는 관료체제와 중앙 집권 체제를 지향하였다.[107]

정도전은 주자의 재상정치를 활용하여 국왕과 재상, 대간의 권력 균형을 도모하는 정치 운영을 제시하였다. 그는 국왕의 권한을 축소하고 재상 중심의 정치 운영을 제시하되, 재상의 권력 독주, 권력 농단을 견제할 수 있는 제도적 장치로 대간의 역할을 중시하였다.

<hr>

105)『牧隱集』文藁 권9,「周官六翼序」.

106) 도현절,『고려말 시대부의 정치사상연구』, 일조각, 1999; 尹薰杓,「高麗末 改革政治와 六典體制의 導入」,『學林』27, 2006.

107)『高麗史』권118,「列傳」31 趙浚(창왕 즉위년 8월), "浚又率同列條陳時務曰, 謹按周禮天官冢宰, 以卿一人掌邦之六典, 以佐王治邦國, 其司徒以下, 各以其職聽屬焉, 而六卿之屬, 又有三百六十, 是則三百六十之屬, 統於六卿, 而六卿又統於冢宰也. 官職之增損, 名義之沿革, 代有不同, 大義不出乎此六部也.…… 盖六部, 百官之本, 而政事之所出也. 本亂而末治者, 未之有也. 於是, 百僚庶司, 渙散無統, 不務庶績, 名存而實亡, 雖君相憂勤, 而政事之修擧, 其亦難矣. 臣願等以六典之事, 歸之六部, 以各司分屬乎六部.";『高麗史』권80,「志」34, 食貨3 常平義倉.

정도전의 『주례』에 기반하고 성리학적 이념이 담긴 정치론은 백성이 주인이 되는 나라를 실현하려는 것이다. 정도전은 백성은 하늘과 같다는 천명론과 민본론을 견지하였는데 이러한 사회를 실현하기 위해서는 천리에 기반한 체제의 집권성과 공에 의한 공적 지배를 이루고자 하였다. 재상(왕)이 지방의 최소 단위인 향(鄕)까지 직접 파악하는 제민적 지배체제를 지향하였고, 지방에 대한 중앙의 통제력을 강화하고 호족이나 사문(私門, 權貴)에 의한 횡포를 막으려 하였다. 국가의 공권력, 집권력을 강화하여 사적 권력, 사적인 지배관계를 약화시키는 국가경영론·정치체제론을 구상한 것이다.

『주례』는 중국사에서 개혁을 추진하는 사상 근거로 사용되었다. 한나라때 유교가 국교화되고 유교의 정치 이념이 정치제도, 정치 운영의 이론적 근거로 인정되고, 이에 필요한 이념 근거로 예의 의미 확장, 법 개념의 유교적 해석이 등장한다. 여기에 국가를 이끌어가는 이념으로서 유교는 인정과 덕치론으로는 한계가 있으며, 따라서 예를 보완할 수 있는 법과 제도의 보완이 요구되었다. 곧 『주례』는 한나라의 필요에 의해 유교적 이상인 주나라의 제도를 담은 유교 경전으로 확정된 것이다. 한나라 때 왕망이나 북위 우문태(宇文泰, 효문제),[108] 송대에 왕안석[109] 등은 『주례』를 통하여 개혁을 모색하였다. 한국 고대사에서 백제의 6좌평제는 성왕대에 『주례』의 정치체제, 국가운영을 활용한 개혁의 근거로 활용된 것

---

108) 袁剛, 「漫談西魏北周依周禮六官改革官制」, 『北朝研究』 26기, 1997년 2월.
109) 庄司莊一, 「王安石 周官新義の大宰について」, 『集刊東洋學』 23, 1970; 吾妻重二, 「王安石 『周官新義』の考察」, 小南一郎 編, 『中國古代禮制研究』, 1995.

이고,[110] 당의 문물제도를 수입한 신라 통일기 역시『주례』에 대한 이해가 있었을 것으로 추측된다.[111]

또한 고려는『주례』의 오례[112]를 통하여 군주를 정점으로 하는 상하, 위계질서를 강화하였고, 신라가 길(吉), 흉례(凶禮)에 한정된 것과 달리 국가례인 오례(吉凶軍賓嘉禮)를 실행하여 귀신에 대한 제례와 죽음·군사·외교·접객·경사의 항목으로 질서의 규범 내용을 채택하였다.[113] 그리고 중앙 정치제도에서 당나라의『대당육전』을 활용하여『주례』의 정치이념이 담긴 삼성육부제를 수용하였다.[114] 고려는『주례』는 육전으로 말해지는 정치 부분과 오례로 말하는 예제 가운데 왕조의 권위나 왕실의 전례(典禮)의 예제 부분을 보다 더 중시하였다.

정도전의『주례』를 중시하고 송 원 명의 정치체제를 활용한 구상은 조선시대 정치 개혁론의 선구가 된다.[115] 조선초기에는 세종대에 문물제도

---

110) 李基東,「百濟國의 政治理念에 대한 一考察 : 特히 '周禮'主義的 정치이념과 관련하여」, 『震檀學報』69, 1990.

111) 李裕鎭,「『三國史記』禮志에 보이는『周禮』受用 樣態」,『東院論集』6, 1994.

112)『周禮』,「春官 宗伯」大宗伯.

113) 李範稷,「『高麗史』禮志 五禮의 分析」,『韓國中世禮思想研究』, 일조각, 1991; 李裕鎭, 「『高麗史』禮志에 보이는『周禮』受用 樣態」,『哲學思想』4, 1993; 崔順權,「高麗前期 五廟制의 運營」,『歷史教育』66, 1998.

114) 邊太燮,『高麗政治制度史研究』, 일조각, 1971; 朴龍雲,「『高麗史』百官志 譯註」, 신서원, 2007.

115)『經濟六典』은『朝鮮經國典』을 보다 구체화한 법안으로 마련되었다.『經濟六典』은 조준의 주도로 우왕 14년(1388) 이후 태조 6년(1397)까지 10여 년 동안 受判 및 政令 條例를 모은 것이다.『經濟六典』과『朝鮮經國典』의 관계에 대해서는 다음의 글이 참고된다(末松保和,「朝鮮經國典再考」,『靑丘史草』제2, 1966; 김인호,「여말선초 육전체제의 성립과 전개」,『東方學志』118, 2002; 尹薰杓,「經濟六典의 主導層의 변화」,『東方學志』121, 2003).

정비 과정에서 『주례』가 이용되었는데 『경국대전』[116)]이 완성되면서 『주례』에 대한 관심이 줄어들었다.[117)] 양란을 거치면서 유형원은 『반계수록』에서 『주례』를 기초로 『경국대전』체제를 부정하며 지주제를 해체하고 공전제를 실시하며 신분 직역에 따라 재분배해야 한다고 하였다.[118)] 정약용은 『주례』 연구에 기초하여 『경세유표』를 통하여 국가제도의 전면적인 개혁안을 제시하였다. 그는 여기에서 크게 세 가지를 강조하였다. 육향제(六鄕制)와 총재(冢宰) 및 이와 관련되는 삼공(三公)·삼고(三孤), 그리고 정전(井田)에 대한 새로운 해석이 그것이다. 특히 그는 육향(六鄕)을 왕성에 비정하여 왕성 바깥 지역을 수(遂)로 표시하고, 교육을 만물에게 확산시키도록 해석하였다. 또한 『주례』에 없는 삼공(三公)·삼고(三孤)가 주나라에 있었다고 하여 총재 한 사람에 의한 권력의 독점을 막고자 하였다.[119)]

한국사와 중국사에서 『주례』는 개혁의 상징이었다. 평상시에는 인성 중시의 유학적 사고가 유행하고, 윤리 도덕의 개인적 측면을 강조하는 것에 비하여, 사회변동기, 개혁정치 시기에는 인성보다는 인성을 둘러싼

---

116) 여말선초 『주례』에 입각한 정치체제 개혁은 『주관육익』·『조선경국전』으로 이어지고 『주례』에 의한 6전 방식의 분류는 '육전체제'로 언급되지만, 실제 실행은 조선초기에 단계적으로 이루어졌고, 세종대를 지나야 이른바 '체제'를 붙일 정도의 상황이 나타난다. 그런 의미에서 『경국대전』의 성립이야말로 『주례』 6전에 입각한 체제의 성립을 말할 수 있고, 『경국대전』 체제라고 명명할 수 있다(정호훈, 「조선전기 법전의 정비와 경국대전체제의 성립」, 『조선건국과 경국대전체제의 형성』, 혜안, 2004, 82쪽).

117) 이원택, 「15~16세기 『주례』 이해와 국가경영」, 『한국 중세의 정치사상과 周禮』, 혜안, 2005.

118) 정호훈, 「17세기 체제 개혁론의 전개와 『주례』」, 『한국 중세의 정치사상과 周禮』, 혜안, 2005.

119) 조성을, 「정약용의 『주례』 연구와 개혁사상」, 『한국 중세의 정치사상과 周禮』, 혜안, 2005.

정치 사회제도와 같은 논리를 필요로 하는데 이것이 『주례』가 강조되는 배경이 되었다. 정도전은 고려말 사회변동기에 중국 하은주 삼대의 이상이 담긴 『주례』의 육전적 정치론을 기준으로 고려의 상황과 비교하여 개혁을 추구하고 새로운 왕조를 개창하는 이론적 기초를 삼았다. 정도전이 『주례』를 기초로 개혁정치를 전개한 것은 한국사의 개혁 사상 전통의 한 부분을 차지하는 것이다.

5. 맺음말

이 글은 정도전이 지향하는 정치체제를 『조선경국전』과 『경제문감』을 중심으로 파악하되, 이 두 책이 근거가 되었다는 『주례』와 이를 활용한 송·원·명의 정치이론서를 통하여 그 성격을 이해하려는 것이다.

정도전은 주자 주석의 사서오경을 중심으로 성리학을 수용하고 성리학에서 제시하는 정치사회론을 개혁 사상으로 파악했다. 그는 유교 탄생의 문제의식에 충실해서 하은주 삼대를 이상사회, 곧 요순과 같은 군주의 남면, 무위의 정치를 지향하여 치군택민(致君澤民, 임금을 성군으로서 인도하여 백성들에게 혜택을 받게 하는 것), 인수(仁壽, 누구나 천수를 다하며 편안하게 사는 태평성대)의 나라를 기약했다. 그는 『대학』의 수기치인론을 토대로 사물에 대한 이치 탐구를 통하여 성의·정심·제가·치국·평천하로 이어지는 정치론을 제시하였고, 『논어』와 『맹자』의 성리학적 인론과 경세론을 전개하였으며 정이천의 의리에 입각한 『주역』과 『춘추』, 『서경』을 이해하였다. 곧 그는 사서오경의 성리학의 세계와 인간에 대한 이해를 기초로『주례』의 육전에 기초한 새로운 정치체제, 이상적인 정치사회를 모색하였다.

『주례』는 관직과 예제를 포함하면서 특히 육전을 기준으로 6대 직관 및 그 속관 360여개 관직 기능을 담은 왕을 중심으로 민에 이르기까지 통일적 일원적 체계를 갖추는 정치체제를 담고 있다.『주례』는 주나라 주공의 정치를 담고 있다. 그러므로 현실 변화를 추구한 유학자들은『주례』와 주공의 정치를 이념형으로 제시하며 현실 개혁의 근거로 삼게 된다. 정도전은『주례』의 중심을 춘관(春官)이 아닌 천관(天官)으로 파악하고 천관의 역할을 강조하였다. 종래 군주 1인에 의한 정치론보다는 사대부 관료의 등장과 그 대표자로서 천관총재를 부각시켰다. 이에 따라 천관총재가 정치 운영의 중심이 되어 천자와 백관을 함께 정치를 담당하도록 하였다.

정도전이 개혁 이념을 완성하는데 남송대의『주례정의』·『산당고색』과 원나라의『경세대전』등을 참고하였다. 특히『조선경국전』에는『경세대전』의 군사(君事) 4편인 제호(帝號)·제훈(帝訓)·제제(帝制)·제계(帝系)와 신사 6편인 치·부·예·정·헌·공의 육전을 활용하여, 정보위·국호·정국본·세계·교서와 육전을 만들었다.

『조선경국전』은 성리학의 천리인욕설(天理人欲說), 공의사정론(公義私情論)을 바탕으로 선악과 시비를 정하고, 이를 통하여 정치체제의 이론 근거를 정하고 국가와 사회를 운영하고자 하였다.

정도전은 재상이 정치권력의 권한을 가지고 군주를 바르게 인도하여 백관을 총괄해야 한다고 하였다. 이때 재상은 사대부를 등용하는 주체로서 파악하고, 국왕을 군주성학론으로 이끌어, 재상과 국왕, 대간의 3자 간의 권력 균형을 이루어야 한다고 하였다.

또한 정도전은 천리에 기반한 체제의 집권성과 공에 의한 공적 지배를 확고히 하여, 재상(왕)이 지방의 최소 단위인 향까지 직접 파악하는 지배 체제를 실현하려고 하였다. 이는 고려말에 호족이나 권력자에 의한 사적 지배와 그로 인한 폐단을 시정하기 위하여 지방에 대한 중앙의 통제력을 강화하고 백성에 대한 공적 지배를 강화하려는 것이다. 이는 정도전의 민본론 곧 나라를 다스리는 근본이 백성이라는 생각 속에서 백성이 하늘과 같다는 천명론과 민본론을 견지하며, 백성이 주인이 되는 나라를 실현하려는 것과 연관된다.

정도전이『주례』를 중시한 것은『주례』가 제시하는 유교의 이상사회인 주나라의 육전적 관직제도를 통하여 국가체제의 구상과 지배방식을 수립하여 이상국가를 건설하려는 것이다.『주례』를 통한 개혁 사상의 전개는 정도전 뿐만 아니라 조선시대 개혁 사상의 상징이 되었다. 유교가 갖는 인성 중시의 사고는 사회변동기에 정치 사회제도와 같은 구조적인 논리를 필요로 하고 이것이『주례』가 강조되는 배경이 되었다. 정도전이『주례』를 기초로 개혁정치를 전개하고 조선왕조를 건국하는 이념적 토대를 제공하는 것은 유형원과 정약용처럼 개혁정치를 추구한 유학자의 모델이 되고 참고가 되었다.『주례』는 한국사의 유교 개혁 사상을 상징하는 핵심어가 되었다.

〈참고문헌〉

권용철, 『원대 중후기 정치사연구』, 온샘, 2019.

김인규, 『조선조 주례의 수용과 국가례』, 다운샘, 2021.

김백철, 『법치국가 조선의 탄생』, 이학사, 2016.

도현철, 『高麗末 士大夫의 政治思想研究』 一潮閣, 1999.

______, 『조선전기 정치사상사 – 『삼봉집』과 『경제문감』의 실증적 분석을 중심으로』, 태학사, 2013.

______, 『조선건국의 개혁사상과 문명론』, 지식산업사, 2024.

삼봉연구원, 『정도전 연구입문』, 주류성, 2025.

윤훈표·임용한·김인호, 『경제육전과 육전체제의 성립』, 혜안, 2007.

韓永愚, 『왕조의 설계자 정도전』, 지식산업사, 1999.

김인호, 「金祗의 周官六翼 편찬과 그 성격」, 『역사와 현실』 40, 2001.

______, 「여말선초 육전체제의 성립과 전개」, 『東方學志』 118, 2002.

도현철, 「고려말 유학자의 성장과 재상정치론」, 『한국사상사학』 71, 2022.12.

______, 「여선교체, 정치사상의 변화 –」, 『한국사상사학』 76, 2024.

박병련, 「유교이념(儒教理念)과 조선왕조의 관료 유형(類型)」, 『2025년 유교문화와 공직가치 학술대회』 2025, 한국유교문화 진흥원.

朴秉濠, 「經國大典의 編纂과 頒行」, 『한국사』 9, 1973.

송재윤, 「제국적 통합과 집권화의 이념 – 유종원(柳宗元)(773-819)의 봉건론의 정치철학적 함의–」, 『동양철학』 35, 2011.

______, 「황제와 재상: 남송대(1127-1279) 권력 분립이론」, 『퇴계학보』 140, 2016.

______, 「경(經)의 제국: 동아시아 유가 경학의 보편사적 함의」, 『역사와 현실』 113, 2019.

______, 「경(經)의 통치: 남송대(남송대, 1127-1279) 봉건(封建) 논쟁)」, 『공자학』 48, 2022.

송재혁, 「정도전(鄭道傳)의 국가론: 『조선경국전(朝鮮經國典)』과 원(元) 제국의 유산」, 『韓國思想史學』 65, 2020.

______, 「『경제문감별집(經濟文鑑別集)의 인용전거 탐색: 『사림광기(事林廣記)』, 『서전집록찬주(書傳輯錄纂注)』, 『십칠사찬고금통요(十七史纂古今通要)』를 중심으로」, 『아세아연구』 63, 2020.

______, 「『經濟文鑑別集』의 『十七史纂古今通要』 인용 분석」, 『고전번역연구』 11, 2020.

______, 「정도전 저작의 군신공치론적 구조: 『진서산독서기』와의 연관성을 중심으로」, 『공자학』 52, 2024.

송재혁·이아영, 「『경제문감(經濟文鑑)』 재상편의 『고금원류지론(古今源流至論)』」, 『한국사연구』 188, 2020.

尹薰杓, 「經濟六典의 主導層의 변화」, 『東方學志』 121, 2003.

______, 「高麗末 改革政治와 六典體制의 導入」, 『學林』 27, 2006.

윤은숙, 「원대 중·후기 皇權과 權臣 – 톡테무리와 토곤 테무리 시기를 중심으로」, 『탐라연구』 60, 2019.

______, 「원말 토큰 테무르 카안의 재상정치과 당쟁 – 톡토파와 베르케 부카파의 내립을 중심으로」, 『중앙아시아연구』 23, 2018.

李基東, 「百濟國의 政治理念에 대한 一考察 : 特히 '周禮'主義的 정치이념과 관련하여」, 『震檀學報』 69, 1990.

李裕鎭, 「『三國史記』 禮志에 보이는 『周禮』 受用 樣態」, 『東院論集』 6, 1994.

張東宇, 「『周禮』의 경학사적 위상과 개혁론 – 王權과 禮治에 대한 문제의식을 중심으로」, 『東方學志』 133, 2006.

정긍식, 「조선전기 『대명률』의 수용과 변용」, 『진단학보』 96, 2003.

______, 「〈〈조선경국전〉〉과 조선초기 법제정비」, 『법학』 56, 2015.

정동훈, 「『元史』의 史源」, 『동방학지』 199, 2012.

정호훈, 「朝鮮前期 法典의 整備와 『經國大典』의 성립」, 『朝鮮의 建國과 '經國大典 體制'의 形成』, 혜안, 2004.

조 원, 「원 후기 『경세대전』 편찬과 육전체제」, 『동양사학연구』 141, 2017.

______, 「大元帝國 法制와 高麗의 수용 양상」, 『이화사학연구』 54, 2017.

채웅석, 「『고려사』 형법지의 성격과 사료적 가치」, 『고려사』 형법지 역주』, 신서원, 2009.

최민규, 「정도전 『삼봉집』의 판본과 연구 자료」, 『정도전 연구입문』, 주류성, 2025.

末松保和, 「朝鮮經國典再考」, 『和田博士還曆記念東洋史論叢』, 1951(『青丘史草』 제2, 1966.

庄司莊一, 「王安石 周官新義の大宰について」, 『集刊東洋學』 23, 1970.

吾妻重二, 「王安石『周官新義』の考察」, 小南一郎 編, 『中國古代禮制研究』, 1995.

李治安, 『元代政治制度研究』, 人民出版社, 2003.

張 帆, 『元代宰相制度研究』, 北京大學出版社, 1997.

蘇振申, 『元政書經世大典之研究』, 중국문화대학출판사, 1984.

王愼榮, 「元史 諸志類와 『經世大典』」, 『社會科學輯刊』 1990-2.

周少川·魏訓田·謝輝, 『經世大典輯校』, 중화서국, 2020.

魏訓田, 「元代政書〈〈經世大典〉〉的史料來源」, 『史學史研究』 137, 2012년 1기.

張國華, 『中國法律思想史新編』, 北京大出版部, 1991.

제3장 정도전의 성리학적 군주관과 군주일심성패론

최민규(연세대)

1. 머리말

2. 선행 연구의 검토

3. 군주관의 성리학적 기반과 군주성학론

   1) 군주관의 성리학적 기반과 고려 말 군주 인식

   2) 송·원의 군주론 활용과 군주성학론

4. 군주권의 공적 성격 강화와 군주일심성패론

   1) 군주권의 공적 성격 강화와 군신공치

   2) 군주일심성패론과 함양 중시의 세자 교육론

5. 맺음말

1. 머리말

고려 말에는 무신집권기에서 원간섭기를 거치면서 정치체제의 변동과 군주교체 현상 등으로 인하여 군주권의 위상이 실추되었다. 이 과정에서 소수의 권세가와 측근들을 중심으로 하는 정치가 고착화되고, 이들을 중심으로 한 사적인 정치운영과 광범위한 수조지 집적 현상은 국가 기능의 무능력화를 초래하고 농민 몰락을 가속화시키고 있었다. 여기에 덧붙여서 원명교체, 홍건적·왜구의 침탈 등으로 인해 대내외적인 모순이 중첩되고 있었다. 이 상황 속에서 성리학을 매개로 한 새로운 세력들이 형성되었다. 이들은 개혁정치를 모색하면서 국가 기능의 정상화를 위한 방안으로서 군주의 문제에 대해 본격적으로 천착하기 시작했다. 이러한 흐름은 종래에는 고려에서 조선으로의 왕조교체로 연결되었다.[1]

이때 고려 말 개혁정치의 흐름을 종합하여 왕조교체를 주도하면서 조선왕조의 청사진을 그린 정도전의 군주관이 주목된다. 그는 여말선초 성리학에 근간한 정치이념을 『조선경국전(朝鮮經國典)』과 『경제문감(經濟文鑑)』 등을 통해 정치론과 경세론의 차원에서 제시하고, 『경제문감별집(經濟文鑑別集)』에서 군도(君道)라 하여 군주론의 문제를 정면에서 언급했다. 그는 군주가 성인을 지향해야 한다는 성리학의 군주성학론을 체계적인 저술로서 제시함으로써 종래 용손의식 등으로 초월성, 신성성을 보장받던 고려의 군주론을 극복하고 조선의 유교 왕정의 이념적 기초를 제공했다. 따라서 그의 군주론에 대한 연구는 군주를 정점으로 한 중앙집권체제와 유교에 따른 관료제적 운영을 지향한 고려와 조선의 단계적

---

1) 도현철, 『高麗末 士大夫의 政治思想研究』, 一潮閣, 1999; 김준석, 「儒敎思想論」, 『韓國 中世 儒敎政治思想史論(Ⅰ)』, 지식산업사, 2005; 이경식, 「조선건국의 성격문제」, 『중세사회의 변화와 조선건국』, 혜안, 2005.

인 차이를 확인할 수 있는 중요한 방법이라 할 수 있다.[2] 이에 따라 종래 재상정치론의 관점에서 탐구되었던 정도전 군주론 자체에 대한 천착이 이루어지면서 새로운 연구 논점들이 형성되고 있다.[3]

따라서 본고에서 기존의 연구에 유념하면서, 정도전의 군주론에 대해 검토할 예정이다. 다만 이때 다음과 같은 점에 유념하고자 한다. 먼저 정도전의 군주론과 관련된 선행연구를 검토하여, 최신의 논점들을 살펴보고자 한다. 그 후 정도전이 성리학에 근간해서 고려 말 군주를 통해 군주정의 문제를 어떻게 파악했는지 확인한다. 다음으로 정도전의 군주성학론의 지적 배경과 그 실제 내용에 대해 규명하고자 한다. 마지막으로 군주성학론의 한 실천으로서 세자교육론을 살펴보고 그것이 조선시대 군주론과의 연계지점을 확인하고자 한다. 정도전의 군주론을 해명한다면 고려에서 조선으로의 이행이 가지는 유교적 왕정의 발전상을 확인하면서 군주론의 전개과정을 이해할 수 있을 것으로 기대한다.

2. 선행 연구의 검토

정도전의 군주론은 1970년대 정도전에 대한 종합적인 연구를 통해서 검토되기 시작했다. 이에 따르면 정도전의 사상이 양인 농민을 본위로

----

2) 김준석, 「조선후기의 당쟁과 왕권론의 추이」, 「조신후기 당쟁의 종합적 검토」, 한국정신문화연구원, 1992; 이태진, 「조선왕조의 유교정치와 왕권」, 「東亞史上의 왕권」, 한울아카데미, 1993; 이성무, 「조선시대의 왕권」, 「東洋 三國의 왕권과 관료제」, 國學資料院, 1998.

3) 기존의 정도전 연구와 관련된 연구 현황과 관련해서는 다음과 같은 논고를 참고했다. 정재훈, 「정도전 연구의 회고와 새로운 사상사적 모색」, 「韓國思想史學」 28, 2007.

하는 민본국가 형성에 목표로 두면서, 『주례』 등에 대한 독자적인 연구를 통해 마련된 농민적 성리학으로 뒷받침했다고 한다. 이에 기초해서 정도전은 고려말 이래 권세가들에 의해 자행되던 농민 구폐를 해결하기 위해 강한 중앙집권체제 건립을 추구했다. 이때 군주는 강한 중앙집권체제의 상징적 구심점의 역할을 다하되, 그것은 어디까지나 상징적이고 관념적인 구심점이 되는 것으로 통치의 실권은 재상에 있어야 하는 재상정치라고 했다. 군주는 재상의 선정을 잘해야 하고 그와 정사를 논의하는 정치를 해야 한다는 논리가 등장하고, 현자를 세자로 선정하여 재상이 주도해서 교육할 필요성이 있다고 했다.[4] 이 연구 이후 정도전 정치운영론에서 군주의 위상과 역할을 상징적으로 보고 재상이 실권을 가지는 재상 정치로 파악하는 설이 설득력을 얻고 일종의 통설로서 역사학계에 확산되기 시작했다.

이와 함께 거의 같은 시기에 정도전의 개혁 사상을 탐색하면서 그 속에서 정도전의 군주론을 규명한 연구가 제출되어 주목된다. 이 연구는 정도전 사상의 기반으로서 지주전호제에 입각한 사대부, 즉 중소지주적 입장을 대변하는 것으로 이해하고 있다. 이러한 입론에 근간해서 정도전은 군주의 절대성을 강조한 것은 권귀 호강층을 배제하여 재지적 기반을 가진 사대부들의 주체성을 보증하기 위함이었다. 특히 군주 중 우둔한 군주(愚君)에 대해서는 군신관계의 상호 보완적인 관계를 중시해야 한다고 보았다. 이를 통해 본다면 정도전이 지향했던 군주를 정점으로 한 중앙집권체제 강화론은 결국 사대부들의 계급적 이해관계를 관철

---

4) 한영우, 『鄭道傳 思想의 研究』, 서울대학교문리대, 한국문화연구소, 1973.

하기 위한 방안이 되는 것이었다.[5] 다시말해 지주전호제라는 사회경제적 시각을 바탕으로 정도전의 군주론이 가진 신분계급성을 지적했다는 점에서 의미가 있는 연구라 할 수 있다.

그 후 정도전의 군주론과 관련해서『삼봉집』과 같은 정도전의 저작에 담긴 전거를 통한 실증적인 연구가 있어 주목된다. 이 연구에 따르면 종래『주례』에 대한 독자적인 연구물로 이해된 정도전의 정치사상이『산당고색(山堂考索)』, 『서산독서기(서산독서기(西山讀書記)』와 같은 남송 대 사공학 계열의 유서에 반영된 주자의 정치체제론에서 비롯되었음을 논증했다. 이에 따르면 정도전은 중앙집권적 정치체제를 확립하는 가운데, 정자와 주자의 재상정치론을 수용했다고 한다. 군주가 왕정을 유지하는 최고의 통치자이고 천하의 인민과 토지를 소유하는 최고의 권력자임을 인정했다. 그러나 군주가 가진 혈연적인 세습성으로 인한 항구적인 안정성을 문제시하면서 재상에 의한 정치를 주장한 것이었다. 특히 재상은 군주의 사정과 시비를 바로잡는 격군(格君)의 주체가 되고 군주에게 요구되는 학문으로서 군주성학론의 근거가 마련된다. 결국 군주에게 요구되는 군주성학이 곧 사대부들이 연마하는 수기치인의 학과 동일한 것임을 고려할 때, 그의 군주론은 국가 공권력의 근간인 군주의 공적 성격을 강화하여 권귀의 침탈로부터 사대부의 기반을 체제적으로 보장받고 사대부 중심의 지배질서를 확립하려는 것이었다.[6] 이 연구는 그 이전

---

5) 江原謙, 「三峯 鄭道傳の改革思想」, 「朝鮮史硏究論文集」, 朝鮮史硏究會, 1972.

6) 도현철, 「鄭道傳『經濟文鑑』의 주자글 원용과 그 의도」, 「實學思想硏究」 10·11, 1999; 「『經濟文鑑』의 引用典據로 본 鄭道傳의 政治思想」, 「역사학보」 165, 2000. 이와 같은 연구성과는 다음과 같은 단행본으로 종합되어 출간되었다. 도현철, 「조선전기 정치사상사」, 태학사, 2013.

연구에서 형성된 정도전의 정치운영론을 재상정치론으로 규정하면서, 중세 사회의 재편으로서 조선 왕조의 성격을 이해할 수 있는 단초를 열었다.

이때 정도전의 군주론을 재상정치와의 관련 속에서 파악하는 논거에서 중요한 문제는 세습 군주의 자질 보장과 관련된 문제로 군주성학에 대한 성격 파악과 연결된다. 정도전의 군주성학론에 대해서는 군주가 도덕적 완성을 지향함으로써 무위(無爲)의 정치를 지향해야 한다는 견해가 있고,[7] 이와는 다르게 정도전이 수용한 사공학이 곧 경세, 경국에 실제적인 효과를 중시한다는 점을 고려할 때 단순한 도덕 중심론이 아니라 공업(功業)을 지향한다는 견해가 제기되기도 했다.[8] 그리고 정도전 군주성학론이 가지고 있는 경학적 특색을 경복궁 건립과 연결지어 밝힌 연구가 제시되기도 했다.[9] 또한 정도전 군주성학론은 『맹자』의 인정론과 관련되어 있는데, 이에 대한 경학적인 토대를 검토한 연구 역시 제기되었다.[10]

지금까지 소개한 연구들은 대체로 역사학계의 연구로서 정도전의 정치운영론의 핵심으로 재상정치론이라는 신권의 입장에서 정도전의 군주론을 살핀 정도전의 군주론을 살핀 연구라 할 수 있다. 그에 비해 정치학계를 중심으로 해서 역사학계의 연구 성과가 지나치게 신권론적인 입장에서 비롯되어 군주제 군가로서 조선의 성격을 제대로 파악하지 못

7) 김인호, 「정도전의 역사인식과 군주론의 기반 – 『경제문감』의 분석을 중심으로 –」, 『韓國史研究』 131, 2005.
8) 정호훈, 「鄭道傳의 학문과 功業 지향의 정치론」, 『韓國史研究』 135, 2006.
9) 장지연, 「태조대 경복궁 전각명에 담긴 의미와 사상적 지향」, 『韓國文化』 39, 2007.
10) 함영대, 「정도전의 『맹자』 해석에 대한 일고」, 『한국고전연구』 32, 2015.

한다는 견해가 제기되기도 했다.[11] 이에 따르면 정도전이 지향한 정치론은 군주와 재상이 각각의 직분을 구분하는 가운데, 재상과의 공치를 통해 왕권의 안정적 유지를 위한 제도화와 공고화를 추구하는 것이라 한다. 그런 까닭에 군주를 보좌하는 재상의 역할 강조가 바로 왕권의 약화로 귀결되지 않았다는 것이다.[12] 다시말해 군주와 재상 간의 권력 관계를 중심으로 정도전의 군주론을 살펴야 한다는 견해라 할 수 있다.

이러한 정치학계의 권력 관계 중심의 연구는 최근 들어서 정도전의 군주론과 관련된 서적인 『경제문감별집』·『조선경국전』에 대한 전거 탐색을 중심으로 이루어지고 있다. 이에 따르면 『조선경국전』는 『경세대전서록』의 영향을 받았고, 『경제문감별집』에서는 『십칠사찬고금통요(十七史纂古今通要)』·『역조통략(歷朝通略)』·『서전집록찬주(書傳輯錄纂注)』와 같은 자료들을 인용했다고 한다. 정도전이 『경제문감별집』·『조선경국전』 등에 인용한 서적들은 원에서 만들어진 서적으로 강력한 황제권과 그를 보좌하는 백관의 수장으로서 재상이 통괄하는 관료조직의 구축을 모색한 결과물이라는 것이었다.[13] 그런 까닭에 정도전의 권력 구상은 재상

---

11) 물론 모든 정치학계의 연구성과가 그런 것은 아니다. 역사학계의 신권 중심적인 군주론 논의를 받아 연구한 논저도 있다. 대표적으로 다음과 같은 연구성과가 있다. 최연식, 「여말선초의 권력구상: 왕권론, 신권론, 군신공치론을 중심으로」, 『한국정치학회보』 32-3, 1998.

12) 박홍규, 「정도전의 '재상주의론' 재검토」, 『대한정치학회보』 15, 2008; 최상용·박홍규, 『정치가 정도전』, 까치, 2007; 방상근 「정도전을 바라보는 두 개의 시선」, 『정치사상연구』 23, 2017.

13) 송재혁, 「정도전(鄭道傳)의 국가론: 『조선경국전(朝鮮經國典)』과 원 제국의 유산」, 『韓國思想史學』 65, 2020; 「『經濟文鑑別集』의 인용전거 탐색: 『사림광기』, 『서전집록찬주』, 『십칠사찬고금통요』를 중심으로」, 『아세아연구』 63, 2020; 「『경제문감별집』의 『십칠사찬고금통요』 인용 분석」, 『고전번역연구』 11, 2020; 송재혁·이아영, 「『경제문감』 재상편의 『고금원류지론』」, 『한국사연구』 188, 2020; 「정도전 저작의 군신공치론적 구조: 『진서산독서기』

에 의한 군주권의 제어가 아닌 군주를 중심으로 한 권력의 일원화와 위계적 관료조직의 구축 모색에 그 진의가 있다고 보았다.[14] 정리하자면, 정도전 군주론과 관련해서 크게는 역사학계와 재상주의에 따른 군주권 제한론과 정치학계의 군주 중심의 국정 운영 정상화론이 대별된다고 하겠다. 세부적인 논점으로는 군주론과 관련된 서적과 수용한 성리학의 문제, 군주의 역할과 위상, 군주성학론의 특성과 그 구체적인 적용으로서 세자 문제 등이 제시될 수 있다. 그런 까닭에 기왕의 연구를 종합하면서, 현재 활발하게 제기되고 있는 여말선초 경학에 대한 연구, 정치사 흐름, 사회사와 성리학 확산 문제 등을 연계해서 정도전 군주론을 밝힐 필요가 있는 시점이라 할 수 있다.

3. 군주관의 성리학적 기반과 군주성학론

1) 군주관의 성리학적 기반과 고려 말 군주 인식

정도전은 사서오경과 관련된 주자와 그 후학의 주를 통해서 성리학을 익히고 그 지적 네트워크에 편입되어 개혁세력의 일원이 되었다. 이를 토대로 그는 성리학에 근간 세계와 인간관을 익히면서 고려 사회의 제반 문제를 해결하는 방법으로 군주권의 문제에 주목했다.

정도전은 주자의 『사서집주』와 오경을 통해 성리학의 세계와 인간의

<hr>

와의 연관성을 중심으로」, 『공자학』 52, 2024.

14) 송재혁, 「정도전의 군주론」, 『정치사상연구』 22, 2016; 「정도전은 군주의 사유재산을 제한하려 했는가: 『조선경국전』 「부전」 상공편에 대한 분석」, 『아세아연구』 62, 2019.

이해를 익히면서 정학, 정통으로 성리학을 수용했다. 그는 16~17세의 나이에 성률을 익히다가 민자복으로부터 사장(詞章)은 말단의 기예이기에 몸과 마음의 학문을 익혀야 한다는 말을 듣고 『대학』·『중용』을 구해 읽었다고 한다. 그리고 1366년(공민왕 15) 상중에 있으면서 정몽주로부터 『맹자』를 받아서 하루 동안에 한 장 또는 반장씩을 읽었다고 한다.[15] 또한 1370년(공민왕 19) 성균관 교관 천거를 통해서 성균박사에 임명되었다. 이를 통해 1367년(공민왕 16) 성균관 중영 이래로 이색을 중심으로 한 지적 네트워크에 포함되어 성리학이 지향하는 도에 대한 지식과 현실 문제를 종합적으로 이해할 수 있는 바탕을 마련했다.[16] 이때 그는 정몽주와 이숭인과 성리학을 익히고 후진들의 교육에 헌신하면서 "이단을 물리치는 것으로 자신의 임무를 삼았다"[17]고 했다.

정도전의 성리학적 지향은 1375년(우왕 원년) 북원 사신 영접 반대로 인한 유배생활을 통해서 지방사회에서 일어나는 사회경제적인 모순 등을 목도하면서 한층 더 강화되었다. 그는 「심문천답(心問天答)」을 작성하여 심으로 상징되는 불교에 비해, 천인 성리학의 우위를 천명했다. 그러면서 그는 마음이 상제로부터 리를 부여받았기에 만물 중 가장 신령한 존재이나, 항상 천리와 인욕의 갈림길이 있기 때문에 성(誠)과 경(敬)을 통해 천리에 바탕을 둔 도심으로 회복할 필요성을 제시했다.[18] 이러

---

15) 『三峯集』 卷3, 序, 「圃隱奉使藁序」.

16) 이익주, 「공민왕대 개혁의 추이와 신흥유신의 성장」, 『역사와 현실』 15, 1995; 도현철, 「조선건국기 성리학 지식인의 네트워크」, 『역사학보』 240, 2018, 252쪽.

17) 『陽村集』 卷16, 書, 「鄭三峯文集序」, "三峯與圃隱, 陶隱尤相親善, 講論切磋, 益有所得, 常以訓後進闢異端爲己任."

18) 『三峯集』 卷6, 「心問天答」, 心問, "天理雖根於吾心固有之天, 而其端甚微, 人欲雖生於物我相形之後, 而其發難制, 是其日用云爲, 順理爲難而從欲爲易."

한 심성론적 지향은 이 세계와 인간을 통일적으로 이해해야 한다는 바탕이 되었다. 훗날 「불씨잡변(佛氏雜辨)」에서 배우는 자들은 진실되고 하나이며 연속되는 유학의 원리[19]에 따라야 한다는 것이 그것이다. 말하자면 정도전은 인간은 천리를 보존하고 인욕의 사사로움을 극복해서 천리의 공으로 돌아감으로써 공천하를 실현할 토대를 마련해야 한다고 보았다.[20]

이를 위해서는 성리학을 익힌 사대부들이 군자와 대인으로 거듭나 당시 민생 문제를 해결할 수 있는 실질의 학문이 되어야 한다고 보았다. 그는 당시의 관리들이 국가의 안위와 생민의 휴척과 시정의 득실과 풍속의 미악에 뜻을 두지 않는자들로 비판했다.[21] 대신에 그는 유자에 대해서 독서를 통한 사사물물에 대한 궁리를 통해서 그 이치를 파악하고, 성인의 도를 실현하여 세상을 이롭게 하는 통유(通儒)·진유(眞儒)라고 본 것이었다.[22] 이는 곧 고려 후기 성리학이 도입되면서 군자와 대인으로서 수기·수양에 힘을 쓰고, 경학에 밝고 윤리도덕을 실천하는 선비(經明行修之士)를 지향[23]하면서, 나라를 다스리고 백성을 구제해야 한다[24]는 경세의식이 확산과 연계된다. 정도전 역시 이단이 성하고 백성들이 도

<hr>

19) 「三峯集」卷9, 「佛氏雜辨」, 佛氏心性之辨, "釋氏虛, 吾儒實, 釋氏二, 吾儒一, 釋氏間斷, 吾儒連續, 學者所當明辨也."

20) 이정주, 「사상가로서 정도전의 새로운 모습 – 불교계 교류와 「심문천답」 속의 반공리사상 –」, 「韓國史學報」 2, 1997, 149~153쪽; 정호훈, 「정도전의 학문과 공업(功業) 지향의 정치론」, 「한국사연구」 135, 2006, 186~187쪽.

21) 「三峯集」 卷4, 「答田夫」.

22) 도현철, 「정도전의 경학관과 성리학적 질서 지향」, 「태동고전연구」 24, 2008, 35쪽.

23) 「櫟翁稗說」 前集1.

24) 「高麗史」 卷118, 列傳 31, 趙浚.

탄에 빠진 시대를 구원해야 할 존재로서 "학술이 바르게 닦이고 덕(德)과 위(位)가 뛰어나서 사람들이 믿고 복종할 자"[25]라고 했다. 그리고 명예와 이익을 탐하여 후대에 기롱만 남는 자들과 속 마음이 닳거나 변함이 없는 군자다운 선비(君子士)를 대비시켜 바라보면서 후자에 의해 불후의 사업을 남길 것을 다짐하기도 했다.[26] 여기에 더해 그는 유배와 유랑생활을 통해 사회적으로도 그러한 군자들이 육성될 수 있는 환경이 조성되어 있음을 확인하기도 했다. 나주 거평 부곡에서는 부로들의 활동으로 백성들이 의리를 알게 되었다고 한 것이 그 사례이다.[27] 말하자면 정도전은 중앙과 지방에서 새로운 세력의 성장과 확산을 목도하면서, 사대부로서 개혁에 대한 의지를 닦아 나갔다고 할 수 있다.[28]

그러나 정도전은 유랑생활 이후인 13838년(우왕9)에 경국(經國)의 뜻을 가지고 이성계의 함주막을 찾아가기도 하는 등,[29] 현재 고려왕조의 테두리 내에서 자신이 염원하는 정치가 이루어지기 어렵다고 보았다. 특히 그는 군주의 문제를 고심했다. 그는 스스로 군주를 바로잡고자 경서를 궁구했으나, 선도할 방법이 없어 백성에게 은택을 베풀기 어려웠

---

25) 『三峯集』 卷3, 書, 「上鄭達可書」.

26) 『三峯集』 卷1, 五言古詩, 「秋夜」, "哀哉名利人, 至老猶未知. 貴者自驕固, 卑者多詭隨. 榮華逐電光, 身後有餘譏. 彼美君子士, 中心無磷緇. 高高雲月情, 皎皎氷雪姿. 庶將垂不朽."

27) 『三峯集』 卷3, 「登羅州東樓諭父老書」.

28) 문철영, 「정치가 정도전에 대한 역사심리학적 고찰」, 『정치가 정도전의 재조명』, 경세원, 2004, 177~178쪽; 도현철, 「고려말 유학자의 성장과 재상정치론」, 『韓國思想史學』 72, 2022, 4~10쪽.

29) 『三峯集』 卷2, 「過鐵關門」, "雲煙一道滄溟近, 風氣千年地理分. 自笑區區經國志, 從戎又過鐵關門."

다³⁰⁾고 자조하기도 했다. 그의 자조적 의식은 역으로 군주권이 바로잡혀야 왜구와 홍건적의 침입, 백성들의 유리 등과 같은 현상에 대응할 수 있다는 인식의 소산이었다. 이러한 문제의식은 고려 말 이래 성리학자들의 인식과 대응을 계승하여『경제문감별집』등에 반영되었다.[31]

고려 말의 군주권 실추는 정치구조의 변화라는 측면에서 비롯된다. 무신집권기와 원 간섭기를 거치면서 고려전기 3성 6부제에 근거해서 국왕과 관료가 권력을 적절하게 조화시키는 정치체제가 붕괴되고, 정방을 통해 측근세력의 인사권 남용이 공공연히 자행되면서 관제 문란이 더욱 가중되었다.[32] 정도전 역시 명종 이후부터 권신들이 서로 잇달아 국권을 좌우하여 왕실이 멸망되지 않았으나, 위태롭게 된 지가 몇백년이 되었다고 평가함[33]으로써 무신 집권기 이래 소수의 권세가들이 권력을 독점할 수 있는 정치 구조의 폐단에 지적했다.

여기에 덧붙여 원과의 사대 관계가 체결된 이후 고려 국왕은 여타 다른 신하들과 마찬가지로 원의 신하가 됨에 따라 원 황제권과 누가 밀접하게 연계되냐에 따라 권력이 재편될 가능성이 있었다. 이때 원은 고려 국왕을 실질적으로 임명하면서 충렬왕과 충선왕의 갈등이 발생하거나,

---

30)『三峯集』卷2, 詩, 七言絶句,「自詠」.

31)『경제문감별집』는 조선 건국 후의 자료라는 점에서 한계가 있다. 그러나 그는 『경제문감별집』을 작성하면서 고려 유학자들의 국왕찬을 참고해서 작성했다. 특히 그는 태조 대에서 숙종때까지 이제현의 고려왕찬을 그대로 활용하기도 했다. (變太燮,『『고려사』의 연구』, 삼영사, 1982, 171~172쪽; 도현철, 앞의 책, 2013, 189~190쪽) 이 점 등을 고려할 때, 그의『경제문감별집』은 고려 말 이래 유학자들의 인식을 종합하는 가운데, 자신의 당대사에 대한 관점이 투영된 결과물이 아닌가 한다.

32) 朴宰佑,「高麗 恭讓王代 官制改革과 權力構造」,『震檀學報』81, 67쪽.

33)『三峯集』卷12,「經濟文鑑別集」下, 君道, 明王.

충혜왕 당시 조적의 난과 같은 무력 충돌이 발생했으며, 심왕 고(暠)는 끊임없이 고려 왕위를 노리기도 했다. 더 나아가서 고려를 원의 한 지방으로 만들자는 입성론(立省論), 합성론(合省論) 등 고려 국체를 부정하기도 했다. 이러한 정치적 사건들로 인해 군주는 종래 관료 전체 위에 군림하는 초월적인 지위를 상실하고, 자신과 정치적 운명을 같이하는 측근세력에 의존하는 정치를 해야 했다.[34] 이에 대해 정도전은 충렬·충선·충숙·충혜 4대가 내려오는 동안에 부자끼리 서로 해치고, 천자의 조정에 가서 송사해서 천하의 웃음거리가 되었다고 했다.[35] 또한 충렬왕 때 측근세력인 이정에 의해 주·군의 침탈되고[36] 충선왕 당시 수종신들 상호 간에 모함을 하거나,[37] 충숙왕 말년 박청 등과 같은 내신들을 신임한 사례들[38]을 비판했다.

물론 원 간섭기에도 새로운 정치를 모색하고자 하는 시도가 있었다. 대표적으로 충목왕대 정치도감 개혁은 측근정치의 근원으로 정방을 지목하고 혁파하여 정상적인 관료제를 회복하는 한편, 녹과전을 회복시켜 새 관료층의 경제적 기반을 마련하고자 했다.[39] 그러나 정치도감 개혁은 기득권을 가진 권신들의 반발과 그들과 연결되어 있던 원의 개입으로 실패했다. 그 후 정치도감을 주도한 왕후·이제현 등은 공민왕을 지지해 개혁을 추진해나가려 했으나, 원이 부원세력과 충혜왕 측근세력이

<hr>

34) 이익주, 「공민왕대 개혁의 추이와 신흥유신의 성장」, 『역사와 현실』 15, 1995, 25~26쪽.
35) 『三峯集』 卷12, 「經濟文鑑別集」 下, 君道, 忠肅王.
36) 『三峯集』 卷12, 「經濟文鑑別集」 下, 君道, 忠烈王.
37) 『三峯集』 卷12, 「經濟文鑑別集」 下, 君道, 忠宣王.
38) 『三峯集』 卷12, 「經濟文鑑別集」 下, 君道, 忠肅王.
39) 박종기, 「원간섭기 사회현실과 개혁론의 전개」, 『역사와 현실』 49, 2003, 87~94쪽.

지지하는 충정왕을 책봉함으로 뜻을 이루지 못했다.[40] 정도전은 당시 개혁 정치가 권신들에 의해 실패했다는 점을 지적하고,[41] 또한 공민왕의 즉위가 실패한 것을 덕녕회비 일족들이 당을 만들어 욕심을 부린 결과 즉위하지 못했다고 했다.[42] 그는 개혁의 성패는 권세가들의 사적 정치를 차단하는데 달려있다고 본 것이다.

이때 정도전은 개혁을 추진해 나가기 위해서는 군주의 정치적 태도가 중요함을 공민왕의 사례를 통해 제시한다. 공민왕의 즉위는 정치도감을 주도하던 개혁세력에 의해 이루어졌고, 신흥유신들에게 개혁의 기회로 여겨졌다. 실제로도 그는 1356년(공민왕 5) 반원개혁, 1365년(공민왕 14) 신돈의 중용과 전민변정도감 설치 등으로 정치도감 이래의 개혁 정치를 추구해 나갔다. 그럼에도 공민왕 역시 측근 중심의 정치를 답습하거나 신돈 등을 중용하여 성리학을 익힌 유자 중심의 정치를 추구한 세력에게 실망감을 안겼다.[43] 정도전 역시 노국공주 사후 정사를 신돈에게 위임하고 사적인 토목공사에 힘을 쓰고, 자제위를 설치해서 홍윤, 한안 등과 함께 음란한 행동을 하고 여러 비들을 욕보였다고 비판했다.[44] 그는 군주가 사적 욕망을 추구하는 데에 힘을 쓴다면 민심을 떠나게 하여 국가의 멸망에 이를 수 있다고 보았다.[45]

---

40) 이익주, 앞의 논문, 1995, 7쪽.

41) 『三峯集』 卷12, 「經濟文鑑別集」 下, 君道, 忠穆王.

42) 『三峯集』 卷12, 「經濟文鑑別集」 下, 君道, 忠定王.

43) 이익주, 앞의 논문, 1995, 47~51쪽; 김형수, 「충혜왕의 폐위와 고려 유자들의 공민왕 지원 배경」, 『국학연구』 19, 2011, 558~562쪽.

44) 『三峯集』 卷14, 附錄, 事實.

45) 『三峯集』 卷1, 五言古詩, 「遠遊歌」.

정도전은 군주가 수신을 통해 윤리도덕적 자질을 기르지 못한다면 군주의 축출도 가능하다고 했다. 그는 우왕 초년 서연에서 『대학』을 강독하면서 군주의 자세로서 인을 강조하는 등,[46] 우왕이 군왕으로서 자질을 함양하기를 기대했다. 그러나 우왕대 서연은 이인임·지윤·임견미와 같은 권세가의 방해로 제대로 시행되지 못했다.[47] 여기에 더해서 우왕 역시 음행을 자행하여 당시 왕실 및 관료들의 우려를 사기도 했다.[48] 이에 정도전은 우왕의 정치에 실망하여 유배지에서 군주를 그리워하는 내용을 거의 남기지 않았다.[49] 그리고 위화도 회군 이후 폐가입진(廢假立眞)을 내세워 우왕을 폐위하는데 기여했다. 이에 대해 그는 우왕에 대해 황음하고 포악하여 패가망신할 수 밖에 없었다고 했다.[50]

이러한 우왕의 폐위는 군주권의 정당성을 수신에 대한 노력과 의지로 환원시켜 평가하는 분위기의 확산과 연계된다. 윤소종이 창왕에게 『논어』를 배운지 13개월임에도 알게 되는 것이 서너 글자에 불과하다고 질책하기도 한 것이 그 대표적인 사례이다.[51] 이는 더 나아가서 무도한 군주일 경우에는 교체도 가능하다는 논리로 발전하기도 했다. 권근은 우왕에게 서연 속개를 요청하면서 은 태갑이 무도하여 탕의 왕업을 무너뜨리자 이윤이 글을 지어 간하였고 비로소 선으로 옮겨가게 되었다고

---

46) 『三峯集』 卷3, 箋, 「到南陽謝上箋乙丑」.

47) 윤훈표, 「고려말 개혁정치와 경연제도의 개편」, 『사학연구』 93, 2009, 60쪽.

48) 『高麗史』 卷135, 列傳48, 우왕 10년 6월; 『高麗史』 권136, 열전49, 우왕 13년 8월.

49) 이익주, 『정도전 – 백성을 위한 나라 만들기 –』, 창비, 2024, 17쪽.

50) 『三峯集』 卷12, 「經濟文鑑別集」 下, 辛禑.

51) 『高麗史節要』 卷34, 공양왕 1년 7월.

했다.[52] 그리고 위화도 회군 세력은 이성계에게 이윤과 같은 역할을 하기 기대했다. 주지하다시피 이윤은 은 탕에게 권해서 무도한 하의 걸을 쫓아냈고, 태갑이 무도하자 그를 축출했다가 다시 맞아들인 사람이다. 고려말 사대부는 군주가 성인과 같은 덕성을 갖출 것을 기대하면서 그에 대한 평가 주체로서 신료들의 역할과 위상을 정립하고 있었던 것이었다.[53]

이에 근간해서 정도전은 공양왕의 폐위를 이끌어내고 왕조 교체를 단행했다. 그는 공양왕 대에 들어서 일련의 척불운동을 통해서 개혁의 중심인물로 부각되었다. 그는 척불운동이 한참인 1391년(공양왕 3) 5월 공양왕의 구언에 응해서 그 정치를 비판했다. 그에 따르면, 공양왕이 성현의 책을 제대로 읽지 않았고, 당시의 사무조차도 제대로 알지 못할뿐더러 임용과 상벌 문제에서 공과 사의 구분이 명확하지 않다고 했다. 특히 그는 공양왕의 호불(好佛)을 집중적으로 논박하고 불교 행사로 인한 국가 재정의 위협 등을 지적했다.[54] 척불운동 자체가 고려라는 국가와 왕실의 이념적 토대 중 하나인 불교에 대해 비판하고, 대신에 군주권의 기반이 성리학의 수신에 근간해야 한다는 이념적 선언이나 마찬가지였다. 그 까닭에 수신에 충실하지 못하고 호불에 유념하는 공양왕은 하늘로부터 부여받은 천위로서 군주의 직을 제대로 수행하지 못한 것이 된다.[55] 정도전은 공양왕이 충언과 간언을 받아들이지 않고 사적인 감정

---

52) 『高麗史』 卷107, 列傳20, 權呾 附 權近.

53) 현수진, 「고려시기 이윤 고사와 그에 나타난 군신관계」, 『歷史學報』 244, 2019.

54) 『高麗史』 卷1 19, 列傳32, 鄭道傳.

55) 이익주, 「고려 말 정도전의 정치세력 형성 과정 연구」, 『東方學志』 134, 2001; 이종서, 「고려말 사전혁파론자의 학문성향과 정치적 선택」, 『역사와 현실』 137, 2025.

에 치우친 정사를 행해서 인심이 이탈되고 천심을 가버리게 했다고 한다.[56] 대신에 "백성들의 마음과 하늘의 뜻에 의거"[57]해서 이성계가 추대받는 것이 당연하다고 했다.[58]

정도전은 고려 말 이래 소수 권세가들에 의한 권력 독점, 군주의 윤리도덕적 약점 등이 군주권의 실추를 초래한 원인으로 파악하면서, 그 극복방안으로 군주의 수양·수신 등을 제기했다고 하겠다. 그리고 그 노력 여하에 따라서 군주권 행사를 평가할 수 있다고 보았다. 만약 그에 어긋나는 경우 천심인 민심이 떠났다는 논리로 군주 교체를 정당시하여 고려에서 조선으로의 왕조 교체를 이끌어낸 것이었다.

2) 송·원의 군주론 수용과 군주성학론

정도전이 성리학에 근간한 군주론을 펼치는 데에는 당시 최신의 학문으로서 송·원 성리학의 영향이 있었다. 그는 주자와 그 후학의 경전 해석에 충실해서 성리학적 정치 지향을 확립하는데 기여했고 왕조 교체를 이끌어 내었다.

정도전은 주자의 사서오경을 통해서 군주관을 형성했다. 그는『대학』을 통해서는 격물·치지·성의·정심·수신·제가·치국·평천하라는 8조목에 따른 단계적 계기적 수양론을 통한 이상군주론을 말하고, 경복궁에 그 원리를 반영했다.[59] 『논어』와 『맹자』를 통해서는 군주는 천지가 만물

---

56) 『三峯集』 卷12, 「經濟文鑑別集」 下, 恭讓王.

57) 『太祖實錄』 卷1, 태조 1년 7월 28일 丁未.

58) 이정란, 「고려말의 역성혁명과 조선 제후국의 성립」, 『한국중세사연구』 46, 2016; 오수창, 「조선왕조 개창의 형식과 논리」, 『동방학지』 176, 2016.

59) 장지연, 앞의 논문, 2007, 85~86쪽.

을 기르는 마음을 견지하고 차마하지 못하는 정치인 인정을 시행해야 한다고 했다.[60] 『중용』에서는 유학의 도통론을 제시하고 천리에 토대를 둔 의리를 견지할 것을 말했다.[61] 마찬가지로 오경에서도 『주역』을 통해서는 군주 역할로 인의 실현을 제시했다. 『서경』을 통해서는 이제삼왕의 핵심으로 '도심은 은미하고 인심은 위태로우니, 정밀하고 전일하게 하라(道心惟微, 人心惟危, 惟精惟一)'는 16자 심법에 근간한 것으로 제시했다.[62] 『시경』을 통해서는 주자의 주를 인용해서 군주의 정심·성의를 강조했다. 『춘추』를 통해서는 대의명분을 강조했다. 예와 관련되어서는 『주례』의 천관총재를 강조하고 육전체제를 통한 통치체제를 강조했다.[63] 이는 곧 사서가 지향하는 사서오경을 관통하는 의리를 이해함으로써 성인과 같은 인격적 경지에 이르는 장기적 수양과정[64]의 필요성에 동감한 것이었다.

이와 연계해서 주목할 서적으로는 『대학연의』이다. 『대학연의』는 남송 말 진덕수가 『대학』의 8조목을 토대로 군주가 구체적인 정사에 실천할 수 있는 지침서로 편찬한 서적이다. 이에 따르면 이제삼왕의 정치를 이상적으로 파악하면서 대학의 8조목을 본말과 체용으로 구분하는 가운데, 치국·평천하의 외향적인 실천보다는 성의·정심 등 개인의 도덕적 수양을 강조한 서적이다. 이는 현실에서 국가의 근본인 군주가 도덕

---

60) 『三峯集』 卷7, 「朝鮮經國典」 上, 正寶位.

61) 『三峯集』 卷10, 「心問天答」.

62) 『三峯集』 卷11, 「經濟文鑑別集」 上.

63) 도현철, 앞의 논문, 2008, 44~54쪽.

64) 佐野公治 著, 『四書學史の硏究』, 創文社, 1988, 95~102쪽; 민병희, 「『사서장구집주』와 사대부 사회의 변화」, 『역사학연구』 53, 2014.

수양으로 내성을 달성하면 치국·평천하에 해당하는 외왕은 자연스럽게 달성할 수 있다고 보았다. 여기에 덧붙여 해당 조목에 대한 역사적 실례 등을 붙여 군주 통치에 실용성을 더했다.[65] 『대학연의』에 따르게 된다면 군주 역시 수신을 통해 성인을 지향하되, 그것이 현실 정치에 구현될 수 있는 경세적 방안을 모색한 책이 된다.

『대학연의』가 고려에 도입된 이후 종래 당 태종을 모델로 한 『정관정요』식의 군주수신론을 대체해 나가기 시작했다. 가령, 윤소종이 공양왕에게 중흥의 군주인 만큼, 이제삼왕으로 법을 삼아야 하고, 당태종은 취하기에 부족하다는 발언이 그것이다.[66] 정도전 역시 『대학』은 군주가 만세의 대법을 세우는 것이고, 그 뜻을 확장한 『대학연의』는 제왕이 정치를 하는 순서와 학문을 하는 근본으로 이보다 나은 것이 없다고 평가함[67]으로써, 『대학연의』를 중시했다. 그리고 당 태종에 대해서 아버지를 위협해서 오랑캐의 신하노릇하게 하고, 아우를 죽이고 아우의 아내에게 난행을 저질러 인륜에 죄를 진 바가 많다고 했다.[68] 그 역시 『대학연의』에 담겨 있는 군주의 성인화라는 목표에 공감했음을 보여준다.

그런데 정도전은 당 태종을 완전히 부정하지 않았다. 정도전은 당 태종에 대해서 홍문관을 설치하여 학사들과 토론하고 학교를 일으켜 경술을 숭상하고 부병을 세워 무비를 닦아 "쌀값이 한 말에 3전에 불과하

||||||||||||||||||||||||||||||||||||||||||||||||||||||||||||||||||||||||||||||||||||||||||||||||||

65) 윤정분, 『中國近世 經世思想 硏究』, 혜안, 2002; 정재훈, 「『대학연의』와 조선의 정치사상」, 『韓國思想史學』 64, 2020, 150~153쪽.
66) 『高麗史』 卷120, 列傳33, 諸臣, 尹紹宗.
67) 『三峯集』 卷13, 「朝鮮經國典」 上, 禮典, 經筵.
68) 『三峯集』 卷11, 「經濟文鑑別集」 上, 君道, 唐太宗.

여 태평한 세상이라 일컬어질 정도로 융성한 시대를 열었다"[69]고 평가
했다. 이러한 양면적인 측면은『대학연의』의 당 태종관의 영향이기도 하
다. 진덕수는 당 태종의 윤리도덕적인 결함을 지적하면서도 전쟁을 그
치게 하고 경술에 뜻을 두고 홍문관을 설치해 내학사들과 고금의 성패
를 토론했다는 점을 긍정했다.[70] 이는『대학연의』의 한 특성인 군주의
도덕성을 강조하면서도 역대 군주의 통치사례를 풍부하게 수록함으로
써 군주의 예악형정에서 사공적인 성취를 달성하는 방안을 긍정했음을
보여준다.[71]

정도전이 군주의 도덕성과 경세를 통합적으로 바라보는 것은 송·원
대의 사공학의 입장에서 마련된 주자의 정치론 등을 폭넓게 수용한 것
과 연결된다. 기왕의 연구에서 밝혀진 것과 같이, 정도전은『경제문감』
을 작성하면서『주례정의(周禮訂義)』·『산당고색(山堂考索)』·『서산독서기
(西山讀書記)』·『문헌통고(文獻通考)』·『책부원귀(冊府元龜)』등을 활용했다.
이러한 서적들은 남송이 맞이한 대내외적 모순을 경세적 학문을 통해
타개하려는 사공학(事功學)의 입장이 반영되어 있다. 이에 사공학은 의
리와 도덕을 기축으로 하여 체제를 안정시키려 한 주자에 의해 왕패논
쟁의 대상이 되었다. 그럼에도 둘은 공통적으로 남송의 정치사회운영을
사대부 본위로 놓고 본다는 점에서 공통적이었고, 사공학계 인물들 역
시 주자를 자신들과 연원이 동일하다고 보았다. 정도전 역시 사공학의

<hr>

69)『三峯集』卷11,「經濟文鑑別集」上, 君道, 唐太宗.
70)『大學衍義』4,「帝王爲學之本」, "唐太宗身屬囊鞬…然銳情經術……殿左置弘文館."
71) 김인호는『대학연의』의 당태종 평가로 인해서 고려 말 유자들이 당태종과『정관정요』를
　　전면에서 부정하지 않았다고 한다(김인호, 앞의 논문, 1998, 99~100쪽).

원조라 할 수 있는 왕안석을 비판하고 정자와 주자 중심의 도학을 존숭했다. 다만 조선의 국가체제와 통치조직을 이론적으로 완비하고자 하는 목적에서 도학과 배치되지 않는 사공학에 반영된 주자의 정치론을 수용했다. 이를 통해 군주 혹은 재상이 향에서부터 중앙까지 이르는 일원적인 집권체제의 표상이 되어 국가의 공권력·집권력을 강화하여 사적인 지배 관계를 약화시키고자 했다.[72]

정도전은 사서오경을 기축으로 해서 송·원의 사공학 관련 서적까지 포괄해서 군주론에 대한 체계적인 저술을 남겼다. 『조선경국전』, 『경제문감별집』 등이 그것이다. 우선 『조선경국전』은 6전 체제에 근간해서 정부의 조직 원리와 운영 방안을 제시하고 있다. 『조선경국전』의 특징은 『경세대전』과 그 서문인 『경세대전서록』 등의 영향을 받아 『주례』에 없는 군주와 관련된 부분들을 수록해 놓았다는 점이다. 『경세대전』은 크게 군주와 관련된 군사(君事)와 6전인 신사(臣事)로 구분되었다. 군사는 제호(帝號)·제훈(帝訓)·제제(帝制)·제계(帝系) 등으로 구성되어 있다. 이는 『조선경국전』에 세자와 관련된 정국본을 제외한 정보위(定寶位)·국호(國號)는 제호를, 세계(世系)는 제계를, 교서(敎書)는 제훈을 모방했다고 한다.[73] 말하자면 정도전은 『경세대전』을 참고하여 『조선경국전』에서 군주권의 계승 근거와 그 이념적 정당성을 밝히는 부분을 인용하고 있는 것이다.[74]

---

72) 노현철, 앞의 책, 2013, 123~137쪽.

73) 末松保和, 「朝鮮經國典再考」, 『和田博士還曆記念 東洋史論叢』, 講談社, 1951, pp.317~325; (元) 趙世延·虞集 等撰, 周少川·魏訓田·射輝 輯校, 『經世大典輯校』上, 中華書局, 2020, 3~16쪽; 송재혁, 앞의 논문, 2020.

74) 김인호, 「여말선초 육전체제의 성립과 전개」, 『東方學誌』 118, 2002, 18쪽.

원의『경세대전』은 원 문종 2년인 1331년에『당회요』와『송회요』를 참고해서 원 건국에서부터 문종 초까지 100년 동안 반포된 역대의 제도와 법을 모은 것이다.『경세대전』의 편찬 목적은 원 황실 내부의 황제 계승전으로 인한 혼란스러운 정국을 안정시키고 통치를 위한 자료를 마련하기 위함이었다. 원은 중서성과 육부로 구성된 일성육부제(一省六府制)를 채택해 재상의 권한이 강했고, 황제의 권위가 하락할 경우에는 재상의 권신화가 가능했다. 이 까닭에 제위 경쟁을 통해 즉위한 문종은『경세대전』에 황제권과 관련된 내용들을 포함하여 재상 위에 대칸이 있음을 명확히 하고자 했다.[75] 정도전 역시 고려 말 이래 정치체제 변동으로 인한 권세가들의 횡행에 대응하고 군주권의 위상을 강화하고자 군주 관련된 부분을 반영했다.

그러나 정도전은 고려 말 군주들에 의한 측근정치, 자의적인 통치권 남용 등으로 인한 군주권 실추 문제를 목도한 만큼, 군주의 절대성만을 보증하기 어려웠다. 이에 그는『주례』의 천관에 주목하고 치전(治典)에서 재상이 정치의 중심임을 표방했다. 천관에서는 군주가 나라가 세우고 총재를 세워 나라를 다스리는 일을 한다고 하여, 관직 체계의 중심에 총재로 불리는 재상이 담당하는 것으로 되어 있다. 재상 주도의 육전 이해는 송·원대에 확대되었고, 고려 말에 수용되어서는 귀족적인 정치체제의 성격을 가진 고려의 3성 6부제를 옹호하기보다는 새로운 체제를 확립에 기여했다.[76] 따라서 정도전이『조선경국전』을 통해서 군주가 최

75) 조원, 「元 후기 『經世大典』의 편찬과 六典體制」, 『東洋史學研究』 141, 2007; 윤은숙, 「원대 중·후기 황권과 권신 ― 톡테무르와 권신 ―」, 『탐라문화』 60, 2019.
76) 김인호, 앞의 논문, 2005.

고 주재자가 되면서도, 그 정치에 대한 책임을 지는 재상의 역할을 상정하고자 한 것이다.

『경제문감별집』은 『경제문감』을 보완하여 1397년(태조 6) 중국과 한국의 역사사례를 통해서 군주권의 역할과 위상을 밝힌 글이다. 크게 군도와 의론(議論)으로 구분되어 있다. 군도에서는 중국과 한국의 군주의 행적을 서술했다. 중국은 요·순으로부터 송·원에 이르는 역대 군주를 서술하고, 한국은 고려 태조에서 공양왕에 이르는 고려의 군주를 기록했다. 그는 『경제문감별집』을 작성하면서 중국사 부분은 남송 후기 진원정이 편찬한 『사림광기』, 원 동정의 『서전집록찬주』, 원 호일계의 『십칠사찬고금통요』 등을 활용했다고 한다.[77] 그리고 의론은 정자의 『역전』에서 군주의 자리인 제5효를 인용해서 군주의 자세와 신하의 역할에 대해 논했다. 정자의 『역전』은 군주가 지위와 덕을 모두 겸비한 성인이 되기 위해 현능한 인재 등용과 그에 의한 보도를 중시한다는 특성이 있다.[78] 말하자면 『경제문감별집』은 군주가 성인을 지향하기 위한 성학의 원리와 그에 대한 역사적 실례를 제시한다는 실용성을 갖추었다.

이와 같이 정도전이 사서오경을 기초로 송·원 성리학을 수용하여 지향한 군주권의 정상화 방안은 군주 성학의 원리를 토대로 군주가 도덕적 표상으로서 성인과 같은 존재가 되고, 예악형정에서의 실질적인 경세, 사공을 달성하는 것이 목표로 제시된다.[79] 이때 성도전은 원리로서

---

77) 송재혁, 앞의 논문, 2020.
78) 정병석, 「『역정전』을 통해 본 정이천의 정치적 사유」, 『周易硏究』 5, 2000, 119~126쪽; 土田健次郎 지음, 성현창 옮김, 『북송도학사』, 예문서원, 2006, 345~348쪽.
79) 정호훈, 앞의 논문, 2006, 198~199쪽.

군주성학의 확립을 중시했다. 그는 기본적으로 이제삼왕을 이상적인 군주로 이해했다. 그리고 이제삼왕의 시대야말로 군주와 신하가 모두 성인 아니면 그에 버금가는 현인들이 통치한 시대로 정사에 힘을 써서 치세를 이루었다고 긍정했다.[80] 이제삼왕의 도리가 무너진 이후에도 공자가 역·시·서·예·악·춘추를 산정해 놓음으로써 이제삼왕의 도통을 계승하여 후대에 전하였기에 만세토록 동주(東周)가 실현되게 했다고 한다.[81] 그는 주자 도통론에 충실해서 도의 전수가 주나라가 쇠한 이후 공자에게 넘어갔고, 공자가 남겨놓은 유교 경전의 원리와 이념을 습득한다면 유교적 이상사회인 삼대사회로 복귀할 수 있는 실마리를 얻을 수 있다고 보았다. 주자 도통론이 견지한 군주와 사대부 모두 유교 경전의 원리를 익히고 실천하여 성인을 지향해야 한다는 이념에 충실한 것이었다.[82] 이에 입각해서 정도전은 군주의 덕이야말로 만물 위에 가장 뛰어나야 하고[83] 천하의 대중을 모아 군림하되 그 자리를 바르게 하고 덕을 닦아야 한다고 했다.[84] 다시말해 군주성학이야말로 군주 통치의 근간이 된다는 것이다.

원래 성학이란 성인이 되기 위한 학문, 요·순·주공의 요법을 체득하여 왕도와 인정을 실현하기 위한 학문이다. 치자=치인자는 마땅히 수

80) 『三峯集』 卷7, 「朝鮮經國典」 上, 治典, 宰相年表.

81) 『三峯集』 卷11, 「經濟文鑑別集」 上, 君道, 幽王, "孔子生於靈王之二十一年庚戌, 雖不得位, 乃敍書傳禮記, 正樂繫易, 作春秋, 實紹伏羲堯舜禹湯文武周公之道統, 傳之於後, 縱未能東周乎一時, 蓋亦有以東周乎萬世, 嗚呼盛哉!"

82) 민병희, 「道統과 治統, 聖人과 帝王: 宋~淸中期의 道統論을 통해본 士大夫社會에서의 君主權」, 『역사문화연구』 40, 2011, 168~172쪽.

83) 『三峯集』 卷11, 「經濟文鑑別集」 下, 議論, 君德首出庶物.

84) 『三峯集』 卷11, 「經濟文鑑別集」 下, 議論, 萃天下之道 當正其位修其德.

기의 과정을 거쳐 도덕적 완성자인 성인이 되어 하은주 삼대의 이상정치를 실행해야 한다는 것이 성학의 취지로 도학의 다른 표현이기도 했다. 즉 격물치지(格物致知)로서 선을 밝히고 성의·정심으로서 몸을 닦아서 안에 온축하면 천덕이 되고 밖으로 정사에 베풀면 왕도가 실현되기를 바라는 것이다. 성학=도학은 『대학』의 학문방법론을 바탕으로 군주를 포함한 치자 일반에게 공유되는 학문정치론이었다. 『대학』이 군자·대인지학이라고 할 때 군자·대인을 군주로 한정하는 경우와 치자 일반으로 관념하는 경우에 따라 제왕학과 사대부학으로 분리된다고 할 수 있다.[85] 이 중 고려 말에는 우선 군주가 성인되는 학문인 성학을 익히는 군주성학론이 우선시되었던 것으로 이해된다.[86]

이미 정도전은 고려말 성균관 등에서 근무하면서 서연을 통해 군주성학을 강조했다. 정도전은 고려 말 우왕대 서연에서 『대학』을 강독하고, 그 핵심으로 "군주가 되어 仁에 머물고, 신하가 되어서는 경에 머물고 남의 아들이 되어서는 효에 머물고, 남의 아버지가 되어서는 자에 머물고, 나라 사람들과는 신에 머물렀다"를 제시했다.[87] 경연 중시의 원리는 조선이 건국한 후 편찬된 『조선경국전』에서도 이어진다. 그는 『조선경국전』의 「예전」에서 이성계가 "『대학』이 만세의 법이 되고, 진덕수의 『대학연의』는 제왕이 정치를 하는 순서와 학문을 하는 근본이 이보다 더 나은 것이 없다"[88]라는 발언을 인용해서 『대학연의』를 군주 공부의 핵심

<hr>

85) 김준석, 『朝鮮後期 政治思想史硏究』, 지식산업사, 2003; 도현철, 「대책문을 통해 본 조선초기 군주성학론」, 『동방학지』 183, 2018, 136쪽.

86) 도현철, 「여말선초 성리학의 수용과 문치 확대」, 『역사비평』 125, 2018, 212~213쪽.

87) 『三峯集』 卷3, 箋, 「到南陽謝上箋乙丑」.

88) 『三峯集』 卷7, 「朝鮮經國典」 上, 禮典, 經筵.

텍스트로 인정하고 경연에서 진강할 것을 말한 것이었다.

정리하자면 정도전은 사서오경에 기초한 성리학적 토대와 송·원 성리학의 흐름을 흡수하면서 군주론을 제시했다. 그것은 육전체제(六典體制)에 근간해서 군주권의 공적 역할과 위상을 부여하는 한편, 군주성학으로 세습 군주가 지닐 수 있는 기질 상의 혼명강약(昏明强弱)을 극복하고 윤리도덕성을 회복하여 공적인 **역할**을 다하기 기대했다.

3. 군주권의 공적 성격 강화와 군주일심성패론

1) 군주권의 공적 성격 강화와 군신공치

정도전은 성리학의 이념을 토대로 고려 말 군주권 실추 문제에 대응하고 조선 건국 이후 군주권의 공적 성격을 강화하고자 했다. 이러한 집권적 관료체제 구상은 송·원대 정치체제를 참고하는 가운데, 주자와 그와 배치되지 않는 사공학 등을 지적토대로 하여 군주를 정점으로 한 통일권력을 실현하는 집권적 관료제와 군현제를 확립하고 상하의 신분제를 마련하고자 했다. 그는 주자의 정치론에 따라 향(鄕), 현(縣), 주(州), 제로(諸路), 대성(臺省), 재상(宰相), 천자(天子)로 이어지는 군현제를 확립해야 한다고 했다.[89] 그리고 그 틀 안에서 천자는 천하의 봉공을, 제후는 경내의 봉공을 누리며, 현능한 사람들은 지혜를 호걸들은 힘을 바치

---

89) 『三峯集』 卷5, 「經濟文鑑」 上, 宰相. 宰相天下之紀綱. "一家則有一家之紀綱, 一國則有一國之紀綱. 若乃鄕總於縣, 縣總於州, 州總於諸路, 諸路總於臺省, 臺省總於宰相, 宰相兼總衆職, 以與天子相可否而出政令, 此則天下之紀綱也.";『朱子大全』 卷11, 戊申封事; 『山堂考索』 別集 권18, 人臣門, 宰相.

며, 백성들은 각자가 맡은 역(役)에 종사하되, 오직 군주의 명령에 복종할 뿐이다.[90] 이를 통해 그는 군주를 중심으로 하여 고려 말 이래 성장하던 계층인 사대부들의 정치·경제적 지위를 보장하고, 그들의 정치참여를 유도하는 정치운영론을 마련하고자 했다.[91]

정도전에게 있어 군주의 지위는 가장 존귀한 것이 된다.[92] 이러한 군주의 존귀성은 예와 형벌의 원리를 토대로 해서 마련된다. 그는 예설의 핵심으로 상하 질서를 제시하고 조정에서는 군주는 높고 신하는 낮은 것이며, 군주는 명령하고 신하는 그를 시행하는 것이라 하여 군주의 절대적인 위상을 강조했다.[93] 또한 「헌전」에서는 성인은 만민에 대한 인을 강조하면서도 예를 거스른 죄일 경우에는 중하게 다스리고 인정(人情)에서 일어난 죄일 경우에는 관대하게 처리해서 기강을 잡을 필요성을 제시했다.[94] 따라서 그는 형을 밝게 세워서 형벌과 징계를 보여주지 않는다면 관을 해치고 백성을 병들게 하며, 간위(姦僞)가 날로 늘어나서 화란이 생겨남을 다 말할 수 없다고 했다.[95] 그는 군신 간의 분의를 엄격하게 확립하여 군주권의 절대성을 확보하여 집권체제의 표상으로 삼아 중앙의 권귀, 그리고 지방의 호강들을 제약하여 체제를 강화하고자 한

<hr>

90) 『三峯集』卷7, 「朝鮮經國典」上, 正寶位, "天子享天下之奉, 諸侯享境內之奉, 皆富貴之至也. 賢能效其智, 豪傑效其力, 民庶奔走, 各服其役. 惟人君之命是從焉, 以其得乎位也."

91) 李景植, 『朝鮮前期土地制度史研究』, 一潮閣, 1986, 97~99쪽; 이경식, 「朝鮮 建國의 性格問題」, 『중세사회의 변화와 조선 건국』, 혜안, 2005; 도현철, 앞의 책, 2013, 160~161쪽.

92) 『三峯集』卷8, 「朝鮮經國典」下, 憲典, 宮衛, "人君之位, 尊之至也, 高之極也."

93) 『三峯集』卷7, 「朝鮮經國典」上, 禮典, 總序.

94) 『三峯集』卷8, 「朝鮮經國典」下, 憲典, 名例.

95) 『三峯集』卷8, 「朝鮮經國典」下, 憲典, 職制.

것이었다.

이때 그 전제로서 군주가 사욕을 극복하고 천리로서 인정(仁政)을 시행하여 백성들의 생계를 돌보는 공적인 성격 강화가 제시된다. 그는 "성인의 큰 보배는 위이고, 천지의 큰 덕은 생인, 보위를 지킬 방법은 인이다"라고 하고, 천지가 만물을 생육시키는 마음을 자기의 마음으로 삼아서 차마하지 못하는 정치(不忍之政)을 행해서 천하 사방의 사람들이 자기 부모를 우러러보듯 하는 정치를 행해야 한다고 했다.[96] 이에 근간해서 그는 "군주는 나라에 의존하고 나라는 백성에 의존하는 것이니, 백성이란 나라의 근본이며 군주의 하늘이다"[97]라고 하여 백성의 생업을 보장하는 것이 군주의 가장 중요한 역할임을 강조했다. 또한 "인군에게는 사유재산이 없는 것이다"라고 군주가 사적 재산을 확대하고자 하는 것을 경계했다.[98] 그리고 담당 관리를 두어 상공에 필요한 물품의 출입과 회계를 담당하게 하는 것은 군주의 사치스러운 마음을 경계하기 위함이라고 했다.[99] 이를 천리, 인욕론에 근간해서 본다면, 군주는 절대성을 보증받되, 어디까지나 인심의 사사로운 욕망을 극복하고 천리로서 공을 실현시켜 나가려할 때 그 정당성을 보증받을 수 있다는 것이다.

군주의 공적 성격 강화는 백성들을 위한 제도 확립과 관련이 있다. 그는 역대 군주에 대한 평가 중 백성들을 위한 제도 확립에 대한 기여도를 중시했다. 그는 요, 순, 우, 탕, 문무와 같은 이제삼왕을 이상적인 군

---

96) 『三峯集』卷7, 「朝鮮經國典」上, 正寶位.
97) 『三峯集』卷7, 「朝鮮經國典」上, 賦典, 版籍.
98) 『三峯集』卷7, 「朝鮮經國典」上, 賦典, 上供.
99) 『三峯集』卷7, 「朝鮮經國典」上, 賦典, 上供.

주로 보면서, 그들의 통치와 수기·수양을 토대로 해서 백성들을 위한 제도 정비에까지 미쳤다는 점을 제시했다.[100] 그리고 이제삼왕 이후의 군주들 중 제도 정비에 힘을 쓴 한 무제, 당 고조 등을 긍정했다.[101] 더욱이 이적인 원 세조에 대해서도 중화의 문화로써 오랑캐 풍속을 개혁하여 천하를 하나로 모으고 강령을 세워 조목을 마련하였으니, 일대의 제도를 만든 것이 규모가 크고 원대했다고 평가한 것을 들 수 있다.[102] 군주의 절대적 권위가 백성을 위한 실질의 제도로 펼쳐질 때 그 정당성을 얻을 수 있다는 것이다.

군주가 공적인 역할을 다하기 위해서는 사대부 관료들의 국가 운영 참여를 보장해야 한다. 그는 "군주가 하늘을 대신해서 만물을 다스리되, 반드시 여러 현인들을 등용해서 여러 직임에 임명한다. 그런 까닭에 백관과 여러 관부들은 천사(天事)가 아님이 없다"[103]라고 했다. 또한 군주와 신료의 지위에 대해 천직(天職)을 공유하여 천민(天民)을 함께 다스린다고 했다.[104] 그렇기에 그는 군주가 천민을 다스림에 혼자의 힘으로는 할 수 없어 관을 설치하고 현능한 선비를 구해 담당하게 한다고 했다.[105] 그리고 군주는 자신의 지혜대로만 하지 않고 아래에 있는 어진이

<hr>

100) 『三峯集』 卷11, 「經濟文鑑別集」 上, 君道, 虞舜; 『三峯集』 卷11, 「經濟文鑑別集」 上, 君道, 夏禹; 『三峯集』 卷11, 「經濟文鑑別集」 上, 君道, 周幽王.

101) 『三峯集』 卷11, 「經濟文鑑別集」 上, 君道, 漢武帝; 『三峯集』 卷11, 「經濟文鑑別集」 上, 君道, 唐高祖.

102) 『三峯集』 卷11, 「經濟文鑑別集」 上, 君道, 元世祖.

103) 『三峯集』 卷8, 「朝鮮經國典」 下, 憲典, 職制, "王者代天理物, 必用群賢以任衆職. 故百官庶府, 無非天事."

104) 『三峯集』 卷7, 「朝鮮經國典」 上, 賦典, 祿俸, "人君之與賢者所共者, 天職也. 所治者, 天民也."

105) 『三峯集』 卷7, 「朝鮮經國典」 上, 治典, 官制, "人君, 代天工治天民, 不可以獨力爲之也.

를 따르라고 했다.[106] 말하자면 그는 군주의 지위를 천직, 천공 등으로 표방하여 하늘의 뜻을 실현하기 위한 공적인 역할을 다해야 한다고 보되, 그것은 군주 혼자 독점하지 않고 사대부 관료들과 공유해야 한다는 군신공치의 이념을 제시했다.[107]

군신공치의 이념이 실현되기 위해서 군주는 관료제가 체계적으로 운영이 될 수 있도록 각 구성의 기능과 역할을 존중해야 한다고 했다. 이에 대해 정도전은 군주와 신하, 그리고 관료제를 구성하는 요소들이 마치 신체와 같은 유기체적인 관계로 보았다.[108] 그는 군주의 우두머리로서 절대적 지위를 존중하되, 그러한 군주의 절대성이 현실 정치로서 구현되기 위해서는 심복인 재상, 눈과 귀가 되는 대간과 감사, 그리고 손톱과 어금니가 되는 수령과 같은 관료제의 기능을 존중해야 한다고 본 것이었다. 그런 까닭에 군주는 어질고 유능한 선비를 널리 구해 중외(中外)에 펼쳐야 한다는 것이다.[109] 즉 절대자로서 군주의 위상이 현실 정치에 구현되기 위해서는 신체 기능과도 같은 관료의 도움이 필요하다는 것이다.

<hr>

於是, 設官分職, 布于中外, 博求賢能之士以共之, 官制之所由作也."

106) 『三峯集』 卷12, 「經濟文鑑別集」 下, 君道, 議論, 人君至誠任賢以成其功; 不自任其知; 人君能虛中自損以順從在下之賢.

107) 최이돈에 의하면 정도전의 군신공치는 포괄적인 정치행위를 설명하는 행정론적 공치론으로서 공치의 주체로 모든 관원들을 포괄하고 있다고 한다(최이돈, 『조선전기 공공통치』, 경인문화사, 2017, 11∼14쪽). 이를 통해 본다면 정도전은 권력의 대립에 대한 첨예한 인식보다는 상호 간의 유기체적인 관계를 형성해나가는 것을 중시하지 않았을까 한다.

108) 박홍규·방상근, 앞의 논문, 2008, 54쪽.

109) 『三峯集』 卷6, 「經濟文鑑」 下, 識, "道傳嘗以暇日, 考究前代典籍, 取其有關於治體者, 自宰相至守令, 其名位之沿革, 職任之得失, 人物之賢否, 無不備載. 始自唐虞, 文籍之所起也. 迄于本朝, 耳目之所逮也. 蓋君原首也. 宰相爲君可否, 君之腹心也. 臺諫監司爲君糾察, 君之耳目也. 府衛之捍衛, 守令之承流宣化, 非君之爪牙與手足乎? 人而廢其一體則非人也. 國而廢其一官則非國也. 古先哲王, 廣求賢能之士, 布列中外, 亦欲修厥官而保其國也."

정도전이 군신 관계를 신체에 비유한 것은 성리학이 도입된 이후 군주가 관료제의 기능과 역할을 존중하여 그것을 토대로 한 군신공치를 달성해야 한다는 입장과 연계된다. 이제현은 군주와 신하는 의리상 한 몸으로 머리와 팔다리가 서로 붙어 있어야 하는 것처럼 대우해야 한다고 했다. 그러면서 군주는 재상과 함께 편전에 앉아 정사를 논의해야 하고 환시 등을 친근하게 대우해서는 안된다고 했다.[110] 그리고 공민왕의 재이에 대한 구언을 맞이해서 김속명과 헌납 황근 등은 군주는 머리이고 신하는 팔다리인 까닭에 환관·승류·잡류의 말을 듣지 말고 뛰어난 신하들을 존중해야 한다고 했다.[111] 정도전도 역시 공양왕의 구언에 대해 '임금은 머리이고 신하는 팔다리'라고 하여 군신이 일체임을 제시하고 군주가 부르면 신하가 화답하고 신하가 말하면 군주가 듣고서, 그 가부(可否)를 논해야 아름다운 정치가 이루어질 수 있다고 했다.[112] 말하자면 정도전은 군주가 관료제를 중심으로 정치를 할 필요성을 제시하고, 사대부들의 공론 수렴을 통해 통치의 정당성을 마련하고자 한 것이었다.[113]

---

110) 『高麗史』 卷110, 列傳23, 諸臣, 李齊賢, "君臣義同一體, 元首股肱, 不親附可乎? 今宰相非宴會不相接, 非特召不得進, 此何理乎? 當請日坐便殿, 每與宰相, 論議政事, 或可分日進對, 雖無事, 不廢此禮. 不然則大臣日疏, 宦寺日親, 生民休戚, 宗社安危, 恐莫得而上聞也."

111) 『高麗史』 卷111, 列傳24, 諸臣, 金續命, "王以灾異求言, 續命與獻納黃瑾等上言, 書云, '元首明哉, 股肱良哉, 庶事康哉. 元首叢脞哉, 股肱惰哉, 萬事墮哉.' …… 宦官·僧徒·雜類之言, 有時信聽. 雖大臣, 議一事出一言, 必候上旨, 承順施行. …… 重惜名器."

112) 『高麗史』 卷119, 列傳32, 諸臣, 鄭道傳, "嘗謂'君爲元首, 臣爲股肱' 比之人身, 實一體也. 故君倡則臣和, 臣言則君聽, 或曰可, 或曰不可, 期於致治而已."

113) 여기서 말하는 군주는 머리이고 신하는 팔다리라는 구절은 『서경(書經)』 익직(益稷)에 나오는 "군주가 밝으면 신하들이 훌륭하여 모든 일이 편안하여지네"등에 나온다. 채침의 주에 따르면 신하인 고요가 순에게 군주가 신하의 직책을 행하여 자질구레한 일을 하

정도전은 군주의 가장 중요한 역할로서 관료제의 정점에 있는 재상을 선정하는 것을 제시했다. 그는 총재에 훌륭한 사람을 얻으면 육전이 잘 거행되고, 직책이 잘 수행된다고 했다. 그런 까닭에 군주의 직책은 한 사람의 재상을 정하는데 있다고 했다.[114] 그는 군주가 재상을 논함을 직분을 삼고 재상은 군주를 바르게 하는 것을 직분으로 삼아야 체통이 바르게 되고 조정이 존엄해져서 천하의 다스림이 한 곳에서 비롯된다고 했다. 다만, 이때 군주는 뜻에 맞추는 사람만을 구하고 자기를 바르게 해주는 사람을 구하지 않으며, 총애할 만한 사람을 구하고 두려워할 만한 사람을 구하지 못하면 군주가 자신의 직분을 다하지 못한 것이라 했다.[115] 그는 옛 성왕들인 탕왕과 무왕이 이윤과 여상이라는 성현의 신하를 얻고, 범용한 군주인 유선이 제갈공명을, 당 숙종이 곽자의를, 당 덕종이 이성을 얻어 곤란에서 구제한 것을 본받아야 한다는 것이다.[116] 말하자면 정도전은 재상을 잘 선정하여 정무에 대한 책임을 지운다면, 군주가 중간 정도의 자질만 있어도 이상적인 정치가 달성될 수 있다고 보았다.[117]

<hr>

지 말아야함을 경계한 것이라 한다. 즉, 군주가 신하의 직책을 존중할 것을 말한 것이다. (『書經集傳』 卷2, 虞書, 益稷)

114) 『三峯集』 卷7, 「朝鮮經國典」 上, 治典, "冢宰得其人, 六典擧而百職修. 故曰人主之職, 在論一相."

115) 『三峯集』 卷5, 「經濟文鑑」 上, 宰相之職 "人主以論相爲職, 宰相以正君爲職, 二者各得其職, 然後體統正, 朝廷尊, 天下之政, 必出於一而無多門之弊. 苟當論相, 求其適己, 而不求其正己, 取其可愛, 而不取其可畏, 則人主失其職矣."

116) 『三峯集』 卷12, 「經濟文鑑別集」 下, 濟天下之蹇未有不由聖賢之臣爲之佐, "湯武得伊呂是也. 中常之君, 得剛明之臣, 而能濟大難者則有矣. 劉禪之孔明, 唐肅宗之郭子儀, 德宗之李晟是也. 雖賢明之君, 苟無其臣則不能濟於難也."

117) 한영우, 앞의 책, 1999, 176~177쪽; 도현철, 앞의 책, 2013, 161~162쪽.

그러나 정도전은 재상의 권력 행사가 군주를 뛰어넘지 않아야 한다고 했다. 그에 따르면 나라의 큰 일은 군주가 재결하고, 작은 일은 총재가 전담해서 다스린다고 한다. 이때 큰 일이라는 것은 왕자가 묘당에 앉아 제후의 조회를 받는 것으로, 작은 것은 그러한 군주의 큰 일이 이루어질 수 있도록 돕는다는 것이다.[118] 또한 재상 역시도 자신의 직책을 책임질 수 있을 만한 도덕성과 능력이 갖추어져야 한다. 그는 재상의 역할을 진덕수의 말을 인용해서 군주를 바로잡는 격군(格君), 자신을 바로잡는 정기(正己), 인재를 알아보는 지인(知人), 일에 대처하는 처사(處事)를 제시하면서, 이 네 가지 사업은 모두 자신이 바로잡혔을 때 달성될 수 있다고 했다.[119] 이는 결국 군주가 높은 지위에 있는 만큼, 지력(智力)과 구설(口舌)로써 대립 관계에 있기는 어렵기에 자신의 정성을 쌓고 바르게 함으로써 군주를 감동시켜야 한다는 것이다.[120] 말하자면 최고 지위를 가진 군주와 그를 보좌하는 재상의 직분이 유지될 때에 체통과 기강이 바로잡힐 수 있다고 보았다.[121] 따라서 그는 재상이 신하 일방의 입장에서 군주를 바로잡고 전권을 행사하는 것에만 주목하지 않았고,

---

118) 『三峯集』 卷5, 「經濟文鑑」 上, 宰相, "鄭氏曰, 大事決於王, 小事冢宰專平. ○薛氏曰, 王者坐廟堂, 以朝諸侯, 其事甚人, 大宰不敢與其政, 特贊其聽治而已. 諸侯朝時, 資糧之費, 饔飧幣帛之奉, 以至出入往來之具, 皆小治也, 豈可無以應之, 故冢宰爲之待四方賓客之小治."

119) 『三峯集』 卷4, 記, 「高麗國新作都評議使司廳記」, "必若先儒眞西山之論相業, 曰格君曰正己曰知人曰處事, 然後可也. 夫格君者, 亦自正而已, 身旣正矣. 須有知人之明, 處事之方, 乃可濟也. 幸今國祚中興, 明良相遇, 上以誠待下, 下以誠事上, 此東方一盛際也."

120) 『三峯集』 卷7, 「朝鮮經國典」 上, 治典, 總序, "夫以人主之尊, 人臣仰而正之, 難矣哉! 以智力持之不可也. 以口舌爭之不可也. 惟積其誠而動之, 正其已而格之耳."

121) 『三峯集』 卷6, 「經濟文鑑」 上, 相業.

국정 운영을 책임질만한 능력이 있는지를 중시했다고 하겠다.[122)]

여기서부터 군주와 재상이 각자의 직분을 다할 수 있도록 하는 대관(臺官)과 간관(諫官)의 역할이 생겨난다. 그에 따르면 대관은 풍속의 악함을 규찰하여 금하고, 간관은 군주의 잘못을 논하여 아뢰는 국가의 소중한 직분이 되기에 군주의 뜻대로 순종만 해서는 안 된다고 한다.[123)] 그리고 이들은 군주와 재상과 함께 시비를 논하는 자리이기에, 그 권한을 가볍게 여겨서는 안된다고 한다. 만약 그 권한이 가벼울 경우에는 권문귀족들에 의해 장악되어 그 하수인이 될 수 있다는 것이다.[124)] 대간이 군주나 재상의 하위자가 아니라 그들과 더불어서 천하의 일을 도모하여 군주권과 재상권의 상호 견제와 균형을 이루어야 한다는 것이다.[125)]

이에 대해 대간 외에도 일반 사대부들의 여론을 들을 것을 강조했다. 그는 삼대 성왕들은 천하의 의논을 다 들어보지 않은 적이 없어 땔나무를 하고 사람의 하찮은 말이라도 반드시 취하여 성인이 되었다고 한다.[126)] 이에 따라 그는 상하가 말과 글로 소통하여 정을 통한다면 다스

<hr>

122) 이에 대해 최근 이익주는 정도전이 왕정 국가 체제 하에서 군주에게 책임을 묻기 어려운 만큼, 군주 대신에 총재, 즉 재상이 권한을 행사하고, 그에 대한 책임을 총재가 지도록 함으로써 급격한 혁명을 피하면서 책임정치를 실현하고자 했다고 한다(이익주, 앞의 책, 2024, 30쪽). 이러한 맥락에서 정도전은 재상이 맡은 책임을 다할 수 있는 능력을 중시했다고 볼 수 있다(정호훈, 앞의 논문, 2006, 203~204쪽).

123) 『三峯集』 卷7, 「經濟文鑑」 下, 序(鄭摠), "次之以臺諫者, 臺官糾禁風俗之惡. 諫官論奏人主之失, 實國家之所重, 而居是職者, 豈可以唯唯悠悠而瘝厥官也哉?"

124) 『三峯集』 卷7, 「經濟文鑑」 下, 諫官, 是非不敢言; 臺諫權輕人無畏.

125) 한영우, 앞의 책, 1999, 189~194쪽.

126) 『三峯集』 卷11, 「經濟文鑑別集」 下, 議論, 聖人未嘗不盡天下之議, "然而未嘗不盡天下之議, 雖芻蕘之微, 必取, 乃其所以爲聖也."

림이 이루어질 것이라는 점을 전제하면서, 이성계가 즉위 후 5품 이상의 관청에게 시정의 구언을 청하게 하고, 초야에 있는 사람들도 글을 올리고 정사를 말하는 것을 긍정적으로 파악했다.[127] 말하자면, 그는 군주권이 소수의 권력자들이 아닌 사대부의 여론이라는 넓은 기반 위에 있어야 한다는 점을 제시했다고 할 수 있다.

지금까지 살펴본 것과 같이 정도전은 군주권의 절대성을 보증하여 집권체제 강화의 표상으로 삼되, 그것이 어디까지나 천리의 규제 하에 있으면서 인정과 백성을 위한 실질적인 제도 마련을 통해 공적 성격을 강화하고자 했다. 이를 실현하기 위해서는 사대부 관료들과 함께 정치하는 군신공치의 이상을 제시하면서 재상의 선정을 군주의 핵심적인 역할로 규정하고 대간과 일반 사대부 전반의 여론에 입각한 정치를 추구했다. 물론 개국 초라는 정치적 상황과 사대부의 성장이 여전히 미성숙한 상황에서 철저하게 구현되기 어려웠다. 그럼에도 군주가 정상적인 주재권자로서 역할을 다하기 위해서는 사대부의 정치참여를 보장해야 한다는 이념을 마련했다는 점에서 의미가 있다.

2) 군주일심성패론과 함양 중시의 세자 교육론

정도전은 군주가 국가의 주재자가 되기 위한 전제로 그 덕이 가장 뛰어나야 한다고 했다. 특히 그는 고려 말 군주들을 통해서 군주의 윤리도덕적 문제가 정국의 불안정을 초래할 수 있다고 보았다. 안정적인 국정

---

127) 『三峯集』 卷10, 「朝鮮經國典」 上, 禮典, "上之求於下者以言, 下之進於上者以書, 則決壅去蔽, 上下之情通矣. 何善之有遺, 何冤之不伸哉? 殿下卽位之初, 命隨朝五品以上衙門, 各陳便民條畫, 擇其尤善者, 著之敎書, 布告中外, 自是雖在草野, 進書言事者尚多有之."

운영을 위해서는 군주가 성인이 되기 위한 학문, 즉 성학을 연마해야 하여 마음을 바로잡을 필요성이 제시된다. 이에 대해『경제문감별집』의 서문에 다음과 같이 언급했다.

> 삼봉 선생이 처음『경제문감』을 편찬할 때 상업부터 시작하고 군도에 대해 언급하지 않은 것은, 아마 정중히 여겨 감히 말하지 못한 것이라. 그 글이 이루어지자 선생은 말하기를, "임금의 마음은 정사를 해나가는 근원인데, 경제를 논하면서 임금의 마음을 근본으로 삼지 않는다면 이야말로 물이 맑기를 바라면서 그 근원을 맑게 하지 않는 것과 마찬가지가 될 일인가?"라 했다.[128]

비록 권근의 글이기는 하나, 정도전은 재상의 일을 다루고 있는『경제문감』을 편찬하고 난 후에 군주의 도리와 관련된 군도에 대해 고심하면서 주안점을 둔 사항이 바로 군주의 마음 문제였다고 할 수 있다. 그는 군주의 마음이 정치의 근본인 만큼, 정치가 바르게 되기 위해서는 마음 문제가 선결되어야 한다는 것이다. 실제 정도전은『경제문감별집』에서 군주의 마음이 정치의 근원이라는 점을 역대 군주의 사례들을 통해서 제시했다. 특히 그가 이상적인 군주인 이제삼왕에 대해 "요, 순, 우가 '도심은 은미하고 인심은 위태로우니, 정밀하고 전일하게 하라(道心惟微, 人心惟危, 惟精惟一)'는 세 마디 말을 더해서 성학의 연원을 열었다"[129]

---

128)『三峯集』卷11,「經濟文鑑別集」上, 序(權近).

129)『三峯集』卷11,「經濟文鑑別集」上, 虞舜, "蓋人君職分之大綱, 不過如此. 噫! 執中一語, 上以受之堯, 下以傳之禹, 而益之以道心惟微, 人心惟危, 惟精惟一三語, 以開聖學之淵

고 하여, 그 성학의 근간으로 16자 심법을 제시했다.[130] 이에 따르게 된다면 이제삼왕의 정치는 도에 근본하고, 그 도는 마음에 근본한 만큼 그 마음을 알면 도와 정치에 베풀어질 수 있기에 다스려짐과 혼란함은 마음에 달린 것이 된다. 그런 까닭에 군주가 이제삼왕과 같은 정치를 추구한다면, 그 마음을 다스리던 요점에 충실해야 한다는 것이다.[131]

이 점에서 정도전은 군주의 마음이 곧 정치의 근원이 된다는 군주일심성패론을 제기한 것이었다. 군주일심성패론은 군주의 마음이 곧 천하 만사의 큰 근본으로 한 국가의 정치가 좋고 나쁘고, 사회의 강약과 성쇠 및 역사의 변천이 모두 군주의 심술(心術)에서 비롯된다는 것이다. 주자에 따르면 천하의 일들이 천변만화해서 그 단서가 끝이 없지만, 하나라도 군주의 마음에 근본 두지 않는 것이 없다. 모든 것이 군주의 심술에서 비롯되는 만큼, 군주는 무엇보다도 마음을 바르게 하고 뜻을 성실하게 하는 것을 가지고 큰 근본을 세울 필요성이 제시된다. 그렇게 할 때야 비로소 군주가 "조정을 바르게 하고, 조정을 바로잡아 백관을 바르게 하고, 백관을 바로잡아 만민을 바르게 하고, 만민을 바로잡아 사방을 바로잡기" 때문이다.[132] 정리하자면, 군주의 심술이 곧 천하 국가의 기강에 관련되기 때문에 군주의 심술이 공평하고 정대해야 한다는 논의이다.[133]

源, 實萬世生民之所賴, 孰謂其道行於一時而已哉."

130) 도현철, 앞의 책, 1997, 226~230쪽.

131) 『書經集傳』, 序(蔡沈).

132) 『朱子大全』 卷11, 「戊申封事」.

133) 市川安司, 『朱子』, 評論社, 1974, 155~156쪽; 金駿錫, 「宋時烈의 世道政治論과 賦稅制度釐正策」, 『朝鮮後期 政治思想史 研究』, 지식산업사, 251~255쪽; 장리원 지음, 장세후

고려 말에는 군주권의 실추 문제에 대응하는 방법으로서 군주 수신이 강조되고 그 과정에서 학문을 통해 군주의 마음을 바르게 하여 유신(維新)의 정치를 펼칠 수 있다는 논리가 확산되고 있었다.[134] 이곡은 "군주가 된 자는 자기 마음을 바로잡아 조정을 바르게 하고, 조정을 바로잡아 백관을 바르게 해야 할 것이요, 그리하여 멀고 가까운 곳 모두가 감히 한결같이 바른 길로 나오지 않음이 없게 해야 한다"[135]라고 했다. 이색 역시 마음의 쓰임이 크다는 점을 언급하면서 마음을 잘 쓴 자는 공자(孔子)·안자(顏子)·자사(子思)·맹자(孟子)로 마음을 가지고 정사를 베풀고 문장을 서술했다고 했다.[136] 공양왕 대 허응은 "군주 한 몸은 만화의 근원이고 다스림의 근본인 만큼, 종사의 안위는 백성들의 휴척이 달려 있다"[137]고 했다. 그리고 정총 역시 "군주가 마음을 바로잡아서 조정을 바로잡으면, 원근 사방도 한결같이 바르게 된다"[138]고 했다. 정도전도 덕은 마음에서 얻어지고 몸을 바로잡는 것에서 비롯된다고 했다.[139] 군주

<hr>

옮김, 『주희평전』, 연암서가, 2024, 724～725쪽.

134) 金泰永, 「고려 말기 국가 중흥론의 전개」, 『朝鮮性理學의 歷史像』, 경희대학교 출판부, 2006, 37～38쪽.

135) 『稼亭集』 卷13, 程文, 「庭試策」.

136) 『牧隱文庫』 卷10, 「直說三篇」, "心之用大矣. 經綸天地而有餘力, 無絲毫之或漏於其外也. 是天地亦不能包其量矣. 善用者, 二帝三王是已, 善保者, 孔顏思孟是已. 行之以政事, 述之以文章, 於是乎其用也費矣."

137) 『高麗史』 卷46, 世家46, 공양왕 3년 7월, "辛卯 諫官 許應等上疏曰, '人君一身, 萬化之源, 出理之本. 而宗社之安危, 生民之休戚, 係焉.'"

138) 『高麗史』 卷46, 世家46, 공양왕 3년 5월, "庚戌 吏曹判書鄭摠上書曰, '殿下近以乾文示警, 命臣製求言教書, 臣旣製進, 以爲救灾之道, 莫若修政. 夫政者, 正也, 孟子曰, '一正君而國定', 董子曰, '人君正心, 以正朝廷, 遠近四方, 無不一於正.', 此實萬世之格言也.'"

139) 『高麗史』 卷119, 列傳32, 諸臣, 鄭道傳, "王下教求言, 道傳上疏曰, …… 臣愚以謂, 德者得也, 得於心也. 政者正也, 正其身也."

의 올바른 정치는 마음에서부터 비롯한다는 것이다.

이에 따라 군주의 마음을 바로잡아 천리를 보존하여 성인과 같이 되게 해야 한다는 격군심(格君心)의 논의가 확대되기 시작했다.[140] 격군심의 논의를 통해서 당시 사대부 관료들은 군주가 공을 지향하는 마음을 견지하여 다스림에 도달해야 한다고 했다.[141] 이 점에서 격군심의 논리는 군주에게 천리를 보존하고 인욕을 극복하여, 혈연적인 유대감에서 파생되는 사은(私恩)과 사정(私情)에 근간한 정치가 아닌 천리라고 하는 보편적인 도덕 규범에서 비롯되는 공의(公義)에 근간한 정치를 실현해야 한다는 주장과 연계된다. 이는 고려 말 소수 권귀의 권력 독점, 측근 정치 등에서 보여준 군주와 신하 간의 사적 유대감에 근간한 정치를 극복하고, 능력과 실력을 토대로 한 사대부들이 정치에 참여하여 개혁을 추진해 나갈 수 있도록 한 근거가 되었다. 따라서 이 시기 군주 마음 문제에 주목하고 그를 바로잡아야 한다는 격군심의 논리 대두는 군주권의 공적인 성격을 강화하기 위한 방편이었다.[142]

이와 같이 정도전의 군주일심성패론은 군주의 도덕성 제고에만 머무르는 것이 아니라 일원적인 집권체제를 강화하자는 실질의 대책과 연계되었다. 이러한 지향 하에서 그는 『경제문감』에서 통일적이고 체계적인 체제운영을 지향하면서 군주의 마음 문제를 거론했다.

---

140) 『高麗史』卷111, 列傳24, 諸臣, 李嵒, "語其子岡曰, '汝志之. 吾旣老矣, 無官守無言責, 當以格君心爲務耳.'"; 『高麗史』卷46, 世家46, 공양왕 4년 2월, "全羅道都觀察使崙書朱文公仁字說, 作屛以獻. 下敎褒奬曰 …… 外則觀風俗之盛衰, 內則慮君心之善惡."

141) 『高麗史』卷118, 列傳31, 趙浚, "大司憲趙浚等上疏曰, 敬之一字, 帝王所以作聖之基, 公之一字, 帝王所以致治之本."

142) 김훈식, 「麗末鮮初 儒佛交替와 朱子學의 定着」, 『韓國古代·中世의 支配體制와 農民』, 지식산업사, 1997, 400~406쪽.

사람에 비유하자면, 마음의 구실은 생각하는 것이요, 귀는 듣는 것을 맡으며, 눈은 보는 것을 맡는 것과 같아, 마음이 그 생각하는 구실을 다하지 못하면 당연히 그 마음을 다스려서 더욱 맑고 밝게 하여 반드시 그 생각하는 바를 얻게 해야 할 것이요, 귀가 듣는 바가 없고 눈이 보는 바가 없다면 또한 다스려서 더욱 총명하게 만들어 반드시 그 듣고 보는 실상을 얻게 하고야 말 것이니, 또한 어찌 생각하지 않는다고 해서 마음의 구실을 폐할 것이며, 듣지 않고 보지 않는다고 해서 귀와 눈의 총명을 폐할 것인가? 이 또한 알지 않으면 안 될 것이기에 아울러 논하였다.[143]

정도전은 국가 체제에 대해 인간의 신체로 유비하면서 마음, 귀, 눈의 역할을 각각 규정했다. 이 중 마음의 역할을 생각에 두고, 그 마음을 밝게 함으로써 귀와 눈을 총명하게 할 필요성이 있다고 했다. 여기서 마음은 곧 군주를 의미하고, 귀와 눈은 재상, 대간, 감사와 같은 구체적인 관직을 의미한다.

군주의 역할을 마음에 비유한 것은 주자의 정치론에서 비롯된다. 주자는 마음을 한 몸의 주재가 되듯이, 군주 역시 국가의 주재가 된다고 했다. 이에 근거해서 군주의 마음을 천하의 큰 근본으로 천하의 일들은 모두 군주의 마음이 바른지 그렇지 않은 것에서 연유한다고 했다. 군주의 마음이 사욕을 극복할 때에 천리에 합치되어 본심의 덕이 온전해지고, 이것이 곧 천하에 파급된다는 것이다. 이를 위한 구체적인 방법으로 정심성의(正心誠意)가 제시된다. 이와 같은 주자의 정치론은 송대 일원

143) 『三峯集』 卷6, 「經濟文鑑」 下, 識.

적 집권체제의 회복을 갈망하면서 그 중심에 있는 군주를 사대부 중심의 국가의 정상적인 주재권자로 바로잡고자 하는 목적이 내재되어 있었다.[144]

정도전이 군주일심성패론을 근간으로 군주가 정상적인 주재권자로서 역할을 다하기 바란 것은 경복궁의 각 전각의 구성과 명칭에서도 드러난다. 그는 경복궁의 전각 명칭을 『대학』의 8조목인 성의정심, 격물치지, 수신제가, 치국평천하에 입각해서 강녕전→사정전→근정전→정문의 구도로 기술했다.[145] 그는 군주의 연침인 강녕전을 『서경』 홍범편에서 따오면서 그 취지에 대해 마음을 바르게 하고 덕을 닦는 일은 한가하고 혼자 있을 때 쉽게 안일에 빠져 게으르게 되어 황극이 바로잡히지 못함을 경계하기 위함이라고 했다.[146] 그리고 군주가 신하들을 접견해서 경연을 하고 정무를 보는 편전에는 사정(思政)이라 이름을 붙였다. 그에 따르면 천하의 리는 군주가 깊게 생각하고 세밀하게 관찰하여 일의 시비와 인재의 현부를 따져봄으로써 얻을 수 있다고 했다.[147] 주자는 마음을 한 몸의 주재자로 보면서 그 주된 기능으로 생각을 제시한다. 이러한 생각을 정밀하여 천리에 부합하게 하는 방법으로 사사물물에 대한 궁리

---

144) 依川強, 『朱熹』, 白齊社, 1994, 198~200쪽; 田中秀樹, 「朱子学的君主論 - 主宰としての心」, 『朱子学の時代: 治者の〈士体〉形成の思想』, 2015, 113~117쪽.

145) 장지연, 앞의 논문, 2007; 박진훈, 「景福宮에 투영된 조선초기의 理想的 國政運營體系」, 『歷史와 實學』 60, 2016.

146) 『三峯集』 卷4, 記, 「康寧展」, "然所謂正心修德, 在衆人共見之處, 亦有勉強而爲之者, 在燕安獨處之時, 則易失於安佚而徹戒之志, 每至於怠矣. 而心有所未正, 德有所未修, 皇極不建而五福虧矣."

147) 『三峯集』 卷4, 記, 「思政殿」, "天下之理, 思則得之, 不思則失之. 蓋人君以一身據崇高之位, 萬人之衆, 有智愚賢不肖之混, 萬事之繁, 有是非利害之雜, 爲人君者, 苟不深思而細察之."

(窮理)의 공부와 그 마음을 보존하는 거경(居敬)의 공부가 필요하다는 것이다.[148] 즉, 국가의 주재자인 군주의 마음 역시 천리에 부합하기 위해서는 거경과 궁리의 공부가 필요하고, 그러한 노력이 이루어질 때, 치국평천하의 단계인 근정전과 정문에서의 정사와 교화가 제대로 된다는 발상이었다.

이러한 발상은 군주 교육장이라 할 수 있는 경연의 중요성과 연계된다. 정도전 역시 앞서 언급한 것과 같이 군주교육의 장으로서 경연을 중시했다. 그럼에도 태조대에는 제도화된 경연에 이르지 못했다. 이는 태조가 중요한 국가 중대사는 위화도회군 이래 동지적 결속관계에 있었던 도평의사사의 공신재상들과 함께 하되, 하급관리를 배제하면서, 하급관리들과 같은 반열에 서게 되는 경연을 중시하지 않은 결과였다.[149] 따라서 정도전 역시 태조를 대상으로 군주일심성패론을 철저하게 관철시키기에는 어려운 상황이었다.

대신에 정도전의 군주일심성패론에 근간한 군주교육을 잘 보여주는 것은 세자 교육이었다. 태조는 즉위한 후인 8월에 왕세자로 현비 강씨의 소생인 방번을 세자로 삼고자 했다. 이에 대해 정도전과 배극렴 등은 공로와 나이를 모두 고려해서 세자를 책봉해야 했다고 해서 그 반대의 뜻을 밝혔으나, 태조의 의중이 강씨의 소생에게 있음을 알고 인격적 결함이 있는 방번보다는 방석의 세자 책봉에 동의했다.[150] 그러나 정도전

---

148) 장리원 지음, 장세후 옮김, 앞의 책, 2024, 408~430쪽.
149) 남지대, 「조선초기의 경연제도」, 『한국사론』 6, 1980, 124~125쪽 ; 민현구, 「조선초기의 정치와 왕권」, 『사총』 61, 2005, 30~32쪽.
150) 『三峯集』 卷11, 「經濟文鑑別集」, 君道, 帝乙.

이 방석의 세자 책봉에 동의한 까닭은 단순한 현실적인 역관계 때문만은 아니었다. 그는 세자 책봉에서 장자를 세우는 방식과 어진 사람을 책봉하여 덕을 존중하는 방식 모두 긍정하면서도, 우려해야 할 상황으로 세자의 교양과 덕업이 부족해 중임을 담당하지 못한 경우이다. 그런 까닭에 세자의 스승될 만한 사람을 사부와 요속으로 삼아서 덕으로 감화하고, 함양할 필요가 있다는 것이다.[151] 그렇기에 세습의 방식보다는 군주의 자질 교육을 중시한 것이었다.

실제로도 정도전은 『경제문감별집』에서 군주 치세의 성공 여부는 즉위의 방식보다는 그 교육에서 비롯된다고 보았다. 그는 은 제을 당시 기자가 서자 중 맏이인 계(啓)가 어질기에 후사로 삼을 것을 권했으나, 왕이 계의 어머니가 천하다는 이유로 적자인 주(紂)를 세워 결국 천하의 혼란을 가져 왔다고 했다.[152] 그리고 주 무왕은 후손들을 유족하게 하는 방법으로 세자 가르치는 방법을 세웠다고 긍정했다.[153] 그는 삼대 이후 군주들 중에서 그나마 치세를 달성한 군주도 마찬가지로 파악했다. 가령 한 선제의 경우에는 태자 시절부터 『시경』·『논어』·『효경』을 배워 덕화를 펼치고 너그러움과 온화함을 숭상했다고 하거나,[154] 한 명제는 천품이 총명하고 『춘추』에 능통했다는 점을 제시했다.[155] 말하자면 군주 즉위 이전 단계에서 제대로 된 유교 경전 교육이 치세를 가른다고 본 것이었다. 정도전은 나이가 많고 기질이 굳어버린 방우, 방원보나는 빙석

151) 『三峯集』卷7, 「朝鮮經國典」上, 定國本.
152) 『三峯集』卷11, 「經濟文鑑別集」, 君道, 紂.
153) 『三峯集』卷11, 「經濟文鑑別集」, 君道, 周武王.
154) 『三峯集』卷11, 「經濟文鑑別集」, 君道, 漢宣帝.
155) 『三峯集』卷11, 經濟文鑑別集, 君道, 漢明帝.

을 세자로 삼아 그 교육을 철저하게 하는 방안을 선택했다고 하겠다.

이때 정도전의 세자 교육은 군주일심성패론에 근거한 것으로 보이는데, 이와 관련해서 1395년(태조 4) 3월에 서연에서 강한 다음의 내용이 주목된다.

> 세자이사 정도전이 『맹자』를 강하였는데, "달아 본 뒤에야 가볍고 무거운 것을 안다"는 대목에 이르러 말했다. "마음은 저울 같습니다. 저울눈이 작으면 양이 되고, 저울눈이 크면 근이 되는 것입니다. 크고 작은 것을 한꺼번에 달면 근량이 섞입니다. 그러므로 크고 작은 것을 각각 달아 본 뒤에야 물건의 경중과 근량을 알 수 있습니다. 저울이라는 물건은 비워두었다가 물건을 기다리는 것인데, 사람의 한 마음도 역시 이와 같습니다. 좋은 일을 보면 기뻐하고 못된 일을 보면 성을 내는 것인데, 기뻐하고 성을 내는 것이 사리에 맞아야 합니다. 만약에 좋아할때에 성을 내고 성을 낼때에 기뻐하는 것이 옳겠습니까? 그러므로 마음이라는 물건은 더욱 비워두고 일을 기다려야 할 것이오니, 원하옵건대, 세자께서는 정밀하게 살피소서.[156]

정도전은 『맹자』의 「양혜왕장구(梁惠王章句)」에 나오는 "저울질을 한 뒤에 경중을 안다(權然後 知輕重)"[157]는 구절에 대해 해석하면서 마음을 저울에 비유했다. 그런 연후에 저울이 비웠다가 물건을 기다리는 것이고, 사람의 마음 역시 마찬가지라고 하면서, 마음을 비우고 난 후에 사

---

156) 『太祖實錄』 卷7, 태조 4년 3월 13일 丙午.
157) 『孟子集註』, 「梁惠王章句」 上, "權然後 知輕重 ……"

사물물에 응대해야 함을 강조한 것이라 할 수 있다. 이는『맹자』본문과 주자의 집주에서 보이는 사물의 실상은 측량한 후에 가능한데, 마음은 측량하기 어렵기에 마음을 세심히 살펴야 한다고 한다. 정도전은 이를 한층 확대해서[158] 사물을 접하기 전에 마음 다스리기의 중요성을 강조했다고 할 수 있다. 사태가 일어나기 이전 단계에서 마음에 담겨 있는 도심과 인심의 갈림길을 살피는 함양의 방법론과 사태가 일어난 이후의 단계에서 그에 대응하는 성찰의 방법 중에서 전자를 긍정한 것이다.[159]

이는 그가『맹자』의 심성론에 근간한 군주론을 긍정했음을 보여준다. 맹자를 계승한 성리학계에서 군주의 정치적 태도를 바로잡는 것을 국정 운영의 최우선으로 삼되, 성인의 심법을 익혀 군주의 마음을 덕과 예 또는 인의의 인륜을 자발적으로 추구할 수 있도록 전환시키고 유도하고자 하는 방법[160]을 채택했다. 이 속에는『맹자』의 심성론이 반영되어 있다. 『맹자』의 '갓난아이가 우물로 기어가는 것을 본다면 측은한 마음이 생긴 다'는 구절을 통해 보듯이, 인간은 누구라도 성선(性善)의 본성을 갖추어 져 있기 때문에 인의를 실현할 수 있기에 그 본성을 잘 보존하는 구방심(求放心), 양성(養性) 등이 제시되고 군주에게도 권면할 것이 된다.[161] 정도전 역시 측은하게 여기는 정감이 우리 마음의 고유한 것으로 그 마음

---

158) 함영대, 「정도전의『맹자』해석에 대한 일고」,『한국고전연구』32, 2015, 275쪽.

159) 몽배원 지음, 홍원식·황지원·이기훈·이상호 옮김,『성리학의 개념들』예문서원, 2008, 809쪽.

160) 이봉규, 「"격군심(格君心)"과 조선의 문치」,『동방학지』193, 2020, 33∼34쪽.

161) 이영경, 「맹자의 '유자입정 – 측은지심에 대한 조선 유학자들의 윤리적 입장」,『유교사상문화연구』73, 2018, 30∼33쪽.

을 확충한다면 사해(四海)가 모두 구제될 것이라 했다.[162] 이러한 맥락에
서 정도전은 아직 치국평천하의 이전 단계인 세자에게 군주가 되어 인의
의 인륜을 실현할 수 있는 본원(本源)의 함양을 우선시한 것으로 보인다.

물론 정도전이 지향한 군주일심성패론과 함양 본위의 세자 교육은
제1차 왕자의 난으로 정도전이 제거됨에 따라 더 이상 이루어지지 않았
다. 그럼에도 태종대 권근 역시도 "몸과 마음에 대한 의리로 본원을 함
양하고 고금의 다스림과 어지러움으로 견문을 넓혀 말과 행동 상의 실
수를 규정해야 한다"[163]라고 함으로써, 내밀히 계승될 여지가 있었다.
실제로도 정종대에 들어서 제도화된 경연이 본격적으로 실시되었고, 태
종대에 들어서는 비록 밀도있게 진행되지는 못했지만『대학연의』와 역
사서의 진강 등이 이루어졌다. 특히 태종은『대학연의』에 대해 "학문의
공효를 알 수 있었다"[164]로 표현하듯이 성리학적 군주수신론에 동의했
다. 더욱이 태종은 세자 교육에도 힘을 쏟았다. 그는 원자를 성균관에
입학시키고 겸직서연낭청(兼職書筵郎廳)의 본사(本司) 업무를 면제시켜
주고 대간을 서연에 참여시키는 한편, 세자관속에게 서연만을 점담하게
했다. 그리고 그 내용으로 효제(孝弟)와 충신(忠信)이라는 기초적인 덕목
을 강조[165]하고, 인륜의 원칙을 몸에 젖도록 훈련시키는『소학』등의 텍

<hr>

162) 『三峯集』卷10, 「心氣理篇」, "孟子曰, 今人乍見孺子將入於井, 皆有怵惕惻隱之心, 又曰,
　　惻隱之心, 仁之端也. 此言惻隱之情, 本於吾心之固有.……推此心以擴充之, 則仁不可勝
　　用, 而四海之內可兼濟也."
163) 『太宗實錄』卷16, 8년 12월 1일 甲戌.
164) 『太宗實錄』卷2, 1년 12월 22일 丙子.
165) 『太宗實錄』卷2, 1년 8월 戊寅; 『太宗實錄』卷3, 2년 6월 庚午.

스트를 중시되었다.[166] 말하자면 경연에서 군주수신의 원칙이 확인되고, 서연의 제도와 내용이 정비된 것이었다. 이 바탕 위에서 세종대 경연과 서연의 활성화가 이루어졌다.

이와 같이 제도화된 경연과 서연은 주자의 군주일심성패론이 군주성학, 수신의 원리가 되어야 한다는 입장의 확산에 기여한다. 문종대 김종서 등에 의해 경연에서 주자가 사서육경을 관통하는 의리를 이해함으로써 성인과 같은 인격적 경지에 이를 수 있다는 사서단계론적 교육론이 관철되었다.[167] 물론 중간에 세조의 친강(親講), 연산군의 폐정 등이 이어졌다. 그러나 반정을 기점으로 기묘사림의 단계에 들어서 사서단계론적 교육론과 그 전 단계로서『소학』을 강조함으로써 군주가 본원의 함양을 통해서 인륜의 원칙을 익힌 바탕 위에서 사사물물에 대한 이치탐구로 나아가서 경세적 현안에 대응할 수 있다는 입장으로 발전한다.[168] 이러한 경향은『심경부주』의 도입을 통해서 확대 강화되고, 그것을 조선화한 주세붕의『심도』의 등장으로 이어지기도 했다. 그 후 이황에 의해 성리학 범주 자체를 제시하는『성학십도』와 그리고 기질 교정을 강조하는 이이의『성학집요』로 계승되었다.[169]

정리하자면 정도전의 군주일심성패론은 군주성학의 핵심으로서 군주 마음 문제를 제기하고, 공의에 근간한 정치를 달성하기 위한 방편으

166) 이석규,「朝鮮初期 書筵研究」,『歷史學報』110, 1986, 29쪽.
167) 강문식,「문종 대의 경연 운영」,『숭실사학』50, 2023, 370~371쪽.
168) 김용흠,「조선전기 훈구·사림의 갈등과 그 정치사상적 힘의」,『동방학지』124, 2004; 최민규,「기묘사림의 사대부 師道 담임의식과 경연진강」,『朝鮮時代史學報』113, 2025.
169) 윤남한,「중종대의 도학과 심학화운동」,『史叢』21·22, 1977; 김항수,「16세기 사림의 성리학 이해 ─ 서적의 간행·편찬을 중심으로 ─」,『한국사론』7, 1981; 정재훈,『조선전기 유교 정치사상 연구』, 태학사, 2005.

로 제기한 것이었다. 이는 사적 유대 관계에서 파생되는 군주와 소수 권
귀, 측근 중심의 정치를 극복하고 군주권의 공적 성격을 강화하여 통일
적이고 체계적인 체제인 국가 운영을 위한 방안을 모색하기 위함이었
다. 또한 군주권의 공적 성격을 강화하기 위해서는 세자 단계의 교육이
중요하다고 보았다. 그리고 그 주안점으로 군주가 가져야 할 덕목으로
서 인륜을 지향하는 마음 함양을 제시했다. 그가 지향한 군주일심성패
론은 조선건국기에는 체제 정비의 전제로서 군주의 마음 문제를 환기시
키는 역할을 다했다. 비록 초보적인 형태이고 이기심성론 등에 입각한
정치한 이론화까지 나아가지는 못했고, 그 자신이 왕자의 난으로 인해
제거됨에 따라 온전히 계승되기 어려웠다. 그럼에도 15~16세기를 거치
면서 군주의 마음을 바로잡음으로써 인륜에 의한 정치를 지향해야 한다
는 정치론을 형성하는 초창기 모습을 보여준다는 점에서 의미가 있다고
하겠다.

5. 맺음말

본고는 정도전의 군주론을 통해 고려 말 군주권 실추 문제에 대한 대
응과 신국가 조선의 성리학적 질서 확립 과정에서 군주의 위상과 역할
을 군주권의 공적 역할 강화와 그 토대로서 군주일심성패론을 중심으로
살피고자 한 논문이다. 논문의 요지를 정리함으로써 결론을 대신하고자
한다.

정도전은 성리학을 기반으로 해서 고려 말 군주권의 실추 현상을 비

판했다. 정도전은 성리학을 기반으로 해서 고려 말 군주권의 실추 현상을 비판했다. 그는 고려 말 군주권 실추를 초래한 사적인 정치 운영의 확산으로 인한 권세가들의 횡행, 원에 의한 중조 현상, 여기에 더해 군주의 윤리도덕적인 결함 등을 비판적으로 인식했다. 그는 이러한 문제들이 군주의 사적이고 자의적인 정치를 초래했다고 보았고, 이를 극복하기 위한 방안으로 현신의 교도에 의한 군주 수신 등을 제시했다. 그는 군주의 수신을 통해 공적인 역할을 다하고자 하는가에 따라 군주권을 평가할 수 있다고 보았다. 그에 어긋날 경우 천명인 인심이 벗어난 것으로 이해하고 군주의 폐립과 왕조 교체까지 도모했다.

정도전은 군주론을 형성하는데 있어 사서오경을 기축으로 하여 송·원 성리학이 토대가 되었다. 그는 사서오경을 관통하는 의리의 이해를 통한 성인과 같은 경지에 이르는 과정을 군주에게 관철하고자 했다. 또한 송·원대의 사공학, 유서학을 통해서 주자의 정치론을 수용해서 『경제문감』·『조선경국전』·『경제문감별집』과 같은 군주론 관련 서적을 편찬했다. 이를 통해 그는 6전 체제에 근간해서 군주권의 공적 역할과 위상을 부여하는 한편, 군주성학을 통해서 세습 군주가 지닐 수 있는 기질상의 혼명강약을 극복하고 윤리도덕성을 회복하여 공적 정치 체제를 회복하기를 기대했다.

정도전은 『주례』에 기초해서 일원적인 중앙집권체제를 옹호했다. 그는 군신 간의 엄격한 분의를 강조하여 소수의 권세가와 측근정치에 의한 군주권의 무력화를 방지하여 공적인 역할을 담당하기 기대했다. 특히 그는 군주의 공적 역할의 핵심으로는 민본, 위민의 정치를 실행하되, 그것이 실질의 제도로 정립되기를 기대했다. 이러한 군신 간의 엄격한 분의를 바탕으로 한 민본 정치 추구는 군주의 전제적인 정치를 옹호하는 것이 아니라, 어디까지 사대부 관료와 함께 천직을 공유하고 천민을 다스리는 군신공치가 전제되어야 한다고 했다. 이를 통해 그는 군주가 사대부를 중심으로 하는 체제의 최종 주재자가 되고, 그러한 체제 운영의 책임은 재상이 지고, 대간과 일반 사대부들은 이 둘의 직분이 잘 유지되는지에 대해 감시하는 역할을 한다. 여기서 군주가 정상적인 주재권자로 제 역할을 다하기 위해서는 사대부의 정치참여를 보장해야 한다는 이념이 마련되었다.

정도전은 군주가 공적인 역할을 다하기 위해서는 군주성학을 중시했고, 그 핵심으로 군주의 마음이 곧 천하만사의 큰 근본이라는 군주일심성패론을 제시했다. 그는 군주의 마음을 천리에 귀속시켜야 한다는 군주일심성패론을 토대로 해서 일원적인 집권체제를 확립하고자 했다. 그는 주자가 말했듯이, 인간 신체에서 마음이 주재의 역할을 하고 천하의 일들은 모두 군주의 바른 마음에서 귀속되어 천하에 파급된다고 보았다. 이 점에서 그는 주자가 송대 일원적 집권체제 회복을 갈망하면서 그 중심에 있는 군주의 마음에 주목했다고 할 수 있다. 그는 군주일심성패론의 입장에서 마음 함양 위주의 세자 교육을 제시했다. 이를 통해서 군주의 마음이 덕과 예, 인의의 인륜을 자발적으로 추구할 수 있도록 전환시키고자 했다. 정도전의 함양 중시의 세자론은 왕자의 난 이후에도 계승되는 만큼, 군주 문제에서 마음을 강조하는 학풍이 등장하는 초창기 모습을 잘 보여준다고 할 수 있다.

정리하자면, 정도전은 고려 말 군주권의 실추 상황을 극복하기 위한 방안으로서 성리학의 군주론을 활용해서 일원적인 집권체제의 운영자로서 군주의 위상과 역할을 마련하고자 했다. 그의 방안은 개국 초기라는 상황을 반영해서 체제 정비를 위한 실질의 제도 마련과 군주의 윤리 도덕적 함양 문제를 긴밀히 결합시켰다는 점에서 의미가 있다. 이 점에서 그의 군주론은 조선 시대 군주론의 한 특성인 군주일심성패론의 초창기 모습을 잘 보여주고 있다.

〈참고문헌〉

『高麗史』, 『高麗史節要』, 『太祖實錄』, 『三峯集』

김준석, 『朝鮮後期 政治思想史研究』, 지식산업사, 2003.

도현철, 『高麗末 士大夫의 政治思想研究』, 一潮閣, 1999.

도현철, 『조선전기 정치사상사』, 태학사, 2013.

문철영 지음, 『인간 정도전』, 새문사, 2014.

삼봉정도전기념사업회 편, 『정치가 정도전의 재조명』, 경세원, 2004.

조선시대사학회편, 『東洋 三國의 王權과 官僚制』, 국학자료원, 1999.

정재훈, 『조선전기 유교 정치사상 연구』, 태학사, 2005.

최상용·박홍규, 『정치가 정도전』, 까치, 2007.

최이돈, 『조선전기 공공통치』, 경인문화사, 2017.

이익주 편저, 『정도전: 백성을 위한 나라 만들기』, 창비, 2024.

한영우, 『鄭道傳 思想의 研究』, 서울대학교문리대, 한국문화연구소, 1973.

장리원 지음, 장세후 옮김, 『주희평전』, 연암서가, 2004.

市川安司, 『朱子』, 評論社(1974).

江原謙, 「三峯 鄭道傳の改革思想」, 『朝鮮史研究論文集』, 朝鮮史研究會(1972).

田中秀樹, 「朱子学的君主論 － 主宰としての心」, 『朱子学の時代: 治者の〈主体〉形成の
　　思想』(2015).

김준석, 「조선후기의 당쟁과 왕권론의 추이」, 『조선후기 당쟁의 종합적 검토』, 한국정
　　신문화연구원, 1992.

김인호, 「여말선초 군주수신론과 『대학연의』」, 『역사와 현실』 29, 1998.

김인호, 「여말선초 육전체제의 성립과 전개」, 『동방학지』 118, 2002.

김인호, 「정도전의 역사인식과 군주론의 기반 – 『경제문감』의 분석을 중심으로 –」, 『韓國史研究』 131, 2005.

도현철, 「정도전의 경학관과 성리학적 질서의 지향」, 『태동고전연구』 24, 2008.

도현철, 「조선건국기 성리학 지식인의 네트워크」, 『역사학보』 240, 2018.

도현철, 「고려말 유학자의 성장과 재상정치론」, 『한국사상사학』 72, 2022.

박진훈, 「景福宮에 투영된 조선초기의 理想的 國政運營體系」, 『歷史와 實學』 60, 2016.

박홍규, 「정도전의 '재상주의론' 재검토」, 『대한정치학회보』 15, 2008.

송재혁, 「정도전의 군주론」, 『정치사상연구』 22, 2016.

송재혁, 「『경제문감별집』의 인용전거 탐색」, 『아세아연구』 63, 2020.

장지연, 「태조대 경복궁 전각명에 담긴 의미와 사상적 지향」, 『韓國文化』 39, 2007.

정재훈, 「정도전 연구의 회고와 새로운 사상사적 모색」, 『조선시대의 학파와 사상』, 신구문화사, 2008.

정재훈, 「『대학연의』와 조선의 정치사상」, 『한국사상사학』 64, 2020.

정호훈, 「鄭道傳의 학문과 功業 지향의 정치론」, 『韓國史研究』 135, 2006.

조 원, 「元 후기 『經世大典』의 편찬과 六典體制」, 『東洋史學研究』 141, 2017.

오수창, 「조선왕조 개창의 형식과 논리」, 『동방학지』 176, 2016.

윤훈표, 「조선초기 경연에서의 역사서 강의」, 『동방학지』 206, 2009.

이석규, 「朝鮮初期 書筵研究」, 『歷史學報』 110, 1986.

이종서, 「고려말 사전혁파론자의 학문성향과 정치적 선택」, 『역사와 현실』 137, 2025.

이정주, 「사상가로서 정도전의 새로운 모습 – 불교계 교류와 「심문천답」 속의 반공리

사상 ―」,『韓國史學報』 2, 1997.

이정란,「고려말의 역성혁명과 조선 제후국의 성립」,『한국중세사연구』 46, 2016.

이태진,「조선왕조의 유교정치와 왕권」,『東亞史上의 王權』, 한울아카데미, 1993.

이봉규,「"격군심(格君心)"과 조선의 문치」,『동방학지』 193, 2020.

이익주,「공민왕대 개혁의 추이와 신흥유신의 성장」,『역사와 현실』 15, 1995.

함영대,「정도전의『맹자』해석에 대한 일고」,『한국고전연구』 32, 2015.

제4장 정도전 재상정치론의 역사적 성격과 영향

정재훈(경북대 교수)

1. 머리말

2. 연구성과의 검토

3. 재상정치론의 역사적 성격

  1) 사상적 기초

  2) 시대적 사상

4. 재상정치론의 영향

  1) 제도적 실현

  2) 후대에의 영향

5. 맺음말

1. 머리말

삼봉(三峯) 정도전(鄭道傳, 1342~1398)은 조선왕조의 건국과정에서 가장 큰 역할을 한 인물이다. 그는 재상(宰相) 정치를 주장하여 조선의 국가 운영에서 하나의 토대를 마련하였다고 평가된다. 그런데 조선의 국가운영이라는 관점에서 보았을 때도 정도전의 역할은 거의 절대적이었다고 할 수 있으며, 그 가운데서도 재상정치의 비중은 역시 가장 큰 부분이라고 할 수 있다.

정도전에 관한 기존의 연구에서는 그의 재상정치론은 권력을 왕권(王權)과 신권(臣權)으로 크게 나누어 보았을 때 신권의 대표로서 주목하였다. 왕권을 넘어서는 신권을 꿈꾸었는지는 불분명하더라도 적어도 왕권에 대비되는 사대부, 신하들의 대표로서의 신권에 초점을 두고 조명되었다.

이렇게 연구되었던 이유는 정도전의 이론이 집약된『조선경국전(朝鮮經國典)』이나『경제문감(經濟文鑑)』에서 군주(왕)는 통치의 상징적 정통성을 가지되, 실질적인 국정의 운영은 학식과 경륜을 갖춘 재상들이 맡아서 담당해야 한다는 통치 원리를 제시하였다고 판단하였기 때문이다.[1] 그러나 최근의 연구 성과에서는 왕조 국가에서 왕권과 대비되는 신권의 상정이 가능한지에 대해 의문이 제기되고 있다.[2]

주지하다시피 동아시아에서 왕조 국가의 주인은 황제 또는 군주로서

---

[1] 이러한 시각은 최초로 한영우에 의해 제시되었다. 이어서 도현철 역시 비슷한 시각에서 연구하였으며, 왕권론(이색)–신권론(정도전)–군신공치론(권근)으로 비교하는 연구도 최연식에 의해 제시되었다. 한영우, 1989,『(개정판)鄭道傳思想의 研究』, 서울대학교출판부, 137–141쪽; 도현철, 1999,『高麗末 士大夫의 政治思想研究』, 일조각, 219쪽; 최연식, 1998, 「여말선초의 권력구상: 왕권론, 신권론, 군신공치론을 중심으로」,『한국정치학회보』32–3, 한국정치학회.

[2] 최상용, 박홍규, 2007,『정치가 정도전』, 까치; 송재혁, 2017, 「"인주지직 재론일상(人主之職 在論一相)"과 조선 초기의 권력 구상 – 권력의 통합론으로서 의정부서사제 논의」,『한국사상사학』57; 이홍주, 2023, 「정도전(鄭道傳) 재상정치론(宰相政治論)의 유교적 연원과 정치철학적 함의」,『유학연구』64; 정재훈, 2025, 「정도전의 국가론과 정치·경제 구상」,『정도전연구입문』, 주류성, 참조.

국가의 주권자이자 최고통치자로 인식되었으며, 누구도 넘볼 수 없는 신성한 권리의 주체로서 인식되었다. 이러한 권리는 대체로 하늘을 매개로 하여 담보될 정도로 대체 불가능한 것으로 받아들여졌다. 따라서 권력의 관점에서도 제왕과 대비되는 권력의 또 다른 주체를 상정하는 것은 상징적으로나 이념적으로 불가능에 가까웠다.

다만 동아시아의 전근대 왕조에서 신하들의 권리를 최고도로 높이는 방향의 이념적, 정치적 설정이 송대 성리학의 정치사상에서 주희에 의해 제시된 바가 있다. 이런 점을 염두에 두고 기존의 연구에서 재상정치론이 왕권–신권 대립의 구도에서 주로 논의되었던 한계를 다양한 각도에서 고찰하고 이를 넘어설 수 있는 새로운 관점을 모색하고자 한다.

문제는 전근대의 왕조 국가에서는 세습되는 군주의 현명 여부와 통치의 자질이 확보되지 않는 데서 근본적인 고민이 있었던 것이다. 어떻게 하면 국가라는 공적인 공동체를 잘 유지할 수 있을까. 그것을 위해 최고의 주권자이자 통치자인 군주를 선(善)한 정치로 유도할 수 있을지의 문제는 동아시아 정치사상에서 반드시 해결해야 할 숙제였다. 정도전 역시 새로운 왕조의 탄생과 설계 과정에서 이러한 문제를 집중적으로 고민하였다. 정도전의 '재상정치론'은 동아시아에서 오랫동안 고민해온 정치사상의 난제를 해결하는 과정에서 제기된 획기적인 이론이었다.

이를 위해서는 정도전의 재상정치론이 유래한 중국의 정치사상석 기초가 무엇이었는지를 살필 필요가 있다. 중국의 정치사상에서 재상은 『주례(周禮)』의 총재(冢宰)에서 유래하는 오랜 역사를 가지고 있다. 또 여기에 주희는 '세도를 담당하는 재상'이라는 새로운 개념을 제시하였다. 이러한 사상적 기초와 함께 동시에 고려 말 혼란스런 상황을 극복하기 위하여 제시된 시대적 요청에서 비롯된 측면의 검토도 필요하다.

정도전에 의해 제시된 재상정치론은 단지 재상의 문제만이 아니라 재상이 위치한 중앙정치제도 전반의 구상 속에서 제기된 것이었다. 따라서 재상이 제도적으로 어떻게 실현되는가의 문제와 관련하여 조선 초에 중앙집권적인 제도가 전반적으로 구상되고 실현되는 과정 속에서 의정부(議政府) 제도가 성립되는 측면을 검토하겠다. 이러한 면은 동시대의 명나라에서 재상제도가 역사적으로 폐지된 것과 대비되어 볼 때 중국과는 다른 선택을 한 측면에서 조선 정치제도, 정치사상의 특성을 살필 수 있을 것이다.

정도전의 재상정치론은 주장으로만 그친 것이 아니라 장기적으로 법전에 수록됨으로써 제도적 완결을 이루었다. 의정부가 최고의 관청으로서『경국대전(經國大典)』에 실린 것은 이러한 면을 보여주는 단적인 예이다. 의정부제도는 이후 육조직계제가 시행되면서 의정부−육조가 서로 길항이 되는 관계에 놓이기도 하였지만, 최고의 관청으로서 위상과 역할은 그대로 유지되었다.

그뿐만 아니라 이후 조선의 역사가 전개되면서 의정부제에 대한 보완이나 수정, 혹은 그 역할을 대신하는 제도나 기구 등이 끊임없이 등장하였던 것도 재상으로 대표되는 의정부의 역할이 의미가 있었던 것을 말해준다. 예를 들어 이이의 경제사(經濟司), 조선중기의 비변사(備邊司), 산림(山林) 재상, 세도(世道, 勢道) 재상 등은 의정부의 역할과 기능이 한계에 이르렀다고 판단될 때 새롭게 이를 타개하기 위해 제시된 제도적 보완 내지 대안으로 해석할 여지가 있다. 본고에서는 이러한 측면을 충분히 염두에 두고 정도전의 재상정치론이 가지는 성격에 대한 재고, 역사적 역할 및 조선시대의 전반에 미친 영향을 두루 검토해 보겠다.

2. 연구성과의 검토

주지하다시피 정도전의 사상에서 재상정치론은 가장 핵심적인 요소이다. 그의 죽음도, 이후 정도전의 정치적, 혹은 사상적 영향도 이 재상정치와의 관련 속에서 논의되었다.

정도전에 대한 연구가 본격화된 초기의 연구에서도 정도전의 재상정치론은 국왕 개인의 전제적인 권력을 견제하고, 나아가 억제함으로써 제도화된 재상이 국가 운영의 주체로 기능함을 주목하였다. 재상이 정치에 참여함으로써 세습군주는 용인될 수도 있으나 군주의 전제는 배제될 수 있는 것으로 본 것이다.[3]

이러한 연구는 기본적으로 정도전의 정치사상을 '신권 중심의 정치론'으로 정리할 수 있다. 국왕은 명목상으로는 국가의 주체이기에 국가의 운영에서는 상징적 혹은 최종적 권위를 가지기는 하지만 실질적으로 국정의 운영은 재상이 담당하고 있다고 본 것이다. 이러한 해석의 근거로는 정도전의 저술인 『조선경국전』과 『경제문감』를 들었다. 그런데 '신권' 중심의 정치론은 전근대 왕조 사회에서 그 근거가 확실하지 않는 면이 있었다. 동양의 전통적인 왕조사회에서 왕조국가의 주권을 소유하며, 국정운영의 독점적 주체로서 황제 내지 국왕의 위상은 명목적으로

---

3) 한영우, 1989, 위의 책.

나 실질적으로 분명하였다. 그 가운데 '신권'은 어떤 의미가 있을 수 있을까하는 질문을 제기할 수 있다.

그러한 문제 때문인지 몰라도 1970년대부터 이루어진 이러한 경향의 연구는 1980년대 이후에는 점차 재상정치론이 나올 수 있는 사상적 근거에 관해 주목하는 연구로 발전하여 제시되었다. 특히 90년대 들어서는 정도전 사상의 근거가 된 주요 서적으로 인용된 책에 관해『산당고색(山堂考索)』,『주례정의(周禮訂義)』,『서산독서기(西山讀書記)』,『문헌통고(文獻通考)』등이나[4] 특히『주례』에 주목한 경우,[5]『서경』에 주목한 경우[6] 등의 연구가 이어졌다.

이러한 근거의 분석 결과 정도전의 재상정치론은 군주는 도덕적 상징으로서, 최종적인 재가권자로서 규정되었고, 이에 비해 재상은 정치를 실제로 행하는 자로 설정되었다. 따라서 정치는 개인의 덕에 따라 좌우되는 것이 아니라 제도화된 공론의 결과로서 설명될 가능성을 확보할 수 있게 되었다. 나아가 재상정치론은 군주제에 반하는 반(反) 군주론이 아니라 동양의 오래된 정치적 이상인 군신공치론(君臣共治論)으로 발전될 수 있었다.[7]

정도전의 재상정치론을 군신공치론으로 이해할 경우 정도전이 추구한 왕도정치는 더 이상 개인 윤리로서 정치를 재단하는 것이 아니라 제

---

4) 都賢喆,「鄭道傳『經濟文鑑』의 朱子 글 援用과 그 意圖」,『實學思想研究』10·11합집 —홍이섭 선생 25주기 기념호—(1999).

5) 부남철, 2008,「정도전의 유교국가론과『周禮』」,『영남학』43.

6) 송재혁,2016,「정도전의 정치체제론: 서경의 정치이념과 왕권의 정상화」, 고려대 박사학위 논문.

7) 최연식, 2000,「鄭道傳의 정치현실주의와 성리학: 創業의 정치학」,『정치사상연구』3.

도로써 정치를 이해하려는 구조적인 시도가 될 수 있다. 즉 동양정치사상에서 오래된 이상정치로서 인식되어온 요순 삼대의 정치에서 전제된 성군(聖君)을 더 이상 현실에서 기대하지 않고서도 해결책을 마련한 것으로 볼 수 있다. 현실에서 혈연을 기반으로 한 세습군주의 불완성을 전제로 두고 재상만이 아니라 대간 등을 포함한 관료체계를 통해 왕도정치를 구현하려고 시도하는 것이다. 이렇게 본다면 재상정치론은 단순히 왕권과 신권의 대립구도에서 파악하는 권력 분산론이 아니라 현실 정치를 제도와 연결시켜 구조적으로 파악할 가능성을 확보하게 될 수 있다.

재상정치론과 관련하여 또한 긴밀하게 연결되는 주제는 조선에서 초기부터 재상이 포진한 의정부제도와의 관련성이다. 정도전의 정치사상 혹은 재상정치론에 대한 연구에서 과연 정도전이 재상을 중시한 점은 인정되나 과연 그것이 의정부 중심의 정치체제까지 염두에 두고 구상하였는가 하는 점이다.

일부 연구에서는 정도전이 의정부를 국정의 핵심적인 기구로 설정하고, 육조는 의정부를 보좌하는 행정기구로 인식하였다고 파악한다. 대체로 재상을 중심에 놓고 보는 입장이다. 그에 비해 정도전의 재상정치에 대한 구상이 의정부와 육조 사이의 관계에 따라 등락을 거듭하기도 한 것으로 이해할 수도 있다.[8] 조선초기의 정치 현실에서 재상중심의 의정부서사제는 육조중심의 육조직계제와 길항 관계를 만들면서 특히 왕권 중심의 지향성이 강할 때에는 의정부제도가 취약해지면서 상당 부분 후퇴한 것으로 볼 수도 있다.

---

8) 정재훈, 2007, 「정도전 연구의 회고와 새로운 사상사적 모색」, 『한국사상사학』 28, 214쪽.

이러한 관점에서 본다면 정도전의 재상정치론에서 의정부제도와의 관련성은 좀 더 집중적인 분석을 요하는 주제이다. 그뿐만 아니라 의정부제도는 이후 조선 역사의 전개과정에서 제도적인 수정 내지 보완이 이루어지기도 하였다. 예를 들어 임시기구로 출발하였던 비변사도 의정부와의 관계 속에서 재조명될 수 있을 것이다. 또 제도적으로 구현이 되지 않았지만, 이이의 경제사(經濟司) 같은 경우도 재상에게 집중되어 구상된 것으로 해석될 여지가 있다.

조선은 동시기의 중국에 비해 흔히 신권이 강하였다는 지적도 있다. 그러나 이러한 지적은 구체적인 연구를 통해 증명된 것이라기보다는 정도전의 재상정치론과 같이 재상이 정치의 중심으로 설정되었던 점에서 연역되어 설명된 사실일 가능성이 크다. 종래 정도전의 재상정치에 대한 강조를 하였던 연구에서는 이러한 가능성이 크다. 정도전이 이방원과의 정치적 갈등을 하였고, 그 과정에서 순수하게 이념적 구상으로만 재상정치에 접근한 것이 아니라 권력을 구현하는 하나의 정치 방식으로 재상정치를 요구한 것으로 보기 때문이다.

그러나 이러한 시각의 연구는 정도전의 재상정치론을 개인의 정치적 차원으로 해석을 제한하는 면이 있다. 정도전은 고려 말의 사회 모순을 해결하는 과정에서 새로운 국가 공동체를 구상하였고, 그 연장선상에서 가장 효율적으로 민본정치를 구현하는 수단으로서 정치제도를 설계하였다. 재상정치는 이러한 설계 속에서 나온 것이므로 이를 정도전 개인의 정치적 실현으로 제한하기 보다는 시대적 맥락과 전체적인 제도적 구조의 맥락을 고려하여 해석할 필요가 있다.

3. 재상정치론의 역사적 성격

1) 사상적 기초

'재상(정치)'의 유래에 관해서는 『주례(周禮)』의 전거와 『맹자(孟子)』의 민본사상, 역성혁명론, 그리고 주희(朱熹)의 정치사상이 주로 참고될 수 있다. 『주례』의 '천관총재(天官冢宰)'는 오래전부터 재상의 유래라고 이해되었다. 명백하게 '宰相'이라는 용어로 쓰이지는 않았지만 관직의 육전(六典)체제 혹은 육관(六官)체제에서 육경(六卿)의 우두머리로서 백관(百官)을 통솔하고 천하의 정무를 총괄하여 군주의 통치를 보좌하는 역할을 하는 이를 재상인 총재로 본 것이다.

'재(宰)'는 요리를 하는 자, '상(相)'은 보행을 돕는 자로, 둘 다 일을 수행하는 자를 일컫는 말이었던 재상은 진(秦)나라 이래로 최고행정관을 뜻하는 것으로 전용되었다. 그러나 이미 최고통치자를 보완하는 의미를 지닌 자로서 해야 할 역할은 더 일찍 유교 정치사상에서 제시되었다. 이러한 인물로서 일찍부터 주목된 이는 은(殷) 탕왕(湯王) 때의 이윤(伊尹)과 고종(高宗) 때의 부열(傅說), 그리고 주나라의 정치가인 주공 단(周公旦)이다. 주공은 형인 무왕(武王)을 보좌하였고, 무왕 사후 그의 어린 아들인 성왕(成王)을 보좌하고 주나라 건국 이후 불안한 정국을 안정시킴으로써 공자로부터 절대적인 존경을 받은 인물이다. 즉 자신이 직접 성권을 차지하지 않고, 대신 보조하는 역할에 만족하면서도 체제를 지켜냈다는 점에서 존중을 받은 것이다.

이는 유교 정치사상에서 이상적인 시대로 일컬어지는 요순(堯舜)과 삼대(三代)의 이상정치가 행해진 것을 모델로 삼은 것이다. 즉 요순과 삼대의 경우, 특히 요순의 경우에는 혈연에 의한 세습이 아니라 덕에 의한 왕위의 계승이 핵심이었다. 이는 왕위가 성인(聖人)에서 성인으로 이어지는 것으로서 도통(道統)과 왕통(王統)이 일치된 이상적인 모습이었다. 도덕적 이상과 정치의 현실이 조화를 이룬 것이었다. 공자는 주나라의 건립 과정에서 무왕을 보좌하고 성왕을 도운 주공을 이런 관점에서 존중하였다.

하지만 이후 왕위 계승에서 혈연적인 요소가 절대적인 힘을 발휘하고, 현실에서 이를 돕거나 교정할 수 있는 재상의 존재가 부재할 때의 문제점이 지속적으로 발생하였다. 본래 혈통에 의한 세습을 택한 왕정 체제의 근본적 한계였다. 맹자는 이러한 문제를 본격적으로 제기하여 모순을 드러내고 해결책을 제시하였다.

맹자의 해결책은 기본적으로는 천명을 받은 군주가 천명을 수행하지 못했을 때는 민에 의해 쫓겨난다는 역성혁명이었다.[9] 맹자의 이러한 제안은 절대적인 것 같은 군주도 천명 아래에서 언제나 대체될 수 있다는 점을 제시하였다는 점에서는 왕조 체제의 근원적 모순을 해결하는 것처럼 보일 수 있다. 하지만 현실에서 매번 민생을 살피지 않은 군주를 쫓아낸다는 것은 가능하지 않았고, 또 그것이 현실적인 해결 방안으로 기능하는 데에도 한계가 있었다.

따라서 이러한 고민을 해결하는 궁극적인 방안으로서 송대의 성리학에서는 군주에 대해 두 가지 전략을 구상하였다. 하나는 세습되는 군주에 대해 성인으로 만드는 전략으로서 '성학군주(聖學君主)로 만들기'이

---

9) 유미림, 2004, 「지배의 정당성의 관점에서 본 맹자(孟子)의 정치사상」, 「한국정치학회보」 38.

다. 다른 하나는 성학군주를 만드는 주체로서 현명한 신하를 상정하는 것이다. 이 현명한 신하가 곧 사대부인 신하의 대표로서 재상이 되는 것이다.

주희는 권력의 정당성을 북송시기부터 논의된 도통에서 찾아서 그 다스림의 근거가 되는 도의 권위, 즉 도통이 군주가 아닌 학자에 의해 이어진다는 사실을 주목하였다. 곧 현실에서 요순시대와 같이 국가의 안정과 사회의 질서 회복의 책임을 지는 사람들이 맹자 이후에 도를 이은 학자라는 것이다. 또 현실에서는 재상으로 대표되는 관료들로 연결되었다고 보았다.[10] 재상은 사대부의 공론을 수렴하고 반영하여 정치에서 이를 수행하는 핵심적인 역할을 하는 존재인 것이다.

이러한 방안은 왕조사회에서 절대권력을 소유한 최고지배자인 군주와 그 체제 아래에서 군주권에 대해 근원적이면서도 최대한 견제할 수 있는 매우 유용한 고안이라고 할 수 있다. 주희는 이러한 재상관을 바탕으로 하여 군주와 신하가 함께 천하를 다스린다는 '군신공치(君臣共治)'를 제안하였다. 이것은 남송의 주희가 바라던 것이었으며, 동시에 북송에서 신종(神宗)과 왕안석(王安石)에 의해 이미 실현된 것이기도 하였다.[11] 이들은 왕정 시대에 최고의 정치형태를 군주와 신하의 공동정치로 보았고, 이것이 실현이 가능한 것으로 보고 현실에서 실현하고자 노력하였다. 주희에게 재상은 이러한 의미에서 군권을 넘어선다기보다는 군주의 통치에 함께 참여하는 정치형태를 제안하여 이의 일부가 되는

---

10) 민병희, 2011, 「道統과 治統, 聖人과 帝王: 宋 ~ 淸中期의 道統論을 통해본 士大夫社會에서의 君主權」, 『역사문화연구』 40, 170~172쪽.
11) 위잉스 저, 이원석 옮김, 2015, 『주희의 역사세계(상·하)』, 글항아리.

것이었고, 이를 위해 도통을 강조하였던 것이다. 세도를 담당하는 재상을 위한 전제조건이 도통의 계승이었다. 주희의 이러한 제안은 정도전이 구상한 재상정치에 깊은 영향을 주었다.

2) 시대적 사상

정도전이 구상한 재상정치가 군주체제의 근본적 모순을 극복하려는 유학, 성리학의 정치이념을 제시한 주희의 이상을 존중한 것은 사실이다. 그러나 이것이 현실에서 구현되는 것은 다른 문제였다. 왜냐하면 주희가 염두에 두었던 송대의 경우에 재상정치의 실현은 일정하게 실현된 때도 있었지만, 대체로는 매우 요원한 과제였기 때문이다.

정도전이 인용하여 근거한 송나라의 재상은 어떤 상황에 있었는지 살펴보자. 송나라의 재상제도는 당나라의 제도를 이어서 재상은 중서문하평장사(中書門下平章事)였고 부재상은 참지정사(參知政事)였다.[12] 송나라의 정치체제에서는 기본적으로 황제독재체제라고 불릴 만큼 군주권이 강화되어 군주독재 정치가 시행되었고 반대로 재상의 권한은 약화되었으며, 지방의 집권화를 강화하되 절도사의 권한을 분할하는 점이 특징이다.

이것은 한나라나 당나라 때 재상 1인이 전국의 행정대권을 장악하거나 몇 명의 재상에 의해 정치가 운영된 것과 비교가 된다. 송나라에 있었던 복수의 재상은 독자적인 정책 입안의 권한이 없었다. 또 황제에 의해 임명되는 간관과 대관의 감찰 대상이기도 했다. 송의 재상은 황제의

---

12) 최정환, 2009, 「고려전기(高麗前期) 재상제도(宰相制度)와 당(唐), 송제(宋制)」, 『한국중세사연구』 26.

결재를 통해 결정된 사안을 집행할 뿐 실질적인 권한은 미약하였다.[13] 재상정치를 염두에 두고 시도되었던 군신공치(君臣共治)의 이상적인 형태는 북송대의 신종(神宗)과 왕안석(王安石) 사이에 있었던 단계나 남송의 주희 단계에서 약간 실현되었던 정치 형태로서 볼 수 있다.[14]

따라서 정도전이 모델로 삼은 재상정치의 실제적인 형태는 역사적 현실에서 찾기 어렵다. 이념적으로는 재상정치의 필요성은 인정될 수 있지만, 현실에서 가능할지는 또 다른 문제였다. 이와 같은 점들을 고려한다면 정도전의 재상론은 중앙집권체제를 지향하는 가운데, 성학(聖學) 군주라는 성리학적 군주상을 염두에 두고 이해하여야만 한다. 정도전의 구상 속에서 다른 어느 부분보다 재상에 관한 관심이 높았던 것은 사실이며, 이에 관한 서술도 비중이 매우 높다.

하지만 이것 역시 군주와의 긴밀한 관계를 전제로 하는 것이었으며, 군주를 정점으로 한 일원적 지배 질서, 통치 체계에서 벗어나는 것은 아니었다. 군주의 부족한 점을 채우거나 보완하는 것이 재상의 업무로서, 재상은 군주에 의한 제한과 또 아래로는 대간의 견제에서도 자유롭지 못하였다. 무엇보다 재상에게는 군주를 넘어서는 어떠한 권한도 설정되지 못하였다. 군주의 선택과 위임에서 벗어날 수 없는 것이 재상이었다.[15] 물론 주희나 정도전이 제시한 재상은 요순 삼대를 모범으로 삼아

---

13) 도현철, 1999, 『高麗末 士大夫의 政治思想硏究』, 일조각, 217~218쪽.

14) 위잉스 저, 이원석 옮김, 2015 앞 책 참조.

15) 고려 말 권력 구조의 개편방향을 고려할 때 조준이나 정도전은 모두 『주례』에 나오는 총재 중심의 지향을 보였다. 그러나 이러한 방향조차도 군주가 아닌 총재에게 실권을 주는 것이 목적이 아니라 일원적인 통치체계를 구축하는 데에 주안점이 있었다. 언관의 육성과 언로의 개방을 강조함으로써 군주, 총재, 언관의 세 군데로 권력분립 구도를 보였다는 견해도 참고할 만한다. 이에 대해서는 유승원, 2025, 『고려 문벌사회에서 조선 사대부사

그 어느 시대보다도 높은 위상을 전제하더라도 이와 같은 한계가 있었던 것이다.

이에 따라 정도전에게 현실의 재상을 염두에 둔 제도는 원나라의 유산을 염두에 두었던 것으로 보인다. 예를 들어 『조선경국전』을 만들면서 원 제국의 유산을 풍부하게 수용한 것은 조선 국가를 구상하고 구체화하는 데에 매우 큰 영향을 미쳤다. 『경세대전(經世大典)』을 통해 원 제국에서 창업을 정당화하는 방식과 정부의 조직 방식, 재상의 권한 등에 대한 다양한 면을 정리하고 이를 활용하였던 것이다.[16]

재상제 역시 독자적으로 존재하는 것이 아니라 조선의 건국에서 설계된 중앙집권제도의 하나로서 구상된 것이었다. 중앙집권체제는 조선에서만 있었던 것은 아니었고, 국왕을 정점으로 왕조에서는 고대 국가부터 지향해 온 것이기도 하다. 하지만 조선왕조는 이전의 어느 왕조에 비해서도 중앙집권의 지향이 높았다고 평가된다. 조선왕조의 건국에서 밑그림을 그리는 역할을 하였던 정도전의 경우에도 이러한 중앙집권체제의 필요성을 강하게 느꼈던 것으로 보인다.

특히 고려에 비해서 중앙과 지방의 제도를 비교해 보면 조선에서 이루어진 변화는 매우 큰 것이었다. 예를 들어 고려시대에 대민행정을 담당했던 향리들은 세습되는 존재로서 독자적인 세력을 기반으로 지역에서 활동하였다. 그들은 농민 생활을 전체적으로 규제하였으며, 중앙정부에서 파견하는 지방관은 일부 지역에 그쳤다. 실질적인 지방 지배는

회로』, 역사비평사, 180~182쪽.

16) 송재혁, 2020, 「정도전(鄭道傳)의 국가론 ─『조선경국전(朝鮮經國典)』과 원(元) 제국의 유산 ─」, 『한국사상사학』 65.

향리들에 맡겨진 상황이었다.

그러나 조선에서는 모든 지역에 중앙에서 파견하는 수령을 통해 지방 사회에 대한 국가의 통제력을 획기적으로 높였다. 관찰사의 설치로 본격적인 도제를 운영하였고, 모든 군현에 파견한 외관을 관찰사가 통할하게 함으로써 본격적인 군현제를 운영하였다. 이로써 국왕-관찰사-수령으로 이어지는 일원적인 지방통치체제를 구현하였다.[17] 또 향리들을 억제하여 중간 수탈을 방지함으로써 농민 생활의 안정성을 높이도록 하였다. 이렇게 지방행정의 주체가 향리에서 수령으로 바뀌게 된 것은 국가가 개별 군현에 직접적인 지배를 하는 방향으로 전환하기 시작한 14세기 이래의 흐름에서 가능한 것이었다.

이와 같이 중앙집권체제를 지향하였던 이유는 국가의 지배가 민들에게 실질적으로 전달되어 민생의 안정을 통해 국가의 안정을 꾀하려고 했기 때문이다. 국가가 지배층의 이익을 위해 존재하고, 또 그를 위해 피지배층을 수탈한다고 파악하는 견해에서는 귀족이나 호족과 같은 유력계층의 존재를 당연하게 여기기 때문에 이러한 중앙집권체제를 만들고자 한 것에 큰 의미를 부여하지 않을 수도 있다.

하지만 천명과 민본을 강조하고, 이를 구현하기 위한 노력이 역사의 진행 과정에서 일정한 의미를 지닌 점을 인정한다면, 여말선초의 시기에 이루어진, 이른바 '기득권세력'에 대한 개혁은 일정한 의의를 부여해도 좋을 것이다. 귀족이나 호족, 또는 그들과 연계된 향리 세력은 사적(私的)인 무력이나 가문의 권위 등을 이용하여 백성들을 침해할 가능성

---

17) 유승원, 2025, 앞 책, 182쪽.

이 높았다. 또한 귀족이나 호족에 의한 민의 지배 역시 국가의 존재 의의를 부정하게 될 가능성이 있었다.

조선의 정치체제는 기본적으로 중앙집권적 체제였다. 이러한 중앙집권적 체제는 국왕을 정점으로 하여 중앙의 정치기구와 지방의 행정제도를 결합하여 만든 것으로서 이미 중국에서 유래하여 한국에서도 고대부터 적용되어 발전되었다. 그러나 조선에서 이루어진 중앙집권적 체제는 이전과는 질과 양적 어느 측면에서나 획기적으로 발전된 형태였다.

정도전은 중앙집권체제를 구상하며, 그 기본적인 틀을 『조선경국전』에서 제시하였다. 그리고 이러한 틀은 태종 이후에 본격적으로 제도적인 정비가 되었고, 성종 대에 반포된 『경국대전』으로 하나의 전형을 이루게 되었다. 따라서 『조선경국전』에 제시된 국가 구상은 조선에서 제시하고 실천된 체제의 원형에 해당하게 된다.

군주를 정점으로 하는 중앙집권체제는 그러나 반드시 선택하지 않으면 안 되는 체제는 아니었다. 이를테면 동양의 전통적 국가체제와 정치구조와 관련되어 군현제와 봉건제의 논의가 있다. 봉건제는 이상적인 유교 통치가 실시되었던 삼대에서 시행되었던 국가체제이고, 군현제는 최초의 통일왕조였던 진나라에서 시행되었던 체제이다. 이 두 체제에 대해 논의가 있었지만 송대에는 삼대를 이상적인 중화의 시기로 보는 성리학이 발달하면서 삼대의 봉건제를 긍정적으로 보고 이에 관심을 기울였다.[18] 이는 송대 사대부들에게 유리한 점이 있기 때문이었다.

따라서 고려 말에 성리학을 수용하였을 때 중앙집권적 체제를 꼭 선

---

18) 박광용, 1998, 「18~19세기 조선사회의 봉건제와 군현제 논의」, 『한국문화』 22, 193쪽.

택하지 않고 봉건제를 선택할 가능성도 있었을 수 있다. 그러나 이에 대해서는 당시에는 별다른 관심이나 언급 자체가 없다. 이것은 무엇을 의미할까? 고려 말 성리학을 수용한 정도전을 비롯한 사대부들은 성리학의 많은 이론서들을 원나라로부터 수용하면서 자연스럽게 송대에 정리된 성리학 관련 서적을 원으로부터 받아들이게 되었다.

이는 단지 서적의 수용만이 아니라 원의 관학, 체제교학으로 작동된 원의 성리학과 그에 관련된 저술의 수용을 의미하였다.『조선경국전』에 포함된 육전체제의『주례』관련 내용이나 원의『경세대전』관련 내용은 원나라의 전장(典章) 제도를 수용하는 것이었으며, 육전체제 자체가 원나라 중·후기에 나타난 새로운 법전 형식을 적용한 것이었다.

정도전은 당시 활용가능한 가장 앞선 형태의 국가운영방식을 원나라에서 수용한 성리학과 관련 서적에서 발견할 수 있었던 것이다. 그것은 지방분권이 아니라 중앙집권적 체제이며 모든 정치, 군사, 사회의 권력을 중앙에 집중시키는 통치 형태였다. 이러한 통치구조를 태종 이후에 본격적으로 정비하여, 성종대『경국대전』에서 제도적으로 일단락한 것이다.

무엇보다 국왕-재상-대성-감사-수령으로 이어지는 일원적인 체계를 만들어서 중앙집권체제를 완성하려고 했던 것은 민에 대한 지방 세력의 자의적인 침탈을 막는 데에 도움이 되는 것이었다. 또한 효율적이고 신속한 행정의 집행을 위해서도 도움이 되는 구조였다.

이러한 중앙집권체제의 핵심에 바로 군주, 즉 국왕이 존재하였다. 정도전은 국왕에 대해 천하에서 가장 높고 귀한 존재로서 모든 사람들이 명령에 복종해야 하는 자리에 있는 존재로 보았다. 다만 그렇게 하기 위해서는 백성들의 마음을 얻어야 하는데, 이는 인(仁)을 체득하여 이를 정치에 실현하는 인정을 베풀 때 가능하다고 보았다.

이러한 군주에 대한 상은 원론적인 의미에서는 매우 당연한 지적일 수 있다. 그래서 군주가 할 일에 대해 정도전은 군주의 실제 권한을 재상을 선택하고 임명하는 권한과 재상과 정사를 협의하여 결정하는 두 가지로 보았다고 하는데,[19] 이것은 재상을 설명하기 위해서 강조한 서술일 뿐이다. 이미 군주가 재상에 대해 용인을 하고자 하는 의지가 있고 난 뒤에 재상을 임명하고 정사를 협의하는 것이 의미가 있을 뿐이다.

4. 재상정치론의 영향

1) 제도적 실현

조선의 역사를 고려하면 정도전의 이러한 재상론은 이후 큰 영향을 미쳤다. 우선 정도전의 재상에 대한 논의는 의정부제도의 논의와 성립에 결정적인 영향을 주었다. 1400년(정종 2)에 세자인 이방원의 주도로 탄생한 의정부는 고려에서 국정의 최고 의결·집행 기관이었던 도평의사사(都評議使司)를 개편하면서 성립되었다. 이후 의정부가 육조를 통제하면서 국정을 주도하는 의정부서사제(議政府署事)나 육조가 국왕에게 직접 보고하고 지시를 받으면서 국정을 주도하는 육조직계제(六曹直啓制)가 시행될 때도 그대로 기능이 계승되었으며, 『경국대전』에서 법제화

---

19) 한영우, 1989, 앞 책, 134~135쪽.

될 수 있었다.

그런데 의정부에 재상을 두었던 것은 후대에도 조선에서 이미 시행된 것으로 인식하고 있었다.

사헌부 대사헌(司憲府大司憲) 윤계겸(尹繼謙) 등이 상소(上疏)하기를,

"(전략) 일(一). 신 등은 듣건대 천자는 삼공(三公)을 통솔하고, 삼공은 경대부(卿大夫)를 견제하며, 경대부는 사서인(士庶人)을 다스려서, 존귀한 이는 천(賤)한 이에게 임하고 천한 이는 존귀한 이를 받든다고 합니다. 이 것은 정치의 큰 원칙[大經]으로서 그 차례는 어지럽힐 수 없는 것입니다. 삼가 보건대 우리나라는 정부(政府) 이하에는 육조가 있고, 육조 이하에는 제사(諸司)가 있는데, 제사의 직무는 육조에서 규찰하고, 육조의 직무는 정부에서 총괄하여 다스려서 계품(啓稟)하여 시행하므로, 가부(可否)가 서로 구제되고 경중(輕重)이 서로 유지되어서 정치의 큰 원칙이 여기에서 확립이 됩니다. 그러므로 정령(政令)이 한 번 내리게 되면 일에서 잘못됨이 없습니다. 그래서 위에서 아래를 부림은 마음이 손발을 움직이게 하는 것과 뿌리가 가지를 견제하는 것과 같으며, 아래에서 위를 섬김은 손발이 가슴을 호위하고 지엽(枝葉)이 뿌리를 덮어주는 것과 같습니다. (후략)"[20]

---

20) 『成宗實錄』 권67, 성종 7년 5월 15일, 정사. "○司憲府大司憲尹繼謙等上疏曰: (전략) 一. 臣等聞天子統三公, 三公制卿大夫, 卿大夫治士庶人, 貴以臨賤, 賤以承貴. 此爲治之大經, 而其序不可紊也. 竊觀我國自政府而下有六曹焉, 六曹而下有諸司焉, 諸司之所職, 六曹得以糾之, 六曹之所職, 政府摠而治之, 啓稟而行之, 可否相濟, 輕重相維, 而爲治之大經, 於是乎立矣! 夫如是故, 政令出, 一事無過擧. 上之使下, 猶心腹之運手足根本之制枝葉, 下之事上, 猶手足之衛心腹枝葉之庇根本 (후략)"

라고 하여서 중국에서 시행된 천자-삼공-경대부-사서인의 체제가 조선에서는 국왕-의정부-육조-제사의 형태로 시행되고 있다고 보았다. 다음 언급에서 윤계겸 등은 조선의 중앙정치체제가 태조 때에 이루어져 세종 때까지는 계속 이어졌지만, 세조 때에 의정부의 서사를 혁파함으로써 여러 문제점이 생기고 있다고 보았다. 육조직계제가 시행되면서는 의정부라는 상급기관의 통제가 없기에 상호 충돌하는 법이 생겨나거나 또 육조의 일을 모두 임금에게 직보함으로써 군주의 업무가 감당할 수 없는 문제가 생겼다고 보았다.[21]

이에 따라 의정부서사제의 복구를 요청하였다. 이에 대해 성종은 조종의 고사에 따라 의정부서사제를 되살릴 경우 태평의 정치를 이룩할 수 있을 것이라고 답하였다. 문제는 이 경우 신하의 권한이 지나치게 비대해질 염려가 있을 수 있다. 이에 대한 윤계겸 등의 답변은 다음과 같다.

만약 재상에게 권력이 편중해질 것을 의심한다면, 거기에 대해서는 신 등은 그렇지 않다고 여깁니다. 신 등은 듣건대 임금은 임금의 권한이 있고, 재상은 재상의 권한이 있다고 합니다. 현능(賢能)한 이를 임용하여 선악에 따라 상벌을 내리는 것은 임금의 권한이며, 핵심적인 정권을 잡고 백관(百官)의 일을 조정하는 것은 재상의 권한입니다. 임금이 그 권한을 지키면서 재상의 권한을 빼앗지 않을 수 있다면 임금의 권한이 중하게 되어 국가가 편안하게 다스려질 것입니다. 그러니 재상의 권한을 중하게 여기는 것은

---

21) 위와 같은 곳. "太祖以此而開基, 太宗以此而貽謀, 世宗以此而致太平。世祖大王卽位之初, 懲奸臣之竊柄, 乃罷政府署事, 三公以下充位而已。其初足以矯政府權重之失, 而不知其流有政出多門之弊矣。今夫一司之中, 一事之微, 一提調以爲不可, 則皆得直達而法由是立。是故法之廢立, 彼此矛盾, 朝令夕改, 莫適所從.(후략)"

곧 임금의 권한을 중하게 하는 것입니다.[22]

이 말은 군주와 재상의 권한이 서로 영향을 미치는 것이 아니라는 점을 확인해 주고 있다. 군주에게는 현명한 신하의 등용과 상벌을 주는 권한이 있고, 재상에게는 요로에 있으면서 백관을 조정하는 권한이 있다는 것이다. 그러므로 재상의 권한을 무겁게 하면 군주의 권한 역시 무겁게 되므로 재상은 군주와 상대적인 관계가 아니라 군주의 권한과 연동되어 통합된 것으로 이해하고 있는 것을 알 수 있다.

『경국대전』이 만들어지던 시기에 의정부를 둘러싼 이러한 논의는 그대로 법전에 반영되었다. 그래서 재상이 있는 의정부의 역할에 대해 "모든 관리들을 통솔하고[總百官] 일반 정사를 처리하며[平庶政] 음양을 고르게 하고[理陰陽] 나라를 운영해 나간다."[23]고 하여서 광범위하게 재상의 역할을 제도적으로 규정한 것을 알 수 있다.

이것은 의정부와 재상의 위상에서, 재상이 국정을 총괄하며 육조(六曹)를 지휘하고 감독하는 '총재육부제(摠裁六部制)'를 실현한 것으로서 영의정으로 대표되는 재상의 역할과 권한이 국가의 총책임자 수준까지 격상된 것을 의미하였다. 재상으로서 대표격인 영의정은 단지 하나의 직위만이 아니라 영의정, 좌의정, 우의정의 삼상(三相)을 대표하는 존재로서 하나의 제도, 혹은 기관으로 이해될 수 있다. 물론 여기에는 넓게

------

22) 『成宗實錄』 권67, 성종 7년 5월 15일, 정사, "若以權重爲疑, 則臣等竊以爲不然. 臣等聞
    人主有人主之權, 宰相有宰相之權. 任用賢能, 賞善罰惡, 人主之權也, 秉鈞當軸, 宅揆百
    工, 宰相之權也. 人主能自守其權而不奪宰相之權, 則人主之權重而國家治安. 重宰相之
    權, 所以重人主之權也."
23) 『經國大典』, 「吏典」, '議政府', "總百官, 平庶政, 理陰陽, 經邦國."

보아서는 좌우 찬성(종1품)과 좌우 참찬(정2품)까지 포함된 것은 당연하다.[24]

비록 조선 전기에 의정부서사제와 육조직계제가 번갈아 시행되었음에도, 의정부의 역할, 즉 의정부의 위상은 확고하였고 국정을 총괄하는 임무를 수행하는 데에 큰 영향력을 발휘하였다.[25] 이러한 점은 같은 시기의 명나라와 비교하면 차이가 크다는 점을 확인할 수 있다.

명나라에서는 재상제도를 명초에 없애고 내각대학사(內閣大學士)를 설치하였다. 명말에 황제제도에 대해 강한 비판을 제기하였던 황종희(黃宗羲, 1610~1695)는 『명이대방록(明夷待訪錄)』 「치상(置相, 재상론)」에서 '명나라에서 좋은 정치가 없게 된 것은 고황제 태조 주원장이 재상제도를 폐지한 때문'[26]이라고 보았다. 그만큼 공천하(公天下)를 강조하였던 황종희로서는 천하가 군주를 위한 것이 아니라 만민을 위한 것으로 보았다.

연장선상에서 황종희가 구상한 재상제도는 '합의제(合議制)'와 '정사당제(政事堂制)'라는 두 가지 내용을 포함하였다.[27] 재상을 필두로 하는 관리가 군주와 함께 매일 편전에서 정사를 논의하고 공동으로 결정하는

<hr>

24) 위의 책, 「吏典」, '議政府' ▶ 정1품(正一品): 영의정(領議政)·좌의정(左議政)·우의정(右議政) 각 1원(員) ▶ 종1품(從一品): 좌찬성(左成)·우찬성(右成) 각 1원(員) ▶ 정2품(正二品): 좌참찬(左)·우참찬(右) 각 1원(員).

25) 조선초기 의정부가 국정을 주도한 정종 2년~태종 13년, 세종 18년~단종 3년이나 육조가 국정운영을 주도한 태종 14년~세종 17년, 세조 1년~성종 25년이나 어느 시기에도 대소 국정의 논의에 의정부가 활발하게 참여하여 국정에 큰 영향력을 끼치는 것에는 큰 차이가 없었다. 한충희, 2007, 「조선초기(朝鮮初期) 의정부당상관연구(議政府堂上官研究)」, 「대구사학」 87, 29쪽.

26) 『黃宗羲全集』 第一册, 8면. "有明之無善治, 自高皇帝罷丞相始也."

27) 손보산, 2018, 「황종희 경세사상과 그 영향」, 「한국실학연구」 36, 172쪽.

합의제는 군신공치의 제도적 모델이라고 볼 수 있다. 황종희는 이러한 모델이 실현되지 못하고 폐지된 것이 결국 국망의 원인이었다고 본 것이다. 이런 황종희의 비판을 염두에 둔다면 조선에서 의정부제도가 법으로 규정되어 제도적으로 실현된 것은 일정한 평가를 받을 만한 것으로 볼 수 있다.

그렇다면 재상제에 대한 비판이나 견제는 없었을까 하는 의문이 제기될 수 있다. 군주에 버금가는 재상의 등장은 그만큼 재상의 위상이 높아진 것을 반영하는 것이지만 동시에 재상제의 문제점이 드러나는 계기도 될 수 있다.

정도전의 구상에서는 제도 내의 비판기구였던 대관(臺官)과 간관(諫官), 즉 대간(臺諫)을 통해 이러한 문제점을 해결하고자 하였다. 정도전은 중앙정치제도를 설명한 『경제문감(經濟文鑑) 하』에서 다른 관직에 앞서서 대관과 간관을 우선적으로 배치하여 감사나 수령 등에 못지않게 오히려 중시하였다.[28]

대간에 대한 정도전의 구상 역시 대간 제도의 기본적인 원칙을 설명하고 강조하는 쪽에 방점이 있기는 하다. 그런데 대간 제도 역시 왕정에서 차지하는 비중이 매우 높은 중요한 제도이다. 중앙집권체제를 지향하여 일원적인 행정 체계가 구성이 되어 행정상 효율성이 높아진다고 하더라도 정책의 결정, 집행 과정에서 감시나 비판은 여전히 필요하였다.

정도전은 대관과 간관으로 나누어서 대관은 재상과 그 이하의 백관을, 간관은 군주를 주로 비판의 중심에 두었다. 이를 통해 결국 대간

---

28) 『三峯集』, 권10, 「經濟文鑑 下」, '臺官', '諫官'.

이 군주에 대해 견제와 보완이 되고 백관을 감찰하고 탄핵하는 것이었다. 대간 제도는 왕정에서 제도 내의 비판 기구로서 그 의미가 각별하였다. 그래서 이후 조선의 역사에서도 대간 제도는 매우 중요한 의미가 있었다.

정도전은 대간이 어느 한쪽에 치우치지 않는 불편부당함을 강조하여 국왕의 의견만을 따라서도 안되고, 재상의 견해만을 따라서도 안 된다고 하였다. 대간의 기능이 재상과 동등하고, 나아가 그 영예는 재상을 능가한다고 하면서도, 정권(政權)이 하루라도 재상에게 있지 않으면 나라가 어지럽거나 망한다고 보았다.[29] 재상제의 우위를 인정하면서도 재상에 대한 견제가 국왕에 대한 견제와 거의 비슷하게 중요함을 동시에 강조하고 있다.

조선 전기에 대간인 사헌부와 간관인 사간원은 양사(兩司)가 합동으로 상소를 올리는 경우가 많았다. 특히 성종대에는 이러한 활동이 활발하였으나 언관이 인사 면에서 왕과 대신의 영향력을 벗어나지 못하는 한계도 있었다. 그러나 홍문관이 언론기관에 합류하면서 삼사가 언관권을 형성하면서 사림들이 진출할 수 있는 기반이 될 정도로 언론의 중요성은 커졌다. 단순히 정부 내의 비판 기관을 넘어서 새로운 권력을 창출할 수 있을 정도로 대안 기관으로까지 성장하였던 것이다.

실제로 이조낭관을 둘러싼 낭관권의 형성으로 개혁을 추진할 수 있는 단서가 확보되었고, 훈구를 대신하여 사림들은 중앙의 정치권력까

---

29) 『三峯集』, 권9, 「經濟文鑑 上」, 宰相 ‘政權不可不在宰相’ “政權不可一日不在朝廷。不在朝廷則在臺閣。不在臺閣則在宮闈。在朝廷則治。在臺閣則亂。在宮闈則亡.”

지 장악하게 되었다.[30] 물론 조선에서 대간 제도가 발달한 것을 정도전의 영향으로만 보기는 어려울 것이다. 하지만『경제문감 하』에서 중앙정치제도를 설명하면서 다른 관직에 앞서 대관과 간관을 먼저 대표적으로 들고 있는 것을 보면 다른 관직에 비해 얼마나 중요하게 여겼는지 알 수 있다. 정도전의 사후에 사간원의 독립이나 신문고의 설치, 각종 상소제도의 운영 등 언론활동이 활발해진 것은 그러한 토대 위에서 가능했다고 할 수 있다.

2) 후대에의 영향

정도전의 재상론에서 핵심적인 문제는 재상 자체에만 있는 것은 아니었다. 재상과 연관되어 가장 중요한 군주와의 관계를 어떻게 만들것인가의 문제 역시 가장 핵심적으로 관건이 되는 문제였다. 어떻게 인정(仁政)을 구현하는 인의 세계로 군주를 끌어들일 수 있을까? 이에 대해 정도전은 국왕은 천도를 본받아야 할 존재로서 그것을 터득할 수 있는 성학(聖學), 곧 성리학을 본받아 배우면 된다는 방법을 제시하였다. 이렇게 하기 위해서 군주는 아랫사람의 의논을 듣고 겸손하게 대할뿐더러 성리학에 제시된 격물치지(格物致知)의 방법대로 천하를 유익하게 할 것을 도모해야 한다고 보았다.

그 가운데 핵심적인 것이 바로 어진이를 등용하여 이와 함께 정치를 해 나가는 것이다. 이 어진이의 대표가 바로 재상이었다. 결국 군주는 천하의 가장 높은 자리에 있으면서 군림하는 존재이지만 자리를 바르게

<hr>

30) 김우기, 1986, 「조선전기 사림의 전랑직 진출과 그 역할」, 『대구사학』 29; 김우기, 1990, 「전랑과 삼사의 관계에서 본 16세기 권력구조」, 『역사교육논집』 13.

하고 덕을 닦아야만 자리를 보존할 수 있으며 중정한 도리를 실천해야
한다고 하였다. 그 방법은 자신을 수양하고, 어진이를 찾아서 초빙하여
그와 함께 정치를 해 나가는 것이 중요하다고 보았다.

이러한 군주의 상은 이후 조선의 역사 전개에서 매우 큰 영향을 미쳤
다. 조선전기에는 고려 말에 들여온 성리학에 따른 이상적인 군주상을
절대군주가 아니라 끊임없이 수양을 하는 군주로 규정하고 이를 국왕에
게 따를 것을 요청하였다. 이러한 내용을 담은 책이 진덕수의『대학연의
(大學衍義)』였고 이 책은 조선전기의 경연 등에서 강독되어 제왕학의 교
과서 역할을 하였다.[31]

『대학연의』에서는『대학』의 8조목 가운데 격물에서 제가까지 군주가
마음을 수양하고 덕을 닦으면 나라를 다스리는 것[치국]과 천하를 태평
하게 하는 것[평천하]은 자연스럽게 된다는 것을 내용으로 한다. 치국과
평천하의 영역에 대한 설명이 없는 것은 한계이지만, 군주의 덕에 관해
수양하는 수기를 중심으로 설명하는 왕도정치론에 해당하는 이 이론은
군주의 자의성과 독재가능성을 줄이는 데는 효과적일 수 있었다.[32]

정도전이 제시한 군주의 상은 붕당정치가 시작되면서 다시 주목되었
다. 명확하게 정도전이 제시한 것으로 인용되지는 않았지만, 정도전이
제안한 군주의 덕목과 임무는 사림 세력이 조선중기에 제안한 '성학군
주론(聖學君主論)'과 매우 유사하였다. 조선에서 성학에 주목한 대표적
인 인물인 이황과 이이는 각각『성학십도(聖學十圖)』와『성학집요(聖學輯

<hr>

31) 정재훈, 2005,『조선전기 유교정치사상연구』, 태학사, 131~150쪽.
32) 유승원, 2020,『사대부 시대의 사회사 – 조선의 계급·의식·정치·경제구조』, 역사비평사,
　　282~287쪽.

要)』를 저술하여 국왕인 선조에게 성학의 세계로 안내하는 길을 제시하였다.

특히 이이는『대학연의』의 '조선판'인『성학집요(聖學輯要)』에서 신하의 입장에서『대학연의』의 내용을 재구성하였다. 즉 처음부터 제왕의 관점에서 출발한『대학연의』에 비하여『성학집요』에서는 사대부의 입장에서 국왕의 성학을 재구성하였다.『성학집요』에서는 수기(修己)-정가(正家)-위정(爲政)의 구조로『대학연의』가 제가까지 언급한 한계를 넘어섰다. 또 수기에서 '기질을 교정함[矯氣質]'을 배치함으로써 임금이라도 '정심(正心)' 수준을 넘어서 철저한 자기반성을 통해 자기 변화를 해야 함을 주장하였다. 그리고 위정에서도『대학연의』에서 신하들에 대해서 선택의 대상으로만 파악하는 것(인재를 분별함[辨人才]))에서 나아가 현명한 사람을 등용하는 것[用賢]을 목표로 삼았다.[33]

이는 정도전이 말한 군주의 관점에서 군주와 국가체제를 논한 것에 대해 조선중기에는 사대부의 관점에서 논한 것이었다. 그 입장은 달랐지만 근원적으로 국왕이 모든 일을 다 할 수 없는 상황에서 신하들과 함께 정치[共治]하는 모델을 나름대로 제시한 것이다. 이는 정도전의 논리를 신하, 내지 사대부의 입장에서 확대하여 제시한 것이다. 이이가『성학집요』에서 제시한 임금의 뜻을 세우고[立志], 이후에 현명한 이를 구하여 등용하고[用賢], 이후에 그에게 정치를 맡겨서 실행하는[委任] 것은 그에 해당한다.

이이의 군주관과 재상관은 위와 같이 보면 정도전과 그렇게 차이가

33) 정재훈, 2020,「『대학연의(大學衍義)』와 조선의 정치사상」,『한국사상사학』 64, 164~166쪽.

나지 않는다. 현명한 재상을 구하고 그에게 위임해야 한다는 이이의 주장은 정도전의 군주관을 이어서 어떻게 신하들을 대하고 그들과 함께 정치를 해 나가야 하는지의 방법을 더 정교하게 발전시킨 것으로 볼 수 있다.[34]

재상제는 국왕을 중심으로 한 중앙집권체제의 하나로서 조선에서 기능한 것을 알 수 있다. 이러한 사례는 명나라에서 홍무제 때 재상제도를 폐지한 것과 대비된다. 정도전의 재상에 대한 구상과 논의가 정도전 당대에는 충분히 실현되지 못하였지만 제도적인 보완을 통해 조선 말까지 지속되었던 것이다.

한편 정도전이 구상한 재상론은 조선의 역사에서 세도를 구현하는 재상의 모습이 담겨 있다. 정도전은 신하들의 대표로서 재상의 위상을 설정함으로써 신하들, 곧 사대부들의 정치적 참여를 극대화하는 측면이 있었다. 물론 이러한 측면은 주희의 정치사상에서 유래한 것이기도 하지만 정도전 역시 적극적으로 채용하여 주장하였던 것이다.

정도전의 경우 이러한 재상의 위상에 대해 군주를 정점으로 한 중앙집권적 체제의 하나로서 접근하였다고 할 수 있다. 그런데 이후 전개된 조선의 역사에서는 사대부의 대표로서의 재상만이 있었던 것은 아니었다. 본래 성리학의 정치사상에서 가장 이상적인 형태로 보았던 것은 군주와 신하가 함께 천하를 다스린다는 '군신공치(君臣共治)'였다. 이것은 성리학의 완성자 남송의 주희가 바라던 것이었으며, 동시에 이미 북송에서 신종(神宗)과 왕안석(王安石)에 의해 이미 실현된 것이기도 하였

---

34) 정재훈, 2024, 「조선시대 국가론과 그 변화」, 『조선사연구』 33, 10~12쪽.

다.[35] 이들은 왕정시대에 최고의 정치형태를 군주와 신하의 공동정치로 보았고, 이것이 실현이 가능한 것으로 보고 현실에서 실현하고자 노력하였다.

공교롭게도 이러한 '군신공치'의 성리학의 정치사상을 실현하려던 집단이 바로 조선중기의 사림, 사대부세력이었다. 이들이 태극(太極)과 이기(理氣)를 통해 우주와 세계를 이해하고, 심성(心性)을 통해 인간을 이해하려고 했던 것은 사회와 국가, 세상을 다스리는 정치를 하기 위해서였다. 철학과 정치는 분리되지 않고 반대로 하나였다. 주희는 한편으로 상고의 '도통'을 모범으로 삼아 후대의 '교만한 군주'를 구속하려 했고, 다른 한편으로는 공자 이래 '도학'의 정신적 권위에 기대어 사대부의 정치적 지위를 끌어올리려고 했다.[36]

명종~선조 연간 조선중기의 사림들은 도통이 고려말 정몽주부터 길재를 거쳐 김종직, 김숙자, 김굉필, 조광조로 이어졌으며 이런 도통을 계승하여 송나라에서도 제대로 실현되지 않은 군신공치의 실현을 목표로 삼았다. 군주와 신하가 함께 천하를 다스리기 위해서는 군주가 뜻을 세우며 현인을 구하고 그에게 위임하는 것이 필요하였다. 이를 위해서는 군주 역시 내성(內聖)에 힘써 성리학을 통한 수양에 힘을 써야 했다. 현실에서는 경연이 그것을 가능하게 하는 장치였으며 대간 또한 이를 보완하는 제도였다. 바로 이러한 구조가 동시대 사림들이 구현하려넌 군신공치의 이상을 실현하는 것이었으며, 이는 이이(李珥)를 거쳐 붕당

---

35) 위잉스 저, 이원석 옮김, 2015, 『주희의 역사세계(상·하)』, 글항아리.
36) 위잉스 저, 이원석 옮김, 2015, 『주희의 역사세계(상)』, 글항아리, 79쪽.

정치의 현실로 나타났던 것이다.

붕당정치의 진행 과정에서 재야의 산림(山林)은 붕당의 정신적 지주가 되었으며, 유신(儒臣)들의 대표자로 인정되었다. 이것은 조선초기 정도전이 중앙집권체제의 하나로서 재상을 구상하였던 것과는 차이가 있지만, 크게 보아서 원리적인 면에서는 비슷한 측면이 있었다. 산림은 재야에 있는 학자로서 학문과 덕망이 있는 사람 가운데 징소(徵召)되었다. 이들은 주로 경연(經筵)이나 서연(書筵), 혹은 성균관 좨주(祭酒) 등으로 국정에 참여하여 큰 영향을 미쳤다.[37] 곧 산림은 사림의 영수로서 세도를 감당하는 자로서 인식되었던 것이다.[38]

---

37) 우인수, 2002, 『朝鮮後期 山林勢力研究』, 일조각.

38) 『肅宗實錄』 권38, 숙종 29년(1703) 6월 29일 계묘, "찬선(贊善) 권상하(權尙夏)를 발탁하여 호조 참판으로 삼았다. 이날에 권상하의 사직 상소가 마침 이르렀는데, 그 스승인 문정공(文正公) 송시열(宋時烈)을 위하여 이하성(李厦成)의 무함(誣陷)을 변파(辨破)하였다. 대략에 이르기를,
"(전략) 신의 스승은 덕(德)을 같이 한 신하로서 세도(世道)의 부탁을 받아 매양 이 의리를 붙들어 세워서 온 세상의 인심을 전연 함익(陷溺)되지 않도록 하고 선왕(先王)의 뜻을 저버림이 없게 하려고 하였습니다. 일찍이 말하기를, '이 도(道)가 나로 말미암아 조금 펴이게 되면 비록 죽어 없어지더라도 절대로 뉘우침이 없을 것이다.'라고 하였습니다. 대저 그 평일에 마음에 가진 바가 이와 같기 때문에 다른 사람이 이 의(義)에 배반되는 것을 보면 반드시 매우 배척하고 조금도 용서하지 아니한 것이지 어찌 사사로이 기뻐함과 노여워함이 그 사이에 있었겠습니까? 이하성이 그 조부를 위해 신변(申辨)한 말이 수천 마디뿐만이 아닌데, 신의 스승의 논한 바가 엄절(嚴截)하고 정당하여 항쟁(抗爭)하지 못할 것을 알고는 이처럼 은혜가 원한이 되었다는 말을 내어서 의혹하고 어지럽게 할 꾀를 하였으니, 인심이 위험하고 나쁜 것이 이처럼 극도에 이르게 될 것을 헤아리지 못하였습니다. 또 삼가 듣건대, 이하성의 말은 모두 박세당(朴世堂)이 지은 비문에서 원인이 있다고 하니, 박세당과 같은 자는 주자(朱子)의 죄인입니다. 주자는 공자 후에 첫째가는 사람인데도 오히려 존경해 믿지 아니하고 업신여김이 저와 같으니, 신의 스승을 무함하고 욕하는 것은 괴이하게 여길 것이 없습니다. 원컨대, 좋아하고 미워함을 명백하게 보여서 사문(斯文)과 세도(世道)가 끝내 다행하게 하소서,"하였다. 또 상소의 말이 번거로움이 있어서 첩황(貼黃) 하여 올렸는데, 답하기를,
"대로(大老) 가 무함(誣陷)을 입은 것은 진실로 사문(斯文)의 큰 변고(變故)이니, 세도를 생각하면 근심스럽고 한탄스러움을 어찌 견디겠는가? 나의 생각하는 뜻을 체득하여 조정을 멀리할 마음을 빨리 돌이켜서 번연히 올라와서 나의 미치지 못하는 바를 도우라."

이와 같이 보면 세상을 세상답게 하기 위해서 세상에서 지켜가야 할 도리를 가리키던 용어인 세도는 조선초기에는 이의 책임자를 국왕으로 보았다가 16세기 후반 이후에는 사대부인 유신(儒臣), 그리고 유신의 대표자인 산림까지 세도의 담당자로 등장하였다. 송시열의 경우 '의리(義理)의 주인'으로서 대표적 산림의 사례이다.[39]

19세기에 세도정치(勢道政治) 역시 원래 세도의 의미가 세도(世道)에서 온 것으로서 세도를 감당하는 사람이 하는 정치의 의미가 있었다. 재상이 바로 세도를 담당한다는 인식은 조선후기에도 분명하게 있었다. 정조는 우의정 유언호가 사직하는 것을 말리며, "재상을 임명하는 일은 오로지 세도(世道)를 위해서이다. 이런 때에 조정에서는 임금을 도와서 정치를 조절(調節)하는 공(功)을 바야흐로 간절히 구하고 있는데 지금은 돌아가기를 도모하고 있으니, 마음을 비워놓고 기다리는 것이 어찌 목마르듯이 한 것뿐이겠는가? 다시 사직하지 말고 즉시 얼굴을 보이라."[40]라고 하여서 재상을 세도와 연결시켰다.

이렇게 세도를 담당한 재상이 19세기에는 세도정치의 주역이 되었다. 영·정조대의 탕평정치가 아무리 국왕 중심으로 국가의 공공성을 강화하는 방향으로 진행되었다고 하더라도 그 과정에서 국왕의 권한이 사적인 측면에서도 비대해지는 것을 막지는 못하였다. 사대부를 우대하고

하였다. 권상하는 산림(山林)에서 덕을 수양하여 사림(士林)의 영수(領袖)가 되었는데, 임금이 여러 차례 총탁(寵擢)을 가하여 징소(徵召)를 그치지 아니하였으나, 마침내 이르지 아니하였다."
39) 박광용, 1990, 「정치운영론」, 『조선정치사 1800–1863』, 청년사, 688~693쪽.
40) 『正祖實錄』 권23, 정조 11년(1787) 3월 18일 병술, "批曰: "爰立之擧, 亶爲世道。 此時調梅之功, 朝家之顒向方切, 計今歸舃, 近止虛佇之思, 奚啻如渴? 勿復控辭, 隨卽反面。"

척신(戚臣)을 배척하는 우현좌척(右賢左戚)의 논리 대신에 척신인 안동김
문의 김조순(金祖淳)을 선택한 것은 세도정치의 출발이었다. 이제 세상
을 다스리는 도리[世道]가 아니라 세력을 믿는 집단이 행하는 정치로서
세도(勢道)정치가 행해진 것이다.

이와 같이 본다면 정도전이 구현하고자 했던 재상정치는 조선의 역
사에서 끊임없이 반복되어 소환되었던 것으로 볼 수 있다. 왕정이 가지
고 있는 한계, 문제점을 보완하기 위해서는 언제나 필요한 일이 군주의
보완재로서 재상이었기 때문이다.

5. 맺음말

이상에서 정도전의 재상정치론이 가지는 역사적 성격과 그 영향에
대해 살펴보았다. 정도전은 조선왕조 건국의 핵심 이념이자 국가 운영
체제의 주요 토대를 구축하는 데 결정적인 영향을 미쳤다는 평가가 지
배적이다. 그 핵심에 관해 기존 연구는 정도전의 재상정치론을 왕권(王
權)에 대립하는 신권(臣權)의 대표로 이해하는 경향이 있었다. 하지만 최
근에는 왕조국가 체제 내에서 왕권을 근원적으로 넘어서는 별도의 권력
주체 상정의 가능성에 대한 의문이 제기되고 있다.

정도전의 재상론은 송대 성리학, 특히 주희의 도통론(道統論)과 군신
공치론(君臣共治論)을 수용하면서도 조선이라는 새로운 왕조국가의 현
실적 필요에 맞추어 적극적으로 변형하고 구체화한 결과물이다. 『주례』
와 『맹자』, 그리고 주희의 이념을 자양분으로 삼되, 원 제국의 전장 제도

를 참조하여 현실 정치체제를 설계한 점은, 그가 이상과 현실 사이에서 어떻게 정치적 조화를 도모하였는지를 잘 보여준다.

주희는 권력의 정당성을 도통에서 찾고, 재상을 사대부의 공론을 수렴하여 정치에 구현하는 핵심 존재로 설정함으로써, 절대권력자인 군주를 최대한 견제하는 유효한 방안을 모색하였다. 정도전은 이러한 성리학적 이상을 바탕으로, 고려 말의 혼란스러운 상황을 극복하고 중앙집권적 체제를 확립하려는 시대적 요청에 부응하여 재상정치를 구상하였다.

조선의 중앙집권체제는 국왕을 정점으로 하여 지방 세력의 자의적 침탈을 막고 민생 안정을 꾀하려는 목적 아래, 원(元) 제국의 전장(典章) 제도와 육전체제 등의 유산을 수용하며 구체화되었다. 이 구상 속에서 재상은 군주를 보좌하고 보완하는 업무를 수행하며, 군주의 제한과 대간의 견제에서도 자유롭지 못한, 일원적 지배 질서 내의 최고 행정 책임자로 자리매김되었다.

정도전의 재상정치론은 의정부제도의 성립 및 『경국대전』을 통한 법제화가 됨으로써 제도적으로 실현되었다. 영의정으로 대표되는 재상의 역할과 권한은 국정을 총괄하는 수준까지 격상되었으며, 이는 재상제도를 폐지한 명나라의 정치 체제와 대비되는 조선의 독자적인 선택이었다.

의정부 중심의 총재육부제와 대간제도의 병행적 운용을 통해 재상에게 실질적 권한을 부여함으로써, 군주의 자의적 권력행사를 견제하고, 동시에 행정 효율성을 제고하고자 하였다. 이는 조선 초 의정부서사제와 육조직계제의 교차 시행 속에서도 재상의 권한이 안정적으로 유지된 사실에서 확인된다. 또한 재상은 국왕의 정치를 보완하는 책임자로서, 조선 정치에서 국왕과 신하가 공동으로 국정을 운영하는 이상적 정치형태인 군신공치의 핵심 주체로 기능하였다.

정도전이 구상한 재상정치론은 조선 전기뿐만 아니라 중기 이후에도 지속적으로 계승되었으며, 사림의 정치 이상, 성학군주론, 그리고 경연을 통한 군주의 학습제도에까지 그 영향이 미쳤다. 특히 성학군주론(聖學君主論)은 조선 전기 『대학연의(大學衍義)』의 강독과 조선중기 이황, 이이의 『성학십도(聖學十圖)』, 『성학집요(聖學輯要)』 저술로 계승, 발전되었다. 특히 이이의 성학에서는 군주의 수기(修己)와 용현(用賢)을 강조하며 재상에게 정치를 위임하는 군신공치 모델을 정교하게 발전시켰다.

이러한 흐름은 조선중기 사림 세력이 도통을 계승하여 군신공치의 이상을 실현하려는 정치적 목표로 이어졌으며, 재야의 산림(山林)이 사림의 영수이자 세도(世道)를 감당하는 자로 인식되기에 이르렀다. 19세기 세도정치(勢道政治)는 본래 '세도(世道)를 담당하는 재상의 정치'라는 의미에서 출발했듯이, 정도전이 구상한 재상정치의 이념은 조선의 역사에서 왕정의 한계를 보완하기 위해 끊임없는 소환의 대상이 되었다.

결론적으로, 정도전의 재상정치론은 단순한 관직의 역할 규정을 넘어, 유학 내지 성리학적 이상과 조선시대 당대의 중앙집권체제 확립이라는 현실적 필요가 결합된 것이다. 이는 조선의 기본적인 통치구조, 왕도정치 이념, 그리고 사대부 중심의 정치 문화에 걸쳐 심대한 영향을 미치며 조선왕조 500년 역사를 관통하는 핵심적인 정치사상적 주제로 기능하였으며 이후 자주 소환되는 대상이었다. 따라서 정도전의 재상정치론은 왕조 국가의 권력구조에 대한 유교적 이념의 구체적 제도화라는

점에서, 동아시아 정치사상의 한 전형을 보여주는 중요한 사례로서 그
가치를 지닌다.

〈참고문헌〉

1. 원전

『經國大典』, 『三峯集』, 『成宗實錄』, 『肅宗實錄』, 『正祖實錄』, 『黃宗羲全集』

2. 저·역서

도현철, 1999, 『高麗末 士大夫의 政治思想研究』, 일조각.

우인수, 2002, 『朝鮮後期 山林勢力研究』, 일조각.

유승원, 2020, 『사대부 시대의 사회사 – 조선의 계급·의식·정치·경제구조』, 역사비
    평사.

유승원, 2025, 『고려 문벌사회에서 조선 사대부사회로』, 역사비평사.

위잉스 저, 이원석 옮김, 2015, 『주희의 역사세계(상·하)』, 글항아리.

정재훈, 2005, 『조선전기 유교정치사상연구』, 태학사.

최상용, 박홍규, 2007, 『정치가 정도전』, 까치.

한영우, 1989, 『(개정판)鄭道傳思想의 研究』, 서울대학교출판부.

3. 논문

김우기, 1986, 「조선전기 사림의 전랑직 진출과 그 역할」, 『대구사학』 29.

김우기, 1990, 「전랑과 삼사의 관계에서 본 16세기 권력구조」, 『역사교육논집』 13.

박광용, 1990, 「정치운영론」, 『조선정치사 1800-1863』, 청년사.

송재혁, 2017, 「"인주지직 재론일상(人主之職 在論一相)"과 조선 초기의 권력 구상 –
    권력의 통합론으로서 의정부서사제 논의」, 『한국사상사학』 57.

송재혁, 2020, 「정도전(鄭道傳)의 국가론 – 『조선경국전(朝鮮經國典)』과 원(元) 제국

의 유산 -」, 『한국사상사학』 65.

민병희, 2011, 「道統과 治統, 聖人과 帝王: 宋 ~ 淸中期의 道統論을 통해본 士大夫社會에서의 君主權」, 『역사문화연구』 40.

박광용, 1998, 「18~19세기 조선사회의 봉건제와 군현제 논의」, 『한국문화』 22.

손보산, 2018, 「황종희 경세사상과 그 영향」, 『한국실학연구』 36.

유미림, 2004, 「지배의 정당성의 관점에서 본 맹자(孟子)의 정치사상」, 『한국정치학회보』 38.

이홍주, 2023, 「정도전(鄭道傳) 재상정치론(宰相政治論)의 유교적 연원과 정치철학적 함의」, 『유학연구』 64.

정재훈, 2020, 「『대학연의(大學衍義)』와 조선의 정치사상」, 『한국사상사학』 64.

정재훈, 2024, 「조선시대 국가론과 그 변화」, 『조선사연구』 33.

정재훈, 2025, 「정도전의 국가론과 정치·경제 구상」, 『정도전연구입문』, 주류성.

최연식, 1998, 「여말선초의 권력구상: 왕권론, 신권론, 군신공치론을 중심으로」, 『한국정치학회보』 32-3.

최정환, 2009, 「고려전기(高麗前期) 재상제도(宰相制度)와 당(唐), 송제(宋制)」, 『한국중세사연구』 26.

한충희, 2007, 「조선초기(朝鮮初期) 의정부당상관연구(議政府堂上官研究)」, 『대구사학』 87.

(冢宰六部論)과 의정부
(議政府)·6조(曹)의 성립

이정훈(연세대)

1. 머리말
2. 선행 연구 검토
3. 중앙집권적 정치제제와 총재육부론
4. 의정부의 성립과 6조의 강화
5. 맺음말

1. 머리말

정도전은 고려말기의 사회변동을 성리학의 틀로 진단하고, 체제개혁과 관련된 다양한 의견을 종합하여 조선왕조를 탄생시켰다. 그는 『조선경국전』, 『경제문감』, 『경제문감별집』 등을 통하여 조선의 정치체제를 운영하는 원칙과 기준을 제시하였다. 그러므로 정도전의 사상은 조선왕조 성립의 사상적 기반이 되었을 뿐만 아니라 조선의 지배체제를 유지하는 지배이념이기도 하였다.[1]

　이러한 정도전의 위상 때문에 고려후기의 사회변동과 개혁, 조선왕조의 성립과 지배체제 정비, 성리학의 발전 등 다양한 분야에서 정도전에 대한 연구가 진행되어 왔다.[2] 정도전이 조선의 지배체제를 운영하는 원칙과 기준을 제시했다는 평가 속에서도, 정도전의 재상중심체제가 의정부제도의 설립으로 구현되었다는 언급은 있지만,[3] 정도전이 구상한 정치체제가 조선왕조 정치제도에 구체적으로 어떻게 반영되었는지에 대한 구체적인 연구는 없다. 이는 1차 왕자의 난으로 정도전이 죽게 됨에 따라, 태종대부터 본격적으로 진행된 조선왕조 지배체제 정비 과정에 정도전이 참여하지 못하였고, 정도전에 대해 비판적이었던 태종이 정도전이 구상한 지배체제를 반영하지 않았을 것이라는 시각이 내재되었기 때문이었다.[4]

　주지하다시피 고려말기의 정치·사회·경제적 변동을 문제로 인식하고

---

1) 도현철, 『조선전기 정치사상사』, 태학사, 2013, 17쪽.

2) 정도전 연구에 대한 전반적인 연구 경향에 대해서는 정재훈, 「정도전연구의 회고와 새로운 사상사적 모색」, 『韓國思想史學』 28, 2007을 참조.

3) 韓永愚, 『鄭道傳思想의 研究』, 서울大學校文理大 韓國文化研究所, 1973, 147쪽. 한영우는 정도전이 구상한 재상중심체제가 의정부제도로 구현되었다고는 하였지만, 재상중심체제가 의정부로 구현되는 과정을 구체적으로 논증하지는 않았다. 의정부가 설립된 이후 태종대에 의정부 서사제가 폐지되는 되는 등 정도전이 구상한 재상중심체제가 유감없이 실현된 것은 아니라고 보았다.

4) 1차·2차 왕자의 난으로 이방원이 실권을 장악하게 되면서, 정도전이 1차 왕자의 난[무인의 난]을 일으켰다는 이방원 측의 논리가 공식적인 사실로 받아들여졌다. 이방원이 국왕으로 즉위하면서 정도전이 간신, 반역자라는 논리는 태종 13년에 만들어진 『태조실록』에 그대로 반영되었다. 그러므로 태종의 주도로 이뤄진 정종 2년, 태종 원년·3년·5년 관제개혁에 정도전의 구상이 당연히 반영되지 않았을 것으로 이해되어왔다.

이를 개혁해야 한다는 인식은 신진사대부들의 공통된 생각이었다. 정도전이 구상한 지배체제는 정도전 혼자만의 생각이 아니라 신진사대부들의 고민과 논의 속에서 도출된 것이었다. 그러므로 1차 왕자의 난으로 정도전이 죽었다고 해서 정도전이 구상한 지배체제가 사라진 것이 아니라, 정도전과 같이 고민하고 논의하였던 신진사대부들이 정도전의 구상을 수용하여 이를 보완·발전시켜 조선왕조의 지배체제를 완성하였다고 보아야 한다.

본고는 정도전이 구상한 지배체제가 태종대부터 본격적으로 시행되었던 조선왕조 지배체제 정비과정에 반영되었다는 관점에서, 정도전이 구상한 정치체제가 무엇이며 조선왕조 정치제도에 어떻게 반영되었는지를 고찰하려고 한다. 2장에서는 정도전이 구상한 정치체제에 대한 기존 연구 성과를 살펴보고, 3장에서는 정도전이 구상한 정치체제의 핵심인 총재육부론을 고찰하며, 4장에서는 총재육부론이 조선왕조 정치제도에 반영된 과정을 의정부와 6조를 중심으로 검토하려고 한다.

2. 선행 연구 검토

정도전에 대한 연구는 1920년대부터 시작되었지만, 정도전이 구상한 집권체제 및 체제 운영 방식에 대한 본격적인 연구는 1970년대부터 이뤄졌다.[5] 한영우는 정도전의 정치개혁사상, 사회·정치사상을 조명하는 가

---

5) 정재훈, 앞의 논문.

운데, 정도전이 『주례(周禮)』를 모델로 하여 유교적 이상국가를 실현하려
고 하였다고 주장하였다. 또한 정도전이 모든 인민을 평등화하고, 능력
에 따라 직업을 나누며, 관료집단에 의해 운영되는 중앙집권적 관료지배
체제를 지향하였다고 보았다. 그런데 정도전이 중앙집권적 지배체제를
운영함에 있어서 군주가 최고 위치에 있는 존재임을 인정하면서도 통치
의 실권이 재상에게 있는 것으로 보고, 재상을 최고정책결정권자로 설정
하였다고 보았다. 그리하여 한영우는 정도전이 구상한 정치를 재상정치
로 명명하였다. 이어 정도전의 구상이 다른 유신(儒臣)들에게 계승되어
의정부제도가 설립된 것이라고 하였다.[6]

　한영우의 연구 이후 역사학계, 정치학계에서는 정도전이 중앙집권체
제 속에서 재상정치론을 추구한 인물로 보는 경향이 대세를 이루었다.
또한 한영우가 검토하지 못한 측면을 보완하는 연구들도 등장하였다. 도
현철은 정도전이 구상한 정치체제·권력구조는 왕(王)−관(官)−민(民)으
로 이어지는 중앙집권적 정치체제였으며, 재상−대성(臺省)−제로(諸路)−
주(州)−현(縣)−향(鄉)으로 이어지는 상하 통솔체계와 부(府)·주·군·현으
로 이어지는 지방행정체계를 체계적으로 확립하려고 하였다고 보았다.[7]
또한 정도전의 재상론을 가장 잘 보여주는 『경제문감』이 『주례』에 대한
주자의 해석이라고 할 수 있는 『주자대전』이나 『주자어류』를 토대로 저술
되었으며 주자보다 더 재상중심적인 정치체제론을 구상하였으며,[8] 정도

---

6) 韓永愚, 앞의 책.

7) 도현철, 「정도전의 정치체제론과 재상정치론」, 『韓國史學報』 9, 2000.

8) 都賢喆, 「鄭道傳 『經濟文鑑』의 朱子 글 援用과 그 意圖」, 『實學思想研究』 10·11, 1999(『조
　선전기정치사상사』, 태학사, 2013에 소수).

전이 새로운 왕조의 정치체제를 구성하는데 송의 정치체제론과 국가운
영론을 원용하였다고 하였다.[9] 김인호는 『조선경국전』이 『주례』를 모델
로 하면서도 국가와 국왕 관련 부분(正寶位, 國號, 定國本, 世系, 敎書)를 다
루고 있음에 주목하여, 정도전이 주자학적 사유에 입각해 군주와 총재를
상보적(相補的)인 관계로 설정했기 때문에 총재체제를 제시한 것이라고
보았다.[10]

　　2000년대에 들어 정치학계를 중심으로 정도전이 구상한 정치체제를
다르게 보려는 움직임이 등장하였다. 박홍규는 여러 연구자들과 공동 연
구를 진행하는 가운데, 정도전이 재상정치를 추구하였다는 기존 연구를
비판하였다.[11] 그는 군주정(君主政)을 군주주권을 전제로 하면서 통치에
있어서 군주가 재상 및 관료와의 협치(協治), 즉 공치(共治)가 행해지는 체
제라 규정하였다. 정도전이 "나라의 큰일은 임금이 재결(裁決)하고 작은
일을 총재가 전담해서 다스린다."라고 한 것은 군주정 하에서 군주와 신
하[재상]의 공치를 말한 것이며, 정도전이 재상을 강조한 것은 왕을 보좌
하는 재상의 역할과 책임이 중요하였기 때문이라 하였다.[12] 송재혁은 정
도전이 『조선경국전』에서 육전체제 정치제도론, 『경제문감』에서 신하론,
『경제문감별집』에서 군주론을 제시한 것은 『서경』의 정치모델을 바탕으
로 징치행위자인 국왕에 대한 정당성, 즉 군주제를 공고히 하기 위한 것

<hr>

9) 도현철, 위의 책, 170~171쪽.
10) 김인호, 「여말선초 육전체제의 성립과 전개」, 『東方學志』 118, 2002.
11) 박홍규·이세형, 「태종과 공론정치: 유신의 교화」, 『한국정치학회보』 40-3, 2006; 박홍규·
　　최상룡, 『정치가 정도전』, 까치, 2007; 박홍규·방상근, 「정도전(鄭道傳)의 '재상주의론' 검
　　토」, 『대한정치학회보』 15-3, 2008.
12) 박홍규·방상근, 위의 논문.

으로 보았다.[13] 또한 정도전이 『경세대전서록』의 방식을 수용하여 『조선경국전』을 편찬하였는데, 이는 정도전이 원나라의 유산을 수용하여 조선 왕조의 체제를 구상하였기 때문이라고 보았다.[14]

3. 중앙집권적 정치제제와 총재육부론

1) 중앙집권적 정치체제론

정도전은 고려말기의 정치·사회·경제적 변동을 문제로 인식하면서 이를 개혁하는 과정에서 『주례』를 모델로 하는 유교적 이상국가를 수립하려고 하였다. 그리고 그가 구상한 유교적 이상국가의 통치체제는 중앙집권체제였다.

정도전은 "인군은 천공(天工)을 대신하여 천민(天民)을 다스리니, 혼자의 힘으로는 할 수 없는 일이다. 그래서 관을 설치하고 직을 나누어서 서울과 지방에 펼쳐 놓고, 널리 현능한 선비를 구하여 이를 담당하게 하는 것이다."[15]라고 하여, 군주중심의 정치체제를 인정하였으며, 그 통솔체계는 왕-관(官)-민(民)으로 이어진다고 보았다. 또한 "대(大)가 소(小)를 통제하고 소를 대에 예속시키며, 머리를 무겁게 하고 꼬리를 가볍게 해

---

13) 宋載赫, 「정도전의 정치체체론: 『서경』의 정치이념과 왕권의 정상화」, 고려대학교 박사학위논문, 2015; 송재혁, 「정도전의 군주론 - 『경제문감별집』을 중심으로」, 『정치사상연구』 22-2, 2016; 송재혁, 「정도전의 신질서 구상과 『서경』」, 『亞細亞研究』 60-3, 2017.

14) 송재혁, 「정도전(鄭道傳)의 국가론 - 『조선경국전(朝鮮經國典)』과 원(元) 제국의 유산 -」, 『韓國思想史學』 65, 2020.

15) 『삼봉집』 권7, 「조선경국전」 상, 치전 관제.

야 다스려 지는 것이다.”[16]라고 하여 대가 소를 통제하고 소를 대에 예속시키는 상하 명령계통이 확립되어야 한다고 보았다. 뿐만 아니라 “중(重)이 경(輕)을 제어하고, 내(內)가 외(外)를 제어한다.”[17]라고 하여 중앙에서 지방을 통제하는 방식, 즉 중앙집권체제를 지향하였다.

중앙집권체제는 정치·경제·사회 등 국가운영에 필요한 요소들을 중앙에 집중시키는 통치체제를 말한다. 중앙집권체제를 구축하기 위해서는 국정운영을 담당하는 행정기구[관청], 관직, 행정체계를 반영한 정치체제[관제]를 갖춰야 하고,[18] 중앙정부가 전국을 일원적으로 지배할 수 있도록 행정구역을 편제하고 관료를 파견하여 지방을 통치할 수 있어야 한다.

한 집안에는 곧 한 집안의 기강이 있고, 한 나라에는 곧 한 나라의 기강이 있다. 이에 향은 현에 통솔되고, 현은 주에 통솔되며, 주는 제로(諸路)에 통솔되고, 제로는 대성에 통솔되며, 대성은 재상에게 통솔되고 재상은 여러 관직을 겸하여 통솔해서 천자와 더불어 가부를 살펴 정령을 내리니, 이것이 천하의 기강이다.[19]

위의 글은 정도전이 주자가 말한 재상-대성-제로-주-현-향으로

16) 『삼봉집』 권6, 「경제문감」 하, 현령.
17) 『삼봉집』 권7, 「조선경국전」 상, 치전 군관.
18) 정치체제와 관련해서는 2절에서 다룰 것이다.
19) 『삼봉집』 권5, 「경제문감」 상, 재상. “一家則有一家之紀綱 一國則有一國之紀綱 若乃鄕
　總於縣 縣總於州 州總於諸路 諸路總於臺省 臺省總於宰相 宰相兼總衆職 以與天子相
　可否而出政令 此則天下之紀綱也”

이어지는 행정체계[20]를 그대로 수용하여 언급한 것이다. 만약 재상-대
성-제로-주-현-향으로 행정체계가 완성된다면, 왕[천자]과 재상이 지
방의 최소 단위까지 직접통치가 가능하게 된다. 정도전이 왕과 재상이
지방의 최소 단위까지 직접통치하는 방식을 지향하였다는 것은 그가 강
력한 중앙집권체제를 구축하고자 했음을 보여준다.

그런데 고려왕조는 모든 지방에 지방관을 파견하지도 못하였다. 정도
전이 모든 지방에 지방관을 파견하자고는 직접적으로 언급하지 않았다.
그렇지만 왕과 재상이 지방의 최소 단위까지 직접통치하기 위해서는 왕
과 재상을 대신하여 지방을 통치할 관료가 파견되어야만 가능하다. 정도
전이 왕과 재상이 지방의 최소 단위까지 직접통치하는 방식을 지향했다
는 것은 그가 모든 지방에 지방관을 파견해야 한다는 생각을 가지고 있었
음을 보여준다.

여러 목 중에서 가장 오래되고 큰 목은 대도호로 승격시켜 지부라 호칭하

고, 새로운 목과 소도호는 지주라 호칭할 것이요, 무릇 지관을 지군으로 호

칭하고, 현령과 감무를 지현으로 호칭하도록 하소서. 이렇게 하면 부·주·

군·현이 분명하게 순서가 있어서, 서로 이어지고 속하게 된, 마치 몸이 팔

을 부리고, 팔은 손가락을 부리는 것 같아, 왕의 교화가 진행되어 나가는

것이 역마로 명령을 전달하는 것보다 빠를 것입니다.[21]

<hr>

20) 『주자대전』 권11, 경자응조봉사.

21) 『삼봉집』 권6, 「경제문감」 하, 현령. "置三京留後司 餘皆降爲大都護 又以諸牧之最久且
大者陞爲大都護稱知府 新牧及小都護稱知州 凡知官稱知郡 縣令監務稱知縣 如是則府
州郡縣 截然有序 互相聯屬 如身使臂 如臂使指 王化之行 速於置郵而傳命也"

위 사료는 고려말에 변화된 지방제를 수용하여 지방제도를 개편하자고 정도전이 말한 내용이다. 정도전은 지방 행정구역을 부·주·군·현으로 나누고, 부·주·군·현에 따라 행정 명칭을 정하여 부·주·군·현 사이에 위계질서를 수립하고자 하였다. 이러한 지방사회의 위계질서를 바탕으로 국왕이 중앙에서 명령을 내리면 부·주·군·현으로 전달되는 일원적 행정체계를 수립해야 한다고 생각하였다.

2) 총재 6부론

전근대 동아시아의 중앙집권체제는 국왕을 정점으로 하여 모든 구조가 짜여졌다. 정도전 역시 국왕을 정점으로 하는 중앙집권체제를 구상하였다. 그렇기 때문에 어떤 사람이 군주가 되느냐가 매우 중요하였다. 정도전은 유학자로서 유교적 이상군주를 지향하였다. 그는 군주를 천명의 대행자이고 정치를 이끌어가는 최고의 통치자이며 천하의 인민과 토지를 소유하는 최고의 권력자로 인식하였다. 그렇지만 왕위 계승이 혈연적 세습으로 이뤄졌기 때문에, 군주의 자질에는 어리석은 자질도 있고 현명한 자질도 있으며 강력한 자질도 있고 유약한 자질도 있어서[22] 모든 군주가 유교적 이상군주가 될 수 없다고 생각하였다. 모든 군주가 유교적 이상군주는 아니었기 때문에 어떤 군주가 통치하느냐에 따라 국가운영이 좌우될 수 있었다. 즉 정도전은 혈연적 세습에 의한 군주의 통치권을 불완전한 것으로 인식하였다.

국왕을 정점으로 하는 중앙집권체제 하에서 군주의 통치권이 불완전

---

22) 『삼봉집』 권7, 「조선경국전」 상. 치전 총서.

하다는 것은 중앙집권체제 자체를 불안정하게 하는 것이었다. 따라서 군
주의 존재를 부정하지 않으면서도 군주 개개인의 능력에 따라 국가운영
이 좌우되지 않도록 할 수 있는 제도적 장치가 무엇보다 필요하였다. 정
도전은 이러한 제도적 장치로 재상정치를 제시하였다.

> 가) (재상의 직책은) 위로는 음양을 조화하고, 아래로는 서민을 어루만져
> 편안하게 하며, 안으로는 백성을 공평하고 밝게 다스리고, 밖으로는 사
> 방의 오랑캐를 진무하는 것이다. 국가의 관직과 봉록, 포상과 형벌이
> 이에 관련이 있고, 천하의 정치와 덕화, 가르치고 명령하는 것이 이로
> 말미암아 나온다. …… 국가가 잘 다스려지고 혼란한 것, 천하가 편안
> 하고 위태로운 것은 항상 그에서 비롯된다.[23]

> 나) 치전은 총재가 관장하는 것이다. 사도 이하가 모두 총재의 소속이니,
> 교전 이하 또한 총재의 직책인 것이다. 총재에 합당한 훌륭한 사람을
> 얻으면 6전이 잘 거행되고 모든 직책이 잘 수행된다. 그러므로, "인주
> 직책은 한 사람의 재상을 논정하는 데 있다."라고 하였으니, 바로 총재
> 를 두고 한 말이다.[24]

> 다) (총재는) 위로는 군부를 받들고 아래로는 백관을 통솔하여 만민을 다스
> 리는 것이니 그 직임이 매우 크다.[25]

---

23) 『삼봉집』 권5, 「경제문감」 상. 재상. "上則調和陰陽 下則撫安黎庶 內以平章百姓 外以鎭
撫四夷 國家之爵賞刑罰所由關也 天下之政化敎令所由出也……國家之治亂天下之安危
常必由之"

24) 『삼봉집』 권7, 「조선경국전」 상. 치전 총서. "治典 冢宰所掌也 司徒以下皆冢宰之屬 則
敎典以下 亦冢宰之職也 冢宰得其人 六典擧而百職修 故曰人主之職 在論一相 冢宰之
謂也"

25) 『삼봉집』 권7, 「조선경국전」 상. 치전 총서. "上以承君父 下以統百官治萬民 厥職大矣"

가)는 정도전이 재상의 직책과 지위를 설명한 것이다. 이에 따르면, 재상은 위로는 음양을 조화하고, 아래로는 서민을 어루만져 편안하게 하며, 안으로는 백성을 공평하고 밝게 다스리며, 밖으로는 오랑캐를 진무하는 것으로 이해하였다. 국가의 관직과 봉록, 포상과 형벌, 천하의 정치와 덕화, 가르치고 명령하는 것이 재상으로부터 나온다고 설명한 것으로 보아, 정도전은 재상을 국정운영의 실질적인 책임자로 생각하였다.[26]

나)는 정도전이 『주례』를 기반으로 조선왕조의 지배체제를 구상한 『조선경국전』 치전에 나오는 구절이다. 총재는 천관을 관장하던 장관으로서, 대재(大宰)라고도 하였다.[27] 정도전과 같은 입장을 취하였던 조준[28]

―――

26) 한영우는 정도전이 상정한 재상의 지위는 인사권, 군사권, 재정관할권, 형벌권 등 국정 전반에 걸친 권한을 가진 최고 정책 집행자 및 최고 결정권자였다고 하였다(한영우, 앞의 책, 137~144쪽).

27) 『주례정의』(孫詒讓 著) 권1, 천관총재 제일.

28) 都賢喆, 『高麗末士大夫의 政治思想研究』, 일조각, 1999, 5쪽. 한편 정도전과 조준이 고려후기 사회를 개혁하려고 한 것은 맞지만, 실제 개혁안에서는 일부 차이가 있다고 보기도 한다. 한영우와 김형수는 정도전과 조준의 전제개혁안이 달랐다고 보며(韓永愚, 『朝鮮前期社會思想研究』, 지식산업사, 1983, 116~122쪽; 金炯秀, 「14世紀末私田革罷論者의 田制觀－鄭道傳과 趙浚을 중심으로－」, 『慶北史學』 24, 2002), 유창규는 통치체제론, 경제개혁안, 병제개혁안이 달랐다고 본다(柳昌圭, 「高麗末 趙浚과 鄭道傳의 改革 방안」, 『國史館論叢』 46, 1993). 이익주는 정도전이 적극적인 척불운동을 전개하였지만, 조준은 척불론을 제기한 적이 없다고 하여 불교에 대한 생각은 달랐던 것으로 본다(이익주, 「고려 말 정도전의 정치세력 형성 과정 연구」, 『東方學志』 134, 2006). 그런데 조준이 창왕 즉위년와 원년에 올린 개혁안은 "大司憲趙浚等"(『高麗史』 卷73, 선거1 과목, 공양왕 원년 12월; 권74, 선기2, 학교 구학, 공양왕 원년 12월; 권78, 식화1, 전제 녹과전, 창왕 즉위년 7월; 식화1, 전제 녹과전, 창왕 원년 8월; 권78, 식화1, 전제 녹과선, 공양왕 즉위년 12월; 권79, 식화2 차대, 공양왕 원년 12월; 권80, 식화3, 상평의창, 공양왕 원년 12월; 권82, 병2, 참역, 창왕 즉위년 7월; 권82, 병2 참역, 창왕 즉위년 8월; 권82, 병2, 참역, 공양왕 원년 12월), "浚又率同列 條陳時務"(『高麗史』 卷118, 열전31, 조준)이라고 하여, 조준이 여러 사람들과 논의한 뒤 개혁안을 작성하고 국왕에게 올렸다고 생각된다. 위화도회군 이후 이성계와 급진개혁파사대부가 권력을 장악했고, 이성계의 가장 핵심적인 조력자가 정도전과 조준이라는 점을 고려할 때, 조준 등이 올린 개혁 논의 및 개혁안 작성에 정도전도 참여했다고 생각된다. 논의 과정에서 개인별로 문제 인식 및 개혁 정도가 달랐다고 하더라도, 국왕에게 올려진 개혁안은 이러한 입장들이 정리된 상태로 올려졌다고 봐야 할 것이

이 "삼가『주례』의「천관」을 살펴보건대, 총재는 6경 중에서 한 명으로 하여 나라의 육전을 관장하며 왕의 정치를 도우면서 나라를 다스렸다"[29]라고 한 것으로 보아, 정도전과 조준은『주례』에서 천·지·춘·하·추·동관의 장관인 6경을 재상으로 보았던 것으로 생각된다. 조준이 "본조의 제도에는 중서에는 영·시중·평장·참정·정당이라는 것들이 있는데 이 다섯 관직은 하늘의 5성(星)을 본받은 것이고, 추밀의 일곱 관직은 하늘의 북두칠성을 본받은 것입니다."[30]라고 한 것은 고려의 재상이 여러 명이었음을 말한 것이다. 따라서 정도전이 말하는 재상은 한 명이 아니라 여러 명이었다.

"치전은 총재가 관장하고, 사도 이하가 모두 총재의 소속이다"라고 한 것으로 볼 때(사료 나), 정도전은『주례』의 재상구조를 천관의 장관이 총재가 되어 지관 이하 5관의 장관[5경]을 관할하는 것으로 이해하였던 것으로 생각된다. 그리하여 그는 이러한『주례』의 재상구조를 조선왕조의 지배체제에 투영하여,『조선경국전』에서 치전의 장관이 총재로서 나머지 재상을 관할해야 한다고 한 것이었다. 즉 정도전은 총재를 재상의 대표자로 상정하였고, 실질적으로 국정운영을 총괄하는 존재로 보았다. 다시 말해, 총재중심의 재상정치를 표방하였다.[31] 총재가 국정운영의 실질

<hr>

다. 이런 측면에서 볼 때, 위화도회군 이후 조준 등이 제시한 일련의 개혁안은 조준만의 생각은 아니며, 정도전을 포함한 급진개혁파 사대부가 합의한 내용으로 보는 것이 타당할 것이다.

29)『고려사』권118, 열전31, 조준.

30)『고려사』권118, 열전31, 조준.

31) 정도전이 총재중심의 재상정치를 표방했다는 것은 "재상 연표를 작성하는데 있어서 시중만을 적는 것은 총재는 여러 직책을 겸임하고 군주의 직책은 한 사람의 재상을 잘 선택하는데 있다"(『삼봉집』권7,「조선경국전」상, 치전 재상연표)라고 한 것에서도 잘 드러

적인 존재였기 때문에, 총재가 "위로는 군부를 받들고 아래로는 백관을 통솔하여 만민을 다스린다."고 하였고(사료 다), 훌륭한 사람이 총재가 되면 6전이 잘 거행되고 모든 직책이 잘 수행된다고 보았다(사료 나).

그런데 정도전은 『조선경국전』에서 총재중심의 재상정치를 말하면서도, 『경제문감』에서는 주자의 말을 인용하여 재상-대성[32]-제로-주-현-향으로 이어지는 행정체계를 말하였다.[33] 『조선경국전』에 언급된 재상은 6관의 장관으로서 재상이 되었다. 6관이 행정실무를 담당하기 때문에, 『조선경국전』에서 언급된 재상은 재상이면서도 행정실무를 담당해야 한다. 이런 재상은 실무형 재상이라 할 수 있다. 『경제문감』에 언급된 재상은 행정 관청 위에 존재하면서 행정 관청을 관리하는 존재였다. 그러므로 『경제문감』에 언급된 재상은 관리형 재상이라 할 수 있다. 그런데 정도전과 같은 입장이었던 조준이 고려의 재상제도를 비판하면서 일정한 자격이 있는 사람들을 양부(兩府)에 임명하자는 개혁안을 제시하는 것으로 볼 때,[34] 정도전이 원래 생각하였던 재상은 관리형 재상이었다고 생

난다.

32) 대성은 일반적으로 3성과 어사대 또는 중서성과 어사대를 말한다. 주자가 살았던 송대에는 문하성과 상서성이 없고 중서성만 설치되었다(『송사』 권161, 직관1; 錢穆, 『中國政治制度史論』, 南窓社(일본 동경), 1978, 112쪽). 그러므로 주자가 말한 대성은 중서성과 어사대를 의미한다.

33) 정도전이 『조선경국전』 치전에서 『주례』를 인용하고 있으므로 조신왕조의 지배체제는 『주례』를 모델로 하였다고 보는 것이 일반적이었다. 한편 도현철은 정도전이 『주례』보다는 『주례』가 활용된 송대의 『주례』 연구서들 혹은 송대의 정치체제를 더 많이 참고하였다고 보았다(都賢喆, 「≪經濟文鑑≫의 引用典據로 본 鄭道傳의 政治思想」, 『歷史學報』 165, 2000(『조선전기 정치사상사』, 태학사, 2013에 소수). 송재혁은 정도전이 『주례』를 모델로 내세웠지만, 『조선경국전』의 6전에 서문이 있는 것과 치전의 구성이 『경세대전』과 같음을 들어 원 제국의 유산을 활용하여 조선왕조의 지배체제를 구상하였다고 보았다(송재혁, 앞의 논문, 2020).

34) 『고려사』 권118, 열전31, 조준.

각된다. 그럼에도 실무형 재상을 내세운 것은,『조선경국전』을 찬술한 시기가 새 왕조 건국 이후 지배체제 정비가 시급했던 때였다는 점을 고려할 때, 재상이 지배체제 정비를 주도해야 한다는 현실적인 필요성에서 기인된 것으로 생각된다.

한편 정도전은 주자의 견해를 받아들여 재상이 대성-제로-주-현-향으로 이어지는 행정체계를 장악하고 통솔하면서도 천자와 더불어 가부를 살펴 정령을 내린다고 하여,[35] 재상 위에 군주가 있음을 인정하고 재상이 군주와 논의하여 결정한다고 하였다. 재상이 군주와 논의하여 결정한다는 것과 재상이 국정운영의 책임자라는 것은 서로 상반되는 것처럼 인식될 수 있다.

> 육전에 이르기를, "임금을 보좌하여 나라를 다스린다."라고 한 것은 대치(大治)인데 (대치는) 임금과 대재가 이를 함께 하는 것이다. 팔법과 팔칙에 바로, "관부와 도비(都鄙)를 다스린다."라고 한 것은 소치(小治)인데, (소치는) 대재가 이를 겸하는 것이다.[36]

정도전은 왕안석의 말을 인용하여, 통치를 대치와 소치로 구분하였다. 정도전은 대치는 임금과 대재, 즉 총재가 함께 결정하는 것이며, 소치는 총재가 혼자 결정하는 것이라고 하였다. 그런데 위에서 언급한 관부는 관청과 관직(관료도 포함됨), 도비는 중앙과 지방을 말한다. 총재가

---

35) 『삼봉집』 권5, 「경제문감」 상. 재상.
36) 『삼봉집』 권5, 「경제문감」 상. 재상. "於六典曰 佐王治邦國者 大治 王與大宰共之也 於八法八則 直曰治官府都鄙者 小治 大宰得兼之也"

관부와 도비를 다스린다는 것은 전쟁 및 외교 등을 제외한 일상적인 통치를 말한다. 정도전은 총재는 일상적인 통치와 관련된 사안을 혼자서 결정하지만, 전쟁 및 외교와 같이 일상적인 사안을 뛰어넘는 문제에 대해서는 군주와 함께 의논해서 결정하는 것으로 보았다. 이는 정도전이 총재중심의 재상정치를 추구하였지만, 최고통치자로서 군주의 위치를 인정했기 때문에 재상[총재]이 모든 사안을 결정하는 것이 아니라 사안에 따라 군주와 협의하여 통치해야 하는 것으로 보았기 때문이었다.

중앙집권체제가 구현되기 위해서는 중앙에서는 행정실무 최고기구가 하위관청을 관할하면서 체계적인 행정운영이 이뤄져야 한다. 총재에 그 훌륭한 사람을 얻으면 6전이 잘 거행된다는 말로 볼 때(사료 나), 정도전이 『주례』에서 언급한 6관, 즉 6부를 행정실무 최고기관으로 상정하였다고 생각된다. 그런데 정도전은 "사도 이하가 모두 천관의 장관인 총재의 소속"[37]이라고 했을 뿐, 6부가 하위관청을 어떤 방식으로 관할하고 행정이 어떻게 운영되는지는 명확하게 언급하지 않았다. 정도전과 같은 입장을 취하였던 조준에게서 그 단서를 찾을 수 있다.

조준이 또 동료들을 이끌고 시무책을 조목별로 아뢰기를, "삼가 『주례』의 「천관」을 살펴보건대, 총재는 6경 중의 한 명으로 나라의 육전을 관장하며 왕의 정치를 도우면서 나라를 다스렸고, 사도 이하는 각자 직분에 따라 총재에 예속되었으며, 6경의 속관이 또 360명 있었습니다. 그러므로 360명의 관속이 6경에게 통솔되고 또 6경은 총재에게 통솔되었습니다. 관직의

----

37) 『삼봉집』 권7, 「조선경국전」 상, 치전 총서.

증감과 이름의 연혁은 시대에 따라 같지 않았으나, 대체로는 6부에서 벗어나지 않았습니다. 넓게 생각하건대 우리 태조께서 나라를 여신 처음에 관직을 설치하여 직책을 나누면서 재상을 두어 6부를 다스리고 감·시·창·고를 두어서 6부에 나누어 둔 것은 아주 훌륭한 제도였습니다.……대개 6부는 백관의 근본이고 정사가 나오는 곳입니다. 근본이 어지러운데 말단이 다스려진 일은 있지 않았습니다. 이에 백관과 여러 관청들이 매우 산만해져서 통제가 되지 않고, 실적을 위해 힘쓰지 않아서 이름은 남아도 실체는 없어지게 되었습니다. 비록 왕과 재상이 근심하여 부지런히 일해도 정사가 잘 다스려져서 좋은 성과를 올리기는 또한 어려울 것입니다. 신 등은 6전의 일은 6부에 귀속시키고 각사는 6부에 나누어 소속시킬 것을 바라옵니다.……"라고 하였다.[38]

『주례』의 6관에 해당하는 것이 6부였다. 각사(各司)는 6부 아래에 설치된 감·시·창·고를 말한다. 6부와 각사는 모두 중앙에서 행정을 담당하던 관청이었다.

조준이 6부가 백관의 근본이라고 한 것은 6부가 행정실무 최고기관이며, 6부가 모든 행정 업무를 장악해야 한다고 생각했기 때문이었다. 그러므로 6부가 제대로 운영되지 않으면, 백관과 여러 관청들이 매우 산만

---

38) 『고려사』 권118, 열전31, 조준. "浚又率同列 條陳時務日 謹按周禮天官 冢宰以卿一人 掌邦之六典 以佐王治邦國 其司徒以下 各以其職聽屬焉 而六卿之屬 又有三百六十 是則三百六十之屬 統於六卿 而六卿又統於冢宰也 官職之增損 名義之沿革 代有不同 大義不出乎此六部也 洪惟 我太祖開國之初 設官分職 置宰相以統六部 置監寺倉庫以承六部 甚盛制也……盖六部百官之本 而政事之所出也 本亂而末治者 未之有也 於是百僚庶司 渙散無統 不務庶績 名存而實亡 雖君相憂勤 而政事之修擧 其亦難矣 臣等願 以六典之事 歸之六部 以各司分屬乎六部"

해져서 통제가 되지 않고, 실적을 위해 힘쓰지 않아서 이름은 남아도 실체는 없어지게 되며, 더 나아가 군주와 재상이 부지런히 일해도 정사가 잘 다스려지지 않아 좋은 성과를 올리기는 어려울 것으로 보았다. 즉 6부가 제 기능을 발휘해야 군주와 재상이 정치를 제대로 펼칠 수 있다고 하였다.

조준은 6부가 행정실무를 장악하려면 두 단계에 걸쳐 제도개혁이 이뤄져야 한다고 생각하였다. 1단계는 6전의 일을 6부에 귀속시키자는 것이었다. 왜냐하면 정방이 이부와 병부의 인사권을 가져갔던 것처럼, 고려후기에 새로 설치된 각사 또는 도감 등이 6부의 업무를 침해하면서 6부가 제 기능을 발휘하지 못하였기 때문이었다. 6전의 일을 6부에 귀속시키자는 것은 6부의 업무를 침해하였던 각사 또는 도감을 폐지하고 그 업무를 6부로 귀속시켜 6부가 원래 업무를 담당케 하여 제 기능을 발휘하도록 하자는 것이었다. 이는 6부에만 국한된 것이 아니라 시·감 등 각사에도 적용되었다. 즉 각 관청이 원래 담당하던 업무를 회복하여 제 기능을 발휘하게 해야 한다고 한 것이었다. 정도전이『조선경국전』에서 방어도감과 조성도감을 혁파하여 그 업무를 군기감과 선공감에 귀속시켰다고 한 것은 이런 이유 때문이었다.[39]

2단계는 가사를 6부에 나누어 소속시키는 것이었다. 예를 들어 토목공사를 담당하던 선공시[40]를 산택(山澤)·공장(工匠)·영조(營造)의 일을 담당하던 공조[41]에 소속시킨 것처럼, 각사를 6부에 나누어 소속시키는 것

<hr>

39)『삼봉집』권7,「조선경국전」상, 치전 관제.
40)『고려사』권76, 백관1, 선공시.
41)『고려사』권76, 백관1, 공조.

은 각사의 업무에 따라 6부에 분속시켜 6부가 각사를 관할하고 각사는 6부의 감독 아래 행정 업무를 처리하도록 하자는 것이었다. 즉 6부-각사라는 행정체계를 통해 6부가 각사를 관할하면서 행정실무 전반을 담당하게 하자는 것이었다.

정도전은 6부와 각사가 제 기능을 회복하는 가운데 6부가 행정실무 전반을 관할하고, 그런 6부가 재상에게 귀속되고, 총재가 재상을 관할하는 정치제도를 구상하였다. 즉 총재-재상-6부-각사로 이어지는 행정체계를 수립하고, 이에 기반하여 총재가 행정운영을 총괄하자는 것이었다.[42]

4. 의정부의 성립과 6조의 강화

위화도 회군으로 이성계 및 정도전·조준 등의 급진개혁파 사대부들이 권력을 장악하게 되었다. 급진개혁파 사대부들은 지배체제 전반에 걸쳐 개혁을 시도하는 가운데, 정치제도 개혁도 본격적으로 시행하였다. 그렇지만 고려말의 관제에 여러 가지 문제가 있었기 때문에 한 번의 관제개혁으로 모든 문제를 해결할 수는 없었다. 또한 사회 경제적 개혁이 선행되지 않으면 정치제도가 제대로 운영될 수 없기 때문에, 사회 경제적 개혁과 맞물려 관제개혁이 이뤄질 수 밖에 없었다. 정도전과 급진개혁파 사

---

42) 앞서 정도전이 주자의 말을 인용하여 재상-대성-제로-주-현-향으로 이어지는 행정체계를 구상하였다고 하였다. 재상-대성-제로-주-현-향의 구조는 송의 제도에 의거한 행정체계로, 이를 조선왕조의 관제와 지방제도로 대체하면, 지방행정은 총재-재상-6조-도-주-군-현으로, 중앙행정은 총재-재상-6조-각사로 이어지는 행정체계가 구현된다. 정도전은 이러한 행정체계를 통해 총재가 중앙과 지방을 총괄할 수 있다고 생각하였다.

대부들이 구상한 정치제도는 공양왕대에 4차례,[43] 태종대에 5차례[44]에 걸쳐 관제개혁이 시행되면서 구현되었다.[45]

1) 속사(屬司)·속아문(屬衙門)의 설치와 6조의 기능 강화

6부[조]는 전근대 동아시아에서 행정실무 최고기관이었다. 고려도 3성6부제를 실시하여, 6부에게 행정실무 최고기관으로서의 위치를 부여하였다. 그렇지만 6부 속사가 설치되지 않아 6부가 시·감 등의 각사를 관할하지 못한 채 6부는 각사와 같은 행정기구로 존재하였다.[46] 이러한 상황이 고려후기에도 지속되는 가운데, 무인집권기와 원간섭기를 거치면서 6부는 더욱 변질되었다. 정방의 설치로 이부와 병부는 관료들의 인사를 담당하지 못하였고, 원에 의한 관제 격하로 6부는 4사(司)가 되면서 관청의 위상도 낮아지고 직장(職掌)도 변질되었다. 또한 6부가 각사를 관

---

43) 공양왕이 즉위한 후 매년(원년, 2년, 3년, 4년) 관제개혁이 시행되었다. 공양왕대 관제개혁은 공양왕 원년 12월에 기본적인 뼈대가 형성되었고, 그 뒤 이를 보완하는 차원의 개혁이 매년 이루어졌다. 본고는 정도전이 구상한 지배체제가 어떻게 구현되었는가를 고찰하는 것이기 때문에 공양왕대 관제개혁을 원년, 2년, 3년, 4년으로 구분하지 않고 일괄적으로 고찰하였다. 공양왕대 관제개혁에 대한 자세한 내용은 朴宰佑, 「高麗恭讓王代 官制改革과 權力構造」, 『震檀學報』 81, 1996을 참조.

44) 태종대 관제개혁이라고 하면 태종 재위 기간에 시행된 정치제도 개혁을 말한다. 그렇지만 태종은 2차 왕자의 난 이후 권력을 장악하면서 정종 2년부터 관제개혁을 시도한 뒤 국왕으로 즉위한 후에 태종 원년, 3년, 5년, 15년에 걸쳐 이를 지속하였다. 그리하여 학계에서는 정종 2년의 관제개혁을 태종이 주도한 것으로 보고 태종대 관제개혁에 포함시키는 것이 일반적이다. 본고도 이러한 학계의 일반적인 견해를 수용하였다.

45) 조선왕조 개창 후 조선 태조 원년 7월에 새 왕조의 관제가 반포되었는데, 일반적으로 이를 태조 원년 관제라고 부른다. 태조 원년 관제는 새 왕조에 맞는 새로운 관제라고 생각할 수 있지만, 새 왕조 개창에 걸맞는 관제라기 보다는 공양왕대 관제 개혁의 결과를 집약한 것이었다(尹斗守, 「朝鮮太祖의官制改革과 開國功臣」, 『考古歷史學志』 7, 1991; 남지대, 「조선초기 중앙정치제도 연구」, 서울대학교 박사학위논문, 1993). 따라서 본고에서는 태조 원년 관제를 별도로 언급하지 않을 것이다.

46) 李貞薰, 『高麗前期 政治制度 研究』, 혜안, 2007, 172~214쪽.

할하지 못한 가운데 새로운 일이 발생하면 이를 처리하기 위해 도감(都監)이 설치되었는데, 도감은 일이 종결된 뒤에도 그대로 유지되면서 6부와 각사의 업무를 침해하기도 하였다. 여기에다 국가의 중대사를 의결하던 도평의사사에 6색장(色掌)이 설치되면서 6색장이 6부의 행정사무까지 처리하게 되었고, 이에 6부는 단순 사무만을 처리하는 기관으로 전락하였다.[47]

위화도 회군 이후 조준이 관제개혁에 대한 상소문을 올린 뒤 곧바로 관제개혁이 시도되었다. 방어도감과 화통도감을 혁파하고 그 업무를 군기시로 귀속시키고, 조성도감을 혁파하여 선공시로 귀속시키는[48] 등 각사가 원래 담당하던 직장(職掌)을 회복하도록 하는 조치를 취하였다. 이어 공양왕 원년(1389)에 6사(司)를 6조(曹)로 개칭하여[49] 행정실무 최고기관으로서의 6조의 위상을 회복시켰다.[50] 또한 장복서와 장야서를 공조

---

47) 邊太燮, 「高麗時代 中央政治機構의 行政體系 - 尚書省 機構를 중심으로 -」, 『歷史學報』 47, 1970; 이익주, 「충선왕 즉위년(1298) "개혁정치"의 성격 - 관제(官制) 개편을 중심으로 -」, 『역사와 현실』 7, 1992; 朴宰佑, 앞의 논문, 1996; 朴天植, 「정치체제와 정치세력의 변화」, 『한국사』 19, 국사편찬위원회, 1996.

48) 『조선경국전』에서 방어도감과 조성도감의 혁파를 지금, 즉 조선 태조대에 폐지한 것으로 보고 있다(『삼봉집』 권7, 「조선경국전」 상, 치전 관제). 조준이 방어도감, 조성도감과 함께 폐지해야 하는 것으로 언급한 화통도감이 창왕대에 폐지된 것으로 보아(『고려사』 권77, 백관2, 제사도감각색 화통도감), 방어도감과 조성도감도 창왕대에 폐지된 것으로 생각된다.

49) 『고려사』 권76, 백관1, 이조; 병조; 호조; 형조; 예조; 공조.

50) 동아시아에서는 행정실무 최고기구를 6부 또는 6조라고 하였는데, 6부는 천자국가에서 사용한 명칭이고, 6조는 제후국가에서 사용하였다. 고려에서는 6부라 하였지만, 충렬왕 원년 원에 의해 관제가 격하되면서 6부는 4사로 격하되었다. 6부가 4사로 된 것은 6부가 각사와 그 위치가 같아졌음을 의미한다. 6사가 6조[6부]가 되었다는 것은 행정실무 최고 기구로서 그 위상을 높아졌음을 의미한다.

에 병합하였으며,[51] 급전도감을 호조에 병합하는[52] 등 6조의 직장을 원래대로 회복하도록 하였다.[53]

6조에 대한 개혁은 태종대에 들어와 본격적으로 추진되었다. 태종 3년(1403)에는 6조 및 각사의 인원을 정비하였다. 태조 원년에 6조의 장관인 전서(典書)의 정원을 2명, 시(寺)의 장관인 경(卿)의 정원을 2명, 감(監)의 장관인 감(監)의 정원을 2명으로 증원한[54] 바 있는데, 이에 대해 태종은 전서를 1명으로 줄이고, 6시·7감의 판사 및 경·감을 1명씩 줄였다.[55] 이를 통해 6조 및 각사의 행정이 장관을 중심으로 이루어질 수 있도록 하였다.

태종은 동왕 5년(1405) 정월 및 3월에 6조에 대한 대대적인 개편을 시도하였다. 우선, 태종 5년 정월에는 6조의 장관인 판서의 품계를 정3품에서 정2품으로 승격시켰다.[56] 당시는 장관 품계가 관청의 지위를 표시하였다. 판서가 정2품이라는 것은 6조의 관격이 정2품임을 의미한다.[57]

---

51) 『고려사』 권77, 백관2, 장복서; 장야서.

52) 『고려사』 권77, 제사도감각색 급전도감.

53) 태조 원년 관제는 공양왕대 관제 개혁을 집약한 것이었다고 한다(남지대, 앞의 논문). 태조 원년 관제의 이조는 문관의 銓選과 고과를 담당하였다(『태조실록』 권1, 태조 원년 7월 정미). 문관의 전선, 관료의 고과, 勳封의 일을 담당하였던 『경국대전』의 이조(『경국대전』 권1, 이전, 경관직)와 비교할 때, 태조 원년의 이조는 육전체제 상의 이부의 업무를 모두 담당하지는 못한 것이었다. 이는 나머지 5조도 마찬가지였다. 이로 볼 때, 공양왕대 관제 개혁에서 6조의 업무를 회복하도록 하는 조치를 취하였지만, 실제로 6조의 업무가 완전히 회복되지 못하였던 것으로 생각된다.

54) 『태조실록』 권1, 태조 원년 7월 정미.

55) 『태종실록』 권5, 태종 3년 6월 을해.

56) 『태종실록』 권9, 태종 5년 정월 임자.

57) 태종 5년 6조의 관격이 정2품으로 정해진 이후 6조의 관격은 바뀌지 않았고, 『경국대전』에 정2품 아문(『경국대전』 권1, 이전, 경관직)으로 규정되었다.

이로써 6조의 위상이 이전보다 높아졌다.[58] 6조의 관격을 정2품으로 승격시킴으로써 행정체계 상 6조가 각사 위에 군림할 수 있게 되었다. 또한 6조 장관 위에 설치되어 6조 업무를 지휘하던 판사직을 폐지하였다.[59] 판사는 재상이 겸직하고, 재상이 판사직을 통해 6조의 행정 업무에 직접 관여하는데, 판사를 폐지함으로써 재상의 지휘없이 6조가 운영될 수 있도록 하였다. 뿐만 아니라 사평부를 혁파하여 그 업무를 호조로 귀속시키고, 승추부를 병조로 귀속시켰고, 문·무반의 인사를 이조와 병조가 담당하게 하도록 하였다. 이러한 조치를 통해 6조가 6전에 의거한 6부 본래의 기능을 담당하게 되었다.

태종 5년 3월에는 6조의 기능을 확대하면서 속사제(屬司制)와 속아문제(屬衙門制)를 실시하였다.[60] 먼저 속사제를 살펴보겠다. 6조 속사는 6

---

58) 고려시대 문하부의 장관인 시중이 종1품이었고, 밀직사의 장관인 밀직사사가 종2품이었고, 6부의 장관인 상서가 정3품이었다(『고려사』 권76, 백관1, 문하부; 밀직사; 이조). 6조의 관격이 정2품이라는 것은 정3품인 고려의 6부와 비교할 때 그 위상이 높아졌다.

59) 『태종실록』에는 겸판사가 언제 폐지되었는지가 명확하게 나오지 않는다. 한충희는 태종 5년 정월에 판상서사사를 혁파하고 상서사가 담당하였던 문무반의 인사권을 이조와 병조로 귀결시켰던 것으로 볼 때, 태종 5년 정월에 판사가 폐지된 것으로 본다(韓忠熙, 『朝鮮初期 六曹와 統治體系』, 계명대학교출판부, 1998, 41쪽).

60) 『태종실록』 권9, 태종 5년 정월 임자. 한충희는 태종 5년의 관제개혁을 국정을 총괄하던 중서성과 승상을 혁파하고 6부의 장관인 상서의 관품을 정3품에서 정2품으로 승격하고, 6부의 속사와 속아문을 두었던 명 태조 3년(1366) 제도를 모델로 한 것이라고 하였다(韓忠熙, 위의 책, 40~47쪽). 그런데 명 태조는 재상 제도를 폐지하면서 황제가 모든 정무를 총람하도록 하기 위해 6부의 관격과 기능을 확대한 반면(崔晶妍, 「明朝의 統治體制와 政治」, 『講座 中國史』 IV, 지식산업사, 1989, 12쪽), 반면 조선 태종은 재상기구인 의정부를 둔 상태에 6조의 관격과 기능을 확대하였다. 6부[조]의 관격 승격과 기능 확대라는 현상은 같지만 6부[조]의 기능 확대의 본질적인 측면은 명 태조의 관제와 조선 태종의 관제가 달랐다. 6부 속사제는 이미 당나라 때부터 시작되어 송·원대에도 계속 되었고, 고려에서도 성종 원년 3성6부제를 실시할 때 6부 속사제를 실시하였다(李貞薰, 앞의 책, 117쪽). 6부 속사제는 명의 제도라기보다는 동아시아의 보편적인 제도였다. 그러므로 태종 5년 6부 속사제를 명의 제도를 모델로 하였다고 보기는 어렵다. 또한 각사를 6부에 분속하자는 것은 앞서 검토한 조준의 관제개혁 상소문에 이미 제시되었다(3장 2

조의 업무를 실질적으로 담당하던 관청이다. 태종 5년 2월까지 이조의 속사로 고공사, 형조의 속사로 도관만 있었는데, 태종 5년 3월에는 속사를 증치하여, 각 조마다 3개의 속사, 총 18개의 속사를 두었다. 그리고 속사에는 정랑 1인과 좌랑 1인을 두었다.[61]

<표 1> 태종 5년 6조 및 6조 속사의 명칭과 직장(職掌)[62]

6조의 명칭과 직장	6조 속사의 명칭과 직장	
吏曹 : 掌文選勳封考課之政	文選司 : 掌文官階品告身祿賜之事	
	考勳司 : 掌宗親官吏勳封內外命婦告身及封贈之事	
	考功司 : 掌內外文武官功過善惡考課及名諡碑碣之事	
兵曹 : 掌武選府衛調遣職方兵甲出征告捷講武等事	武選司 : 掌武官階品告身武擧府衛軍戎之事	
	乘輿司 : 掌鹵簿輿輦帷幄廐牧程驛之事	
	武備司 : 掌中外甲兵數目訓鍊武藝考閱地圖周知鎭戎城堡邊境要害烽火出征告捷之事	
戶曹 : 掌戶口土田錢穀食貨之政貢賦之差等事	版籍司 : 掌戶口土田賦役貢獻勸課農桑考驗豐凶水旱及義倉賑濟之事	
	會計司 : 掌租賦歲計權衡度量京外儲備支調之事	
	給田司 : 掌永業口分園宅文武職田諸公廨田之事	
刑曹 : 掌律令刑法徒隷案覈讞禁審覆敍雪等事	考律司 : 掌律令案覈刑獄平決之事	
	掌禁司 : 掌門關津梁道路禁令之事	
	都官司 : 掌公私奴隷簿籍及俘囚之事	

절 참조). 태종과 급진개혁파 사대부들이 고려사회의 문제점을 개혁하고 새 왕조를 건설하자는데 같은 입장을 취하였다는 점을 고려할 때, 태종 5년 속아문제 실시는 정도전·조준 등 급진개혁파 사대부들의 의견을 수용한 것으로 보는 깃이 더 타당하지 않을까 생각된다.

61) 「태종실록」 권9, 태종 5년 정월 임자.

62) 〈표 1〉은 「태종실록」 권9, 태종 5년 정월 임자의 기록을 토대로 각 조의 업무, 속사의 명칭, 속사의 업무를 토대로 작성하였다.

禮曹：掌禮樂祀祭燕享貢擧卜祝等事	稽制司：掌儀式制度朝會經筵史館學校貢擧圖書祥瑞牌印表疏冊命天文漏刻國忌廟諱喪葬之事
	典享司：掌燕享祀忌牲豆飮饍醫藥之事
	典客司：掌使臣迎接外方朝貢燕設賜與之事
工曹：掌山澤工匠土木營繕屯田鹽場陶冶等事	營造司：掌宮室城池公廨屋宇土木工役之事
	攻治司：掌百工制作繕治陶鑄之事
	山澤司：掌山澤津梁苑囿種植草木取伐柴炭木石街巷堤堰船楫漕運碾磑屯田魚鹽之事

이때 시행된 속사제는 6조 모두에 속사제를 전면적으로 실시하고, 각 조마다 업무를 크게 셋으로 분류해 이를 속사 3곳에 분장시키는 체계였다. 예를 들어 이조가 문선(文選), 훈봉(勳封), 고과(考課)의 업무를 담당하였는데, 이조의 업무를 문선(文選), 훈봉(勳封), 고과(考課) 셋으로 나누어, 문선사가 문관의 계품(階品)·고신(告身)·녹사(祿賜) 등의 일을 맡았고, 고훈사는 종친과 관리의 훈봉과 내외명부의 고신 및 봉증(封贈)의 일을 맡았고, 고공사는 내외 문·무관의 공과와 선악의 고과 및 명시(名諡)와 비갈(碑碣)의 일을 맡았다. 이조가 행정실무를 처리하는 것이 아니라, 속사가 문선(文選), 훈봉(勳封), 고과(考課)에 관한 실무를 담당하고 이조의 판서, 참판, 참의가 속사의 업무를 관장하는 방식으로 운영되었다. 태조 원년 관제에서 이조가 관료의 전선과 고과를 담당했던 것과 비교할 때,[63] 속사제가 도입된 태종 5년에는 이조의 기능이 확대되었다. 그런데 『경국대전』 이조의 직장은 문관의 전선, 관료의 고과, 훈봉의 일을 담당

---

63) 『태조실록』 권1, 태조 원년 7월 정미.

하였다.[64] 즉 태종 5년의 이조의 직장과 『경국대전』 이조의 직장이 같다. 이는 나머지 5조도 같았다. 즉 태종 5년 관제 개혁으로 육전체제 상의 6조의 직장이 완성되었다.

속아문제는 각사를 그 업무에 따라 6조에 소속시키는 것을 말한다. 예를 들어 선공감은 토목과 영선(營繕)을 담당했는데, 6조 중에서 영선의 업무를 담당한 기구가 공조였기 때문에 선공감은 공조의 속아문이 되었다. 각 조마다 소속된 속아문을 표로 작성하면 다음과 같다.

<표 2> 태종 5년 6조의 속아문[65]

6조 명칭	6조 속아문
이조	承寧府, 恭安府, 宗簿寺, 仁寧府, 尙瑞司, 司膳署, 內侍府, 功臣都監, 內侍院, 茶房, 司饔房
병조	中軍, 左軍, 右軍, 十司, 訓鍊觀, 司僕寺, 軍器監, 義勇巡禁司, 忠順扈衛司, 別侍衛, 鷹揚衛, 引駕房, 各殿行首牽龍
호조	典農寺, 內資寺, 內贍寺, 軍資監, 豊儲倉, 廣興倉, 供正庫, 濟用庫, 京市署, 義盈庫, 長興庫, 養賢庫, 各道倉庫, 東部, 南部, 西部, 北部, 中部
형조	分都官, 典獄署, 律學, 各道刑獄
예조	藝文館, 春秋館, 經筵, 書筵, 成均館, 通禮門, 奉常寺, 禮賓寺, 典醫監, 司譯院, 書雲觀, 校書館, 文書應奉司, 宗廟署, 司醞署, 濟生院, 惠民局, 雅樂署, 典樂署, 司臠所, 膳官署, 道流房, 福興庫, 東西大悲院, 氷庫, 種藥色, 大淸觀, 昭格殿, 圖畫院, 架閣庫, 典廏署, 社稷壇, 慣習都監, 僧錄司, 各道學校, 醫學
공조	繕工監, 司宰監, 供造署, 都染署, 沈藏庫, 別鞍色, 尙衣院, 上林園, 東西窯, 各道鹽場, 各道屯田

속아문제는 각사가 6조에 소속된다는 것만을 의미하는 것이 아니라 각사의 행정 처리 전반이 6조의 관할 아래에 이루어지게 됨을 의미한다.

---

64) 『경국대전』 권1, 이전, 경관직.
65) 〈표 1〉은 『태종실록』 권9, 태종 5년 정월 임자의 기록을 토대로 작성하였다.

속아문제를 실시할 수 있었던 것은 속사제가 실시되었기 때문이었다. 만약 속사가 없다면, 6조가 행정실무를 직접 처리해야 하기 때문에 각사를 관할할 수 없다. 속사가 설치되었기 때문에 6조는 직접적인 행정 업무에서는 손을 떼고, 각사를 관할할 수 있게 되었다.[66]

속사제와 속아문제의 실시로 6조-속사, 6조-속아문이라는 행정체계가 시행되었고, 6조는 행정실무 전반을 총괄하면서 명실상부한 행정실무 최고기관이 되었다.

2) 재상기구의 정리와 의정부의 성립

고려시대 재상은 2품 이상의 관료를 지칭한다. 재상들은 문하성, 중서성 등과 같은 소속 관청이 있었고, 회의기구에 합좌하여 국정을 논의하였다. 고려후기 재상들의 회의기구는 도평의사사였다. 도평의사사는 재추가 국방문제를 논의하던 도병마사에서 기원하여 원간섭기에 국왕의 친조(親朝)로 인한 국정운영의 공백을 메우기 위해 재추 및 삼사(三司)의 2품이상 관료가 참여하여 국정전반을 의결하는 기구로 전환되었다. 고려후기 정치·경제·사회적 변동 속에서 행정운영이 제대로 이뤄지지 못하게되자, 도평의사사는 의결만이 아니라 결정된 사항을 실제로 시행하는 행

---

66) 고려 성종대에 3성 6부제를 실시하면서 6부에 속사를 설치하였었다. 그러나 현종대에 지배체제를 개편하면서 6부 속사를 폐지하였고, 속사가 담당할 업무를 6부가 담당하게 되면서 6부가 각사를 관할하지 못하게 되었다. 그 결과 6부가 행정 기구로 전락하게 되었고, 6부와 각사의 업무 분장이 불분명해지면서 새로운 일이 발생하면 도감을 설치하여 해결하는 방식으로 운영되었다(李貞薰, 앞의 책, 171~214쪽; 330~338쪽). 이로 볼 때, 6조에 속사가 설치된다는 것은 6조가 그 관청의 업무를 제대로 처리할 수 있게 되었다는 것만이 아니라 6조가 각사를 관할할 수 있게 되었고, 나아가 새로운 일이 발생했을 때 6조의 주도 하에 명확하게 업무 분장이 되도록 하는 체계였음을 알 수 있다.

정기능, 즉 행정실무까지 담당하게 되었다. 이 과정에서 도당의 구성원이 점차 늘어나 재추 및 삼사의 고위 관료 외에도 상의(商議)까지 생겨나면서, 고려말에는 도평의사사의 회의원이 60~70명에 이르게 되었다.[67]

본조의 제도에는 중서에 영·시중·평장·참정·정당이라는 것들이 있는데 이 다섯 관직은 하늘의 5성을 본받은 것이고, 추밀의 일곱 관직은 하늘의 북두칠성을 본받은 것입니다. 재신과 추밀이 합좌하는 것은 원을 섬기게 된 초기부터 시작되었으나 요즘에 이르러 도당에 앉아 국정에 참여하는 자가 60~70명이나 되니 관직이 이처럼 넘쳐나는 것은 예전에 있지 않았던 일입니다. 바라옵건대 이제부터는 도를 논하여 나라를 다스리고 음양을 조화시켜 자신을 바르게 함으로써 백관을 바로잡는 자가 아니거나, 깨끗하고 충직하여 악인을 미워하고 어진 이를 좋아하며 나라만을 생각하여 자기 집안을 잊는 자가 아니거나, 전투에서 승리하여 (적진을) 쳐서 얻고 용맹함이 3군에서 으뜸이 되며 먼 곳까지 위엄을 떨친 자가 아니라면, 양부에 두는 것을 허락하지 마시옵소서.[68]

조준이 고려전기 재상제도를 언급한 것으로 보아, 조준은 재상정치의

<hr>

67) 邊太燮,「高麗都堂考」,『歷史教育』11·12, 1969; 金昌賢,「高麗後期 都評議使司體制의 성립과 발전」,『史學研究』54, 1997; 金光哲,「高麗後期 都評議使司 研究」,『한국중세사연구』5, 1998; 李貞薰,「원간섭기 국정운영과 都評議使司」,『韓國史學報』59, 2015.

68)『고려사』권118, 열전31, 조준. "本朝之制 中書 則曰令曰侍中曰平章曰叅政曰政堂 五者法天之五星也 樞密之七 則法天之北斗也 宰臣樞密之合坐 始於事元之初 至于近代 坐都堂與國政者 至六七十人 官職之濫 古未有也 願自今 非論道經邦 燮理陰陽 正己以正百官者 非淸白忠直 疾惡好賢 國爾忘家者 非戰勝攻取 勇冠三軍 威加殊俗者 不許兩府"

유용성을 인정하였음을 알 수 있다. 단, 조준이 문제로 삼은 것은 도평의사사[도당]의 합좌에 참여하는 재상의 숫자가 60~70명이라는 것, 즉 재상 숫자가 지나치게 많다는 것이었다.[69]

재상의 숫자가 많다는 것은 여러 가지 문제가 있었지만, 가장 큰 문제는 재상이 너무 많아 재상이 자신의 직책에 맞는 권한을 행사하지 못하게 되고 이에 따라 몇몇 권신(權臣)이 마음대로 국정을 좌우하는 것이었다.[70] 이런 문제를 해결하기 위해 조준은 재상의 숫자를 감소해야 한다고 보았다.

그런데 재상의 숫자를 줄이자는 조준의 안은 단순히 재상의 숫자만을 줄인다는 의미는 아니었다. 도평의사사가 국정전반을 의결할 수 있었던 것은 서무를 총괄하던 첨의부[문하부], 왕명출납과 군기를 담당하던 밀직사, 전곡(錢穀)의 출납과 회계를 담당하던 삼사의 2품 이상 관료들이 도평의사사의 회의에 참석하였기 때문이었다. 그러므로 도평의사사의 회의원이 계속 증가한다는 것은 도평의사사에서 논의해야 하는 문제가 더 많아짐을 의미한다. 이는 재상의 권한이 점점 비대화됨을 의미하는 것이며, 동시에 도평의사사가 행정실무까지 담당함으로써 행정실무를 담당하던 6부와 각사의 기능을 침해, 즉 정상적인 관제운영을 무너뜨리는 것이었다. 따라서 정상적인 관제운영을 주장했던 급진파사대부들

---

69) 도평의사사의 합좌에는 첨의부·밀직사·삼사의 2품 이상의 관료가 참여하였다. 충선왕대에는 재추 외에 3품 이상의 관료들이 商議직을 띠면서 도평의사사의 합좌에 참여하게 되었고, 이에 따라 재상의 숫자가 증가하였다. 창왕 즉위 후에 재추. 삼사의 2품 이상 관료, 상의 외에도 개성부, 후덕부, 자혜부의 判事와 尹도 참여하면서 재상의 숫자는 더욱 증가하게 되었다.

70) 박재우, 앞의 논문, 69쪽.

의 입장에서 재상의 숫자를 축소하자는 것은 당연한 것이었다.[71]

조준은 재상으로서의 자격이 있는 사람을 임명하면 재상의 숫자가 감소할 것으로 보았다. 그는 재상으로서의 자격을, 도를 논하여 나라를 다스리고 음양을 조화시켜 자신을 바르게 함으로써 백관을 바로잡거나, 깨끗하고 충직하여 악인을 미워하고 어진 이를 좋아하며 나라만을 생각하거나, 전투에서 승리한 공로가 있고 용맹함이 3군에서 으뜸이 되며 먼 곳까지 위엄을 떨치는 것으로 보았다. 조준은 이를 기준으로 재상으로 임명하게 되면 재상의 숫자가 줄어들 것으로 생각하였다.

조준이 제시한 방안에 의거하여, 공양왕대에는 도당의 구성원을 축소하고 도당의 공신력을 강화하는 방향으로 재상제도를 개혁하였다. 공양왕 원년(1389) 12월에 도평의사사의 청사가 완공된 것을 계기로, 도당의 구성원을 문하부·삼사·밀직사의 2품 이상의 관료로만 제한하였다.[72] 공양왕 2년에 도당의 수령관(首領官)을 경력사(經歷司)로 변경하고 경력(經歷)과 도사(都事)에 문관을 임명하여 행정실무를 담당하던 6방 녹사를 총괄하게 함으로써 도당 업무의 공신력을 강화하였다.[73] 또한 재신(宰臣)이 6조의 판사를 겸직하고 추신(樞臣)이 판서(判書)를 겸하여 6조의 업무를 감독 장악함으로써 재상-6부라는 통솔관계를 회복하려고 하였다.

---

71) 고려말의 사대부들이 관제운영을 정상화하자는 것은 개혁론에 상관없이 모든 사대부들이 생각이었다. 다만 온건개혁파사대부[구법파사대부]은 국왕중심의 관제 정상화를 주장하였고, 급진개혁파사대부[신법파사대부]는 재상중심의 관제 정상화를 주장하였다(도현철, 앞의 책, 119~130쪽; 207~225쪽, 1999).

72) 창왕 즉위 직후 문하부·밀직사·삼사·상의, 개성부·후덕부·자혜부의 판사와 윤이 도당의 구성원이었던 것과 비교할 때, 공양왕 원년 관제개혁으로 도당의 구성원이 많이 감소하였음을 알 수 있다.

73) 박재우, 앞의 논문, 80쪽.

그런데 공양왕대 관제개혁 때 조준의 건의대로 재상의 숫자를 줄였지만, 재상의 숫자가 현격하게 줄어든 것은 아니었다. 태조 7년 간관 박신이 재상의 수가 당시 56명에 달한다고 하거나[74] 정종 2년 권근이 재상의 숫자가 40여 명이 넘는다[75]고 한 것처럼 조선 개국 후에도 재상의 숫자는 매우 많았다. 그에 따라 도당의 권한은 막강하였다.

이에 2차례의 왕자의 난 이후 **실권**을 장악한 태종은 도평의사사를 대대적으로 개혁하였다. 태종은 정종 2년(1400) 도평의사사를 폐지하고 의정부를 신설하였다. 또한 중추원을 삼군부(三軍府)로 고친 다음, 삼군부의 관료들을 의정부의 논의에 참여하지 못하도록 하였다.[76] 이에 따라 의정부 논의에는 문하부와 삼사의 고위관료만 참석하게 되었다. 삼군부 고위관료가 의정부 회의에 배제되면서 재상의 숫자는 더욱 줄었다. 또한 삼군부 고위관료가 의정부 회의에 참여하지 못함으로써, 의정부의 논의 대상에서 군정(軍政)이 제외되었다. 그 결과 의정부는 정치만을 총괄하게 되었다.[77]

태종은 동왕 원년(1401)에 관청의 명칭과 속관(屬官)의 명칭을 변경하

---

74) 『태조실록』 권13, 태조 7년 4월 기묘.

75) 『정종실록』 권4, 정종 2년 4월 병신.

76) 『정종실록』 권4, 정종 2년 4월 신축. 태조대 중추원은 啓復·出納과 兵機·軍政·宿衛·警備·差攝 등을 관장하였다(『태조실록』 권1, 태조 원년 7월 정미). 중추원이 삼군부로 개편되면서 삼군부는 군기 등과 같은 군사 관련 업무만 담당하게 되었고, 啓復·出納 등 왕명출납은 승정원을 새로 신설하여 담당하였다. 이는 왕명출납과 군사업무라는 중추원의 기능을 군사업무는 삼군부에, 왕명출납은 승정원으로 분리하여 전문성을 높인다는 측면이 있었다. 또한 중추원을 삼군부로 개편한 것은 사병혁파와 맞물려 공신과 재상들의 수중에 있는 兵權을 박탈하기 위한 것이었다고 한다(鄭杜熙, 「朝鮮建國初期統治體制의 成立過程과 그 歷史的 意味」, 『韓國史研究』 67, 1989).

77) 韓忠熙, 『朝鮮前期의 義政府와 政治』, 계명대학교출판부, 2011, 59쪽.

는 가운데 삼사를 사평부(司平府)로 개칭하였다. 태종은 사평부 고위관료들을 의정부 논의에 참여하지 못하게 하는 조치를 취하였고,[78] 이에 이전보다 재상의 숫자는 더 축소되었다. 또한 문하부를 폐지하면서 문하부 좌·우정승(左右政丞)을 의정부 좌·우정승으로, 문하시랑찬성사(門下侍郎贊成事)를 의정부찬성사(議政府贊成事)로, 참찬문하부사(參贊門下府事)를 참찬의정부사(參贊議政府事)로, 정당문학(政堂文學)을 의정부문학(議政府文學)으로 전환하였다.[79] 또한 새로 영의정부사(領議政府事)를 설치하고, 간쟁을 맡았던 문하부 낭사를 사간원으로 독립시켰다.[80]

태종 5년에는 6조 판사직을 폐지하여 재상이 6조의 행정 업무에 관여하는 기능마저도 없앴으며, 의정부가 담당하던 서무 중 일부는 육조에 나누어 귀속시켰다.[81] 이에 따라 기존의 재상의 권한 및 의정부의 업무 범위가 축소되었다. 한편 영의정부사로 하여금 6아일(衙日)에 의정부에서 큰 일을 결정하고 조회 때 반열(班列)의 맨 우두머리에 서도록 하였는데,[82] 이를 통해 영의정부사가 신하 중 가장 서열이 높게 되었고, 영의정부사가 의정부의 논의를 주도하도록 하였다.

태종 14년에 의정부는 다시 한번 변화를 겪게 되었다. 태종은 6조가 각기 사무를 왕에게 직접 보고하며, 왕의 명령을 직접 받아 시행하게 했

---

78) 『태종실록』 권2, 태종 원년 7월 경자. 이후 사평부는 태종 5년에 혁파되고 그 업무는 호조로 귀속되었다(『태종실록』 권9, 태종 5년 정월 임자).
79) 『태종실록』 권2, 태종 원년 7월 경자. 이때 간쟁을 담당하던 문하부의 낭사를 사간원으로 독립시키는 조치도 함께 취해졌다.
80) 『태종실록』 권2, 태종 원년 7월 경자.
81) 『태종실록』 권9, 태종 5년 정월 임자.
82) 『태종실록』 권9, 태종 5년 정월 임자.

고 논의할 일이 있으면 6조 판서들이 서로 의논하여 보고하게 하는 육조 직계제(六曹直啓制)를 시행하였다.[83] 육조직계제의 시행은 6조가 의정부 에 업무를 보고하고 행정명령을 하달받던 의정부서사제(議政府署事制)에 비해 의정부의 기능은 상대적으로 약화되었다. 그렇지만 태종 15년 11 월에 의정부찬성 이하로 하여금 조계(朝啓)에 들어오도록 하였다.[84] 이 조치는 의정부서사제 하에서는 조계에 들어올 필요가 없었던 삼의정 외 의 의정부 당상관들을 조계에 참여하도록 한 것이었다. 태종이 이러한 조치를 취한 것은 의정부 관료들이 조계에 참석하여 국정전반을 파악하 게 하고 동시에 국정문제에 대한 의정부 관료들의 의견을 듣고 국왕이 최 종 판단을 내리겠다는 취지에서 내려진 것으로 생각된다. 세종 18년에 의정부서사제가 부활되었지만,[85] 이후 상황에 따라 의정부서사제가 폐 지되거나 부활되기도 하였다.[86]

　태종대의 개혁으로 문하부, 중추원, 삼사 등의 2품 이상 관료들이 합 좌하던 도평의사사는 완전히 해체되었고, 재상기구로는 의정부만 존재 하게 되었다. 도평의사사는 국정문제 전반에 대한 의결(議決)과 행정실 무를 담당하였는데, 의정부로 전환되면서 정치에 대한 의정 기능만 남고 나머지 기능은 모두 폐지되었다. 즉 의정부로 전환되면서 국정운영에서 재상이 차지하는 비중은 현격히 줄어들었다.

83) 『태종실록』 권27, 태종 14년 4월 경신. 이때 기존의 의정부가 담당하였던 모든 업무를 육 조로 돌린 것이 아니라 사대문서와 중죄수를 안핵(按覈)하는 일은 그대로 의정부가 담당 하게 하였다.
84) 『태종실록』 권30, 태종 15년 11월 갑진.
85) 『세종실록』 권72, 세종 18년 4월 무신.
86) 『세종실록』 권72, 세종 18년 4월 무신. 태종 이후 조선후기까지 의정부의 기능과 역할에 대해서는 한충희, 앞의 책, 2011을 참조.

이러한 의정부의 모습은 총재중심의 재상정치를 주장한 정도전의 구상과는 많이 다른 것이었다. 그렇지만 조선과 같이 『주례』에 의거하여 관제 개편을 시도하였던 명나라의 경우, 홍무 13년(1380년)에 좌승상이었던 호유용(胡惟庸)이 반란을 일으키자 명 태조는 이를 계기로 중서성을 폐지하여[87] 재상제도를 완전히 폐지하고 6부의 권한을 강화시켜 황제의 전제권을 강화하는 방식으로 관제개혁을 진행하였다.[88] 반면 조선은 재상기구가 축소되고 재상의 기능도 축소되었지만, 의정부라는 재상기구, 즉 재상은 존재하였다. 또한 의정부의 장관인 영의정부사(뒤에 영의정(領議政)으로 개칭됨)가 서정(庶政)을 총괄하였다. 이런 측면에서 볼 때 정도전이 구상한 총재중심의 재상정치가 조선왕조의 정치제도에 반영되었다고 할 수 있다.

5. 맺음말

정도전은 고려말의 정치·사회·경제적 변동을 문제로 인식하고 이를 개혁하는 과정에서 『주례』를 모델로 하는 유교적 이상국가를 수립하려고 하였다. 그리고 유교적 이상국가를 운영하기 위해 통치체제로 중앙집권

87) 『명사』 권72, 직관지1, 이부.
88) 崔晶姸, 앞의 논문, 12쪽. 한편 재상이 국가의 정사를 종합·총리하여 황제에 대한 책임을 졌다는 측면에서 볼 때, 재상제도의 폐지는 황제가 재상을 겸임하게 되어 모든 일을 황제가 맡을 수밖에 없게 된다. 그러므로 황제의 자질에 따라 국가운영이 좌우된다는 문제점이 발생하게 되었다. 또 황제가 국정의 모든 사항을 파악하기 어려웠기 때문에, 재상제도를 폐지한 후에 명에서는 황제를 보좌하기 위해 內閣이 설치되거나 황제가 환관에게 의존하게 되었다고 한다(錢穆, 앞의 책, 148~153쪽).

체제를 지향하였다.

정도전이 구상한 중앙집권체제는 모든 지방에 지방관을 파견하여 중앙정부가 지방을 직접 지배하고 국왕이 국정운영의 정점이 되는 정치체제를 구상하였다. 그렇지만 혈연적 세습에 의해 왕위 계승이 이뤄졌기 때문에 어떤 군주가 통치하느냐에 따라 국가운영이 좌우될 수 있었다. 군주 개개인의 능력에 따라 국가운영이 좌우되지 않도록 하기 위한 제도적 장치로서, 정도전은 재상을 국정운영의 실질적인 책임자로 설정하고 총재가 여러 재상을 관할하면서 국정운영을 총괄하는 총재중심의 재상정치를 제시하였다. 한편 중앙집권체제를 구축하는 기구의 하나로 6부에 주목하여, 6부를 행정실무 최고기구로 상정하여 6부의 기능을 강화하고 각사를 그 업무에 따라 6부에 분속시켜 6부가 각사를 관할하면서 행정실무를 총괄하도록 하였다. 총재-재상-6부-각사로 이어지는 행정체계를 수립하여 총재가 행정운영을 총괄하도록 하였다.

정도전이 구상한 정치체제는 공양왕대 관제개혁과 태종대 관제개혁에 수용되었고, 수정·보완을 걸쳐 조선왕조의 정치체제로 발전하였다. 속사제가 실시되어 6조에 속사를 설치하여 6부의 기능을 강화하고 속아문제가 실시되어 각사를 그 업무에 따라 6조에 소속시킴으로써 6조는 행정실무 전반을 총괄하는 명실상부한 행정실무 최고기관이 되었다. 한편 재상기구인 문하부·중추원·삼사의 고위관료들이 합좌하여 국정 전반에 대한 의결과 행정실무를 담당하던 도평의사사를 전격 해체하고, 대신 의정부를 설치하여 서무에 대한 의정을 담당하게 하였다. 또한 총재에 해당하는 영의정이 서정을 총괄하였다. 즉 정도전이 구상한 총재육부론은 조선왕조 정치제도의 근간인 의정부와 6조로 반영되었다.

<참고문헌>

1. 원전

『고려사』,『태조실록』,『태종실록』,『경국대전』,『三峯集』,『송사』,『주자대전』,『周禮正義』,『明史』

2. 저서

都賢喆,『高麗末士大夫의 政治思想研究』, 일조각, 1999.

도현철,『조선전기 정치사상사』, 태학사, 2013.

박홍규·최상룡,『정치가 정도전』, 까치, 2007.

李貞薰,『高麗前期 政治制度 研究』, 혜안, 2007.

韓永愚,『鄭道傳思想의 研究』, 서울大學校文理大 韓國文化研究所, 1973.

韓永愚,『朝鮮前期社會思想研究』, 지식산업사, 1983.

韓忠熙,『朝鮮初期 六曹와 統治體系』, 계명대학교출판부, 1998.

韓忠熙,『朝鮮前期의 議政府와 政治』, 계명대학교출판부, 2011.

錢穆,『中國政治制度史論』, 南恣社(일본 동경), 1978.

3. 논문

金光哲,「高麗後期都評議使司研究」,『한국중세사연구』5, 1998.

김인호,「여말선초육전체제의 성립과 전개」,『東方學志』118, 2002.

金昌賢,「高麗後期都評議使司體制의 성립과 발전」,『史學研究』54, 1997.

金炯秀,「14世紀末私田革罷論者의 田制觀 − 鄭道傳과 趙浚을 중심으로 −」,『慶北史學』24, 2002.

남지대,「조선초기 중앙정치제도 연구」, 서울대학교 박사학위논문, 1993.

도현철, 「정도전의 정치체제론과 재상정치론」, 『韓國史學報』 9, 2000.

朴宰佑, 「高麗恭讓王代 官制改革과 權力構造」, 『震檀學報』 81, 1996.

朴天植, 「정치체제와 정치세력의 변화」, 『한국사』 19, 국사편찬위원회, 1996.

박홍규·이세형, 「태종과 공론정치: 유신의 교화」, 『한국정치학회보』 40-3, 2006.

박홍규·방상근, 「정도전(鄭道傳)의 '재상주의론' 검토」, 『대한정치학회보』 15-3, 2008.

邊太燮, 「高麗都堂考」, 『歷史敎育』 11·12, 1969.

邊太燮, 「高麗時代 中央政治機構의 行政體系 - 尙書省 機構를 중심으로 -」, 『歷史學報』 47, 1970.

宋載赫, 「정도전의 정치체체론: 『서경』의 정치이념과 왕권의 정상화」, 고려대학교 박사학위논문, 2015.

송재혁, 「정도전의 군주론 - 『경제문감별집』을 중심으로」, 『정치사상연구』 22-2, 2016.

송재혁, 「정도전의 신질서 구상과 『서경』」, 『亞細亞研究』 60-3, 2017.

송재혁, 「정도전(鄭道傳)의 국가론 - 『조선경국전(朝鮮經國典)』과 원(元) 제국의 유산 -」, 『韓國思想史學』 65, 2020.

柳昌圭, 「高麗末 趙浚과 鄭道傳의 改革 방안」, 『國史館論叢』 46, 1993.

尹斗守, 「朝鮮太祖의 官制改革과 開國功臣」, 『考古歷史學志』 7, 1991.

이익주, 「충선왕 즉위년(1298) "개혁정치"의 성격 - 관제(官制) 개편을 중심으로 -」, 『역사와 현실』 7, 1992.

이익주, 「고려말 정도전의 정치세력 형성 과정 연구」, 『東方學志』 134, 2006.

李貞薰, 「원간섭기 국정운영과 都評議使司」, 『韓國史學報』 59, 2015.

鄭杜熙, 「朝鮮建國初期統治體制의 成立過程과 그 歷史的 意味」, 『韓國史研究』 67,

1989.

정재훈, 「정도전연구의 회고와 새로운 사상사적 모색」, 『韓國思想史學』 28, 2007.

崔晶妍, 「明朝의 統治體制와 政治」, 『講座 中國史』 Ⅳ, 지식산업사, 1989.

제6장 정도전의 재상정치론에 나타난 권력분립

박창규(정치학박사, 삼봉연구원 학술이사)

1. 머리말

2. 선행연구 검토

3. 『주례』와 왕 그리고 재상

  1) 『주례』의 정치제도

  2) 왕의 역할과 권한

  3) 재상의 역할과 권한

4. 재상정치론에서의 구체적 권력행사

  1) 의사결정권

  2) 집행권

  3) 대간권

5. 맺음말

1. 머리말

정도전(鄭道傳, 1342~1398)은 조선 건국을 이루어낸 가장 중요한 인물로 평가를 받는다. 그리고 그가 저술한『조선경국전(朝鮮經國典)』은 500년 이상을 지탱한 조선왕조의 통치체계의 근본을 이룬다고 평가받는다.

정도전은 왕정(王政)시대, 왕권(王權)이 모든 것을 지배하는 세상에 살았다. 이러한 왕권은 왕 자신의 이익이 아니라 하늘을 대신하여 백성의 생활을 안정시키고 향상시켜야 하며, 국가구성원의 역량을 총집결하여 국가를 부강하게 하여야 한다. 국왕은 이러한 의무와 책임을 지닌 존재이다. 이것이 왕도정치(王道政治)이며 유가에서 이상적으로 생각하는 국가이며 왕권이었다.

정도전은 현실에서 완전성을 지향하는 성리학을 공부하고 성리학의 이념을 실천하려고 한 성리학자이다. 성리학에서는 이상적으로 추구하는 정치의 모델이 있다. 임금으로는 요(堯)임금과 순(舜)임금이 가장 이상적 군주이며, 하은주(夏殷周) 삼대는 이상적인 시대이다. 요임금과 순임금은 성인(聖人)으로서 천명을 받아 왕위에 올랐으며, 그 왕위를 천명을 받은 순임금과 우(禹)임금에게 선양했다. 그리고 탕(湯)임금과 무왕(武王)은 천명(天命)을 받아 새로운 왕조를 열었다.

하은주 삼대의 창업자들은 유교적 이상에 따라 백성을 위한 정치를 펼친, 신성성과 도덕성을 갖춘 존재로 여겨졌다. 이들은 하늘의 명을 받은 존재로서, 자연재해 등에 대해 책임을 지고 수신(修身)을 통해 자신의 덕성을 닦고, 올바른 정치를 실천한 군주로 평가받는다. 또한 이들은 현자를 등용하여, 백성의 삶을 살피는 민본적 정치 즉 왕도정치를 실현했다.

그러나 이러한 왕조도 새로운 왕조로 대체되었다.

　고려 왕조의 말엽에 관직에 나아갔으며 최초의 조선인으로 불리는 정도전은 세습으로 집권한 왕에게 왕도정치를 실현할 수 있는 이러한 능력을 기대할 수 없었다. 희소가치를 권위적으로 배분하는 정치적 결정을 내리는 왕이 지혜롭지 못할 때 어떻해 해야 하는가? 하(夏)나라는 은(殷＝商)나라로, 은나라는 주(周)나라로 왕조가 바뀌었으며, 주나라는 유왕(幽王) 이후 춘추전국시대로 들어가 결국은 진(秦)나라가 천하를 다시 통일했다. 그러나 이러한 진(秦)나라도 오래가지 못하고 한(漢)나라로 대체되었다.

　성리학에서 이상적으로 생각하는 천명을 받아 왕조를 개창했던 하은주 삼대에서 천명이 바뀌어 역성혁명이 일어난 이유는 무엇일까? 정도전의 고민은 여기에서 시작되었을 것이다.

　성리학의 군주관은 왕권 중심체제를 지향한다. 성리학에서는 군심(君心)을 정치의 근본이라고 생각하며, 군주의 절대적 권위를 수호하는 존군(尊君)론을 정치의 기반으로 한다. 성리학자들은 군권(君權)이 천리(天理)에 부합하며, 존군으로 인극(人極)을 세울 수 있다고 믿는다. 그러나 군주 중심의 왕권중심체제라 하더라도 군주가 혼자서 모든 것을 결정하고 집행해야 한다고는 생각하지 않았다.

　이상적인 정치를 행했다고 평가받는 성인군주들도 혼자서 통치를 수행한 것은 아니었다. 요임금에게는 순 등이, 순임금에게는 우(禹) 등이, 우임금에는 익(翼)등이, 탕임금에게는 이윤(伊尹) 등이, 문왕과 무왕에게는 주공 등이 있어서 이들이 왕을 보좌하여 정치를 행하여 왕도정치를 실현한 것이다. 즉, 군주는 국가의 상징이자 최고결정권자이지만 실제의 정치는 군주를 보좌하는 신하 즉 재상들이 수행했다.

정도전은 성리학의 존군론을 잘 이해하고 있었다. 정도전의 정치사상 또한 성리학의 기본 이념인 왕권중심주의를 벗어나지 않았다. 그러나 정도전은 **왕의 현능**(賢能)을 믿지 않았다. 세습에 의해 왕위에 오르는 군주의 경우에는 그 자질에 있어서 차이가 있다고 보았다. 역대 정치를 분석한 결과 자질이 부족한 왕들이 자질이 뛰어난 왕보다 더 많았다고 평가한 정도전은 좋은 정치를 왕만이 이룰 것이라고 믿지 않았다. 오히려 왕의 현능과 상관없이 훌륭한 재상을 통해 치국안민(治國安民)의 목적을 달성할 수 있다고 정도전은 생각했다.

그렇다면 이러한 군주와 재상의 관계는 어떠해야 하는가?

주자는 군주와 신하 사이에 "권(權)은 약중(略重) 즉 무거운 부분을 빼앗겨선 안 된다. 무거움이 기울면 군주는 무시된다."고 말하였다. '약중'이란 신권(臣權)이 군권(君權)보다 무거워지는 것을 가리킨다. 이러한 군권의 추락은 곧 국가의 쇠퇴를 부르며 군신의 자리가 바뀌면 천하가 요동치게 된다고 하여 신권이 군권보다 무거워지면 안된다고 주자는 생각했다.[1]

정도전도 신권을 주장하지는 않았다. 정도전은 기본적으로 왕권주의자였다. 왕정을 없애려고 시도한 적도 없으며, 그런 생각을 가져본 적도 없다. 왕정의 성공을 위해 재상의 정치적 역할을 강조했을 따름이다. 다만 그는 다른 유학자들, 혹은 왕정시대 동서양의 사상가들처럼 왕에게 기대하지 않았다.

---

1) 류쩌화 쓰고 장현근 옮김, 『중국정치사상사(3)』 글항아리 2019, 740쪽.

정도전의 군주관을 관념적으로만 절대권을 갖는 존재로 보는 것은 일면적인 이해에 그칠 수 있다. 왕권은 상징적이고 관념적이며, 왕이 실제적으로 행사하는 권한은 재상의 선택과 재상과 정사를 협의하고 결정하는 권한만을 갖는다고 하더라도 재상은 언제든지 왕에 의해서 교체될 수 있는 관료 개인이며, 재상의 권한은 군주가 인정하는 한도 내에서만 가능했기 때문이다. 정도전이 바라보는 재상은 국왕의 절대적인 신임이라는 큰 틀 속에서만 의미가 있었다.

정도전은 국가를 통치하는 권력을 정치권력(political power)과 정부권력(government power)으로 나눈 것으로 보인다. 정치권력이란 국가와 왕조의 정당성을 의미하는 것으로 권력을 어떻게 창출할 것인가, 백성들을 어떻게 통치할 것인가라는 권력의 창출 및 획득과 관련된 권력이다. 이러한 정치권력은 천명에 의해서 국가를 창업한 군주에게 주어지는 것이다. 정부권력은 천명이 부여한 목적인 백성의 생활을 향상시키고 국가를 보위하기 위해 행사되는 권력을 의미한다.

정도전이 정치권력에 관심을 가지지 않은 것은 아니다. 폐가입진(廢假立眞)은 정치권력과 관련된 것이다. 그러나 정도전이 더욱 관심을 가진 것은 권력을 어떻게 유지하고 확장하여 질서안정이라는 정치의 목적을 이룰 것인가 였다. 즉 정부권력을 어떻게 행사하면 왕도정치를 실현하여 정치권력이 계속 정당성을 가질 수 있는가에 관심을 가졌다.

이러한 목적에서 제시된 것이 재상정치론이다. 정도전의 재상정치론은 권력을 분할하여 상호견제와 균형을 추구하지만 통치의 실권은 재상에게 맡기는 것이다. 절대적인 것으로 생각되는 왕권을 제약하려는 것으로 보이지만, 긍극의 목적은 정치적 책임을 국왕이 지는 것이 아니라 군주의 신임 하에서 실제적으로 집행권을 행사한 재상이 짐으로서 천명을 받은 왕조를 보존하고 군주를 정치적 책임에서 자유롭게 하고자 하는 목적에서 였다. 즉, 권력의 집행 결과 긍정적인 성과는 왕에게 돌리고 부정적인 성과에 대한 책임은 재상이 지는 것이다.

이러한 측면에서 국가의 권력을 나누어 그 행사자를 구분하여 군주는 정치권력을 맡는 통치권을 행사하며, 그리고 정부권력을 의사결정권, 정책집행권, 대간권으로 구분하여, 의사결정권은 국왕과 재상이 가진 것으로, 재상은 전반적인 집행권을 갖고,[2] 군주와 재상에 대한 견제의 역할로 간관(諫官)과 대관(臺官)을 두는 것으로 구상하였다. 이 경우 재상은 관료제의 총괄책임자로서 정치적 구심체인 군주의 위상을 높이고 인정(仁政)을 현실화될 수 있게 백관을 통솔하여 국가를 위하고 민생을 살리는 실질적인 일을 도모해야 하는 책임과 역할을 수행해야 한다.

정도전은 경제문감에서 정권은 하루라도 조정(朝廷)에 있어야 한다고 주장했다. 정권이 조정에 있으면 다스려지서 국가의 흥망·치란이 모두 이에 근본한다고 주장했다.

이러한 측면에서 본 논문은 정도전이 주장한 재상정치론을 재상이 통치권력을 장악한 것이 아니라, 왕의 통치권력을 보좌하는 범위를 벗어나지 않은 것이라는 전제 하에서 권력의 분점 정도와 그 행사의 방법을 살펴보고자 한다.

우선 2장에서는 정도전애 대한 연구 중에서 왕권과 신권을 다 룬 논문들을 살펴보고자 한다. 3장에서는 주례에서 규정한 정치제도를 살펴

---

2) 물론 재상이 독점적으로 행사하는 것이 아니라 중요한 것은 군주와 협의를 한다.

보고 왕과 재상의 지위와 권한에 대해서 살펴보고, 4장에서는 정도전의 재상정치론에 나타난 권력의 구체적 행사와 권력의 행사에 대한 견제장치는 무엇이었는지에 대해 살펴보고자 한다.

2. 선행연구 검토

조선왕조의 기틀을 마련하여 조선 500년간 지속된 의정부체제의 기초를 마련하였다는 평가를 받는 사상가인 정도전이 구상한 집권체제 및 체제 운영 방식에 대한 본격적인 연구는 1970년대부터 시작되었다.

정도전에 대한 연구에 있어서 종합적인 측면에서 본격적으로 연구한 한영우는 유보적 단서를 달기는 하였지만, 왕은 실권이 없는 빈그릇[虛器]에 불과하고 통치의 실권은 재상이 가졌다고 보았다. 즉 한영우는 정도전은 관료집단에 의해 운영되는 중앙집권적 관료지배체제를 지향하면서 군주가 최고 위치에 있는 존재임을 인정하면서도 통치의 실권은 재상에게 있는 것으로 설정하였다고 보았다. 따라서 재상은 최고정책결정권자로서의 권한과 최고정책집행자의 권한을 모두 가진 최고권력자로 평가하여 정도전이 구상한 정치를 한영우는 재상정치로 명명하였다.[3] 한영우의 연구 이후 역사학계, 정치학계에서는 정도전을 중앙집권체제라는 전체 틀 속에서 재상정치론을 추구한 인물로 보는 경향이 대세를 이루었다.

---

3) 한영우, 『정도전 사상의 연구』, 서울대학교 출판부, 1987.

이후 이러한 개념과 논리를 발전시켜서 여말선초의 중요 성리학자들의 군주관에 대한 연구를 통해 최연식은 이색으로 대표되는 왕권론, 정도전으로 대표되는 신권론, 권근으로 대표되는 군신공치론으로 정리했다.[4]

한영우가 미처 검토하지 못한 측면을 보완하는 연구들도 등장하였다. 도현철은 정도전이 구상한 정치체제·권력구조는 왕(王)-관(官)-민(民)으로 이어지는 중앙집권적 정치체제였으며, 재상-대성(臺省)-제로(諸路)-주(州)-현(縣)-향(鄕)으로 이어지는 상하 통솔체계를 조선에 적용하여 부(府)·주·군·현으로 이어지는 지방행정체계를 체계적으로 확립하려고 하였다고 보았다.[5] 또한 정도전의 재상론을 주자보다 더 재상중심적인 정치체제론을 구상하였다고 보았다.[6]

한편으로 김인호는 정도전이 주자학적 사유에 입각해 군주와 총재를 상보적(相補的)인 관계로 보고 중요한 문제는 세습 군주의 자질 보장과 관련된 문제로 보았다. 이는 군주성학과 관련되는데 군주가 도덕적 완성을 지향함으로써 무위(無爲)의 정치를 지향해야 한다고 주장하였다.[7]

2000년대에 들어 정치학계를 중심으로 정도전이 구상한 정치체제를 다르게 보려는 움직임이 등장하였다. 박홍규는 여러 연구자들과 공동 연구를 진행하여 정도전이 재상정치를 추구하였다는 기존 연구를 비판했

<hr>

4) 최연식, 「여말선초의 권력구상: 왕권론, 신권론, 군신공치론을 중심으로」, 「한국정치학회보」 32-3(한국정치학회, 1998).

5) 도현철, 「정도전의 정치체제론과 재상정치론」, 「韓國史學報」 9, 2000.

6) 都賢喆, 「鄭道傳 『經濟文鑑』의 朱子 글 援用과 그 意圖」, 「實學思想研究」 10·11, 1999.

7) 김인호, 「정도전의 역사인식과 군주론의 기반 -「경제문감」의 분석을 중심으로 -」, 「韓國史研究」 131, 2005.

다.[8] 그는 군주정(君主政)을 군주주권을 전제로 하면서 통치에 있어서 군주가 재상 및 관료와의 협치(協治), 즉 공치(共治)가 행해지는 체제라 규정했다. 정도전이 "나라의 큰일은 임금이 재결(裁決)하고 작은 일은 총재가 전담해서 다스린다."라고 한 것은 군주정 하에서 군주와 신하[재상]의 공치를 말한 것이며, 정도전이 재상을 강조한 것은 왕을 보좌하는 재상의 역할과 책임이 중요했기 때문이라고 보았다.[9]

나중식은 정도전의 정치사상에서 가장 특징적인 것은 현인(賢人)인 재상이 군주와 서로 권력을 분담하면서 국정운영의 중심이 되어야 한다는 분권을 중시한다고 보았다. 나중식은 정도전은 신왕조를 건설하면서 군주주의국가에서 가장 바람직한 통치체제의 권력구조를 선왕지제(先王之制)라 불리는 재상중심의 국정운영체제라고 생각했다고 보았다. 이에 따라 정도전은 국가권력을 통치권과 행정권을 분리하여 통치권은 군주가 행정권은 재상이 담당하여 상호 부족한 부분을 보완해야 한다고 생각했다고 나중식은 주장했다.[10]

권행완은 정도전의 재상책임체제는 권력을 분할하여 상호견제와 균형을 추구하여 통치의 실권을 재상에게 맡김으로서 왕권을 제약하는 제도로 보았다. 군주는 통치권, 재상은 행정권, 언론은 감찰권과 탄핵권을 분할하는 구조라는 것이다.[11]

송재혁은 정도전의 정치사상을 신권론(臣權論)의 입장으로 해석한 기

<hr>

8) 박홍규·최상룡, 「정치가 정도전」, 까치, 2007.
9) 박홍규·방상근, 「정도전(鄭道傳)의 '재상주의론' 검토」, 「대한정치학회보」 15–3, 2008.
10) 나중식, 한국행정사상사 – 삼봉, 율곡, 반계, 다산을 중심으로(서울경제경영), 2012.
11) 권행완, 「정도전(鄭道傳)의 유교적 민주의식」 신아세아 20권3호 2013.

존 연구에 대해 두 가지 문제점을 지적했다. 그것은 첫째, 국내적 측면에서 신권을 억제하여 군주 중심의 중앙집권적 정치질서를 확립하는 것이 여말선초의 정치적 과제였음을 간과했다는 것이고, 둘째, 국제적 차원에서 볼 때 신권론은 절대 황제[군주] 체제의 강화라는 당시 동아시아 정치사의 흐름에서 유리된다는 것이다. 이런 관점에서 송재혁은 정도전이 추구한 권력 구조는 군주를 중심으로 하는 권력의 일원화와 이를 보좌할 수 있는 위계적 관료조직의 구축이라고 주장하였다.[12]

3. 『주례(周禮)』와 왕, 그리고 재상

1) 『주례』에서의 정치권력 구조

정도전이 그의 정치사상을 전개하는 과정에서 가장 중시한 것은 주나라의 기구 체계와 각종 관직의 직무에 관하여 전체를 체계적으로 논술한 저작인 『주례』이다.[13] 권근은 경제문감에서 '삼대(三代)의 제도가 주(周)에 이르러 크게 갖추어져서, 주관(周官)[14]의 법도가 가장 상세하고 밝아서 시행할 만하다.'고 평가하고 있다.

---

12) 송재혁, 「정도전의 군주론 – 『경제문감별집』을 중심으로」, 『정치사상연구』 22-2, 한국정치사상학회, 2016.

13) 그러나 6관중의 하나인 동관의 내용은 없어져서 고공기로 대체되었으며, 각 관직의 내용 중에서도 없어진 것이 여럿 있다.

14) 주관(周官)은 『주례』의 다른 명칭기도 하며, 『상서』 주서의 한 편명이기도 하다. 권근이 주관(周官)이라고 한 것은 주례를 의미하는 것으로 보인다. 상서에 대한 해설서인 상서주소(尚書注疏)에서는 상서의 주관의 내용에 대한 설명을 주례를 인용하여 설명하고 있다.

『주례』는 주공(周公)[15]이 지었다고 하지만 그가 맡았던 직위인 三公(삼공) 등에 대한 설명이 없이[16] 모든 관직이 왕을 보좌하기 위한 것이라는 관점에서 서술하고 있다. 6관의 서문에서 "왕이 국가를 세우고 난 다음, 방위를 분별하고 군주와 신하의 위치를 명확히 한 다음, 국가의 제도를 마련하고 지방의 질서를 부여하고, 관직을 나누어 각각의 역할을 분담하게 하며, 백성이 각자의 본분을 지키도록 하여 질서와 균형을 이루게 한다."[17]는 구절로『주례』는 시작한다. 이 구절에 이어서『주례』에서 규정하는 6관을 설치한 이유를 설명하고 있다. 이에 따르면 육관을 설치한 이유는 각각의 직책을 맡은 천관총재(天官冢宰), 지관사도(地官司徒), 춘관종백(春官宗伯), 하관사마(夏官司馬), 추관사구(秋官司寇), 동관사공(冬官司工)이 자신의 직무를 수행하여 왕을 보좌하도록 하기 위해서다. 즉『주례』에서는 모든 관직이 왕의 통치를 돕기 위해서 마련되었다고 기술한다.

반면에 주나라 2대 왕인 성왕(成王)이 지었다고 하는『상서(尙書)』주서(周書) 주관(周官)에 의하면 주나라의 관직으로 삼공(三公), 삼고(三孤), 육직(六職)을 두었다고 한다. 삼공인 태사(太師), 태부(太傅), 태보(太保)는 도를 논하고 국가를 경영하며, 음양(陰陽)을 조화롭게 다스리는 책임을

---

15) 주공(周公)은 두가지 의미가 있다. 하나는 무왕의 동생으로 무왕과 성왕을 도와 주나라의 기초를 마련한 주공 단(旦)을 의미하며, 둘째는 이러한 주공이 담당하였던 직책으로서의 주공이다. 주공단은 노나라에 봉해졌지만 노나라에 가지 않고 호경에 남아 성왕을 도왔으며, 노나라는 그의 장자인 백금이 통치를 맡았으며, 백금이 후손이 작위를 계승하엿다. 수도에 남아 3공이 하나인 주공의 역할을 담당하였던 주공단의 주공직은 차자에 의해 계승되었다.

16)『주례』의 각 관직의 역할을 분석해보면 삼공과 삼고가 존재하고 있는 것으로 나타난다. 특히 3공은 향로서 각각 2향을 담당하는 것으로 직분이 주어져 있다. 그러나 주례에서 이들의 직분을 구체적으로 언급하지 않은 것은 이미 실질적으로 기능하기 보다는 상징적인 지위를 가졌기 때문으로 보인다.

17) 惟王建國, 辨方正位, 體國經野, 設官分職, 以爲民極。

주례					서경집전 周書 周官
각 관직의 서론	大宰之職 掌建邦之六典 以佐王治邦國		소재의 6직 以官府之六職辨邦治		
乃立天官冢宰 使帥其屬而 掌邦治, 以佐王均邦國。	一曰 治典	以經邦國 以治官府 以紀萬民	一曰 治職	以平邦國 以均萬民 以節財用	冢宰 掌邦治 統百官 均四海[18]
乃立地官司徒 使帥其屬而 掌邦教, 以佐王安擾邦國。	二曰 教典	以安邦國 以教官府 以擾萬民	二曰 教職	以安邦國 以寧萬民 以懷賓客	司徒 掌邦教 敷五典 擾兆民
乃立春官宗伯 使帥其屬而 掌邦禮, 以佐王和邦國。	三曰 禮典	以和邦國 以統[19]百官 以諧萬民	三曰 禮職	以和邦國 以諧萬民 以事鬼神	宗伯 掌邦禮 治神人 和上下
乃立夏官司馬 使帥其屬而 掌邦政, 以佐王平邦國。	四曰 政典	以平邦國 以正百官 以均萬民	四曰 政職	以服邦國 以正萬民 以聚百物	司馬 掌邦政 統六師 平邦國
乃立秋官司寇 使帥其屬而 掌邦禁, 以佐王刑邦國。	五曰 刑典	以詰邦國 以刑百官 以糾萬民	五曰 刑職	以詰邦國 以糾萬民 以除盜賊	司寇 掌邦禁 詰姦慝 刑暴亂
고공기로 대체	六曰 事典	以富邦國 以任百官 以生萬民	六曰 事職	以富邦國 以養萬民 以生百物.	司空 掌邦土 居四民 時地利

---

18) 傳에 설명하기를 '冢大 宰治也 天官卿 治官之長 是爲冢宰 內統百官 外均四海 蓋天子 之相也 百官異職 管攝 使歸于一 是之謂統 四海異宜 調劑 使得其平 是之謂均'라 하여 총재는 천자의 相으로 내적으로는 백관을 통솔하고 외로는 온 천하를 종괄한다고 하고 있다. 또한 呂氏는 冢宰 相天子, 統百官 則司徒以下 無非冢宰所統 乃均列一職 而併數 之爲六者 綱在網中也 乾坤之與六子 並列於八方 冢宰之與五卿 並列於六職也라고 하고 있다.

19) 주례정의에서는 統을 合의 의미로 해석하고 있다.

진다. 삼고인 소사(小師), 소부(少傅), 소보(少保)는 지위는 삼공보다는 낮고 육직을 담당하는 경(卿) 보다는 높은데 이들은 삼공 다음의 벼슬로 삼공을 도와 나라를 운영하고, 임금을 돕는다. 육직은 백관을 통솔하여 나라를 다스리는 총재, 교육을 관장하는 사도(司徒), 예를 관장하는 종백(宗伯), 군사에 관한 일을 담당하는 사마(司馬), 나라의 금법을 관장하는 사구(司寇), 토지를 관장하는 사공(司空)이다.

『주례』와 『상서=서경(書經)』에서는 육관의 명칭은 같지만 담당 업무에 있어서는 조금 차이가 있다. 서경에서는 사공이 토지와 지리 등을 관장한다고 하였지만 주례에서는 토지와 지리는 지관사도의 업무로 되어있다.

『주례』에서는 천관의 총재인 대재(大宰)의 직무에 관해 육전(六典)을 관장하여 왕을 보좌한다고 하고 있으며, 대재의 부관격인 소재(小宰)는 육직(六職)의 관부를 평가하는 것으로 되어있다. 이러한 차이를 표로 비교하여 보면 <표 1>과 같다.

이러한 것을 토대로 보면 『주례』를 관통하는 가장 기본적인 사상은 왕권 중심주의 논리를 뒷받침하는 제도적 장치에 대한 구상이라고 할 수 있다. 따라서 『주례』에서 규정하고 있는 왕은 일체의 최고 권력을 가진 유일무이한 독재자이다."[20]라고 평가하기도 한다. 이러한 평가는 은나라 이후 상제(上帝)인 하늘과 현실의 군주가 동일시되는 여일인(余一人)[21]의

<hr>

20) 중국정치사상사, 류쩌화 쓰고 장현근 옮김 2019, 1권 492-493.
21) 여일인(余一人)은 '나 한사람'이라는 의미로 천하의 광대함을 표시하는 동시에 사해 안에 '나 한 사람'이 가장 높다는 의미이기도 하다. 이에 따라 군주는 사람 위의 사람이 되었다. 이러한 여일인은 '하늘을 받들고, 조상을 승계하며, 백성을 구제할 지위에 있다. 상제인 천제(天帝)은 지고무상한 존재인데 왕만이 하늘의 명령을 받을 수 있으니 왕은 곧 하늘의 화신이라는 것이다. 위의 책, 53.

개념을『주례』에서도 왕에게 부여했다는 것을 전제로한 평가이다.

『주례』에 의하면 6관은 자신에게 부여된 업무의 수행을 통해 왕이 수행해야 할 업무를 대행하여 왕을 보좌하는 것으로 되어있다. 따라서 주례에서는 모든 것을 왕의 이름으로 행한다. 그러나 왕의 대행자로서 권한을 행사하는 각 관직자들이 주어진 역할을 제대로 수행하지 못했을 경우 그에 대한 책임을 물어 형벌을 가했을 것이다.『상서(尙書)』에 의하면

<표 2> 주례에 나타난 하사급 이상의 관원수

	公	卿(경)[22]	중대부[23]	하대부	상사	중사	하사
천관		1	4	12	46	118	179
지관	3	1 (7)	11 (41)	45 (195)	49 (948)	148 (3,898)	296 (18,296)
춘관		1 (13)	5	48	53	204	275
하관		1(7)	14 (44)	30 (180)	67 (827)	158 (3,158)	246 (15,246)
추관		1	4	8	20	157	213
동관		1					
계	3	6(30)	29	143	235	785	1,209

22) 각 관서의 장인 경(卿)인데 지관에 경이 7명인 이유는 6향의 장이 경이기 때문이다. 또한 춘관에 경이 13명인 것은 왕후의 궁인 6개인데 궁에는 2명이 경이 있어서 13명이다. 물론 궁의 경은 여자들로 남자인 경들의 부인이 그 직을 맡은 것으로 보인다. 또한 하관의 경우에는 6군의 장인 장수가 경으로 임명되기 때문이다.

23) 지관과 하관에서 중대부수가 많은 것은 지관의 경우 6향에 속한 주(州)가 각 향당 5개인데 그 장인 주장(州長)이 중대부로 임명되기 때문이며, 하관의 경우에는 6군에는 매 군마다 5사(師)가 있는데 그 장인 사수(師帥)는 중대부로 임명되기 때문이다. 하대부의 경우에도 그 중대부의 5배가 임명되기 때문에 그 수가 많다. 상사, 하사, 중사의 경우도 마찬가지이다.

이러한 권한을 부여했음에도 그 직무를 제대로 수행못한 사람들에 대해서는 형벌을 가했다.[24] 따라서 주나라에서도 같은 제도가 시행되었을 것이다.

『상서』의 주관에서 '관직을 맡은 군자'라는 표현에 대한 주에서 군자를 대부(大夫) 이상이라고 설명하고 있다. 이러한 것을 토대로『주례』에 나타난 각 관직 중 대부 이상급의 직위와 하사(下士)가 구명(九命)에서 가장 하위인 일명(一命)을 받은 정식적인 관리이기 때문에 이들을 정리하여 보면 <표 2>와 같다.

표의 인원은 중앙관을 중심으로 구분하였으며 ( )의 숫자는 지방관 및 군조직 까지를 포함한 수이다.『주례』에 나타난 관원수를 분석한 위의 표에 의하면 주나라의 중앙관제에서 하사급 이상의 관원 2,435명이다. 이 중에서 천관총재의 관할 하에 있는 관원수는 360명으로 관원수가 확인된 5관 중에서는 가장 적다. 또한 천관총재의 관할 아래에 있는 60여개의 관직 중에서 왕궁과 관련된 업무를 관장하는 부서가 40개의 부서가 넘는다. 즉 천관에 속한 관원들 중에서 궁정업무와 관련된 관원들의 수가 많다. 이를 통해서 분석해보면 천관총재는 궁정업무와 다른 타관의 업무를 총괄하는 지위에 있는 것으로 보인다.

『주례』에서는 왕권에 대한 제한에 대한 것이 별로 없다. 지관사도에 속하는 보씨(保氏)는 "왕의 나쁜 점을 간언하는 일을 한다"[25]고 한다. 이러한 규정에 대해 류쩌화는 간언에 관한 논의를 하는데 불과할 뿐 실제 왕

---

24) 순임금이 共工, 驩兜, 三苗, 鯀 등의 죄를 물은 것 등이 그 예이다.
25) 保氏, 掌諫王惡(주례, 지관사도).

의 권력을 제약하는 작용을 하지는 못했다고 평가하고 있다.[26] 또한 사구(司寇) 중의 소사구(小司寇)라는 관직은 외조(外朝)의 정무를 관장하여 만백성을 모아 놓고 자문을 구한다고 하는데 이는 세가지 문제를 해결하는 것으로 하나는 위기 해결에 대해 자문하며, 둘째는 국을 옮기는 일에 대해 자문하며, 셋째는 군주는 세우는 문제를 자문하는[27] 것으로 왕권에 대한 제한이라고 보이에는 어렵다고도 한다. 그러나 이러한 것도 왕의 절대권에 대한 얼마간의 제약으로 보아도 좋을 것이다.

주례에 나타난 각 관서의 업무를 분석해 보면 많은 업무들이 다른 부서와 관련이 되어 있다. 예를 들어 세금과 관련한 내용에 있어서 땅의 등급 등을 정하는 것은 지관사도의 업무에 속하며, 이를 부과해서 징수하는 것은 하관사마의 업무이며, 사용하고 이에 대한 평가를 하는 것은 천관총재의 소관업무이다. 이에따라 분명하게 업무를 분류하기는 어려운 점이 있다.

전체적으로 보면 『주례』는 이상적 질서와 분업 그리고 백성의 본분의 수행을 통한 국부(國富)의 증진, 그리고 이를 통해 국가 보존을 하는 이상적 국가 운영의 원칙을 담고 있다고 할 수 있다.

『주례』에서 제시한 각 관원 중에서 8직[28]을 갖춘 부서가 실질적으로

----

26) 류쩌화 앞의 책 중국정치사상사 493-4.

27) 小司寇之職, 掌外朝之政以致萬民而詢焉一曰詢國危二曰詢國遷三曰詢立君.

28) 8직은 천관총재 산하의 宰夫가 치적의 순서를 매기는 대상이 되는 직위로 각 관서가 정상적으로 운영되기 위해 설치한 관리의 등급이다. 이에는 正(각 부서의 책임자), 師(차상위 관리직), 司(실무부서 담당), 旅(잡무담당), 府(창고관리), 史(문서관리), 胥(실무담당자 관리), 徒(실무자)이다. 이들 이외에도 부서에 따라 賈(물품구입 업무 담당), 工이 있다.

하나의 부서로서 기능을 하는 것으로 보인다. 대부급 이상이 직책을 맡은 부서들 중에서 8직을 갖추고 있는 부서의 업무 중에 왕에게 직접 보고하거나 직접 왕의 지시를 받은 경우를 정리하여 보면 <표 3>과 같다.

<표 3> 대부급 이상(8직 갖춘 경우)의 직책에서 왕과 관련하여 직접적인 업무

		중대부	하대부	왕과의 관련
천관 총재	宰夫		4	
	大府		2	
	司會	2	4	
	內宰		2	
지관 사도	鄕師		4	향로, 향대부 등 향의 관리가 왕에게 인재 천거 司諫이 鄕吏의 다스림 살펴 왕에게 보고
	師氏	1		왕에게 아름다운 일 보고
	保氏		1	왕의 나쁜 점 간쟁
	司市		2	
	司門		2	빈객 도착시 왕에게 보고 司關도 빈객 도착시 왕에게 보고
				誦訓(中士)이 사방 기록 등 왕에게 보고
	廩人		2	九穀의 사용 내역을 왕에게 보고
춘관 종백	肆師		4	휘하의 天府에서 지방의 결산 종묘관리 관련 왕에게 보고
	冢人		2	
	墓大夫		2	
	大司樂	2	樂師 4	
	大師		2	
	大卜		2	
	大祝		2	
	大史		2	小史가 諱 관련 왕에게 보고 保章氏는 천문관련 왕에게 보고
	內史	1	2	왕에게 敍事의 법관련 보고 御使는 왕명 수령
	巾車		2	

하관 사마	軍司馬		4	
	射人		2	大事 시 삼갈 일 왕에게 보고
	司士		2	관리들에 대한 평가 왕에게 보고
	諸子		2	
	司甲		2	
	射弓矢		2	
	校人	2		
	職方氏			
추관 사구	士師		4	
	大行人	2	小行人 4	회동시 의례 관장
	小司寇	2		백성의 인원수 기록 장부 왕에게 올림

2) 왕(군주, 천자)의 지위

군주정 하에서 군주는 절대적인 존재이다. 군주인 왕은 천명(天命)의 대행자로서 왕정의 상징이며, 현실적인 권력 그 자체이다. 이러한 군주에 대해 韓愈는 원도(原道)에서 이렇게 말하고 있다.

옛날에는 사람들의 피해가 많았는데, 聖人이 나타나서 서로 도우며 살아가는 도리를 가르쳐, 임금이 되고 스승이 되어 벌레와 뱀, 짐승을 몰아내고 중원(中原) 땅에 살게 하였다. 추우면 옷을 마련하고 굶주리면 음식을 마련하였고, 나무에서 살다가 떨어지기도 하고 땅에서 살다가 병이 나기도 하자, 집을 지어주었다. 공업을 가르쳐서 기물(器物)의 사용을 풍족하게 했고, 상업을 가르쳐서 재화의 유무를 유통게 하였다. 의약(醫藥)을 만들어 일찍 죽을 사람을 구제하고, 장례와 제례를 만들어 은애(恩愛)을 길이 품도록 했고, 예법을 만들어 선후의 차례를 정했고, 음악을 만들어 울적한 마음을 풀어주었다. 정제(政制)를 만들어 태만함을 다스렸고, 형벌을 만들어 강폭함을 없앴다. 서로 속임에 부절(符節)과 도장·도량형을 만들어 미덥게 하였고, 서로 빼앗음에 성곽과 갑병(甲兵)으로 지키게 하였다. 피해가 이를까 대비하고 한란(患難)이 생길까 예방하였다.[29]

한유의 이러한 견해에 의하면 군주인 왕은 인간 세상에 필요한 모든 것을 마련해 주며 일반 백성에 대한 스승으로서 인간답게 살아가는 도리를 깨우쳐 주는 존재였다. 은, 주 이래 군주는 하늘의 아들 또는 하늘이 선정한 백성의 주인이라고 말해져 왔다. 이러한 생각은 춘추 시대에도 여전히 통용되어 "하늘은 백성을 낳으시고 군주를 세우셔서 그들을 관리·감독하게 함으로써 성정을 잃지 않도록 하셨다."[30] 즉 군주는 천에 근본을 두거나 혹은 하늘 자체였다.

『주례』에서 군주의 권한에 대해 명백히 논하는 것은 적다. 그러나 6관의 설명 곳곳에서 왕과 관련한 내용이 언급되어 있다. 또한 6관을 둔 기본 전제에서 밝힌 것에 의하면 왕이 모든 것을 총괄한다는 것을 분명히 하고 있다.

『주례』가 지향하는 것이 전제군주정이라는 주장에 대해서는 동의하기가 어렵지만 『주례』가 천명을 받아 국가를 창업한 군주가 어떻게 하면 백관을 잘 거느려서 백성들의 삶을 안정시키고 향상시키는 군주의 역할을 잘 할 수 있을까라는 관점에서 쓰여진 것이라고 생각한다.

그러면 어떤 사람에게 천명이 내리는 것일까? 맹자는 "성인도 나와 같은 부류이다. 요순도 사람들과 같다"고 생각했다. 단지 성인은 마음을 다해 인간이 지난 선한 본성을 지킨 사람이라고 보았다. 이러한 성인에 가까운 사람이라 하더라도 여러 대를 걸쳐서 선업(善業)을 쌓아야 천명을 받을 수 있다고 맹자는 생각했다. 따라서 천명을 받은 사람은 여러 대에 걸친 공덕을 통해 많은 백성들의 지지를 받는 사람이라는 것이다. 그러나 천명을 받은 군주라도 천명을 받았다는 사실에 의해 왕권이 유지되는 것이 아니라 인정(仁政)을 베풀어야 한다고 주장한다. 맹자가 말하는 인정은 첫째, 백성에게 항산(恒産)을 제공해야 하며 둘째, 부세(賦稅)와 요역(徭役)을 정해진 제도에 따라서 부과해야 하며 셋째, 형벌을 가벼이 해야 하며 넷째, 가난한 사람과 어려운 사람을 구제해야 하며 다섯째, 공상업을 보호하는 등의 통치행위를 함으로써 실현되는 것으로 보았다.[31] 이러한 인정의 시행여부가 왕조의 흥망성쇠의 근본이라고 강조했다. 천하를 얻는 것이나 천하를 잃는 것, 국가의 존폐와 흥망도 모두 인정에 달렸다고 보았다.[32] 또한 맹자는 서경의 말을 인용하여 "하늘이 아래로 백성을 내렸으며, 백성 중에서 군주를 만들었고 스승을 만들었다"는 말에 찬동하여, 군주의 자리는 하늘이 부여한 것이므로 왕 자신이 왕위를 순수한 개인 사유물로 여겨서는 안되며, 왕위는 사적으로 처분할 수 없다고 여겼다. 즉 사적인 선양(禪讓)도 하늘의 뜻이 있어야 한다고 보았다.[33]

---

31) 앞의 책, 중국정치사상사 1, 388–391.
32) 맹자가 천명을 받았다고 여기는 군주와 국가를 구별한 것은, 군주의 경우는 사직을 위해서 동족의 귀족이 교체할 수 있지만, 국가의 교체는 전체 백성의 뜻에 따라 천명이 바뀌어야 한다고 생각했기 때문이다.
33) 앞의 책, 중국정치사상사 1, 393.

군주가 하늘이라는 이러한 천명론에 인사(人事)를 맹자보다도 중시한 사람은 서주 말년의 사백(史伯)=백양보(伯陽甫)[34]이다. 그는 천명론을 부정하지는 않았지만 인류 역사에 중대한 공헌을 한 사람이나 그 자손만이 군주가 될 자격이 있다면서, 하늘과 땅에 큰 공을 이룬 사람과 그 자제들이 현달하지 않은 적이 없었다고 주장했다.[35] 즉 군주의 지위가 우연적으로 주어지는 것이 아니라 천하인민들의 평가에 의해서 주어질 수 있다는 것을 말한 것이다. 이러한 사상은 맹자와 일맥상통한다.

한(漢)대의 정치철학자 가의(賈誼: BC 200-BC 168)는 군도(君道)에서 문왕을 예로 들어 '군주는 곤경 속에서도 백성들의 존중을 받았는데 그 이유는 현명한 신하를 등용하여 나라를 안정시켰으며, 나라를 다스리고 백성을 자식처럼 보살폈으며, 잘못이 있을 때 남을 탓하지 않고 자신에게서 그 원인을 찾았다' 그 결과 백성들이 자발적으로 따랐다[36]고 기술하고 있다.

군주와 백성의 관계에 대해 정도전은 조선경국전 정보위에서

> 인군은 천지가 만물을 생육시키는 그 마음을 자기의 마음으로 삼아서 차마 하지 못하는 정치[不忍人之政]를 행하여, 천하 사방의 사람들이 모두 기뻐해서 인군을 마치 자기 부모처럼 우러러볼 수 있게 한다면, 오래도록 안부(安富)·존영(尊榮)의 즐거움을 누릴 수 있게 될 것이요, 위험에 처해 넘어지거나 뒤집혀 넘어질 걱정이 없다.[37]

<hr>

34) 서주 유왕(幽王) 때의 일물로 유왕 즉위 2년에 서주에 대지진이 일어나자 서주가 망할 징조라고 말한 인물이다.

35) 앞의 책, 중국정치사상사 1, 165쪽.

36) 新書 卷第七. 君道.

37) 『삼봉집』 권13 「朝鮮經國典 上」 '正寶位' 天地之於萬物, 一於生育而已. 蓋其一原之氣,

라고 하여 백성의 존경을 강조하고 있다. 정도전에 의하면 천하만민을 다
스리는 인군의 지위는 높고 귀한 존재이지만, 천하만민의 마음을 얻어야
함을 강조하고 있다. 이는 문왕이 백성들의 자발적인 복종을 통해 천하를
통일한 기초를 마련하였다는 가의의 견해를 수용한 것이라고 할 수 있다.

맹자는 군주가 포악하면 백성이 떠나고 군주가 인정을 행하면 백성
이 순종한다고 생각했다. 맹자는『서경』태서 편의 말을 인용하여 "하늘
은 우리 백성의 눈을 통해서 보며, 하늘은 우리 백성의 귀를 통해서 듣는
다."[38]고 하여 백성의 지지를 천명의 수행과 연결시켰다. 또한 맹자는 군
주의 품성이 천하를 유지하는 연결고리라고 생각했다. 군주의 몸이 바르
면 천하가 그에게 귀의할 것이기 때문에 군주에게 가장 중요한 일은 품성
을 수양하는 일이다.

왕정체제는 국가의 구성원들이 군주를 정점으로 수직적인 사회 질서
에 동의하는 경우에는 안정적이고 효율적인 측면이 있다. 또한 권력의
승계나 교체에 있어서도 사회적 역량의 소모가 적고, 비용도 비교적 적
게 소모되는 등 장점이 많아 인류 역사에서 오랫동안 가장 보편적인 정치
체제로 자리잡아 왔다.

왕조사회에서 군주는 권력의 주체이자 권력 행사의 원천이었다. 중앙
집권적인 왕정체제에서는 권력의 핵심이 되는 군주의 강력한 권한이 필
요하다. 이러한 점에 대해 정도전은 "인군이란 종묘와 사직이 의지하여

周流無間, 而萬物之生, 皆受是氣以生. 洪纖高下, 各形其形, 各性其性. 故曰天地以生物
爲心, 所謂生物之心, 卽天地之大德也.

38) 맹자 만장 상.

돌아가는 곳이며, 자손과 신서(臣庶)가 우러러 의뢰하는 존재"[39]라고 표현하였다. 국가의 상징으로 인식되는 종묘와 사직이 의지하고 귀의할 곳이며, 모든 사람이 의지하는 존재가 국왕인 것이다.

그러나 왕정체제의 단점은 그 군주가 권력을 전횡하여 정치가 추구해야 할 목적과 어긋한 통치를 할 때 그를 견제할 수 있는 장치가 마땅하지 않은 점이 문제였다. 또 군주의 자리 역시 세습되는 것이므로 세습되었을 때 항상 현명하고 능력이 있는 군주가 이어질 것이라는 보장도 없는 것이 한계였다.

이러한 한계를 보완하는 방법은 세습군주제라는 전제 위에서 최대한 군주를 잘 보좌할 수 있는 장치를 마련하는 것이었다. 중국에서 왕정이 등장하면서부터 이러한 단점을 보완하기 위한 다양한 노력이 나타났다. 정도전의 고민도 마찬가지여서 그의 군주론과 재상론이 나왔던 배경이 여기에 있다고 할 수 있다.

일반적으로 왕조를 창업한 군주는 천명을 받은 성인군주로 간주되며, 이들은 인간세상에 필요한 제도를 만들고 이를 시행하는 주체이다. 즉 이들 성인군주는 백성을 교화하고 이를 통해 백성들이 자기의 역할을 하도록 하며, 사회질서를 유지하게 하며 국가의 안정을 통해서 정치권력의 목적을 달성한다.

그러나 세습의 군주는 이러한 군주의 역할을 제대로 수행하지 못한 경우가 많았다. 이러한 문제를 해결하는 방법으로 정도전은 도(道)를 이해하는 재상의 보좌를 받으면 지혜롭지 못한 왕도 '교화의 정치'를 성공할

---

39) 『삼봉집』, 권14, 「朝鮮經國典 下」, '政典 − 宿衛' "蓋人君一身。宗廟社稷之所依歸。子孫臣庶之所仰賴。"

수 있다고 보았다.

일정한 범위 안에서 특정한 형식을 이용해 군권을 제약하려는 생각은 서주 말년의 사백(史伯)과 춘추 시대의 안자(安子)가 제기한 화동론(和同論)에서 나타나고 있다. 화동론은 군주정치에 내재하는 견제와 균형관계를 군신(君臣)간에 상호 보완하는 경우로 한정하기는 하였지만, 이러한 사백과 안자의 인식 방식은 후세 특히 한(漢)대 군권 제약 사상의 형성에 방향설정을 해주었다고 할 수 있다.[40]

춘추전국시대를 종식하고 건설되었던 진(秦)나라가 단명하고 난 후 다시 중국천하를 통일한 것은 한(漢)나라이다. 한대(漢代) 정치사상계는 초기에는 군권지상주의의 수호를 위해 군권의 합법성, 지상성 및 신성성을 논증하기 위해 다방면에서 이론을 만들어 나갔다. 동중서 등이 이러한 경향을 대변하였다고 할 수 있다.

이와는 달리 진나라가 멸망한 이유를 진단하면서 간언을 강조하는 학자들도 있었다.

노온서(路溫舒)[41]는 "진나라는 문학을 수치스러워하고 무용(武勇)을 좋아했으며, 인의의 선비들은 천시하고 옥을 다스리는 관리를 소중히 여겼다. 바른말을 비방이라고 하고, 과오를 막으려는 것은 유언비어를 퍼뜨린다고 했다. (……) 충성스럽고 절절한 말들은 모두 가슴에 묻히고, 아부, 아첨하는 말만 날로 귓가에 가득했다. 헛된 찬사만 마음에 찾아들었고, 실질적 재앙은 가려져 막혀있었다. 이것이 진(秦)이 천하를 잃게

---

40) 중국정치사상사 2, 478-479쪽.
41) 전한 후기인 선제 시기에 활동한 관료로서 '덕을 숭상하고 형벌을 너그럽게 하라(상덕완형(尚德緩刑)'는 상소문으로 유명하다.

된 까닭이다"[42]라고 지적하였다.

곡영(谷永: ?-기원전 8)은 이 교훈을 삼대까지 끌어올려 한가지 기본경험으로 종합해냈다. 그는 "신자(臣子) 듣자오니 천하의 왕자로 국가를 가진 사람들이 걱정해야 할 바는 생사존망의 위기가 있음에도 위기에 대한 말을 듣지 못하는 경우입니다. 생사존망의 위기가 있다는 말을 번번이 들을 수만 있었다면 상(商)과 주(周)에 역성혁명이 일어나 왕조가 바뀌지 않았을 것이며, 삼정(三正)은 바뀌지 않고 다시 쓰였을 것이옵니다."[43]라고 주장하여 권력에 대한 간언의 중요성을 주장하였다.

이들과는 달리 또 다른 한편에서는 이러한 왕권에 대한 견제를 위해 신하에 의한 군권에 대한 상대적 제약의 유지를 중시하여 군신 쌍방에 구체적인 요구를 했다. 이들은 군주에게 두 가지를 요구를 하였다. 첫째, 군주는 현인을 임용하고 간언을 수용해야 하고 둘째, 군주는 잘못을 들으면 반드시 고쳐야 한다는 것이다. 또한 이들은 산하에게도 직언하고 극간하는 선비가 되기를 요구하였다. 신하는 군주와 국가의 이익을 위해 감히 '나라의 해로움을 직언'해야 하며, 이를 위해서는 개인의 이익, 심지어 생명까지도 마음에 두지 않아야 한다. 그리하여 "옳은 뜻에 힘써 삶도 잊어야 하며, 군주를 위해서는 몸이 상해도 피해서는 안 된다" 그들이 보기에 "군주의 실수를 구제하고 군주의 잘못을 메워주며, 군주의 미덕을 찬양하고 군주의 공로를 밝히며, 군주로 하여금 안으로 삿된 행동을 없게 하고 밖으로 오명을 남기지 않도록 할 수 있어야 한다. 이와 같이 군주

---

42) 중국정치사상사 2, 481쪽.
43) 중국정치사상사 2, 481쪽.

를 섬겨야 직언, 극간의 선비라 할 수 있다고 보았다.[44]

이들에 의하면 중국을 통일한 진(秦)이 15년 만에 붕괴된 이유는 형벌이 과도하고 공사가 너무 많았으며, 통치자는 냉혹한 형벌과 민력을 남용할 줄만 알았지 판세의 변화에 따라 정책방향을 조정할 줄 몰랐기 때문이기도 했지만 그 보다 더 중요한 것은 진나라의 경우 군주 정치의 견제, 균형 기제가 심각히 망가져 정치를 운용할 조절 기능을 상실했기 때문이었다.[45]

왕조가 건국될 때와는 달리 시간이 지나면서 정치 위기의 출현은 피하기 어렵다. 중요한 것은 이러한 위기를 군주가 제 때애 인식하고 병증의 원인을 파악해서 처방을 내려야 위기를 안정으로 바꿀 수 있다. 그러기 위해서는 군신 간에 지속적으로 언로가 소통되어야 하고, 군주가 이미 결정한 정책이나 개인적 행위에 대해 신하들에 의한 비판과 지적이 허락되어야 하며, 군주가 그에 상응한 조정을 통해 변화하여야 할 필요가 있다는 것이다. 다시 말해 통치 집단 내부의 견제·균형관계를 정상적으로 유지하는 것이야말로 위기를 막고 군주정치를 수호하는데 꼭 필요한 것으로서, 그렇지 않으면 한(漢)나라의 천하도 진(秦)과 같이 멸망의 뒤를 이을 수 밖에 없다고 왕권제한론자들은 생각했다.

한(漢)대의 사상가들에 이어 이러한 군주의 권력에 대한 제약의 논리로 등장한 것이 도통(道統) 의식이다. 도통설은 맹자(孟子)에게서 그 연원을 찾아볼 수 있다. 맹자는 도가 요순(堯舜)에서 우(禹)임금에게로, 우

---

44) 중국정치사상사 2, 482–483쪽.
45) 중국정치사상사 2, 480–481쪽.

임금에서 탕(湯)임금에게로, 탕임금에서 문왕(文王)으로, 문왕(文王)에게서 공자(孔子)로 이어졌다고 보았다. 이후 이러한 도통 관념은 당나라 한유(韓愈)가 「원도(原道)」에서 재확인하였다. 한유는 요에서 순으로, 순에서 우(禹)로, 우에서 탕으로, 탕에서 문·무·주공(文·武·周公)으로, 문·무·주공에서 공자로, 공자에서 맹자로 이어지는 도학의 전수를 언급하였다. 이러한 도통 관념이 체계화된 시기는 송나라 때이다. 송나라 유학자들은 당나라 이후 오대십국의 혼란을 극복한 중화왕조로서의 자부심을 강조하면서 중국 문화를 계통화시켜 이해하고자 했고, 그 과정에서 도통 관념이 강화되고 발전했다.

이들에 의하면 현실의 왕권은 도통을 계승한 것은 아니라고 보았다. 성인인 공자가 왕조를 설립하거나 최고의 통치자는 되지 못했으며,[46] 맹자 또한 그러했다. 공자와 맹자는 자신이 계승한 도통을 현실에서 구현하기 위해서 천하를 주유했지만 그 뜻을 이루지 못했다. 더구나 현실에서 왕조를 통일한 군주는 유가에서 배제하고자 하는 패도(覇道)에 의해 왕권을 장악했다고 보았다. 따라서 이들 패도에 의해 즉 말 위에서 왕권을 장악한 군주를 왕도정치를 행하는 군주로 만들기 위해서는 천명을 받은 왕조의 창립자를 성왕(聖王)으로 간주하고 그의 통치 방식을 선왕의 통치〔先王之制〕]라는 이름으로 수행할 것을 요구했으며, 선왕의 통치에서 없는 것들은 유가경전을 토대로 수행할 것을 요구한 것이다.

------

46) 천명사상에 의하면 천명이 공자에게로 가서 공자를 중심으로 새로운 왕조가 설립되어야 한다. 그러나 맹자는 "하늘의 뜻이 아니고 천자의 추천이 없으면 제 아무리 도덕이 높아도 안된다. 필부라도 처하를 소유한 자기 있는가 하면 덕이 순임금이나 우임금에게 버금해도 천자의 추천이 있어야 하는 사람이 있다. 그래서 중니는 천하르 가질 수 없었다."라고 말하고 있다. 「맹자」 만장 상(上), 앞의 책, 중국정치사상사 1, 394쪽에서 재인용.

이러한 의식을 강하게 가졌던 지식인들이 성리학자들이었다. 성리학에서는 도통과 왕통의 구분을 시도하였다. 즉 천명의 수행자인 왕은 도통도 승계한 성인이어야 하는데 현실의 군주는 그렇지 못한 경우가 더욱 많다는 것이다. 즉 현실의 군주가 도통을 계승한 군주일 수 만은 없다는 것이다. 이에따라 성리학자들은 도통을 계승한 지식인들 자신의 역할이 중요하다고 생각했다.

성리학자들은 현실의 군주는 성인군주가 아니기 때문에 왕은 경연(經筵)을 통해 성인군주가 갖추어야 할 덕목을 배워야 하며, 왕위를 계승할 태자나 세자는 서연(書筵)을 통해 성학군주가 갖추어야 할 덕목을 배워야 한다고 생각했다.

이러한 새로운 군주론(君主論)의 등장은 성리학의 영향으로 변화된 천명론(天命論)과 관련이 있다. 이전까지의 군주가 한당유학에서 뒷받침되었던 것처럼 절대적인 군주였다면 성리학의 군주론에서는 끊임없이 수양(修養)할 것을 요구받는 존재로서의 군주상이 새로이 제시되었던 것이다.[47] 이러한 관점에서 경연과 서연에서 중시한 것이 『대학연의(大學衍義)』이다.

고려말에 도입된 성리학에서는 군주는 성리학에 입각한 교육을 통해 성인(聖人)으로 이끌어야 하는 존재로 보았다. 즉, 군주를 최고의 덕성과 도덕을 겸비한 존재로서 왕도정치를 수행할 수 있는 군주를 만들겠다는 것이다. 이에따라 관료들의 역할이 이전까지의 황제 중심의 정치체제에서 보조적인 것이었다면, 성리학을 익혀 관료가 된 사대부는 정치의 주

<hr>

47) 김인호, 「여말선초 군주수신론과 「대학연의(大學衍義)」」, 『역사와 현실』 29(1998), 94~95쪽.

체로서 군주를 성인이 될 수 있도록 이끌어야 하며, 그 군주와 더불어 정치를 수행해야 하는 동일한 목적의식을 가진 존재로 설정하였다. 즉 최고지도자인 황제에 대해서도 성리학적 수양론을 통해 성인(聖人) 군주로 만들어 내성(內聖)과 외왕(外王)이라는 유학의 고전적 가치를 목표로 설정하고 황제를 성인으로 만들려고 하였던 것이다.

종래 고려에서는 국왕의 교육을 위한 경연에서는 『정관정요(貞觀政要)』를 주로 읽었다. 이 책은 중국 당나라의 오긍(吳兢)이 지은 책으로서 태종이 가까운 신하들과 동시대에 행한 정치상의 득실에 관하여 문답한 말을 모아 엮은 책이다. 성군(聖君)으로 존숭을 받은 당 태종의 업적이 실린 책이기는 하지만 『정관정요』는 절대적인 황제를 설정해 놓고, 신하들은 이러한 절대적 황제를 잘 보좌하고, 경우에 따라 정치적 조언을 잘함으로써 황제를 나쁜 길에서 벗어나 훌륭한 정치로 인도한다는 목표를 가진 특징이 있다. 그러나 황제를 계도하는 점에서 한계가 있고, 황제에게 성인(聖人)이 되기를 요구하는 것 역시 한계가 있었다.

그에 비해 고려 말에 도입된 성리학에서는 황제라는 최고지도자에 대해 보다 주도면밀한 계획을 가지고 있었다. 이러한 계획은 '사대부의 정치참여'라는 일관된 목표 속에서 황제 역시 성리학의 이론 아래에 두고 황제를 성인으로 이끈다는 내용을 가진 것이었다. 그러한 내용을 담은 책이 『대학연의(大學衍義)』였다. 『대학연의』는 주희(朱熹)의 재전제자(再傳弟子)인 진덕수(眞德秀, 1170~1235)가 저술한 것으로 『대학』의 뜻을 풀이한 것인데, 역대 제왕의 사례를 『대학』의 순서대로 들면서 제왕학의 지침을 제시한 책이었다.

『대학연의』에서는 격물치지(格物致知)·성의정심(誠意正心)·수신(修

身)·제가(齊家)[48]의 영역으로 나누어 역대의 역사적인 사례를 두루 제시하여 제왕으로 하여금 수양하는 방편으로 삼게 했다. 특히 격물치지에서 제가까지에서 핵심은 군주의 마음을 수양하는 것이고, 그렇게 하면 나라를 다스리기〔治國〕와 천하를 태평하게 하기〔平天下〕는 자연스럽게 된다는 것이었다.

이러한 내용을 지닌 『대학연의』는 고려말 국왕교육과 정치사상의 지침서가 되었다. 공민왕 때부터 경연에서 진강이 되었고, 조선에 들어와서는 태조 때부터 제왕학의 절대적인 교과서 역할을 하게 되었다. 그에 따라 고려까지 경연에서 제왕학의 교과서 역할을 했던 『정관정요』는 그 자리를 내줄 수밖에 없게 되었다. 한마디로 패도(覇道)에서 왕도(王道)로 제왕학의 기준 교과서가 바뀌게 되었던 것이다.

정도전이 주목한 군주상에서 바로 마음을 강조하는 경향은 이와 같이 고려 말에 새롭게 변화된 군주상을 염두에 둔 것이었다. 특히 『대학연의』는 그러한 군주상을 설명하는 데에서도 핵심적인 위치에 있었다. 대학연의에서 추구하는 군주는 곧 임금이면서 성인인 성학군주일 수밖에 없었다. 즉 성학군주를 지향하여 이를 현실에 구현하고자 한 것이다.

더구나 현실의 군주, 국왕은 역사적으로 볼 때 반드시 절대적인 존재로만 있었던 것은 아니었다. 조선의 경우만 하더라도 국왕은 절대적 존재이기는 하지만 신하들에 의해 항상 권고받고 비판당하는 존재라는 측면도 있었다. 중국으로부터 '임금은 약하고 신하는 강하다[君弱臣强]'[49]

---

48) 대학의 8조목 중에서 제가까지만 다루고 있다.

49) 중종실록 4년 10월 5일자 기사. 심의(沈義, 1475~?)는 1509년 윤대(輪對·조선 시대 문무 관원이 윤번으로 궁중에 참석해 임금의 질문에 응대하던 일)에서 당시 정세는 군약신강

이라고 표현될 만큼 중국과는 달리 신하들의 입김이 강하기도 하였다.

　이러한 조선의 왕권이 지닌 특징을 설명할 때 그 출발에 해당하는 것으로서 흔히 정도전에게서 시작한 것으로 보기도 한다.

3) 재상

　왕정체제에서 군주가 모든 것을 관장하여 통치할 수는 없다. 양웅(揚雄)은 설원에서 진평공의 군주의 도리에 대한 사광(師曠)의 대답, 제선왕의 군주로서 행해야 하는 일이 어떠해야 하는냐는 질문에 대한 윤문(尹文)의 대답, 주 성왕이 주공(周公)의 아들인 백금(伯禽)을 노공(魯公)에 봉하고 훈계 등을 통해 군주는 어진 신하를 뽑아 일을 맡기고 그들의 주장을 수용하며, 간하는 이야기를 수용하여야 한다고 말하고 있다.[50]

　그러면 군주는 자신을 보좌하는 관료들을 직접적으로 관장하여 통치를 수행해야 하는 것인가 아니면 이들 관리들을 총괄하는 직을 두어 그로 하여금 자신을 대신하여 통치권을 행사하도록 해야하는 것인가.

　성인으로 추앙받는 요순시대에도 백규(百揆)라는 지위를 두어 왕을 대신하여 일반적인 통치를 하였다. 문제는 이러한 왕의 대리자에게 어느 정도의 권한을 부여했느냐는 것이다. 재상에 해당하는 지위는 시대에 따라 달라져 왔다. 절대적으로 왕의 신임에 의해 임명되지만, 요순시대에는 백규, 탕시대에는 좌우상, 주나라에서는 총재, 秦(진)에서는 승상, 漢

(君弱臣强·임금은 나약하고 신하가 강함)임을 진언했다가 공신들에게 미움을 사 여주부 교수로 좌천됐다. 그 후 한 사건에 휘말려 결국 파직됐다. 이후 청나라 강희제도 조선 사신에게 같은 말을 했다고 한다.

50) 說苑, 君道.

(한)나라에서는 승상을 두어 왕을 대신하여 통치권을 행사했다. 이러한 재상의 권한은 한무제 이후에 이르면 점차 약화되어 기존의 재상권이 분화되어 재상의 권한이 약화되었다.

주례에 의하면 총재는 육전(六典)을 관장하여 국가를 다스리며, 팔법(八法)을 관장하여 官府(관부: 조정부서)를 다스리며, 팔칙(八則)을 관장하여 도비(都鄙)를 다스리며, 팔병(八柄)을 관장하여 모든 신하를 부리며, 팔통(八統)을 관장하여 모든 백성을 부린다고 하고 있다.[51] 즉 국가의 기본법인 육전을 관장하여, 이를 통해 관부, 도비, 백관, 백성을 장악한다고 규정하고 있다. 또한 구직(九職)을 통해 모든 백성에게 생업을 부여하며, 구부(九賦)로 세금을 부과하여 거두며, 구식(九式)으로 재물의 절약을 균일하게 하며, 구공(九貢)으로 방국(邦國)[52]에서 필요한 곳에 재화를 공급하며, 구량(九兩)으로 모든 백성을 국가에 연계시킨다고 하고 잇다.

천관총재인 대재는 정월길일(正月之吉)에 방국도비(邦國都鄙)의 치적을 발표하고 그 치적을 10일간 궁궐문과 관문에 게시하며, 육전(六典)을 방국에 배포하며, 방국의 제후 이하의 관직을 임명하며, 도비에 팔칙을 배포하고 담당자를 임명하고, 관부에 팔법을 시행하고 책임자 등 관직을 임명한다. 이를 통해 방국, 도비, 관부, 백성 그리고 빈객(賓客)이 다스려지기를 바랐다.

이러한 천관총재인 대재〔경(卿)〕에게 주어진 역할을 수행하기 위해서

---

51) 팔병과 팔통의 경우 왕에게 아뢰어 허락을 얻어 시행한다.
52) 방국을 일반적으로 방(邦)은 국가전체, 국(國)은 제후국 등을 의미하는 것으로 사용하는데 그 보다는 방(邦)은 왕기를 국은 왕기 이외의 봉국을 의미하는 것으로 보는 것이 합당할 듯 하다.

소재(小宰: 중대부)를 비롯한 60여개[53]의 부서가 있어서 천관총재의 업무가 수행된다. 이 중에서 소재는 궁형(宮刑)을 관장하여 왕궁의 정령(政令)과 궁궐의 금지사항과 급법을 관장하여 육전, 팔법, 팔칙, 구공, 구부, 구식의 일을 보좌하며, 관부를 육서(六敍)로 바르게 하며, 육련(六聯)과 팔성(八成)으로 국가를 다스리는 것을 관장하며, 육계(六計)로 관리의 치적을 판단하였다.

구체적으로 분석해 보면 천관총재인 태재를 포함하여 총 61개의 직위 중에서 8직을 갖춘 것으로 평가할 수 있는 관서수는 40개인데 이 중에서 궁중업무와 관련된 부서가 31개로 나타난다. 그 외에 궁중업무에 종사하는 것으로 평가되는 관원만 존재하는 것이 4개 부서, 기능적인 업무만 수행하는 부서가 14개 이다.

이러한 것을 토대로 천관총재에 속한 각 부서의 업무를 분류해 보면 크게 4가지 분야로 나누어서 수행되었다. 첫째는 재부(宰夫: 하대부)가 담당하는 백관에 대한 평가와 모든 도비의 업무 관장 및 비용의 출납 담당 둘째, 대부(大府: 하대부)가 관장하는 구공, 구부, 구공의 업무, 셋째 사회(司會: 중대부)가 관장하는 회계업무와 서류관련 업무, 넷째, 내재(內宰: 하대부)가 관장하는 왕과 왕후의 일상생활과 관련된 궁중업무 이다.

이러한 각 천관의 역할과 관련하여 6전의 다른 조직과의 관련을 살펴보면 육전(六典)을 총괄하여 여타 부서에 나누어 주는 권한 이외에도 인사권, 재정권 그리고 그리고 결산서를 받는 권한을 통해 다른 부서와 관

---

53) 주례의 천관총재편 소재(小宰)의 직무를 설명하는 육속(六屬)에서는 각 관부에 60개 관서가 속한다고 말한다. 그러나 중국정치사상사에서는 63부서라고 하고 있으며 각 관부의 부서도 60을 넘어서 동관을 제외하고도 346부서라고 말하고 있다. 앞의책, 중국정치사상사.

련을 갖고 있다.

천관총재 산하의 각종 직책 중에서 8직을 갖추고 있으며, 하부 조직을 가지고 있는 것으로 추정되는 직책들의 관장업무를 살펴보면 다음과 같다.

직명	담당업무	관할 부서	
소재 (小宰)	궁형(宮刑)관장– 왕궁의 정령과 모든 관의 금지사항과 금법	내재(內宰)	궁정문서와 소속관리 관장, 황후궁 관련 업무
	육전(六典), 팔법(八法), 팔칙(八則)으로 방국도비(邦國都鄙)의 관부를 다스림	사회(司會)	육전(六典), 팔법(八法), 팔칙(八則)의 부관으로 방국도비의 서를 접수
	구공(九貢), 구부(九賦), 구식(九式)의 집행으로 재물을 고르게 하고 국가의 비용 절약	대부(大府)	구공(九貢), 구부(九賦), 구공(九功)의 실무보좌 재물의 수납과 배분
	육서(六敍)로 관리 바르게 하며, 관부의 팔성(八成)으로 국가 다스리는 법도로 삼음	재부(宰夫)	조회의 법도 관장 모든 관부의 팔직(八職)을 관장,평가 모든 관부와 도비를 다스리는데 필요한 비용 출납 제사와 회동애서 식기 관련업무 관장

이러한 총재의 중요성에 대해 정도전은 "군주의 직책은 한 사람의 재상을 선택하는 데에 있다."[54]고 하면서 군주의 가장 중요한 일이 한 사람의 재상, 즉 총재를 선택하는 것에 있다고 하였다. 더 나아가 군주가 해야 할 가장 중요한 책무 역시 재상과 더불어 정사를 논의하는 것에 있다고 했다.[55] 이 때 재상과 정사를 협의할 때 모든 문제를 논의하는 것은 아니었다. 비교적 큰 문제만 재상과 협의하여 처리하는 것이고 작은 문제

||||||||||||||||||||||||||||||||||||||||||||||||||||||||||||||||

54) 『삼봉집』, 권14, 「朝鮮經國典 上」, '治典－宰相年表', "人主之職, 在擇一相."
55) 『삼봉집』, 권14, 「朝鮮經國典 上」, '治典－總序', "人主之職, 在論一相."

의 경우는 재상이 알아서 처리하는 것이라고 정도전은 보았다.[56]

정도전은 군주는 천명을 받은 사람이라고 하면서도, 『조선경국전』 지천에서 재상의 필요성에 대해 다음과 같이 말하고 있다.

인군은 천공(天工 하늘의 직사(職事))을 대신하여 천민(天民)을 다스리니, 혼자의 힘으로는 할 수 없는 일이다. 그래서 관(官)을 설치하고 직(職)을 나누어서 서울과 지방에 펼쳐 놓고, 널리 현능한 선비를 구하여 이를 담당하게 하는 것이다. 관제를 만드는 이유가 여기에 있다.[57]

이러한 관직을 총괄하는 총재인 재상을 두어야 하는 이유에 대해서는 다음과 같이 말하고 있다.

제자(帝者 요(堯)·순(舜)을 가리킴)의 시대에는 인군과 신하가 모두 성인이었다. 그래서 서로 더불어 당폐(堂陛)의 위에서 '도(都)'라, '유(兪)'라 하면서 태평한 정치를 이루었다. 왕자(王者 우왕(禹王)·탕왕(湯王)·문왕(文王)·무왕(武王)을 가리킴)의 시대에는 인군과 신하가 모두 현인이었다. 그래서 서로 더불어 정사에 부지런히 힘써서 융숭한 치세를 이루었다. 패자(覇者)의 시대에는 인군이 신하만 못하였으나 신하에게 전권을 맡겼다. 그래서 또한 일대의 공업을 이루었던 것이다.

---

56) 『삼봉집』, 권14, 「經濟文鑑 上」, '宰相', "內而百司, 外而監司, 各以其事由 一本作申達於中書, 事大則進呈取旨, 降勑箚宣命指揮, 事小則批狀直下本司本路本人, 故文書簡徑, 事無留滯矣."
57) 조선경국전, 치전, 관제.

만약 인군의 자질이 중간 정도인 경우에는 재상에 훌륭한 사람을 얻으면 정치가 잘되고, 재상에 훌륭한 사람을 얻지 못하면 정치가 어지러워진다.[58]

세습군주에 의한 왕도정치의 실현을 기대할 수 없었던 정도전은 인군과 신하가 모두 성인이면 더 말할 나위가 없지만, 인군의 자질이 신하만 못할 때는 훌륭한 재상을 얻어 그에게 정치의 실권을 주어야 왕도정치를 실현하여 천명을 유지할 수 있다고 생각했다. 이러한 측면에서 왕에게는 경연을 통해 성학군주가 되도록 이끌며, 세자는 서연을 통해 성학군주의 자질을 갖출 것을 바랐다.

정도전은 백관은 각각 그 직책이 다르고 만민은 각가 그 직업이 다르기 때문에, 재상은 공평하게 각 직책과 직업을 잘 수행할 수있도록 해야 한다고 주장한다. 따라서 총재라는 것이다. 또한 국왕에 대해서는 국왕의 아름다운 점은 순종하고 나쁜 점은 바로잡으며, 옳은 일은 받들고 옳지 않은 것은 막아서, 인주로 하여금 대중(大中)의 지경에 들게 해야 한다. 그러므로 상(相)이라 하니, 즉 보상(輔相)한다는 뜻이다고 하였다.

한마디로 재상은 군주와 관리, 백성 모두에게 필요한 일을 하는 존재인 것이다. 이렇게 중요한 직위인 재상이 궁중의 비밀이나 빈첩들이 왕을 모시는 일, 내시들의 집무 상황, 왕이 타고 다니는 수레나 말, 의복의 장식, 그리고 왕의 먹는 음식에 이르는 자질구레한 일까지 알아야 한다고 하였다. 그 이유로 정도전은 '빈첩·궁녀들이나 내시들은 본래 인주의

<hr>

58) 조선경국전 치전 총서.

심부름을 맡은 사람들인데, 이들이 올바르지 않으면 사특하고 아첨하게 되는 일이 일어나고, 수레와 말, 의복과 음식은 본래 인주의 일신을 봉공하는 것인데, 절제하지 않으면 사치하고 낭비하는 폐단이 생기기 때문'[59]이라고 말한다.

이러한 재상의 역할과 재상의 진퇴에 대해서 정도전은 다음과 같이 설명하였다.

> 위로는 음양을 조화시키고, 아래로는 서민을 어루만져 편안하게 하며, 안으로는 백성을 밝게 다스리고, 밖으로는 사방의 오랑캐를 진정(鎭定)하고 무마하는 것이니, 국가의 작록과 포상[爵賞]과 형벌이 이에 관련이 있고, 천하의 정치와 교화, 가르침과 명령이 이로부터 말미암아 나오는 것이다. 전폐(殿陛) 아래에서 치도(治道)를 논하여 일인(一人, 군왕)을 돕고, 묘당(廟堂)의 위에 서서 도견(陶甄, 성인의 정사(政事))을 잡아 만물을 주재하니, 그가 맡은 것이 어찌 가볍겠는가. 국가의 치란(治亂)과 천하의 안위(安危)가 항상 재상에서 비롯될 것이니, 진실로 그에 적당한 사람을 쉽게 바꾸어서는 안 된다.[60]

> 한 집안에는 곧 한 집안의 기강이 있고, 한 나라에는 곧 한 나라의 기강이 있다. 이에 향(鄕)은 현(縣)에 통솔되고, 현은 주(州)에 통솔되며, 주는 제

<hr>

59) 조선경국전 치전 총서.

60) 『삼봉집』, 권9, 「經濟文鑑 上」, '宰相之職', "宰相之職: 上則調和陰陽, 下則撫安黎庶, 内以平章百姓, 外以鎭撫四夷, 國家之爵賞刑罰所由關也, 天下之政化敎令所由出也. 殿陛之下, 論道德而佐一人, 廟堂之上, 執陶甄而宰萬物, 其任豈輕哉. 國家之治亂天下之安危, 常必由之, 固不可易其人也."

로(諸路)에 통솔되고, 제로는 대성(臺省)에 통솔되며, 대성은 재상에게 통솔되고 재상은 중직(衆職)을 겸하여 통솔해서 천자와 더불어 가부를 살펴 정령(政令)을 내리니, 이것이 천하의 기강(紀綱)이다. [61]

정도전에 있어서 재상은 천자인 왕과 더불어 의논을 거쳐 정치를 행하는 관료의 대표이자 수장이다.

4. 재상정치론에서 구체적 권력의 행사

정도전은 경제문감에서 다음과 같이 말하고 있다.

정권은 하루라도 조정(朝廷)에 있지 않아서는 안 된다. 조정에 있지 않으면 대각(臺閣)[62]에 있게 되고, 대각에 있지 않으면 곧 궁위(宮闈 후비(后妃)를 뜻함)에 있게 되는 것인즉, 조정에 있으면 다스려지고, 대각에 있으면 어지러워지며, 궁위에 있으면 망하니, 국가의 흥망·치란이 모두 이에 근본한다. [63]

---

61) 경제문감 상, 재상.

62) 대각(臺閣)은 조선에서는 사헌부와 사간원, 홍문관 등 언론을 담당하는 삼사를 지칭하는 용어로 주로 쓰이지만 정도전의 사용하는 의미의 대각은 황제를 중심으로 한 내정(內廷)을 의미하는 것으로 황제에 의사를 중심으로 권력이 행사되는 것을 의미하는 것으로 본 논문에서는 정의한다.

63) 『經濟文鑑』 上 「宰相.相業」의 〈政權不可不在宰相〉조.

정도전이 이야기하는 정권이 조정에 있는 경우란 의사결정권과 집행권이 재상을 중심으로 행해지는 것을 의미하는 것이며, 대각에 있는 경우란 국왕의 주위에 있으면서 백관에 대한 감찰권을 가진 대관과 군주에 대한 간언권을 갖는 간관이 실제적인 정부권력을 갖는 경우로 전제군주제를 의미한다. 그리고 궁위에 있다는 것은 왕비를 중심으로 한 왕의 개인적 측근들에게 있는 경우를 의미한다.

여기에서는 정부권력의 행사에 대해 의사결정권, 집행권, 그리고 이에 대한 견제 기능으로서 대간권으로 나누어 행사 방법을 살펴본다.

1) 의사결정권

전제군주정 하에서는 국가의 모든 의사결정은 군주가 행한다. 즉, 법령, 중요정책 결정 등 모든 것이 군주에 의해 결정된다. 주례에 의하면 왕이 전권을 행사하는 것에 대한 보이지 않는데 그러나 총재인 태재의 임명, 6군의 장의 임명, 향대부의 임명 등에 대해서는 별다른 규정이 없는 것으로 보아 왕이 전결하는 것으로 보인다. 또한 상징적인 지위에 머무르는 것으로 보이는 삼공과 삼고에 대한 임명도 왕이 전결하는 것으로 보인다.

『주례』에 의하면 총재는 한해를 마치면 모든 관서에 명령하여 업무에 대한 결산을 하게하고 결산서를 접수하고, 이를 판단하여 왕에게 아뢰어 부족한 관리는 내쫓고 잘한 관리는 그 직을 유지하게 한다. 또한 정월 길일(正月之吉)에 전체 정치에 대한 치적을 발표한다. 물론 팔병과 팔통의 경우 왕에게 고하고 시행하는 것으로 되어있다. 또한 제후들과의 회동에 있어서는 "왕자(王者)가 묘당(廟堂)에 앉아서 제후의 조회를 받는 것은 그 일이 매우 크므로, 태재는 감히 그 정사에 간여하지 못하고, 다만 임금의 청치(聽治)를 도울 따름이다."라고 규정하여 왕이 의사결정의 주도권을 가지고 있음을 밝히고 있다.

정도전은 경제문감에서 비교적 큰 문제는 국왕이 재상과 협의하여 처리하는 것이고 작은 문제의 경우는 재상이 알아서 처리하는 것이라고 했다.[64] 큰 문제는 나라의 대사(大事)인 전쟁과 제사로, 이러한 경우에 재상은 백관을 경계하여 왕명을 돕는다고 규정하고 있다. 즉, 오제(五帝)와 선왕(先王)에 대한 제사나 대신기(大神祇: 하늘과 땅)를 섬길 때 재상은 모든 준비를 하고 왕이 희생을 드리거나 옥(玉)과 폐(幣)와 작(爵)을 올리는 것을 돕는다. 대조근(大朝覲)[65]으로 왕이 회동을 할 때에는 옥폐(玉幣)와 옥헌(玉獻)과 옥궤(玉几)와 옥작(玉爵)을 돕는다. 이러한 경우 주재는 왕이 하며 재상은 보조의 역할을 한다.

또한 년말에 모든 관서의 업무를 왕에게 보고하여 인사를 결정하게 하며, 법령 중에서 폐할 것과 보완할 것을 결정하는 경우에도 재상과 협의하여 왕이 최종 결정을 하는 것으로 규정하고 있다.

그 이외의 업무들의 경우로는 제후가 조회할 때의 자량(資糧)의 비용과 조석의 식사와 폐백을 시봉(侍奉)하는 것에서, 출입·왕래하는 기구(器具)에 이르기까지 모두 소치(小治)로서 총재가 담당하도록 하고 있다.

정도전은 '정권은 하루라도 조정(朝廷)에 있지 않으면 안된다'고 했다. 여기서 말하는 조정은 중서(中書)를 의미하는 것으로 보인다. 정도전은

---

64) 『삼봉집』, 권14, 「經濟文鑑 上」, '宰相', "內而百司, 外而監司, 各以其事由 一本作申達於 中書, 事大則進呈取旨, 降敕箚宣命指揮, 事小則批狀直下本司本路本人, 故文書簡徑, 事無留滯矣."
65) 제후들이 크게 회동하여 천자를 알현 하는 것을 말한다.

왕의 정사가 비롯되어 나오는 곳으로, 천자가 재상과 더불어 치도(治道)를 논하고 나라를 경륜하는 중서(中書)에서 정사가 나와야 한다고 주장한다. 따라서 그가 조정(朝廷)이라고 말한 곳이 중서임을 밝히고 있다. 이러한 중서는 안으로는 모든 관사(官司)와, 밖으로는 감사(監司)들이 각각 그 사유(事由)를 중서(中書)에 상달하면, 일이 큰 것은 임금에게 나아가 올려 성지(聖旨)를 받아 칙차(勅劄)를 내려 명을 펴서 지휘하고, 일이 작은 비장(批狀: 上司에서 하급 官司에 답하는 공문)은 직접 본사(本司)·본로(本路)의 본인에게 내리게 된다.[66] 즉 각 관서나 지방에서 일어나는 일들에 대한 보고는 중서에 모이게 되고 이 중서에서 왕이 간여해야 할 것과 재상이 전결할 것을 결정하여 큰 것은 왕이 결정하도록 하고 있다.

2) 집행권

정도전은 정책의 집행은 재상을 중심으로 한 조정에 있어야 한다고 말하고 있다. 위에서 언급했듯이 모든 관부와 각 지방의 감사들이 왕에게 보고한 서류들을 검토하여 수행해야 할 행정조처들이 재상을 통해서 집행되어야 한다는 것이다.

『주례』에서 6관에 속하는 것으로 열거된 관직은 모두 360여[67] 개가 있다. 주나라의 정치는 이들 관직을 담당한 사람들에 의해서 수행되며 총

---

66) 삼봉집, 경제문감 상. 재상.

67) 류쩌화의 중국정치사상사 1권 495쪽에는 열거된 관직이 360여개라고 하였지만 489쪽에서는 천관총재에 속하는 관직이 63종, 지관사도에 속하는 관직이 78쯩, 춘관종백에 속하는 관직이 70종, 하관사무에 속하는 관직이 69종, 추관사구에 속하는 관직이 66종이라고 하고 있다. 동관사공에 속하는 관직이 얼마인지는 망실되어 알 수 없지만 고공기에는 30여종의 직책이 있는 것으로 파악하고 있다.

재가 총괄한다. 즉 6관은 왕의 일을 대신하여 처리하는 사람으로 모두 왕을 보좌하는 사람이다.

주나라의 기본적 법제인 육전의 으뜸은 치전이다. 치전은 나라를 경영하고 통치하는 기본적 조항으로 태재의 근본 직무다. 치전에서는 3가지 내용을 포함하는데, 방국(邦國)의 경영, 각 관부를 다스림, 만백성의 기강을 잡는 것이 그것이다. 천관총재인 태재는 이러한 치전을 주관하는 것 외에도 나머지 5전을 관할하며, 궁중의 일까지 관장하여 왕궁에서부터, 제후국, 모든 관부, 그리고 백성들까지 통할한다.

이러한 총재를 두는 이유로 정도전은 천명을 받은 군주가 백성을 다스리는데 혼자의 힘으로는 할 수 없어서 관을 설치하고 직을 나누어서 서울과 지방에 나누어 놓고 현능한 선비를 구하여 이를 담당하여 군주의 통치를 보좌하도록 하였다고 주장한다. 더구나 천명을 받아 창업을 한 군주를 이어 세습으로 왕위에 오른 군주의 경우 그 능력의 우열이 있기 때문에 군주를 대신하여 통치를 담당할 재상이 필요하다고 주장한다.

정도전은 『경제문감』에서 총재의 구체적인 역할에 대해서 다음과 같이 말하고 있다.

> 내조(內朝)에서 숙위(宿衛)하는 선비와, 외정(外庭)에서 도역(徒役)하는 사람은 직위가 낮은 자들이지만 총재가 통솔하고 다스렸는데, 다른 날에 시어(侍御)하는 종복들이 모두 바른 사람인 것은 여기서 나온 것이 아니겠는가? 대부(大府)의 수장(收藏)하는 직무와 사회(司會 관직으로 회계를 맡음)의 계고(稽考)하는 소임은 말단의 일임에도 총재가 고루 조절했으니, 다른 날에 용도(用度)에 절제가 있어서, 임금이 사치스럽게 쓰거나 함부로 은

상을 내리는 폐단이 없게 된 것도 여기서 나온 것이 아니겠는가? 심부름하는 환관[熏腐]의 부류들과, 궁중 빈어(嬪御)의 일과, 음식을 받들어 공궤하는 역은 관원 가운데에서 지극히 용렬하고, 물건 중에서 지극히 미미한 것임에도 총재가 주관하였은즉, 다른 날 집안이 가지런하고 몸이 닦이며, 마음이 화평하고 기운이 태평하여, 여자의 총애에 빠질 근심이 없게 된 것도 또한 여기에서 나온 것이니, 총재의 존귀함으로써 그 통솔하는 것이 모두 사대부(士大夫)들이 대단치 않게 여기는 일들이라서 비루한 것처럼 여겨진다. 아아, 이것이 도를 논하고 나라를 경륜하는 바의 직분이요, 이것이 인군의 마음을 바르게 하는 바의 사업인 것이다.[68]

『주례』의 정치제도에 의하면 천관총재는 인사권과 재정권 그리고 각 관서의 업무에 대한 보고서 수령 등을 통해 전체적으로 모든 관서를 장악하고 있었다. 그러나 직접적으로 군사권과 관련한 언급은 적다. 이러한 것 대해 정도전은 군사에 관한 것도 재상이 관여해야 한다고 하면서 다음과 같이 말하고 있다.

옛날에는 대국(大國)에는 삼경(三卿)이 있었으니, 즉 사도(司徒)는 백성을 주관하고, 사마(司馬)는 군대를 주관하며, 사공(司空)은 토지를 주관하였다. 평상시에는 삼경이 각기 제 직분에서 종사하였으나, 유사시에는 삼경이 모두 출전하여 장수가 되었다. 그러므로 대국의 삼군은 그 장군이 모두 경이었다. 나누었다가 합치고 분리하였다가 귀속시켰으니, 선왕의 사려

<hr>

68) 경제문감 상. 재상.

는 이렇듯 원대하였다.

　재상은 대개 통솔하지 않는 것이 없기는 하지만 군기(軍機)와 같이 중대한 일을 반드시 묘당(廟堂)으로 하여금 알게 하였으니, 그것은 체통을 보전하기 위한 것이었다. 긴 창이나 큰 칼은 비록 선비가 잘 다루지 못하지만, 계책을 결정하여 승리를 가져오는 것은 도략(韜略)에 능통한 사람을 기다린 뒤에야 요량할 수 있는 일이다. (……) 중략

　상장군(上將軍)에서 장군(將軍), 중랑장(中郞將)에서 위정(尉正)에 이르는 무관을 의흥삼군부(義興三軍府)에서 통솔케 하였다. 재상으로 하여금 의흥삼군부의 일과 제위(諸衛)의 일을 맡게 하여, 중관(重官)으로서 경관(輕官)을 통어하게 하고, 소관(小官)을 대관(大官)에 소속되게 하였으니, 체통이 엄격하였다.[69]

정도전이 구상한 재상은 『주례』의 천관총재보다도 군사와 관련한 문제에 대해서도 재상의 관여를 분명히 하여 재상의 책임이 더욱 막중하다는 것을 말하고 있다.

고려말 정치개혁을 주장했던 신진사대부의 또 다른 대표격인 조준은 상소를 통해 다음과 같이 주장하였다.

　"주례 천관편(周禮天官篇)에 의하면 총재(冢宰)는 1명의 경(卿)으로써 임명하여 나라의 6전(六典)을 장악하고 왕을 도와서 나라를 다스리며 사도(司徒) 이하는 각각 자기 직분을 가지고 총재에게 종속됩니다. 그리고 6경

(六卿)의 속관(屬官)이 또 3백 60명이 있습니다. 그러므로 3백 60명의 속
관이 6경에 통솔되고 또 6경은 총재에 통속됩니다. 관직의 증감과 명의의
유래는 각 왕조에 따라서 각이한 바 있었으나 대체로 이 육부의 범위를 벗
어 나지 않았습니다. (후략)"[70]

『주례』의 원문을 그대로 인용한 것이기는 하지만 기본적으로 중앙집
권적인 체제를 지향하며 재상인 총재 아래 6전(6경)-속관의 형식으로
총재에게 귀속되는 체계를 설정한 것이다. 조준은 이러한 체계를 고려
에 적용하여 6부에서 기본적인 행정을 분담하고 백사(百司)는 6부에 속
하게 하여 6부가 재추(宰樞)의 명령을 받게 하였다. 6부 중심의 행정체
계를 마련한 것이다. 그리고 기왕에 있던 도당인 도평의사사에 대한 정
비도 시도하여 정책결정기구로서의 도당과 집행기구로서 6부의 정치구
조를 체계화하려고 하였다.[71]

3) 대간(臺諫)권

대간은 관료를 감찰 탄핵하는 임무를 가진 대관(臺官)과 간쟁(諫諍)하
는 임무를 가진 간관(諫官)을 합쳐 부르는 말이다. 모두 말하는 책임을 맡
은 신하이지만, 이러한 직책을 담당했던 대표적인 관직인 어사와 간관은
그 직분이 구분되었다.

---

70) 『고려사』, 권118, 「列傳」, '趙浚', "浚又率同列條陳時務曰, 謹按周禮天官, 冢宰以卿一人
掌邦之六典, 以佐王治邦國. 其司徒以下各以其職聽屬焉. 而六卿之屬, 又有三百六十是,
則三百六十之屬, 統於六卿, 而六卿又統於蟖宰也. 官職之增損, 名義之沿革, 代有不同,
大義不出乎此六部也."
71) 도현철, 『高麗末 士大夫의 政治思想研究』(일조각, 1999), 210–212쪽.

대관인 어사는 백료(百僚)에 대한 규찰(糾察)을 관장하며, 간관은 헌체가부(獻可替否)를 관장하여 임금을 바르게 하는 역할을 주로 한다. 그러므로, 임금에게 허물이 있으면 간관이 주독(奏牘)하고, 신하가 허물이 있으면 어사가 규찰하였다.

권력에 대한 견제권으로서의 대간권은 요순과 같은 성인의 시기에도 있었다. 당시에는 재상에 해당하는 직위의 인물도 간관의 지위를 가지고 있었으며, 관원뿐만 아니라 일반 백성 누구도 대간권을 수행할 수 있었다.

가의의 군주에 대한 견해에서나 양웅의 저술에 나타난 소공의 인식 등에서도 권력의 비판에 귀기울일 것을 강조하고 있다.

이러한 간쟁의 중요성에 대서 『효경(孝經)』 간쟁장에서 공자는

> 옛날에는 천자(天子)에게 간언하는 신하 일곱 명이 있으면 비록 도가 없더라도 천하를 잃지 않았고, 제후에게 간언하는 신하 다섯명이 있으면 비록 도가 없더라도 나라를 잃지 않았고, 대부에게 간언한는 신하 세명이 있으며 비록 도가 없더라도 집안을 잃지 않았다. 또한 선비에게 간언하는 친구가 있으면 그에게서 좋은 명성이 떠나지 않을 것이며, 아버지에게 간언하는 자식이 있다면 그는 불의에 빠지지 않을 것이다.[72]

라고 하고 간언의 중요성을 강조하고 있다.

대관권의 경우 삼대(三代)에는 관·사(官師)가 서로 배우고 바로잡아 주며, 백공들은 그가 맡은 일을 하면서도 간하였으니, 위로는 백관으로부

---

72) 효경 간쟁장.

터 아래로는 백공(百工)에 이르기까지 간하지 않는 자가 없었고, 만약 간하지 않는 자가 있으면 그에 따른 벌[常刑]이 있었다. 그러나 실제 중국의 대간은 황제에 눌려 황제에 대한 간쟁보다는 관료에 대한 감찰기구로서 기능에 치중되었다. 고려의 경우 대간은 재상의 지휘를 받아 고위 정치관료로부터 독립적이지 못했다.

『경제문감』에서는 이러한 대관에 관해 주관(周官)에서는 어사(御史)가 만민의 치령(治令)을 관장하여 총재(冢宰)를 도왔으며, 진(秦)에서는 어사로서 군(郡)을 살폈으므로, 감찰(監察)이라는 명칭이 있었고. 한(漢) 초기에는 어사로서 의식(儀式)대로 하지 못하는 자를 규찰(糾察)하게 했다고 평가하였다.

간관권의 경우 진(秦)나라에서는 엄격한 제한을 가함으로서 간관권의 행사가 어렵게 되었다. 이러한 상황에 대해 정도전은『경제문감』에서 '순임금에 있어서는 우는 백규로서, 익은 우관으로, 고요는 사관으로 순임금에게 간언을 하였다'고 보았다. 그러나 진나라는 금지의 측면이 컸으며, 진을 이은 한고조는 누구나 간하도록 하였다고 보았다. 그러나 한나라에서도 점차 제한으르 하여 간쟁하는 대부를 둠으로서 간관권이 제한되었다고 보았다.

이러한 간관의 역할에 대해 정도전은

천자가 '옳다.' 하더라도, 간관은 '옳지 않습니다.' 할 수 있으며, 천자가, '꼭 해야겠다.' 하더라도, 간관은, '반드시 해서는 안 됩니다.' 할 수 있으니, 전폐(殿陛)에 서서 천자와 더불어 시비를 다툴 수 있는 자가 간관이다. 재상은 그 다스리는 도(道)를 마음대로 행하며, 간관은 그 말할 바를 마음대로 행하매, 말도 행해지고 도(道) 역시 행해진다. 구경(九卿)과 백집사(百執事)는 하나의 직책을 지키는 자들이라 한 직분의 소임만을 맡으나, 재상과 간관은 천하의 일을 엮으니, 또한 천하의 책임을 맡은 것이다.[73]

라도 말하고 있다. 또한 정도전은

옛적에는 간하는 데 일정한 원(員)이 없어서, 사람마다 말하지 않는 자가 없었다. 그러므로 우(禹)는 백규(百揆)가 되어서 순(舜)에게 경계(警戒)하기를, "저 단주(丹朱 요(堯)의 맏아들)와 같은 오만함이 없으소서. 게을리 놀기만을 좋아하고, 오만하고 포악한 짓만을 일삼았습니다."

하였으며, 익(益)은 우관(虞官)이 되어서 순에게 경계하기를, "법도를 잃지 마시고, 안일함에 젖지 마시고, 즐기는 데에 지나치지 마소서." 하였으며, 고요(皐陶)는 사관(士官)이 되어서 순에게 경계하여 노래하기를, "임금이 경박하면 신하는 게으르고 만사가 무너지리라." 하였다. (중략)

진(秦) 진나라 황제는 자신을 議論(의론)하는 것을 미워하여, 비방하고 요사스러운 말을 내는 것을 금하는 법이 있었으니, 조고(趙高)가 가로막아 감추어서 말하는 자가 있지 못하게 하여, 망하기에 이르렀다. 한고조(漢高祖)는 꾀하기를 좋아하고 들을 줄을 알아서 간하는 말을 물흐르듯이 좇았으니, 역생(酈生)의 간하는 말을 발 씻다가 들었으며, 자방(子房)의 간하는 말을 먹던 것을 뱉아내고 받아들였고, 발을 밟아 간하는 말을 듣자 이내 받아들였고, 문을 박차고 들어와 간했어도 웃고 이를 용납하였다.

---

73) 경제문감 하, 간관.

라고 평가하였다. 이러한 간관에 대해 "간관은 지위는 낮지만 그 역할은 재상과 동등하며, 왕의 측근에 있어야 하며, 간하는 신하를 내쫓는 것은 아름다운 일이 아니며, 간관은 재상을 억제한다"라고 말하고 있다.

구체적으로 이들 대간권의 행사와 관련하여

조정의 법령이 오롯하지 못하거나, 교화가 갖춰지지 못하거나, 예악이 닦여지지 못하거나 호령(號令)이 밝혀지지 못하며, 의론이 결단(決斷)되지 못하거나, 경장(更張)하는 일이 합당하지 못하며, 음양(陰陽)에 재앙이 일어나고, 변괴가 생기며, 임금이 기뻐해서 주기를 지나치게 하거나, 노하여 빼앗기를 지나치게 하면, 마땅히 간관이 책임을 지고 그 잘못을 말해야 할 것이며, 사대부 가운데 간사하고 바르지 못함이 있거나, 교만하고 사치하여 제 뜻대로 행함이 있으며, 아첨으로 윗사람의 비위를 맞추거나 참특(讒慝)하여 성청(聖聽)을 어지럽히는 일이 있으며, 호강(豪强)한 자가 법을 우롱하거나, 총신이 권세를 훔치는 일이 있거나, 탐오하여 염치를 닦지 않음이 있거나, 사기(詐欺)가 있어 충신(忠信)을 갖추지 않거나, 대신으로서 중립만을 지키고 고망(顧望 눈치만을 살피고 일을 결정하지 않음)하거나, 소신(小臣)으로서 해이하고 태만하여 직분을 무너뜨리면, 마땅히 어사가 책임을 지고 이를 진술하여 그 죄를 탄핵해야 할 것이다.[74]

라고 말하고 있다. 이러한 대간은 굳세고 바른 천하의 제일류(第一流)의 인재를 써야 허며, 대간을 중히 여겨야 하며, 대간의 권한이 가벼우면 사

<hr>

74) 경제문감 하, 간관.

람들이 두려워하지 않는다고 평가하면서, 대간에 대해서는 시비를 감히 말하지 않아야 한다고 말하고 있다.

5. 맺음말

정도전은 전제군주정을 전제로 하면서도 정치의 이상을 실현하는 왕도정치(王道政治)를 지향하였던 사상가이자 이를 현실에서 실천하고자 노력한 정치가이다. 조선의 정치제도를 구상하면서 정도전은 성리학의 바탕위에서 성리학이 추구하는 성학군주에 의한 통치질서를 구상하였다. 이러한 구상의 바탕에는 권근이 '삼대(三代)의 제도가 주(周)에 이르러 크게 갖추어져서, 주관(周官)의 법도가 가장 상세하고 밝아, 들어 시행할 만하다.'고 평가한 주나라의 제도를 기술한『주례』를 토대로 재상정치론을 전개하였다.

그 결과 정도전은 권력을 나누어 정치권력과 정부권력으로 나누었다. 국가의 정통성을 의미하는 정치권력은 왕이 가지되, 정부의 실질적인 권한인 정부권력은 왕, 재상이 나누어 가지며, 이러한 왕과 재상에 대해 대간권을 통해 견제를 해야 왕도정치가 이루어질 수 있다고 주장했다.

이와 같은 점들을 고려한다면 정도전의 재상론은 중앙집권체제를 지향하는 가운데, 성학군주라는 성리학적 군주상을 염두에 두었다고 할 수 있다. 정도전의 정치 구상 속에서 다른 어느 부분보다 재상에 대한 관심이 높았던 것은 사실이며, 이러한 재상에 관한 서술도 비중이 매우 높다. 그러나 이러한 재상 역시 군주와의 긴밀한 관계를 전제로 하는 것이었으며, 군주를 정점으로 한 일원적 지배질서, 통치체계에서 벗어나는 것은 아니었다. 군주의 부족한 점을 채우거나 보완하는 것이 재상의 업무로서 군주에 의한 제한과 또 아래로는 대간의 견제에서도 자유롭지 못하였다. 무엇보다 군주를 넘어서는 어떠한 권한도 설정되지 못하였다. 즉, 군주의 선택과 위임에서 자유롭지 못한 것이 재상이었다.

정도전의 재상정치론은 주희가 구상했던 재상정치론을 상당 정도 모방하였다고 할 수 있다. 주희가 상정한 재상의 임무와 모습은 군주의 임무는 오직 재상만을 임명하는 것, 재상은 어진이를 나오게 하고 불초한 자를 물리치고 공도를 다해 일을 결단해야 하는 것, 재상은 천하의 기강으로서 자기를 바르게 하여 남을 바르게 할 것, 마음을 바르게 하여 임금을 바로잡을 것, 천하의 인재를 널리 구하고, 강명하고 정직한 사람을 가려 뽑을 것, 사방을 염려해야 할 것 등이다.[75]

주희의 재상에 대한 임무와 모습은 정도전이 설정한 재상의 그것과 거의 유사하다. 그러나 주희가 설정한 재상의 위상과 실제는 당대 송나라의 현실과는 괴리가 있었다. 그럼에도 불구하고 주희의 이러한 생각은 송대에 사대부들이 추구하던 이상을 보여준다. 정도전 역시 이러한 주희가 그린 이상적인 체제를 조선의 현실에 적용하고 싶었던 것이다. 특히 『주례』의 천관총재나 주희의 재상관 보다도 군권에 대한 권한까지도 상당부분 재상의 관할하에 둠으로써 명실상부한 재상정치를 꿈꾸었다.

이러한 재상에 대해서 한번 선택하면 오랫동안 바꾸지 않아야 한다

<hr>

75) 도현철, 『高麗末 士大夫의 政治思想研究』(일조각, 1999), 219쪽.

는 전제를 하기는 하였지만, 재상이 임면에 대해 왕에게만 그 권한을 줌으로써 재상이 독자적인 권한을 가졌다고 하기에는 제한이 있다. 즉 주희나 정도전이 제시한 재상은 요순삼대를 모범으로 삼아 그 어느 시대보다도 높은 위상을 전제하더라도 이와 같은 한계가 있었던 것이다.

조선의 역사를 고려하면 정도전의 이러한 재상론은 이후 큰 영향을 미쳤다. 정도전의 재상에 대한 논의는 의정부(議政府) 제도에 영향을 준 것으로 보인다. 정종 2년(1400)에 세자(世子)인 이방원의 주도로 탄생한 의정부는 고려에서 국정의 최고 의결·집행 기관이었던 도평의사사를 개편하면서 성립되었다. 이후 의정부가 육조를 통제하면서 국정을 주도하는 의정부서사(議政府署事)제나 육조가 국왕에게 직접 보고하고 지시를 받으면서 국정을 주도하는 육조직계제(六曹直啓制)가 시행될 때에도 그대로 기능이 계승되었으며, 『경국대전』에서 법제화될 수 있었다.

이러한 정도전의 재상정치론을 현재에 적용하여 본다면 정부권력의 행사라는 측면에서는 대통령제나, 의원내각제 보다는 이원집정부제에 가깝다고 할 수 있다. 제왕적 대통령제로 일컬어지지만 여소야대일 때는 대통령에게 주어진 역할을 제대로 수행하지 못하여 정치적 불안정을 초래하고, 대통령을 배출한 정당에서 의회까지도 장악했을 때는 그야말로 무소불위의 권력행사로 제대로 된 제약을 받지 않는 것이 현실이다.

이러한 측면에서 정치가 추구하는 국리민복을 위해서 권력의 행사가 어떻게 되어야 하는 의문에 대해 정도전이 주장하였던 재상정치론 내지 총재정치론을 다시 한번 생각해 보아야 할 것이라고 평가된다.

〈참고문헌〉

『三峯集』

『書經』

『禮記』

『周禮』

『論語』

『孟子』

『孝經』

『新書』

『論衡』

『說苑』

『古文眞寶』

『高麗史』(https://db.history.go.kr/id/kr)

『朝鮮王朝實錄』(https://sillok.history.go.kr/main/main.do)

나중식, 『한국행정사상사 – 삼봉, 율곡, 반계, 다산을 중심으로』 서울경제경영, 2012.

도현철, 『高麗末 士大夫의 政治思想研究』 一潮閣, 1999.

______, 『조선건국의 개혁사상과 문명론』, 지식산업사, 2024.

류쩌화 쓰고엮음·장현근 옮김, 『중국정치사상사(1, 2, 3)』, 글항아리. 2019.

삼봉연구원, 『정도전 연구입문』, 주류성, 2025.

최상용·박홍규, 『정치가 정도전』, 까치, 2007.

한영우, 『정도전 사상의 연구』, 서울대학교 출판부, 1987.

______, 『왕조의 설계자 정도전』, 지식산업사, 1999.

韓忠熙, 『朝鮮前期의 義政府와 政治』, 계명대학교출판부, 2011.

권행완, 「정도전(鄭道傳)의 유교적 민주의식」 신아세아 20권3호 2013.

김영수, 「이색과 정도전: 여말선초 정치사상의 갈등」, 정윤재 외 『한국정치사상의 비
　　　교연구』, 한국정신문화연구원, 1999.

김인호, 「여말선초육전체제의 성립과 전개」, 『東方學志』118, 2002.

도현철, 「정도전 정치체제 구상과 재상정치론」, 한국사학회 『한국사학보』 제9호,
　　　pp.169-196, 2000.

______, 「고려말 유학자의 성장과 재상정치론」, 『한국사상사학』71, 2022.

______, 「여선교체, 정치사상의 변화－」, 『한국사상사학』76, 2024.

박홍규·방상근, 「정도전(鄭道傳)의 '재상주의론' 검토」, 『대한정치학회보』15-3,
　　　2008.

宋載赫, 「정도전의 정치체체론: 『서경』의 정치이념과 왕권의 정상화」, 고려대학교 박
　　　사학위논문, 2015.

______, 「정도전의 군주론 －『경제문감별집』을 중심으로」, 『정치사상연구』22-2, 2016.

최연식, 「여말선초의 권력구상 － 왕권론, 신권론, 군신공치론을 중심으로」, 한국정치
　　　학회 『한국정치학회보』 제32집 제3호, 1998.

제7장 정도전의 법 인식과 형률 운영

정긍식(서울대)

1. 머리말

2. 선행연구의 검토: 법사학 분야를 중심으로

3. 시대상황과 법인식

4. 법사상의 전개

5. 맺음말

1. 머리말

정도전(1342~1398)은 조선 왕조의 설계자[1]로 백성을 나라의 근본으로 삼는다는 '민본사상'에 기반하여 급진적 개혁을 추진한 개혁가이며, 유교적 이상 국가를 실현하기 위해 왕이 아닌 재상이 중심이 되는 정치체

---

1) 한영우, 『왕조의 설계자 정도전』, 1999 참조.

제를 구상한 인물로 인식되고 있다. 공민왕 말년(1374년경)부터 정도전이 이방원에게 피살되는 1차 왕자의 난(1398년)까지 그의 삶을 다룬 드라마 "정도전"이 2014년에 방영된 후 일반대중에게도 정도전과 그의 삶은 널리 알려졌다. 특히 방영 당시 한국 사회가 겪고 있던 갈등과 개혁의 요구를 시청자는 정도전을 통하여 대리 만족하였다. 10여 년이 지난 지금 위헌적 불법계엄으로 우리 사회의 갈등은 더욱 극단으로 치닫고 있다. 또 AI의 등장은 정도전이 살았던 사회보다 더 경제적 불평등−양극화−를 심화시키고 있다. 정도전의 삶과 사상에서 1천 년 이상 격차가 있지만 이러한 위기 내지 전환의 시기에 헌법에서 선언한 인간으로 존중을 받고 인간다운 삶이 가능한 새로운 국가와 사회를 만드는 실마리를 찾을 수 있을 것이다.

정도전의 사상은 민본사상에 입각한 재상 중심의 정치체제 구상과 법치국가 건설의 기획으로 집약되며, 이는 그의 저서인『조선경국전』과『경제문감』등에 구체적으로 담겨 있다. 기존 연구는 주로『조선경국전』을 새 왕조의 헌법 초안으로 상정하고 정도전의 정치제도의 구상과 사상을 분석하는 데 주력하였다. 그러나 본장에서는 기존의 연구를 바탕으로『조선경국전』에 제시된 강령을 넘어서 역대왕조의 치세와 법운용을 평가한『경제문감』및『경제문감 별집』등 정도전의 저작 전반을 검토하여 그가 지녔던 법에 대한 인식과 형률 운용의 원칙을 사례를 중심으로 파악하는 것을 목적으로 한다.

왕조교체의 변혁기에 민본정치를 실현하기 위해『주례』의 육전체제를 이상으로 삼아 새로운 정치질서를 구축하려 한 정도전의 제도주의적 면모를 소개하며(3.1), 그가 목도한 형사법원(法源)의 미비, 형벌의 불공평, 공형벌권의 무력화 등 고려말의 사법제도의 폐단을 극복하려는 시도를 검토하고(3.2), 이어서 법 운용주체이면서 동시에 대상인 인간에 대한 인식을 살펴본다. 그는 성선설의 입장에서 인간의 교화를 긍정하여 형벌은 불가피한 것으로 보았다(3.3).

그의 인간에 대한 인식이 법사상에 투영된 모습을 살펴본다. 백성을 교화하는 예를 근본으로 하고, 형벌을 백성을 살리는 보조적 수단으로 인식한 유학자적 입장을 조명하며, 궁극적으로 무송무형(無訟無刑) 사회를 지향했던 그의 이상을 탐구하며(4.1), 그렇지만 법을 무시한 것이 아니라 법을 국가운영의 필수요소로 존중하고 특히 『대명률』의 이두번역 등 백성에게 법을 미리 알려서 위법을 사전에 예방할 것을 기획하였다(4.2). 그는 고려말 사법의 혼란은 형사법원의 미확립에 있다고 여겨 『조선경국전』 「헌전」에서 『대명률』의 수용을 선언하고 소개하였으며(4.3), 그는 특히 백성의 원억(冤抑)을 해소하는 재판을 강조하여 명찰(明察)과 평서(平恕)를 갖춘 판관의 중요성을 강조하고, 명재판 사례를 소개하였다(4.4).

정도전이 단순한 이론가가 아닌, 현실에 바탕을 둔 이상주의자로서 법과 제도를 통해 권력의 자의성을 배제하고 민본정치를 구현하려 했던 노력을 입체적으로 이해하기를 기대한다.

2. 선행연구의 검토: 법사학 분야를 중심으로

정도전에 대한 본격적인 연구는 한영우(1938~2023)로부터 시작되었다. 그는 유신이라는 암울한 시대상황에서 민본주의를 실천하려는 개혁가 정도전의 사상을 모색하였다. 『조선경국전』을 『주례』의 육전체제와 중국의 역대제도를 절충한 후 조선의 현실에 맞게 조절한 통치규범으로 '새 왕조의 헌법 초안'으로 『경국대전』의 편찬에 큰 영향을 주었으며, 이를 토대로 조선은 인치가 아닌 법치의 국가로 출발하였으며, 입헌군주제와 유사한 형태로까지 발전할 수 있었다고 높이 평가하였다.[2] 근래에 문철영은 정도전에 대한 연구사를 시기별로 정리하여 향후 연구의 길라잡이 역할을 하고 있다.[3] 법학분야에서는 『조선경국전』을 중심으로 민본사상을 추출하고 그 현재적 의의를 모색하는데 연구의 초점이 맞추어졌다.[4] 최종고는 현행법 체제에 따라 『조선경국전』을 분석하여 정도전이 법사상을 독립적으로 확립했다고 평가하고, 『작센슈피겔(Sachsenspiegel)』의 저자인 아이케 폰 레프고우(Eike von Repgow)와 비교하였다.[5] 신주호는 『조선경국전』을 헌법초안으로 전제하고 통치질서를 구축한 기획으로 파악하였다. 그 기획은 민본위민의 정치를 실현하기 위해 중앙집권적 관료국가주의를 추구하며 군주와 관료 사이의 권력

---

2) 한영우, 『정도전사상의 연구』, 1973; 개정판: 1987 참조.

3) 문철영, 「정도전의 혁명적 삶의 굴곡과 쟁점들」, 『정도전연구입문』, 2025, 104–9쪽.

4) 조지만·김대홍, 『한국법제사연구: 법제사 연구의 연혁과 성과① 한국전통법』, 2025, 190–191쪽 참조.

5) 최종고, 「정도전의 법사상: 한국법사상에 대한 시론」, 『문학과 지성』 6–3, 1975, 687–703쪽; 『법사와 법사상』, 1980 수록.

을 분립한 것이다. 아울러 당대의 상황에 조응하여 군주의 권한을 백성에게 위임을 받은 신탁정치로 보고 폭군방벌론을 내재한 역성혁명을 긍정적으로 평가하였다.[6] 신정근은『조선경국전』과『경제문감』등을 새로운 국가건설을 위한 설계도로 파악하였다. 이어서 인(仁)과 입법, 상호 견제와 균형에 바탕을 둔 문치국가를 지향하는 정도전의 사상을 원전을 근거로 논증하였다.[7] 이진명은 정도전을 동시대 인물인 명 방효유(方孝孺, 1357~1402)의 삶과 사상을 비교함으로써 연구의 지평을 넓혔다. 성리학에 바탕을 둔 사상은 궁극적으로 인정의 실현이고 형정을 부수적으로 본 점에서 두 사상가가 일치함을 소개하였다.[8] 이재룡은 정도전에게서 나타난 유가의 전통을 바탕으로 규범의 정립과 당대 국가제도의 수립의 구상을 분석하여 민본사상의 발현양상을 소개하였다.[9] 김태희는 '근현대 법치주의'와 구별하여 '유가적 법치'의 개념을 설정하고 조선의 법전 편찬의 특징을 다음과 같이 정리하였다:『주례』를 모범으로 하는 경세론적 기획, 교화를 원칙으로 하는 예치, 조종성헌을 존중하는 법적 안정성의 추구, 특히『조선경국전』을 통일 성문법전의 토대 및 군주성학론, 인정론, 예치론, 나아가 재상 중심 정치론에 기반을 둔 성리학적 통치론

---

6) 신주호,「정도전의 헌법 사상에 대한 고찰」,『홍익법학』17–3, 2016; 신주호,「정도전의 사상에 대한 헌법적 고찰」,『경희법학』51–3, 2016; 이종수,「정도전 ≪조선경국전≫ 법치사상 분석」,『퇴계학논집』23, 2018; 전광섭,「조선개국기 삼봉의 법치사상 분석」,『한국거버넌스학회보』25–3, 2018 참조.

7) 신정근,「정도전의 '입법'에 의한 '견제와 균형'의 정치사상」,『대동문화연구』124, 2023 참조.

8) 이진명,「인정에 대한 두 학자의 시선: 정도전과 방효유의 법사상을 통해 바라본 유학사상의 중핵」,『한국철학논집』79, 2023 참조.

9) 이재룡,「삼봉 정도전의 법사상」,『민족문화연구』23, 1990 참조.

을 제시한 것으로 평가하였다.[10]

다른 경향은 『조선경국전』과 『경제육전』 등 후대의 법전편찬과의 관계 나아가 『주례』의 영향을 규명하려고 하였다. 김인규는 국가전례의 전형인 『주례』에 근거하여 6전체제의 연원을 고찰하여 조선 육전체제의 모태가 『조선경국전』임을 논증하였다. 이어서 입법지침서로 후대 법전편찬에 영향을 준 『조선경국전』에 나타난 『주례』의 영향을 분석하여 천인합일(天人合一)사상, 인정론(仁政論), 총재정치론, 육전체제 등을 추출하였다.[11]

지금까지의 연구는 정도전이 지향하고 있는 정치제도와 정치사상에 대한 분석을 바탕으로 법사상에 대한 연구가 진행되었다. 그러나 강령인 『조선경국전』과 세목인 『경제문감』 등을 함께 검토하지 않은 한계가 있다. 역대왕조의 정치를 포폄하는 『경제문감별집』에서는 법사상의 실체를 더욱 명확히 파악할 수 있을 것이다. 본장에서는 개별사례를 중심으로 정도전의 법에 대한 인식과 법운영, 특히 형벌에 대한 인식을 구체적으로 살펴볼 것이다.

---

10) 김태희, 「조선의 '유가적 법치' 이념: ≪조선경국전≫과 ≪경국대전≫ 편찬을 중심으로」, 『한국동양정치사상사연구』 17-1, 2018 참조.

11) 김인규, 「예 이념의 전개와 국가례: ≪주례≫와 ≪조선경국전≫을 중심으로」, 『온지논총』 38, 2014; 「조선 초기 정도전의 법전 편찬과 주례 이념」, 『포은학연구』 29, 2022 참조.

3. 시대상황과 법인식

1) 변혁의 시대: 새로운 정치체제의 구축

정도전은 정치적으로는 고려에서 조선으로의 이행기라는 정치적 격변기와 유불교체기라는 사상사적 전환기에 활동하였다. 그는 말기적 부조리와 부패 속에서 새로운 세상을 모색한 개혁가로 핍박받다가 붓을 잡은 혁명가로 자신의 이상이 실현되는 것을 보지 못하고 생을 마감하였다.

10세기 말에 완비된 고려의 제도는 1170년(의종 24) 무신란 이후 붕괴되기 시작하였으며, 원의 간섭은 국가 제도 전반에 충격을 가하였다. 원의 세력이 미약해진 공민왕대에야 독자적인 개혁을 추진할 수 있었다. 개혁세력은 중앙집권적 정치체제를 구축하여 중앙과 지방까지 통일적인 지배를 추구하였으며[12] 이는 법제정비의 필요성으로 귀결되었다. 개혁추진세력은 공민왕대 개혁 정치 실패의 원인을 법제정비의 결여와 구체적인 시행지침의 미비에서 찾았다. 그 결과 국가체제의 이상인『주례』의 육전체제가 주목을 받게 되었다. 이 육전체제는 관제의 모범으로서 각사를 6조에 분속시켜 일원적 지휘감독체제를 확립하려는 목표를 가지고 있었다. 이는 여말 권력의 사점(私占)을 막고 공공성을 회복할 수 있는 제도적·사상적 기반이 되었다.[13]

고려말의 정치상황은 국왕 중심의 구심력이 있는 통일된 권력이 부

---

12) 도현철, 『고려말 사대부의 정치사상연구』, 1999, 207–210쪽.

13) 정긍식, 「유가법사상과 경국대전의 편찬」, 『한국유학사상 대계(8): 법사상편』, 2008, 249–256쪽.

재하였으며 이는 사법운영에도 그대로 영향을 미쳤다. 고려는 통일법전이 아닌 구체적 타당성을 중시하는 개별왕법으로 통치하였기에 법적 안정성과 보편성을 달성하기에는 한계가 있었다. 특히 무신란과 원 간섭기 이후에는 법적 혼란이 극심하였다. 비록 원으로부터 법제의 독립을 원칙적으로 보장받았지만, 원의 영향력이 강해지면서 고려는 원 법제의 영향을 받을 수밖에 없었다. 1299년(충렬왕 25) 정동행성에 파견된 다루가치는 본격적으로 원의 법제에 의한 통치를 시도하였고, 고려률과 원율의 적용과 갈등은 고려말기 법의 혼란을 부채질하였다. 고려말기의 법상황은 효율적이고 권위있는 사법기구의 부재에 따른 공형벌권의 무력화, 법규범의 흠결, 법적 안정성의 위기, 법적용의 불평등성 등 총체적 위기에 직면하고 있었다.[14]

말세적 위기상황을 타개하려고 정도전은 중앙집권적 정치제도의 수립과 형사사법의 통일을 꾀하였다. 그가 구상한 정치제도는 국왕의 절대적 권위를 인정하는 전제군주가 아닌 재상제였다. 이러한 구상은『경제문감』에 구체적으로 드러난다. 상권에서는 역대 재상제도의 변천과 득실을 서술하고 평가하였으며, 하권에서는 대간과 감사, 수령 등을 소개하고 시비를 가렸다. 정도전은 이상국가인 요순 하은의 재상제도의 연혁을 서술하고 이어서 주의 재상제도는 상세하게 설명하였는데, 그 핵심은『주례』「천관총재제1」에서 재상인 태재(大宰)의 임무 부분을 인용한 것으로 다음과 같다.

14) 정긍식, 「중국율령의 수용과 한국 전통사회」, 『저스티스』 제158-2호, 2017. 149쪽.

태재의 직무는 나라의 육전을 관장하여 임금을 보좌함으로써 나라를 다스렸다.

1. 치전: 나라를 경영하고 관부를 다스리며, 백성을 기강으로 다스린다.

2. 교전: 나라를 안정시키고 관부를 가르치며, 백성을 순화시킨다.

3. 예전: 나라를 화목하게 하고, 백관을 통합하며 백성을 화합하게 한다.

4. 정전: 나라를 고르게 복속시키고, 백관을 바르게 하며, 백성을 공평하게 한다.

5. 형전: 나라를 제도를 세우고 백관을 벌하며, 백성을 규찰한다.

6. 사전: 나라를 부강하게 하고, 백관을 공(功)에 따라 세우며, 백성을 기른다.[15]

태재, 즉 재상의 직무는 나라의 육전을 관장하여 임금을 보좌함으로써 나라를 다스리는 것이었다. 이는 천지와 사시로 표현되는 자연의 질서를 본받아 국가를 여섯 부분으로 나누어 경영하려는 의도이다.

정도전의 이러한 입장에 대해 권근은 백관은 6관으로 모여지고 6관은 1재상으로 통합되어 벼리[綱]를 들면 그물코[目]가 펼쳐지듯이 재상이 창도하면 6경이 따르고 백관이 호응하여 상하가 본말이 갖추어지고 조화를 이루어 왕업을 이룰 수 있다고 하였다. 또 교화를 우선하여 훌륭

---

15) 『삼봉집』 권9 「경제문감 상」 宰相: 周官大宰之職 掌建邦之六典 以佐王治邦國 … 一曰治典以經邦國以治官府以紀萬民, 天官冢宰之職. 二曰敎典以安邦國以敎官府以擾萬民, 地官司徒之職. 此以下皆冢宰之所總. 三曰禮典以和邦國以統百官 以諧萬民, 春官宗伯之職. 四曰政典以平邦國以正百官以均萬民, 夏官司馬之職. 五曰刑典以詰邦國以刑百官以糾萬民, 秋官司寇之職. 六曰事典以富邦國以任百官以生萬民, 冬官司空之職.

한 정치를 한 주나라를 본받아 사공보다는 교화를 중시하였다.[16)

정도전은 6전의 하위규범으로 『주례』에서 9개의 대목과 77개의 세목을 제시하였다.

1) 관부를 다스리는 팔법[以八法 治官府]: 육관에 소속되어 나라를 다스리는 관속(官屬), 육경으로 직분을 지켜 다스림을 분변하는 관직(官職), 큰 일에 육관이 직분을 통합하여 지원하는 관련(官聯), 관원에 따라 업무를 관장하는 관상(官常), 관부의 업무를 처음부터 끝까지 달성하는 관성(官成), 관직을 규제하는 제도인 관법(官法), 나라를 규율하는 관형(官刑), (관법과 관형에 따라) 판단하는 관계(官計)

2) 도읍과 지방을 다스리는 팔칙[以八則 治都鄙]: 신을 모시는 제사, 관을 규율하는 법칙, 이속(吏屬)을 규제하는 폐치(廢置), 선비를 우대하는 녹위(祿位), 재화를 조절하는 공부(貢賦), 백성을 순화하는 예속(禮俗), 무리를 제어하는 형상(刑賞), 무리를 통제하는 전역(田役)

3) 임금을 보필하고 군신을 규율하는 팔병[以八柄 詔王馭群臣]: 존귀인 작

<hr>

16) 『삼봉집』 권9 「경제문감 상」 宰相: 近按 六典 六卿之職也 冢宰無所不統 自百而歸之六 自六而歸之一 其所以調制之者 非官官而控理之也 非人人而稱量之也 倡其長而衆屬從 擧其綱而衆目張 所操者至簡 所居者至易 而所制者至衆 上下相統 內外交應 本末具備 大小畢擧 無一節不相關處 明乎易簡之理則相業無餘蘊矣 又按舜之宅百揆 所先者徽五典 周之建六典 所先者亦敎典 莫不以敎化爲急務 此虞, 周之治所以爲盛 後世急事功而以敎化爲餘事 故敎典廢而合於理 事典分而爲尸, 工 後世之治不古若 良由敎化之不明也 有志於善治者 可不以敎化爲先哉; 권근은 선초에 「경제문감」을 교정하고 누락된 송의 제도와 대간의 언행과 사적을 추가하였다. 『太宗實錄』 태종 8년 11월 9일 계축: 嘗在國初, 臣奉化伯 鄭道傳, 編修經濟文鑑, 其於臺諫之任, 歷代沿革 先儒格言, 靡不具載, 臣在當時, 同加校正 其言職任之重, 無餘蘊矣. 今承上命, 更考文鑑所未嘗載宋制沿革及宋朝臺諫賢臣言行事迹一二條件, 參考繕寫, 仍將經濟文鑑一秩投進, 淸讌之暇, 特賜一覽, 庶幾有補於從諫之美德.

(爵), 부(富)인 녹(祿), 군왕의 행차인 여(予), 군왕의 행실인 치(置), 복(福)인 생(生), 가난인 탈(奪), 죄인 폐(廢), 허물인 주(誅)

4) 임금을 가르치고, 백성을 순화하는 팔통[以八統 詔王馭萬民]: 친족을 친애하는 친친(親親), 고구(故舊)를 공경하는 경고(敬故), 현자를 나오게 하는 진현(進賢), 능력자를 등용하는 사능(使能), 공훈자를 보살피는 보용(保庸), 귀인을 존중하는 존귀(尊貴), 유능한 관리를 천거하는 달리(達吏), 빈객을 예우하는 예빈(禮賓)

5) 만민에게 직분을 맡기는 구직[以九職 任萬民]: 구곡을 생산하는 삼농(三農), 초목을 기르는 원포(園圃), 산택(山澤)에서 생산하는 우형(虞衡), 새와 짐승을 기르는 삭목(藪牧), 팔재(八材)를 다듬는 백공(百工), 재화를 유통하는 상고(商賈), 길쌈을 하는 빈부(嬪婦), 소재(疏材)를 거두는 신첩(臣妾), 무직자에게 일을 주는 한민(閑民)

6) 재물을 거두는 구부[以九賦 斂財賄]: 제후인 방중(邦中), 100리 내인 사교(四郊), 200리 내인 방전(邦甸), 식읍인 가삭(家削), 400리 내인 방현(邦縣), 500리 내인 방도(邦都), 국경과 시장인 관시(關市), 산림과 강인 산택(山澤), 나머지인 폐여(幣餘)의 부세

7) 재용(財用)을 조절하는 구식[以九式 均節財用]: 제사, 빈객, 상장과 흉년인 상황(喪荒), 음식과 의복인 수복(羞服), 공사, 폐백, 마소의 꼴인 추말(蒭秣), 신하들에게 하사하는 분반(匪頒), 기호품인 호용(好用)의 절도[式]

8) 나라의 재정을 이루는 구공[以九貢 致邦國之用]: 사공(祀貢), 실과 삼베인 빈공(嬪貢), 기공(器貢), 폐공(幣貢), 재공(材貢), 화공(貨貢), 복공(服貢), 정기(旌旗)에 꽂는 깃털인 유공(斿貢), 물고기와 소금·귤·유자 등의 잡물인 물공(物貢)

9) 백성과 화합하여 어울리는 구량[以九兩 繫邦國之民]: 토지로 백성을 얻
는 목(牧), 존귀함으로 백성을 얻는 장(長), 어짊으로 백성을 얻는 사
(師), 도(道)로 백성을 얻는 유(儒), 친족으로 백성을 얻는 종(宗), 이익
으로 백성을 얻는 주(主), 다스림으로 백성을 얻는 리(吏), 벗의 믿음으
로 백성을 얻는 우(友), 부(富)로 백성을 얻는 삭(藪)

'팔법'은 중앙 관리를 규율하는 규범체계, '팔칙'은 신(神), 관(官), 이
(吏), 사(士), 재화, 백성 등 신과 사람에 대한 규범, '팔병'은 살아가면서
발생할 수 있는 각종 상황에 대한 규제, '팔통'은 국가에 기여할 수 있는
인재이다.[17] 즉 이들은 국가를 경영하는 사람과 재화 그리고 이들의 관
계를 규정하는 제도를 제시하였다. '구직'은 신분적 분업을, '구부'는 재
정 중 근본인 각종 세를, '구식'은 재화의 적절한 집행, 구공은 재정의 또
다른 기반인 공물(貢物)을, 구량은 이익이 군왕 등 특정집단이 아닌 백성
전체에 미쳐야 함을 선언하였다. 이는 경제와 재정과 관련된 재화의 생
산과 분배 그리고 소비 등 경제생활 전반이 제도적으로 규율되어야 함
을 역설하였다.

정도전은 이를 인용하여 조선이라는 국가는 권세가의 자의가 아닌 6
전인 법전과 그 하위규정까지 조화를 이루어 완벽하게 정비되어야 함을
드러내었다. 이어서 『주례』를 인용하여 다음처럼 자연스러운 국가경영
을 기대하였다.

<hr>

17) 팔통은 형사상의 특권을 인정한 팔의로 이어졌으며, 각각 "議親, 議故, 議功, 議賢, 議能, 議
勤, 議貴, 議賓"로 대응된다. 『당률소의』 명례 §7 八議; 『대명률강해』 명례율 §3 八議 참조.

6전으로 나라가 다스려지기를, 8칙으로 도읍과 지방이 다스려지기를, 법으로써 관부가 다스려지기를, 관성으로써 만민이 다스려지기를, 예로써 빈객이 다스려지기를 기다린다.[18]

정도전은『주례』에 입각한 정치제도, 규범체계를 추구하여 작위의 개입이 없는 제도주의자의 면모를 보이고 있다. 이는 통일된 정치권력의 부재와 이에 따른 사회 혼란을 극복하기 위한 고민의 결과이다. 이 고민은『조선경국전』의 찬집으로 결실을 맺었다. 정보위(正寶位), 국호(國號), 정국본(定國本), 세계(世系), 교서(敎書)로 이루어진 군사(君事)편에서는 직접 국왕과 그 후계자는 절대권력자이지만 법을 존중해야 함을 선언하였다. 이어서 치전(治典), 부전(賦典), 예전(禮典), 정전(政典), 헌전(憲典), 공전(工典)으로 구성된 신사(臣事)편에서는 육전 별 총서(摠序)에서 핵심적인 내용을 소개하 고, 개별항목에서는 상세한 방침을 다루었다.[19]『조선경국전』에 담겨있는 법치사상은 직간접적으로『경제육전』을 거쳐『경국대전』으로 이어져 법치 조선의 기틀을 구축하였다.『경국대전』본문의 첫 내용이 궁궐에 거주하는 여성들에 대한 내명부(內命婦)에 대한 규정은 군사편(君事篇)의 정신을 그대로 이은 것이다. 신성한 존재인 국왕[20]과 왕비를 법전에 언급하는 것은 대불경(大不敬)이므로 직접 규정할 수 없다. 국왕과 한 몸이라고 할 수 있는 내명부를 처음에 규정하여 왕비

---

18) 『삼봉집』권9 「경제문감 상」宰相: 凡治 以典待邦國之治 以則待都鄙之治 以法待官府之治 以官成待萬民之治 以禮待賓客之治.
19) 정긍식, 「≪조선경국전≫과 조선초기 법제정비」, 『서울대학교 법학』 56-2, 2015 참조.
20) 박병호, 「조선시대의 왕과 법」, 『근세 조선의 법사상』, 2023 참조.

나아가 국왕도 법 위/법 밖의 존재가 아니라 법 아래의 존재이며 따라서 법을 준수해야 함을 간접적으로 선언한 것이다.

2) 사법권의 통일적 행사

정도전은 세습왕조국가임을 전제하고 규범을 정립하여 재상을 중심으로 국가운영이 제도적으로 이루어지도록 구상하였다. 그는 재상을 "위로는 음양을 조화하고, 아래로는 여러 백성을 편안히 어루만지며, 상벌과 형을 결정하며, 정치와 교화를 실현"하는 지위로 규정하였다. '음양의 조화'는 단순한 자연의 이치가 아니라 당위의 실천으로 이루어지며, 그 핵심은 상벌의 타당성에 있다고 보았다. 즉 재상은 상벌을 결정하는 실권자로 책임을 다할 것을 강조하였다.[21] 또 상은 공을 권장하는 것이고, 형은 죄를 징계하는 것이며, 상벌은 군왕이 아닌 하늘의 권리라고 보았다. 하늘의 뜻에 따라 행사되어야 하며 군왕이 자의적으로 행사할 수 없다는 것을 의미한다. 정도전은 이러한 관점을 통해 형벌권의 자의적인 행사를 이념적으로 제한하려고 시도하였다.[22] 이어서 하늘의 뜻은 공의(公議)를 통해 구현되며, 공의를 따르지 않고 사정(私情)을 좇으면 하늘이 재이를 내려 경계한다고 하였다. 하늘이 재이를 내리는 것은 임금을 사랑하여 경계하는 것이므로, 인재를 등용하고 벌을 줄 때 친소

---

21) 『삼봉집』 권3 서 「상도당서 신미」: 宰相之職 百責所萃也 故石介甫曰 上則調和陰陽 下則撫安黎庶 爵賞刑罰之所由關 政化敎令之所自出 愚以爲宰相之任 莫重於此四者 而尤莫重於賞刑也.

22) 『삼봉집』 권3 소 「상공양왕소 신미사월」: 賞者 勸有功也 刑者 懲有罪也 賞曰天命 刑曰天討 言天以賞刑之柄 付之人君 爲人君者 代天而行之耳 賞刑雖曰出於人君 固非人君所得私而出入之也.

나 귀척이 아닌 공과 죄에 따라 공정하게 집행해야 한다고 주장했다. 그 결과 임용이 공정하고 상벌이 바르며, 인사가 순조롭고 천도가 조화를 이루어 태평성대가 실현될 것이라고 역설하였다.[23]

정도전은 중국과 고려의 사례를 인용하여 군왕과 재상 그리고 관리의 형벌권 행사에도 제약이 있음을 간접적으로 제시하였다. 당의 어사대는 원래 관리를 규찰하는 기관이었으나, 정관·영휘 연간(627~649, 650~655)부터 형옥과 소송을 담당하였다. 정도전은 그 이전에는 어사가 소송을 직접 수리하지 않고 풍문 탄핵의 형식으로 군왕에게 보고하며 소송에 간여했으나, 재상의 건의로 어사의 직계를 막아 어사의 권한이 약화되었다는 점을 지적하였다. 이는 재상의 권한을 통해 군왕의 측근 기구에 대한 견제가 이루어졌음을 시사한다.[24]

1358년(공민왕 7), 형부사(刑部事) 정운경이 도평의사사에서 내려온 소송을 거부한 사례를 들어 재상의 권한이 제약되어야 함을 설파하였다. 정운경은 "백관의 차례를 정하여 유능한 자를 쓰고 무능한 자를 물리치는 것이 재상의 일이며, 법의 준수와 집행에서는 각각 맡은 관원이 있으니, 일마다 묘당에서 간섭하는 것은 백관의 권한을 침해하는 것"[25]이라

---

23) 『삼봉집』 권3 소 「상공양왕소 신미사월」: 大抵人之所爲 不合於公議 則必有合於私情 … 董子曰 天心仁愛人君 先出災異以譴告之 欲其恐懼修省之也 伏望殿下當用人刑人之際 不論其親疏貴賤 一視其功罪之有無 處之各當其可 使不相陵 則任用公而賞罰正 人事得 而天道順矣.

24) 『삼봉집』 권10 「경제문감 하」 臺官: 唐亦曰御史臺 舊制不過糾督之任 自貞觀末 李乾祐 爲中丞 乃奏臺中置獄 得主刑獄 永徽中 崔元茂爲大夫 始受事任訴訟 此彈劾之外而得 治獄訟 自唐始也 … ○故事 御史不受訟 有訴可聞者 略其姓名 託以風聞 其後宰相以御 史權重 建議彈奏先白中丞大夫 復通狀中書門下 然後得奏 自是御史之任輕矣.

25) 『삼봉집』 권4 행장 「고려국 봉익대부 검교밀직제학 보문각제학 상호군 영록대부 형부상서 정선생 행장」: 至正十八年二月 以本職知刑部事 訟事有自都評議使下 先生謂宰相曰 式序百官 能者進之 不能者退之 宰相事也 至於法守 各有司存 事事皆由廟堂 是侵官也.

고 주장했다. 이 사례는 재상이 모든 실무를 독점하는 것을 경계하고, 전문 관료 기구의 권한 독립성을 존중해야 한다는 정도전의 제도주의적 사고를 뒷받침한다.

정도전의 이러한 구상은 재상 중심의 효율적 국가 운영을 지향하면서도, 군왕의 자의적 권력 행사를 경계하고 전문 관료 기구의 독립성을 인정하는 분권적 견제 장치를 이념적으로 마련하려 했음을 보여준다.

3) 법에 대한 인식

나라를 다스림에 법[형벌]과 교화의 선후 관계의 설정은 정치사상에서 핵심 화두였으며, 정도전 역시 이 문제에 깊이 천착하였다. 맹자는 백성을 가르치지 않고 처벌하는 것을 그물로 물고기를 잡는 것과 같다는 의미에서 '망민(罔民)'이라 비판했다.[26] 이는 인간에 대한 긍정적 신뢰와 군왕의 역할에 대한 기대를 전제한 것이다.

정도전은 군왕에게 천하의 사악함을 방지해야 할 의무가 있다고 보았으나, 동시에 백성을 욕망을 지닌 존재로 인식했다. 그는 백성을 힘으로 억눌러 법을 촘촘히 하고 형벌을 엄하게 하는 것만으로는 그들을 선하게 만드는 데 한계가 있음을 인정했다. 대신 인간의 본성인 욕망을 긍정하되, 위엄과 형벌보다는 정치와 교화를 통해 생업을 보장하여 염치를 알게 한다면 백성이 스스로 선한 존재가 될 것이라 믿었다.[27]

<hr>

이하 "정운경행장"으로 약칭.

26) 「맹자」 「양혜왕상편」: (子)曰 無恒産而有恒心者 惟士爲能 若民則無恒産 因無恒心 苟無恒心 放辟邪侈 無不爲已 及陷於罪然後 從而刑之 是罔民也 焉有仁人 在位 罔民而可爲也.

27) 「삼봉집」 권12 「경제문감 별집 하」 議論: 大畜六五 豶豕之牙 吉 六居君位 止畜天下之邪

정도전은 "인간은 누구나 죽음을 두려워하고 삶을 좋아한다. 따라서 상을 귀하게, 벌을 엄하게 해야만 죽음을 무릅쓰는 용기를 낼 수 있다."[28] 또 "군왕은 법으로 백성을 다스려 다툼을 없애고 민생을 편안하게 해야 한다. 이를 위해 법은 천리에 부합해야 하지만, 현실의 법이 인욕에 사로잡혀 오히려 민생을 해치고 있다"[29]고 지적하며 인욕의 억제와 천리의 회복을 강조하였다.

정도전은 인간의 본성이 변할 수 있다는 성선설에서 법을 통한 정체와 사회를 구상하였다. 그는 정법의 혁신과 경계의 획정 및 예악의 제정을 칭송한 문덕곡에서 "우리 임금 법칙을 제정하여 남기시니(我后定之垂典則) / 질서가 바로잡혀 평화롭고 즐겁구려(秩然以序和以懌)"라 하여 법 제정비를 중시하였다.[30] 또한 형법에 대해 "무질서를 금지하고 임금이 이를 믿고 평안을 유지하는 것이므로, 형법이 한번 흔들리면 이 제도가 먼저 무너져 힘을 얻기 전에 재앙이 이르고, 마음이 편안하기 이전에 무

惡 夫以億兆之衆 發其邪欲之心 人君欲力以制之 雖密法嚴刑 不能勝也 夫物有總攝 事有機會 聖人操得其要 則視億兆之心猶一心 道之斯行 止之則戢 … 且如止盜 民有欲心 見利則動 苟不知教 而迫於飢寒 雖刑殺日施 其能勝億兆利欲之心乎 聖人則知所以止之之道 不尙威刑 而修政教 使之有農桑之業 知廉恥之道 雖賞之 不竊矣 故止惡之道 在知其本 得其要而已 不嚴刑於彼 而修政於此 是猶患豕牙之利 不制其牙而剝其勢也.

28) 『삼봉집』 권14 「조선경국전 하」 政典 總序: … 而人情莫不畏死而好生 惟重賞可以忘其生 惟重罰可以趨其死 然賞罰不因於衆人之功罪 而出於一己之喜怒 則賞不勸而罰不懲矣 故曰高爵厚祿 所以待有功也 刀鋸鞭扑 所以加有罪也 然則掌軍者不可無賞罰 而賞罰不可不出於公也.

29) 『삼봉집』 권13 「조선경국전 상」 賦典 賦稅: 爲人上者 執法以治之 使爭者平鬪者和 而後民生安焉 … 蓋先王所以立其法者 天理也 後世所以作其弊者 人欲也 才臣計吏之治賦稅者 當思遏人欲而存天理可也.

30) 『삼봉집』 권2 악장 「문덕곡 병서 계유칠월」 참조.

질서가 그치지 않을 것"[31]이라고 하여 질서유지의 수단으로 법의 기능을 강조하였다. 그러나 위압적인 법에만 의존하지 않았고, 예 또한 중시하였다. 그는 군왕은 하늘과 민심에 부응해야 즉위할 수 있으며 옛것을 바탕으로 나라를 경영하여 만물의 질서와 조화를 이루어야 한다고 보았는데, 그 예의 핵심을 '질서'로 파악했다.[32] 그는 요순과 주나라에서 예와 형을 담당한 관원을 두었던 것처럼 좋은 다스림은 법이 뒷받침되어야 지속될 수 있다고 보았다. 이에 따라 예와 법/형을 병행한 역사적 사례를 제시하여 그 경중을 논하게 하였다. 특히 건국 직후 예와 법이 제대로 준수되지 않는 현실을 적시하며, 예로는 문물과 제도를 질서 있게 하고, 형으로는 시비를 가려 궁극적으로 형벌이 필요 없는 사회를 만드는 방안을 탐구토록 했다.[33]

결국 정도전은 예와 법을 병용하여 국가의 제도적 기틀을 다지고, 교육으로 백성을 교화한 뒤 형벌로 보완하는 유학자적 입장을 견지했다. 이는 소송도 형벌도 없는 '무송'과 '무형'의 사회를 지향한 것이다. 하지만 현실에서는 교화보다 법이 우선될 수밖에 없음을 인지하고, 『조선경국전』「헌전 총서」에서 형벌에 대한 입장을 명확히 했다.

---

31) 『삼봉집』 권3 소 「상공양왕소 신미사월」: 臣愚以爲刑法 所以禁亂也 人君所恃以存安者 也 刑法一搖 禁亂之具先毁 力未得而禍先至 心未安而亂不止矣.

32) 『삼봉집』 권13 「조선경국전 상」 禮典 總序: 恭惟主上殿下 上以應乎天 下以順乎人 作其 即位 稽古經邦 庶事萬類 以序以和 禮樂之興 惟其時矣 臣以爲禮之爲說雖多 其實不過 曰序而已 朝廷主嚴 君尊而臣卑 君令而臣行 故朝覲會同 正大位而統百官 朝廷之序也.

33) 『삼봉집』 권4 책제 「회시책」: 問 自古言善治之道者 必有成法以爲持守之具 … 若稽有虞 秩宗典禮 士師明刑 成周宗伯掌禮 司寇掌刑 以致雍熙隆平之治 其詳可得而言歟 其命 官也同 … 抑承前朝紊亂之餘 弊習已甚而未易革歟 伊欲俾斯禮秩秩乎其文 繩繩乎其典 上自宗廟朝廷 下至閭巷鄕井 粲然有文以相接 懽然有恩以相愛 俾斯刑井井乎其可辨也 鑿鑿乎其可行也 上不避乎貴勢 下不陵乎柔弱 期至於無刑 同歸于至治 其道何繇 諸生 以明體適用之學 待有司之問久矣 其悉著于篇.

이에 따르면 성인은 인으로 사랑하고 형으로 위엄을 보인다. 살육은 근본의 회복을, 위엄은 생존의 보전을 위한 것으로, 형벌의 목적 또한 결국은 '백성을 살리는 것'임 명시했다. 그러나 성인의 법이 현실에서 사람을 통해 집행되기에, 집행자는 반드시 공경하고 애휼하는 인과 신중함을 지녀야 한다고 강조했다. 만약 집행자가 적합하지 않으면 포악한 재앙을 초래하여, 그 원한이 하늘에 닿아 나라를 위태롭게 할 것이라 경고했다. 따라서 성인이 형벌을 둔 것은 정치를 보좌하여 형벌 자체가 사라지게 하려는 목적이었다. 정도전은 호생지덕(好生之德)을 실천하여 민심을 얻은 순임금을 그 실례로 들었다. 나아가 법을 번역하여 백성들이 그 내용을 알게 하여 죄를 짓지 않게 되고, 마침내 형벌이 저절로 없어지는 날이 오기를 기대하였으며,[34] 이는 『대명률』을 이두로 번안한 『대명률직해』의 간행으로 이어졌다.

4. 법사상의 전개

1) 민본정치의 실현과 법

조선초기 위정자들은 법은 양법미의(良法美意)인 고법(古法)이어야 하고, 경솔하게 개폐되어서는 아니되며 민신(民信)과 민지(民志)에 따라야 한다고 인식하였다.[35] 이러한 법의식은 민본정치의 실현에 법이 필수적

---

34) 『삼봉집』 권14 「조선경국전 상」 憲典 總序 참조.
35) 박병호, 「조선전기 입법자의 법률관」 『근세 조선의 법사상』, 2023 참조.

요소임을 드러내는 것이다. 정도전 역시 맹자의 폭군방벌론을 지지하는 등 민본정치의 실현을 이상으로 여겨 실현하려고 노력하였다. 민본정치는 법제로 확립되어야 안정적으로 지속될 수 있다. 정도전은 법의 내용 등에 대해 구체적으로 언급하지 않았지만, 역대 국왕을 평가하고 있는 『경제문감별집』에서 법에 대한 인식을 엿볼 수 있다.

그는 한(漢)의 법제정비를 긍정적으로 보았다. 즉 율령의 등급, 군법의 신명(申明)과 장정(章程)과 조의(朝儀)의 제정을 추진한 고조(高祖), 협서률(挾書律)을 폐지하고 10세 이하자와 70세 이상자에 대해 형벌을 면제한 혜제, 법과 형을 완화하여 죄수를 줄인 문제(文帝), 경제(景帝), 장제(章帝)를 긍정적으로 평가하였다. 특히 고조의 법제는 자손이 준수해야 한다고 하여 제도의 정비와 안정성을 중시하였다.[36]

그러나 형명(刑名)에만 의지하는 정치를 경계하였는데, 문제에 대한 평이 대표적이다. 문제가 형명을 숭상하여 준엄하고 각박하게 굴어서 7국의 변란이 발생했고 또 이는 경제에게까지 영향을 미쳤다고 하였으며, 또 가의(賈誼)가 고조 이래 법제의 정비를 건의하였지만 실행하지 못하여 폐단을 야기하였다고 하였다. 선제(宣帝)에 대해서는 인재를 적재적소에 배치하여 훌륭한 정치를 베풀었으나 법제가 지나치게 자세하고 도덕이 부족하게 되어 인심이 간사해져서 형벌이 불공평해지는 등 폐단이 생겼다고 평하였다. 명제(明帝)에 대해서는 법리를 잘 알아서 법령을

---

36) 『삼봉집』 권11 「경제문감 별집 상」 君道: 漢 高祖 次律令 申軍法 定章程 制朝儀 此皆制作之要 子孫持守之具也 … 惠帝 除挾書律 民年七十已上及不滿十歲者 有罪當刑 皆宥之 此皆爲政之善者也 … 文帝 禁網疏闊 刑罰大省 斷獄數百 幾致刑措 嗚呼仁哉 … 景帝 卽位之初 除田半租 定笞律從輕之法 有足稱者 … 章帝 除禁錮 務寬厚 戒嚴酷糾擅殺之罪 除慘刻之科 定報囚之期.

분명하게 하여 옥사의 결단이 적절하고 형정이 간이하게 된 공적은 인정하면서도 형명에만 의존하여 사람들이 서로 시기하는 등 풍속이 나쁘게 되었다고 하였다.[37] 다만 엄혹한 형벌과 무력으로 일관한 무제(武帝)를 비판하였다.[38]

당(唐) 고조에 대해서는 약법(約法) 12조목을 마련하고 까다로운 법을 모두 없앴으며, 율령을 정했다고, 태종(太宗)에 대해서는 형옥을 불쌍히 여기고 음란과 간교를 금지하여 이익을 말하는 것을 미워하고 풍속을 권려하고 충효를 권장하였다고 간단히 소개하였다.[39] 송(宋) 태종(太宗)에 대해서는 순리(循吏)의 선발을 신중하게, 장리(贓吏)의 처벌을 엄하게 하여 관료의 기강을 확립하였으며 백성을 사랑하여 훈계로 교화를 도모하였고 음형(淫刑)을 금지하며 형옥을 불쌍히 여겼다고 높이 평가하였다.[40]

송의 중흥을 위해 왕안석(王安石)을 등용하여 법제를 개혁한 신종(神宗)에 대해서는 먼저 큰일을 할 수 있는 자질이 있다고 평가하면서도 곧

---

37) 『삼봉집』 권11 「경제문감 별집 상」 君道: 漢 文帝 專尙刑名 峭直刻深 啓七國之變 俾景帝 終爲刻薄任數之君 貽謀之道有歉焉爾 不惟是也 高帝以來數十年 制度所宜立 敎化所宜修 乃於賈生之請 謙讓未遑 遂使因陋就簡 敎化不行 … 下民之苦刻於亡秦 此不得不爲帝恨之也. 宣帝 公卿闕 以次用之 重文學 擇將相 凡謂之政事文學法理之士 咸精其能 … 然當時法制過詳 道德不足 是以 人情姦詐益深 無功者冒其賞 有罪者逃其刑 欺蔽雜出而不可禁矣. 明帝 斷獄得情 刑政簡易 至於遵奉建武法制 … 而刑獄濫傷於徧察 以耳目隱發爲明而弘人之度未優.

38) 『삼봉집』 권11 「경제문감 별집 상」 君道: 漢 武帝 加以嚴刑峻罰 窮兵黷武 至於用度不足 聚斂無所不至 民力屈財用竭 因之以凶年 寇賊並起 道路不通.

39) 『삼봉집』 권11 「경제문감 별집 상」 君道: 唐 高祖 約法十二條 悉除苛法 … 至於定律令. 太宗 太宗 恤刑獄 禁淫巧 惡言利 厲風俗 勸忠孝.

40) 『삼봉집』 권11 「경제문감 별집 상」 君道: 宋 太宗 謹循吏之選 嚴贓吏之誅 … 愛民則作戒詞以遺州郡 寬稅限 禁淫刑 賑飢困 撫流亡 恤刑獄 崇儒術 似兹善政 史不絶書 可謂太平有道之令主矣.

이어 이를 불편하게 여긴 인물을 나열하였으며, 단정적으로 "왕안석이 신법을 시행하니 천하가 이를 원망하였고"[41] "사마광(司馬光)과 여공저(呂公著)가 신법을 폐기하니 조야가 기뻐했다"[42]라고 폄하(貶下)하였다. 신법을 폐지하고 과거로 회귀한 철종(哲宗)에 대해서는 "백성이 신법 때문에 곤란을 겪고 있으므로 조종의 제도로 회복하여 백성을 편하게 했다"[43]라고 긍정적으로 평하였다.

고려 태조에 대해서는 "살리기를 좋아하고 죽이기를 싫어하되 신상필벌을 하였다"고, 또 문종에 대해서는 "가까운 척리(戚里)라도 공이 없이는 상을 주지 않고, 좌우에 보좌하는 아끼는 자라도 죄가 있으면 반드시 벌을 주었다"라고 긍정적으로, 경종에 대해서는 "광종 말년에 참소와 사특한 짓이 일어나 감옥에 죄수가 넘쳐서 사람들이 두려워하였다"[44]라고 평하였다. 정도전은 광종 말기 법의 과잉에서 잉태된 부정적 현상을 교화로 순치하지 않은 경종을 부정적으로 보았다.

2) 법의 중시

성선설을 따르면 처벌에 앞서 교육 내지 교화를 우선하고 그러고서

---

41) 『삼봉집』 권9 「경제문감 상」 宰相: 王安石用新法 天下怨之.

42) 『삼봉집』 권11 「경제문감 별집 상」 君道: 宋 首相重臣司馬光, 呂公著 先後爲左僕射 罷新法十餘事 朝野喜之.

43) 『삼봉집』 권9 「경제문감 상」 宰相: 熙寧初 神宗以大有爲之志 欲理財治兵 強中國以威四海 是時 制置條例 更張法度 一新當世之務 以荊公主之耳 元祐初 宣仁知百姓困於新法之不便 欲復祖宗之制 以與天下休息.

44) 『삼봉집』 권11 「경제문감 별집 상」 君道: 太祖 其設施也 好生惡殺 信賞必罰. 文王 雖戚里之親 無功不賞 左右之愛 有罪必罰. 景王 光王末年 讒邪交興 獄囚盈溢 至置假獄 人人危懼.

도 따르지 않으면 처벌하는 것을 정도로 여겼다. 또 미리 알리지 않고 처벌하는 것 역시 인정이 아니라고 하였다. 민본정치를 실현하려면 금지행위를 백성들에게 미리 알려 모르고 법망에 걸려드는 일이 없도록 하는 것이 필수였다. 법은 단순히 나쁜 −반사회적− 행위의 처벌을 넘어서 인간과 사회에 대한 이해에 근거해야 한다. 민본사상은 형사사법에서는 흠휼(欽恤)과 신형(愼刑)으로 나타나는데, 이를 실천하기 위해서는 율에 대한 이해와 율학 학습이 필수이다. 정도전은 부모 상중에 경적을 연구하면서 법제와 형정에 대한 관심도 놓지 않았다.[45] 한 선제를 "공경(公卿)을 임용하면서 문학을 중시하여 장상(將相)을 선발하니, 정사·문학·법리(法理)에서 선비의 재능이 정밀해져 공이 빛났다"[46]라고 평하면서 법리를 포함시켜 법/율을 중시하였다. 또 당의 교양, 선거, 전주, 고과, 출척 등 인재등용법을 소개하면서 재덕을 이루는 교양에 법을 포함시켰다.[47] 율에 대한 지식을 『조선경국전』에서 서리 선발시험으로 인정하였다.[48] 그는 선비가 서적이 없어서 공부하지 못하는 현실을 타개하기 위해 서적포를 설치하여 동활자를 주조하여 경사자서와 제가 그리고 시문과 의방병율의 서적을 인출해서 때를 잃지 않고 학문에 전념할 수

---

45) 『삼봉집』 권8 부록 「제현서술」: 後居親喪三年于鄉 杜門論討經籍 … 與夫人倫日用之常 皇王世道之變 以至法令制度之損益 禮樂刑政之得失 靡不研精覃思 洞達其理.

46) 『삼봉집』 권11 「경제문감 별집 상」 君道: 漢 宣帝 公卿闕 以次用之 重文學 擇將相 凡謂之政事文學法理之士 咸精其能.

47) 『삼봉집』 권8 부록 「사실」: 唐用人之法 條目有五 一曰敎養 成其才德 二曰選擧 取其秀出 三曰銓注 當其職任 四曰考課 覈其功過 五曰黜陟 示其懲勸. 條目中又各有條目 博學經史 通曉律令 肄習射御三者 敎養之條目也.

48) 『삼봉집』 권13 「조선경국전 상」 治典 補吏: 國家始命吏曹議試補之法 考其家世及通律文書筭者得補爲吏 法則善矣 其得人與否 在有司焉耳.

있기를 꾀하였다.[49] 그는 간행 대상에 율학서를 포함시켜 장차 관리가
되어 나라를 이끌어야 할 선비가 율학도 당연히 공부해야 함을 설파하
였다. 실제 1397년(태조 6)에는 고시관이 되어 명률 7인을 선발하기도 하
였다.[50]

정도전은 백성들에게 법을 알리는 것을 구상하였다. 『주례』의 "구량
으로 나라의 백성과 관계를 맺는다. 정월 초길에 처음 화합하면, 정책을
전국에 포고하고 법을 10일 동안 궁궐에 걸어두어서 백성들이 법을 알
게 하도록 한다"[51]를 인용하여 백성들이 법을 알아서 법망에 걸리지 않
게 하는 적극적인 정책을 시행하려고 하였다. 그러나 고려말의 법상황
에서는 백성들에게 법을 알리는 것은 쉽지 않았다. 이성계가 집권하면
서 『당률』을 모범으로 하고 당시로는 최신의 법전인 『대명률』의 전반 수
용으로 형사법원이 통일되었다. 그러나 『대명률』 자체도 어려울 뿐만 아
니라 조선의 실정에 맞지 않는 중국을 배경으로 한 법전이어서 제대로
이해하기는 무리였다. 따라서 『대명률』을 알기 쉽게 하지 않으면 민본
정치의 실현은 구호에 그칠 수밖에 없었다. 그래서 정도전은 『대명률』의
번안에 착수하여, 1395년(태조 4) 2월에 100여 본을 간행하였다.[52] 그는

---

49) 『삼봉집』 권1 칠언고시 「치서적포시 병서」: 夫爲士者 雖有向學之心 苟不得書 亦將如之
何哉 … 切欲置書籍鋪鑄字 凡經史子書諸家詩文 以至醫方兵律 無不印出 俾有志於學
者 皆得讀書.

50) 『태조실록』 태조 6. 2. 22일[을사]: 乙巳/ 考試官趙浚鄭道傳試取雜科明醫八人明律七人.

51) 『삼봉집』 권9 「경제문감 상」 宰相: 以九兩 繫邦國之民, 正月初吉 始和布治于邦國都鄙
乃縣治象之法于象魏 使萬民觀治象 挾日而斂之 ; 이는 『주례』 「天官冢宰第一」의 해당 부
분을 전재한 것이다.

52) 조지만, 『조선시대의 형사법: 대명률과 국전』, 2007, 47–56쪽; 박병호, 조선 초기 법제정
과 사회상: ≪대명률≫의 실용을 중심으로, 『근세 조선의 법』, 2023 참조.

이에 대해 "조정에서 반포하는 법률을 번역하여 백성들을 깨우치니 예가 정해졌다 하겠고 형벌이 밝아졌다"[53]라고 평가하였으며, 『조선경국전』에서는 "법을 모르고 법을 어기는 것을 방지하기 위해 『대명률』을 방언으로 번역하고, 이에 따라 재판하도록 하였는데, 이는 백성의 생명을 존중하는 민본정치의 발로"[54]로 여겼다.

정도전은 법 내지 법지식을 보급하여 백성들이 법을 알게 하여 억울하게 처벌받지 않도록 하여 법에 의한 민본정치의 실현을 꿈꾸었다.

3) 형률의 운용

민본정치의 한 요소는 인명의 존중이다. 형벌은 생명을 앗는 것으로 부득이한 것으로 여겼으며 또 죄와 형이 균형을 이루어야 하며, 형벌은 군왕이나 재상의 사의가 아닌 천하의 공의에서 나와야 함을 강조하였다. 정도전은 『경제문감 별집』에서 역대 국왕의 형벌관을 소개하면서 견해를 간접적으로 표명하였다. "순은 인(仁)으로 오형의 집행을 근심하고, 의(義)로 4흉을 처단하니 천하가 모두 복종하였다"라고 하여 형의 바탕에는 인이 있음을, 집행은 의에 근거함을 강조하였다. 은의 탕이 "무풍(巫風), 음풍(淫風), 난풍(亂風)을 경계하여 관부의 형을 제정한 것"에 대해 국가 존립의 근거라고 하였다. 주의 유왕을 비난하면서 상벌이

---

53) 『삼봉집』 권4 책제 「회시책」: 爰命攸司 … 譯朝廷頒降之律而開曉之 禮可謂定而刑可謂明矣.

54) 『삼봉집』 권14 「조선경국전 하」 憲典 總序: 又慮愚民無知觸禁 爰命攸司將大明律譯以方言 使衆易曉 凡所斷決 皆用此律 所以上奉帝範 下重民命也 將見斯民知禁而不犯 刑措而不用矣 臣仰體聖心 敢以仁明之德 爲用刑之本.

합당하지 않아 제후들이 원망하며 배반한 사실[55]을 들어 상벌의 공정을 중시하였다.

그는 국가운영에서 법에만 의지하지 않고 예 역시 중시하면서 동시에 그 근저에 있는 '인'을 강조하였다. 주가 쇠퇴하였지만 수백 년 동안 유지된 원인으로 문왕과 무왕이 제도를 정비하고 법령을 제정하여 기틀을 세우고 나아가 인으로 백성들을 결속하고 예로 유지시켜 그 바탕을 깊고 굳건히 한 사실을 들었다.[56] 그는 현실에서 예의 역할을 긍정하기도 하였다. 수령들에게 횡포를 부리는 어향사가 정운경을 처벌하려고 하였는데, 그는 예(禮)를 인용하여 굴복하지 않고 사직하였으며 결국 어향사가 사과하였다.[57]

정도전은 책문에서 예와 법으로 나라의 기틀을 만든 한과 당에 대해 다른 평가를 제시하였다. 즉 한(漢)의 숙손통(叔孫通)은 예제를, 소하(蕭何)는 법제를 정비하였다. 그런데 식자들은 숙손통을 비난하고 소하에 대해서는 '그 법이 간결하여 지키기 쉬워 백성이 편하다'[58]라고 하였다.

---

55) 『삼봉집』 권11 「경제문감 별집 상」 君道: 虞舜 仁以恤五刑之用 義以斷四凶之罪 而天下咸服矣. 殷湯 制官刑 儆于有位曰 敢有恒舞于宮 酣歌于室 時謂巫風 敢有殉于貨色 恒于遊田 時謂淫風 敢有侮聖言逆忠直 遠耆德比頑童 時謂亂風 惟茲三風十愆 卿士有一于身 家必喪 邦君有一于身 國必亡. 周 幽王 沈湎淫泆 讒夫並進 賦斂煩重 百姓愁怨 不以禮信待諸侯 賞罰不當 諸侯怨叛.

56) 『삼봉집』 권11 「경제문감 별집 상」: 周 幽王 然竊嘗論之矣 周之衰微至於如此 尙且綿曆數百載而後亡 何也 蓋文武周公 立經陳紀 創法定制 靡不備具 而仁以固結之 禮以維持之 端本洪源 自足與天無極 故晉侯之強而其請隧也 以王章不許 楚子之僭而其問鼎也 以天命未改沮之 至於帝秦之說 屈於匹夫之議.

57) 『삼봉집』 권4 행장 「정운경행장」: 御香使盧某暴橫甚 所至陵辱守令 疾馳入州 罪以不及 郊迎 先生引禮不屈 卽日棄去 父老號哭 使亦愧服 留之不得.

58) 淸淨寧一: 한 혜제 때 조참이 소하를 이어 정치를 잘 하니, 백성들이 "소하의 법은 '一'자를 그린 듯 바르니, 조참이 실수 없이 지켜서 백성들이 편안하다"라고 노래한 것에서 연유한다.

또 당 태종은 『정관예서』를 편찬하고 예와 덕으로 다스려 지치(至治)를 이룩하였다고 보았다. 한은 법으로, 당은 예로 나라를 다스렸다. 그런데 후대인들은 법에 의한 한의 대강(大綱)은 바르고 예에 의한 당의 그것은 바르지 않다고 평하였다. 정도전은 후대인들이 평가한 이유와 현실에서 법이 준수되지 않은 이유를 물었다. 그리고 예(禮)로 문(文)을 질서 있게, 전(典)을 조리 있게 하여, 모든 사람이 문으로 서로 대하고 은혜로 서로 사랑해야 하며, (조정은) 형으로 분별을 바르게 하고 행동을 조리 있게 하여, 권세자나 유약자 모두 법 앞에 평등한 존재가 되는, 나아가 형벌이 없게 되는 사회를 만들 방안을 물었다.[59]

정도전은 위 책문에서 예를 국가와 사회 질서의 근본으로 인정하고 법은 현실에서 예를 구체적 규범으로 정립한 것으로 상하귀천의 차별없이 준수되어야 하며 궁극적으로는 사멸될 것으로 보았다. 현실에 바탕을 둔 이상주의자의 면모를 보여주고 있다.

그러나 현실은 그리 녹녹하지 않다. 강제력이 없는 예만으로는 행동을 규제하여 국가를 운영할 수 없다. 예에 바탕을 둔 법/형으로 행동을 강제해야 질서가 있는 조화로운 사회를 만들고 원활하게 국가를 운영할 수 있다. 수많은 예 가운데 사회질서유지에 필수적인 것을 법/형으로 규정한 것이며, 그 완성된 형태가 『당률소의』로, 이는 『대명률』까지 이어졌다. 고려 말의 사회혼란을 정비하기 위해서는 강제력이 있는 법전/ 형률의 정비가 최우선과제였다. 정도전은 태조 즉위교서에서 "형률에

59) 『삼봉집』 권4 책제 「회시책」: 至漢叔孫通制禮 蕭何定律 亦何所本歟 縣蕢之儀 識者譏之 畫一之法 得淸靜寧壹之效 唐太宗制貞觀禮書布之中外 又聽任德不任刑之說 有貞觀太平之盛 是漢之治 由於刑法 而唐之治 本於德禮也 先儒曰 漢之大綱正 唐之大綱不正者 何歟 所謂德禮者 非大綱乎.

일정한 제도가 없어서 사법질서와 형벌의 불균형을 초래한 고려말의 상황을 비판하고, 이를 타개하기 위해『대명률』의 수용"을 선언하였다.[60]『조선경국전』「헌전」에서 대명률을 소개하여 이해를 제고하고, 조준의 명에 따라 고사경(高士褧)과 김지(金祗)가 이두로 번안한『대명률』을 당성(唐誠)과 함께 윤문하여 완성하여,[61] 법치국가 조선의 기틀을 확고히 하였다.

정도전은『조선경국전』「헌전」에서 형벌의 목적은 백성의 처벌이 아닌 교화임을 분명히 밝혔다. 따라서 군왕은 형에 의지하여 정치를 하는 것이 아니라 형이 정치를 보조함을 밝히고 인정을 베풀면 형이 사라질 것이라 기대하였다.[62] 이어서 명례률과 육률로 구성된『대명률』전체를 간략하게 해설하면서『대명률』수용의 근거와 이유를 밝혔다.

> 명례(名例, 권1): 일은 반드시 명분을 바르게 한 다음에야 이루어지고, 죄명은 반드시 체례(體例)가 있은 다음에야 정해진다. … 그 밖에 명례가 비록 많으나 모두 은혜·의리·인정·법률로써 경중을 참작하여 그 중도를 취한 것이니, 이것이 대개 법을 적용하는 권형(權衡)인 것이다.

---

60)『태조실록』태조 1. 7. 28일[정미]: 儀章法制, 一依前朝故事. … 一, 前朝之季 律無定制, 刑曹 巡軍 街衢各執所見 刑不得中. 自今刑曹 掌刑法 聽訟 鞫詰, 巡軍掌巡綽 捕盜 禁亂. 其刑曹所決 雖犯笞罪 必取謝貼罷職, 累及子孫 非先王立法之意. 自今京外刑決官 凡公私罪犯, 必該大明律 追奪宣勅者 乃收謝貼, 該資産沒官者 乃沒家産 其附過還職 收贖解任等事, 一依律文科斷, 毋蹈前弊 街衢革去; 조지만, 앞의 책, 39–43쪽.

61)『대명률(직해)』「발문」: 刑者 輔治之法 不可爲忽也尙矣. 諸刑家製律 或有過不及之差 有司病焉. 此大明律書 科條輕重各有攸當 誠執法者之准繩 … 政丞平壤伯趙浚 乃命檢校 中樞院高士褧與予囑其事, 某等詳究反復 逐字直解. 於虖 予二人草刱於前 三峯鄭先生 道傳 工曹典書唐誠潤色於後豈非切磋琢磨之謂也歟

62)『삼봉집』권14「조선경국전 하」憲典 總序: 故聖人之制刑也 非欲恃此以爲治 惟以輔治 而已 辟以止辟 刑期無刑 苟吾治之已成 則刑可措而不用矣.

이률(吏律)[63] 직제(職制, 권2): 하늘을 대신하여 만물을 다스리는 군왕은 현자를 등용해서 직책을 맡기므로 벼슬과 관부는 모두 하늘의 일이다. … 등용되기 전후가 다른 자가 있어서 백성에게 해를 끼치는 경우가 있다. … 그러므로 관형을 제정하여 관직에 있는 사람을 경계하기 위한 것이다.

공식(公式, 권3): 상하와 좌우는 반드시 문자로 사정을 통하고, 부절(符節)과 인신(印信)으로 믿는다. 예부터 국가에는 이에 대한 공식을 갖고 있으니 그것은 중심(衆心)을 동일하게 하고 간위(奸僞)를 막기 위한 것이다.

호역(戶役): 군왕은 민생의 보호를 급무로 삼아야 한다. 간사한 행위, 범법행위, 포악한 행동, 절도 등 윗사람을 속이고 사욕을 자행하여 왕도를 무너뜨리고 화란을 일으키니 이를 예방해야 한다. 엄격한 법령으로 위엄을 보이고 형벌을 밝혀 징계해야 백성들이 두려워서 화란이 그치게 될 것이다. 이는 덕과 예보다는 못하지만 어쩔 수 없는 조처이다. 가장 중요한 것은 일곱 가지이다. ①호율(戶律) 호역(戶役, 권4)으로, 민력의 출처가 명확하지 않으면 숨기거나 누락시킬 염려가 있다. ②전택(田宅, 권5)으로, 백성들 생업의 근본이 엄정하지 않으면 겸병하는 일이 생긴다. ③혼인(婚姻, 권6)으로, 인도의 중요한 것이 근엄하지 않으면 음란한 행동이 일어난다. ④창고(倉庫, 권7)로, 식량 보관소가 완비되지 않으면 낭비되는 폐단이 생긴다. ⑤과정(課程, 권8)[64]과 ⑥전채(錢債, 권9), ⑦시전(市廛, 권10)으로, 백성들의 재산과 관계되는 것이다.

예율(禮律) 제사(祭祀, 권11): 종묘와 사직을 받들어서 신명을 교감시키

---

63) 이해를 위해 『대명률』의 6율의 편명을 추가하였다.

64) 『대명률직해』에서는 조선의 사정을 고려하여 소금과 차의 전매(專賣)를 규정하고 있는 과정편은 직재가 없다.

는 제사는 나라의 큰 일이다. 그러므로 정성과 공경으로 의식을 갖추어야 신명을 감격시킬 수 있다. … 근엄한 절문(節文)으로 공경과 엄숙함을 다하고, 엄한 방금(防禁)으로 도리에 어긋나는 일을 살펴 불성실한 일을 징계한다. 제사와 형벌은 부류가 다르지만 서로 도와야 완전함을 얻을 수 있다.

의제(儀制, 권12): 제도와 일의 처리가 방도에 어그러져 법도를 잃어 상전(常典)을 어지럽히는 자가 있으면 대헌(臺憲)이 이를 규탄한다. 성헌을 준수하고 왕도를 근신하기 위한 것이다.

병률(兵律) 궁위(宮衛, 권13): 인군의 지위는 지극히 존귀하고 높기 때문에 책임이 매우 무겁다. 그래서 그 형세가 매우 위태로워서 보호하기 어렵다. 신민들이 존숭하므로 의장병을 갖추지 않을 수 없고, 간악한 무리들이 엿보므로 주위의 방어를 면밀히 해야 한다. … 어기거나 잘못하여 법도를 잃은 자는 불경죄에 해당되므로 중법으로 다스려야 한다.

군정(軍政, 권14): 당우대에는 사사인 고요가 병과 형의 직책을 총괄하였고, 주대에 하관과 추관으로 분리되었으나 운용에서는 서로 관련이 있다. 전쟁은 목숨이 달려있는 위험한 것이므로 형벌을 엄하게 하여 용기를 내어 살게 하려는 것이 목적이다. 명령을 따르지 않아 군율이 해이해지면 군사를 잃는 것이니 엄중한 형벌로 군사의 마음을 통일시켜 군정이 거행되고 무공이 이루어질 수 있다. 호령을 밝혀 무질서를 막아야 한다.

관진(關津, 권15): 관진의 관리는 출입자를 사람들을 조사하여 비상사태만을 대비하다가 후에는 세금까지 징수하였는데, 맹자는 이를 비난하였다. 우리는 관진에 토지를 지급하여 세금을 징수하지 않으니 좋은 정치이다. 경사를 존중하고 나라의 근본을 소중히 여겨 임진도와 벽란도에 별감으로 보내 조사한다. 인정을 근본으로 하고 간세(姦細)를 조사해야 한다.

구목(廐牧, 권16): 축산을 기르는 것은 군용이므로 아주 중요하다. 축산을 제대로 길러야 하므로 법을 제정하여 축산을 관장하는 관리가 경계하도록 하였다.

우역(郵驛, 권17): 우역은 사신을 대접하여 중국과 통교하고, 정령을 전달하는 제도이니, 군왕은 급선무로 삼아야 한다. 그런데 고려말에는 침탈을 받은 역리가 도망하여 우역이 붕괴하였다. … 정전(政典)에서는 우역의 직책을 통제하고, 이를 어겨 폐단을 일으키면 형벌로 처벌하여 우역을 제대로 작동할 수 있게 함이다.

형률(刑律) 도적(盜賊, 권18): 인간은 본성이 착하므로 도적이 되려고 하지 않지만 일정한 생업이 없으면 살기 위해 도적이 될 수밖에 없다. 그러므로 군왕은 백성이 편안히 생업에 종사할 수 있게 해야 한다. 그러면 예의와 염치를 알게 되어 저절로 도적이 사라질 것이다. 그러나 인간의 욕심은 무한하므로 형벌로 이를 억제해야 한다. 성품의 착한 것을 근본으로 하고 간사한 도적을 징계해야 한다.

인명(人命, 권19)·투구(鬪毆, 권20): 사람들은 동류이며 동포이니 서로 친해야 하고 서로 해쳐서는 아니 된다. 해치는 것을 금하지 않는다면 인류는 멸망할 것이다. 그러므로 살인과 상해를 죄의 경중에 따라 처벌해야 한다. 형벌로 형벌이 없어지게 하는 것은 공존하고자 하는 것이다.

매리(罵詈, 권21)·소송(訴訟, 권22): 인정이 어그러지면 나쁜 말로써 상대방을 공격한다. 이는 야박한 행동이지만 잘잘못을 가려야 한다. … 소송 담당자는 자신의 덕을 밝혀서 백성들이 두려워 복종하게 해야 하고, 나쁜 일을 막고 화내는 것을 징계하여 소송이 없어진 후에야 비로소 백성의 덕성

이 후하게 된 것이다. [65]

수장(受贓, 권23)·사위(詐僞, 권24): 관리는 탐욕으로 관직을 망치게 되고 백성은 간사한 일로 화란이 생기게 되니, 위정자는 이를 소홀히 해서는 안 된다. 의(義)와 이(利)를 구별하여 염치를 알게 하면 이는 사라질 것이지만, 형률은 폐지할 수 없다.

범간(犯姦, 권25): 부부는 군자의 도가 이루어지는 단초이고, 규문은 군왕의 교화가 출발하는 곳이니, 비록 은미하지만 아주 중대하다. 남녀의 분별이 없어지면 인도가 문란해지고 왕화가 소멸되어 나라를 다스릴 수 없다. 옛 성왕은 예로 정욕을 절제하고 형으로 음욕을 억제하여 풍속을 아름답게 하여 지치를 이룩하였다. 혼인은 예전에서 규정하여 이를 벗어난 행위는 헌전에서 다루었으니 형으로 징계하여 예를 바르게 한 것이다.

잡범(雜犯, 권26): 비록 작은 일이지만 소홀히 할 수 없는 것도 있다. 율로 금제를 알려주어 백성이 두려워 피할 수 있게 하였다. 이는 백성을 처벌하려는 것이 아니니 지극히 인자한 왕자의 풍모이다.

포망(捕亡, 권27)·단옥(斷獄, 권28): 도망자를 잡는 일은 엄하게, 범죄를 처단하는 일은 관대하게 하여야 한다. 그래야 죄지은 자가 처벌에서 빠질 수 없고 죄인이 억울하지 않을 것이다. 그러나 좋은 법만으로 부족하고 운용하는 사람을 제대로 얻어야 한다. 총서에서 삼가고 인자하며 밝은 덕을 갖춘 사람을 얻은 후에야 좋은 법을 시행할 수 있다고 하였는데, 또 여기서 강조하였다.

공률(工律) 영조(營造, 권29): 옛날에는 백성을 수고롭게 하지 않으려고

<hr>

65) 정도전은 말로 다투는 것을 '매리', 관부에서 다투는 것을 '소송'이라고 하였다. 『삼봉집』 권14 「조선경국전 하」 憲典: 騰於口舌曰罵詈 爭於官府曰訴訟.

1년에 3일만 부역을 부과하였다. 그러나 조상을 받들는 종묘와 군왕이 거주하는 궁원(宮苑), 요새지인 성곽을 짓고 수리하는 것은 부득이하여 규정하였다.

하방(河防, 권30): 하천 관리와 제방 수축은 백성에게 이롭다. 하지만 부역하는 시기 등을 규정하여 백성을 보호하였다.

후서: 헌전 외의 5전은 헌전이 있어서 그 목적을 달성할 수 있으며, 5전 모두에 있는 헌전에 정치를 보좌하는 법은 잘 구비되었다. 하지만 공자의 언급처럼 "형벌은 말단이고 덕과 예가 근본"이므로 법보다는 예와 덕을 우선해야 한다. 정치를 보좌하는 의형(議刑)이나 단옥은 『대명률』에 의거할 것을 선언하였다.

정도전은 『대명률』 30편목의 입법 동기와 목적 등을 간략히 설명하여 핵심내용을 소개하고 예와 율 그리고 국가운영의 관계에 대해 견해를 피력하였다. 그 핵심은 인간의 본성에 대한 믿음, 즉 민본정치의 가능성을 긍정하고 백성을 법/형으로 처벌하기 전에 교화하고 범법행위를 미리 알려서 법망에 걸리지 않도록 하였다. 그럼에도 불구하고 죄를 지은 자를 처벌하는 유가의 입장을 견지하였다.

4) 재판과 원억의 해소

법의 궁극적인 목적은 분쟁의 해결, 억울함[冤抑]의 해소이며, 이는 최종적으로 재판에서 다루어진다. 법이 아무리 아름답고 훌륭하며 제도가 가장 완벽하더라도 판관이 제대로 하지 않으면 법과 제도는 아무런 소용이 없다. 그래서 정도전은 판관의 중요성과 그 자질에 대해 언급하고 명재판례를 들어 참조할 수 있게 하였다. 그는 예와 법 등 제도를 넘어서 실제 운용자에 대해서도 관심을 가졌다. 『조선경국전』에서 시험으로 관리를 선발하는 제도를 논하면서 법 자체는 좋지만 결국 유능한 인재의 선발은 유사가 관건이며,[66] 나아가 형사에서는 인재 선발에 실패하면 참화를 불러와 백성이 해를 입고 백성의 원한이 하늘에 미쳐 음양의 화기를 해쳐서 자연재앙을 초래해 나라가 위태롭게 될 것이라고 경계하였다.[67]

정도전은 한 혜제가 어사를 파견하여 사송을 살핀 사실과 호족에게 자율권을 부여한 고려에서 안찰사나 안렴사를 파견하여 관리들을 규찰하고 소송을 처리한 예 그리고 한 경제가 군수를 태수로 바꾸고 소송을 맡긴 사례를 제시하였다.[68] 그는 위 사실을 들어 사송의 처리가 지방관의 임무임을 분명히 하였다. 이어서 관리를 평가하는 고과법을 소개하여 사송의 처리가 관리 평가의 기준이 됨을 밝혔다. 즉 옥송에 억울함이 없는 것"을 '최(最)'로 중시하였고, 1392년(태조 1)에는 사송이 간결한 것[詞訟簡]을 최로, 사송의 적체를 전(殿)으로 하여[69] 소송의 처리를 중요한 기준으로 삼았으며, 이는 『경국대전』에 '수령칠사'로 규정되었다.[70]

<hr>

66) 『삼봉집』 권13 「조선경국전 상」 治典 補吏: 國家始命吏曹議試補之法 考其家世及通律文書筐者得補爲吏 法則善矣 其得人與否 在有司焉耳.

67) 『삼봉집』 권14 「조선경국전 하」 憲典 總序: 苟不得人 末流之弊 必至於殘忍之暴 慘刻之禍 非徒民受其害 終必怨歸於上 傷陰陽之和 召水旱之災 而國隨以危矣.

68) 『삼봉집』 권10 「경제문감 하」 州牧: 漢 惠帝又遣御史…察詞訟. 前朝 … 然各治其州之民 乃別遣按察使按廉使 糾察官吏 聽斷詞訟. 郡太守 漢景帝更名郡守爲太守, 掌治民進賢勸功決訟檢姦.

69) 『삼봉집』 권10 「경제문감 하」 考課法 참조.

70) 『經國大典』 「吏典」 考課: ○每歲季, 本曹具諸司官員實仕及雜故, 觀察使具守令七事實跡. 啓聞. 〈七事. 農桑盛 戶口增 學校興 軍政修 賦役均 詞訟簡姦猾息.〉

그리고 탐리는 탐폭스런 해악을 퍼뜨리고 무고를 조장하며 소송을 '이익을 받아들이는 문'으로, 감옥을 '재물을 흥정하는 집'으로 여긴다[71]고 하여 재판의 중요성을 더욱 강조하였다. 그는 "정운경이 복주(福州: 안동)목 판관이 되어 옛정으로 함께 공부한 호장과 술을 마시면서 법을 어기면 판관으로 용서하지 않으리라"[72]는 실례를 들어 판관의 공정성을 강조하였다.[73]

『대학』에 따르면 인간 궁극의 목표는 성인이 되어 천하를 평안하게 하는 것이며 최소한 관리가 되어 백성을 편하게 해야 한다. 이 점에서 유자와 관리는 같다. 정도전도 이에 공감하였다. 도덕이 몸과 마음에 온축된 사람이 유자이고, 교화를 백성에게 베푸는 사람이 관리이며, 온축된 것이 시혜의 근본이고 시혜는 온축된 것을 추동하니 유자와 관리, 도덕과 교화는 한 가지이다. 그런데 세월이 흐름에 따라 도덕은 사장(詞章)으로, 교화는 법률로 바뀌어서, 유자와 관리가 나누어지게 되어서 근본이 같음을 모르고 그들끼리 서로 비난하였다. 정도전은 근본을 모르기 때문에 나아가 도덕과 교화 모두 제 역할을 하지 못하며 심지어 사욕을 채우려고 유술(儒術)로 이치(吏治)를 가식하는 경우까지 있다고 현실을 비판하였다. 그리고 백성을 위한 진정한 관리가 되려면 배워야 함을 강조하였다.[74] 배움은 사례를 통하여 체득하는 것이 효과적이라고 여겨

---

71) 『삼봉집』 권10 「경제문감 하」 官吏之弊: 肆貪暴之毒 長告訐之風 以詞訟爲興利之門 以獄犴爲論財之府.

72) 『삼봉집』 권4 「정운경행장」: 至順 四年九月 遷福州牧判官 戶長權援嘗同遊鄕校 下車之夕 持酒肴求謁 先生召與坐飮酒 謂曰 今與若飮酒 不忘舊也 明日有犯法 判官不汝貸也.

73) 이 사례는 정약용의 『목민심서』에 수록되었다. 『목민심서』 권4 「吏典六條」 [束吏 馭衆 用人 擧賢 察物 考功] ○束吏 [吏典 第一條] 참조.

74) 『삼봉집』 권3 서 「송양광안렴유정랑시서」: 嘗論儒吏之說 道德蘊之於身心 斯謂之儒 敎

정도전은 명재판으로 명성을 얻은 네 사례를 소개하여 후대의 귀감으로
삼으려고 하였다.

양광안렴사 유(庾)정랑이 형조를 맡으니 옥에는 원통한 죄수가 없었
다.[75]

정운경이 전법총랑이 되자 옥이 다스려져서 원통과 지체가 없었다.[76]

지정 18년(1358, 공민왕7) 2월에는 … 형부사 정운경이 도평의사사에서
내려온 소송을 재상의 권한이 아니라는 이유로 거절하였는데, 소송하는 자
가 폭주하였는데, 선생이 판결하기를 처음에는 유의하지 않는 것처럼 하다
가도 두 사람이 함께 와서 송사할 때에는 판결이 너무나도 정당하여 이긴
자나 진 사람이 다 공평하다고 하였다.[77]

송의 감사 성정충은 원통한 옥사를 색출하여 다스려 특명으로 벼슬이 옮
겨졌다.[78]

위 사례에서 공통되는 것은 억울[冤痛, 冤抑]의 해소[伸冤, 雪冤]과
공정이다. 정운경은 최고권력기구인 도평의사사의 지시를 거부하고 소

<hr>

化施之於政事 斯謂之吏 然其所蘊者卽所施之本 而所施者自其所蘊者而推之 儒與吏爲
一人 道德與敎化非二理也 自世道之降 道德變爲詞章 敎化易爲法律 而儒吏於是乎判矣
此斥彼爲俗 彼訾此爲腐 世之言道德敎化者 皆爲無用之長物 其間或有以儒術緣飾吏理
者 亦不過自濟其私而已.
75) 「삼봉집」 권3 서 「송양광안렴유정랑시서」: 入典法爲正郎 獄無冤滯.
76) 「삼봉집」 권4 행장 「정운경행장」: 十一年正月 典法摠郞 獄無冤滯.
77) 「삼봉집」 권4 행장 「정운경행장」: 至正十八年二月 以本職知刑部事 訟事有自都評議使下
　　 … 訟者輻湊 先生聽之 初若不經意者 及兩造俱訟 剖析精當 勝屈皆稱其平 玄陵嘉之.
78) 「삼봉집」 권10 「경제문감 하」 監司: 宋 成正忠索治冤獄 特命遷官.

송에 관심을 갖지 않는 듯하다가 양쪽 당사자들의 이야기를 듣고 판결을 하였다. 정도전은 비록 아버지이지만 법보다 힘이 우선한 고려말의 상황에서 권력에 굴복하지 않고 법과 상식에 따라 양 당사자의 주장을 모두 듣는 공정한 판관의 전형으로 제시하였다. 정도전은 판관의 자격으로 명찰(明察)·평서(平恕)를 들었고,[79] 구체적인 두 사례를 제시하여 후대 판관이 체득하여 억울한 옥사가 없기를 기대하였다.

정운경이 복주목 판관이었을 때 승정(僧正)이 옹천 역로에서 강도를 당하여 죽었다. 그가 죽기 직전에 역리가 발견하여 그 연유를 물으니, 승정은 "내가 베를 가지고 아무개의 집으로 가는데 밭에 거름을 주면서 술을 마시고 있는 일꾼들과 밭에서 김매고 있는 사람들을 보았다. 그리고 얼마쯤 가는데 뒤에서 어떤 사람이 큰소리로, '나는 밭에 김매는 사람이다. 불러서 이야기하려 하였는데, 대답하지 않는 것은 무슨 까닭이냐?'라고 하더니 대답할 겨를도 없이 나를 때리고 베를 빼앗아 갔습니다"라고 하였다. 역리가 그를 부축하고 집으로 들어갔으나 얼마 안 가서 죽었다. 아전들이 김매던 자를 잡아 목사에게 알렸고 그들도 자백하여 사건이 완결되었다. 정운경이 이를 듣고서는 허위로 자백했으니 다시 조사해야 한다고 하였다. 그러자 목사는 자백했으니 그럴 필요가 없다고 하였다. 정운경은 고신(拷訊)이 두려워 허위로 자백한 것이라고 하자. 목사는 진상을 밝히는 임무를 정운경에게 맡겼다. 정운경은 거름을 준 밭의 주인을 불러 "네가 일꾼들에게 술을 대접할 때 지나가는 승정의 베를 말한 자가 있다고 하는데 숨기지 말라."고 하니 주인은 "어떤 사람이 말하기를 '승정의 베로 술값을 보충하겠다'고 했습니다"라고 대답하였다. 선생은 그와 그의 아내를 잡아와서 부부를 분리시켜 먼저 아내에게 남편이 베를 준 사실과 베가 생긴 연유를 심문하니, 아내는 남편이 빌려준 베를 받은 것이라고 답하였다. 이어서 남편을 불러 누구에게 베를 빌려주었는지를 심문하니 승정을 살해하고 베를 강탈한 사실을 자백하였다. 목사와 아전들이 놀라서 물으니 정운경은 도둑이라면 발각될까 종적을 숨기는 것이 일반적인데, "나는 김매는 자이오"라는 말은 거짓이니 거름 준 사람이 범인이라고 하였다.[80]

장가든 승려가 상처를 입고 산길에서 죽었고, 그의 아내가 목사에게 정소(呈訴)하였으나 증거가 없어서 오래도록 범인을 잡아 처벌하지 못하고 있었다. 정운경이 전주목사로 부임하자 그의 아내가 기다렸듯이 정소하였다. 정운경은 정소한 아내에게 사통하는 자가 있는지를 신문하자, 아내는 "없습니다. 그런데, 이웃에 어머니와 함께 사는 홀아비가 평소에 '늙은 중만 죽으면 일은 된다'라고 놀렸습니다"라고 답하였다. 정운경은 그 홀아비 모자를 잡아와서 모자를 분리시키고 먼저 어머니에게 사건이 있은 날 아들이 집에 있었는지를 심문하니, 어머니는 밖에 있다가 집에 들어오면서 '아! 피곤하다. 친구와 술을 취하게 마셨다"라고 말하였다고 답하였다. 이어서 홀아비에게 함께 술을 마신 자를 추궁하니 살인한 사실을 자백하여 해결하였다.[81]

<hr>

80) 『삼봉집』 권4 행장 「정운경행장」: (至順) 四年九月 遷福州牧判官 … 州僧正於甕川驛路 爲賊所害 性命僅存 … 牧使邑人驚問之. 先生曰 大抵盜賊 祕其蹤迹 唯懼人知 其曰我 耘田者 詐也; 이 사례는 흠흠신서에도 수록되었다. 『흠흠신서』 권1 「경사요의 2」 橫罹伸理 참조.

81) 『삼봉집』 권4 행장 「정운경행장」 (至順) 十二年九月 … 又出爲全州牧使 前此有僧娶妻居

위 사례는 범인으로 지목된 자 등의 자백만 믿지 않고 인간의 심정 등 여러 사정을 종합적으로 고려해서 판단하라는 교훈을 전하고 있다.

5. 맺음말

정도전은 정치적 격변기이자 불교가 유교(성리학)로 교체되는 사상사적 전환기인 여말 선초에 새로운 세상의 건설을 모색한 개혁가였다. 무신란과 원나라 간섭 이후 고려의 제도는 붕괴되어 고려말의 법상황은 공형벌권의 무력화, 법규범의 흠결, 법적 안정성의 붕괴 등 총체적 위기에 직면하였다. 개혁세력은 중앙집권적 정치체제 구축을 위해 법제정비의 필요성을 절감하고, 『주례』의 육전체제를 제도개혁의 이상으로 삼았다. 이는 권력의 사유화를 막고 공공성을 회복하려는 목표였다. 정도전은 군왕의 절대 권위를 인정하는 전제군주제가 아닌 재상제를 구상하였다. 이는 『경제문감』에 구체화되었으며, 재상의 직무는 업무로 구분된 육전을 관장하여 임금을 보좌하고 나라를 다스리는 것이었다. 정도전은 『주례』를 인용하여 이 육전의 하위 규범을 제시하였다.

그의 사상이 집약된 『조선경국전』은 건국 직후의 입법의 지침서로 법치 조선의 기틀을 마련하였다. 군사(君事)편에서는 군왕과 후계자의 법

家 一日出外 被傷死山路 其妻狀訴于牧 無證久不決 先生上官 其妻又來訴 卽鞫其妻有所私者 妻曰 無之 但隣有無妻男 嘗戲妾曰老僧死則事諧矣 於是 卽拘其男及其 一本無其字 母以來 置男外 鞫其母曰 某月日 而子爲在家歟 出外歟 母曰 是日男自外而來曰 予困矣 與友人飮酒醉 卽問其男所與飮酒者爲誰 其男辭屈 果殺僧者也.『欽欽新書』卷一「經史要義 三」盜覘僧妻 참조.

존중을 선언하고, 신사편(臣事篇)에서는 육전의 대강을 제시하였다. 특히,『경국대전』에서 내명부 규정을 가장 먼저 둔 것은 군왕도 법 아래의 존재임을 간접적으로 선언한, 정도전의 사상이 간접적으로 반영된 것이다.

정도전은 재상을 상벌결정자로 규정하였으며, 상벌은 군왕의 개인의사가 아닌 하늘의 권리로서 공의에 따라 공정하게 집행되어야 한다고 하여 군왕의 자의적 행사를 이념적으로 제한하였다. 그는 맹자의 망민(罔民)을 거울로 삼아 백성을 욕망을 지닌 존재로 인정하고 위엄과 형벌보다는 정치와 교화를 통해 생업을 보장하고 염치를 알게 할 것을 강조하였다. 그래서 그는 예와 법을 병용하여 국가의 기틀을 다지고, 교화한 뒤 그렇게 되지 않아야 처벌하는 형벌의 목적은 '백성을 살리는 것'이라는 유학자적 입장을 견지하였다. 궁극적으로 무송·무형의 사회를 지향하였으나, 현실적으로 법의 질서유지 기능을 강조하였다. 이상으로 여긴 민본정치는 법제로 확립되어야 지속될 수 있다고 보았다. 한의 법제 정비와 형벌 완화 정책을 긍정적으로 평가하였으나, 형명(刑名)에만 의지하는 정치는 경계하였다.

민본정치 실현을 위해 백성들이 법을 미리 알게 하는 것이 필수라 보고, 율에 대한 이해와 율학 학습이 관리에게 필수임을 강조하였다. 고려 말 법적 혼란을 타개하기 위해『당률』의 전통을 이어 유교이념을 실현한 최신법전인『대명률』을 수용하여 형사법원을 통일하는 한편, 백성들이 법을 알기 쉽도록『대명률』을 방언(이두)으로 번역하여 간행하였다(1395년, 태조 4년). 이는 생명 존중을 위한 민본정치의 발로였다.

정도전은 형벌은 인명의 존중을 바탕으로 인의에 근거해야 하며, 공의에서 나와야 함을 강조하였다. 법의 궁극적 목적인 억울함[冤抑]의 해소를 위해 판관의 중요성을 강조하고, 명찰(明察)과 평서(平恕)의 자질을 갖추어야 한다고 강조하였다. 정운경 등의 명재판 사례를 제시하며, 재판관이 권력에 굴복하지 않고 양 당사자의 주장을 모두 듣는 공정성을 갖출 것을 강조하였다.

궁극적으로 정도전은 법과 제도를 통해 권력의 자의성을 배제하고, 예와 덕을 근본으로 하며 법과 형을 보조 수단으로 사용하여, 백성을 살리는 민본정치를 실현하려는 제도주의자이자 현실에 바탕을 둔 이상주의자의 면모를 보여주었다.

<참고문헌>

『經國大典』,『唐律疏議』,『大明律講解』,『大明律直解』,『孟子』,『牧民心書』,『欽欽新書』

『太祖實錄』,『太宗實錄』

『三峯集』卷1 七言古詩「置書籍鋪詩 幷序」

『三峯集』卷2 樂章「文德曲 幷序癸酉七月」

『三峯集』卷3 序「送楊廣按廉庾正郎詩序」, 書「上都堂書 辛未」, 疏「上恭讓王疏 辛未四月」

『三峯集』卷4 策題「會試策」, 行狀「高麗國 奉翊大夫 檢校密直提學 寶文閣提學 上護軍
    榮祿大夫 刑部尙書 鄭先生行狀」

『三峯集』卷8 附錄「事實」,「諸賢叙述」

『三峯集』卷9·10「經濟文鑑 上·下」

『三峯集』卷11·12「經濟文鑑 別集 上·下」

『三峯集』卷13·14「朝鮮經國典 上·下」

김인규,「禮 이념의 전개와 國家禮: ≪周禮≫와 ≪朝鮮經國典≫을 중심으로」,『溫知
    論叢』第38輯, 온지학회, 2014.

김인규,「조선 초기 정도전(鄭道傳)의 법전(法典) 편찬과 주례(周禮) 이념」,『포은학연
    구』29, 포은학회, 2022.

김태희,「조선의 '유가적 법치' 이념: ≪조선경국전≫과 ≪경국대전≫ 편찬을 중심으
    로」,『한국동양정치사상사연구』제17권 1호, 한국동양정치사상사학회, 2018.

도현철,『高麗末 士大夫의 政治思想研究』, 일조각, 1999.

문철영,「정도전의 혁명적 삶의 굴곡과 쟁점들」,『정도전연구입문』, 주류성, 2025.

박병호,「조선시대의 왕과 법」,『근세 조선의 법사상』, 민속원, 2023.

박병호, 「조선전기 입법자의 법률관」, 『근세 조선의 법사상』, 민속원, 2023.

박병호, 조선 초기 법제정과 사회상: ≪대명률≫의 실용을 중심으로, 『근세 조선의 법』, 민속원, 2023.

辛正根, 「鄭道傳의 '立法'에 의한 '牽制와 均衡'의 정치사상」, 『大東文化研究』 제124집, 성균관대학교 대동문화연구원, 2023.

신주호, 「정도전의 사상에 대한 헌법적 고찰」, 『慶熙法學』 제51권 제3호, 경희대학교 법학연구소, 2016.

신주호, 「정도전의 헌법 사상에 대한 고찰」, 『홍익법학』 제17권 제3호, 홍익대학교 법학연구소, 2016.

이재룡, 「三峯 鄭道傳의 法思想」, 『民族文化研究』 제23호, 한국고전번역원, 1990.

이종수, 「鄭道傳 ≪朝鮮經國典≫ 法治思想 分析」, 『退溪學論集』 23, 영남퇴계학연구원, 2018.

이진명, 「인정(仁政)에 대한 두 학자의 시선: 정도전(鄭道傳)과 방효유(方孝孺)의 법사상을 통해 바라본 유학사상의 중핵(中核)」, 『한국철학논집』 제79집, 한국철학사연구회, 2023.

전광섭, 「조선개국기 삼봉의 법치사상 분석」, 『한국거버넌스학회보』 제25권 제3호, 한국거버넌스학회, 2018.

정긍식, 「≪朝鮮經國典≫과 朝鮮初期 法制整備」, 『서울대학교 法學』 제56권 제2호, 서울대학교 법학연구소, 2015.

정긍식, 「유가법사상과 경국대전의 편찬」, 권연웅 외 편, 『한국유학사상 대계(8): 법사상편』, 한국국학진흥원, 2008.

정긍식, 「중국율령의 수용과 한국 전통사회」, 『저스티스』 통권 제158-2호, 한국법학원, 2017.

조지만, 『조선시대의 형사법: 대명률과 국전』, 景仁文化社, 2007.

조지만·김대홍, 『한국법제사연구II: 법제사 연구의 연혁과 성과① 한국전통법』, 한국
　　　법제연구원, 2025.

최종고, 「鄭道傳의 法思想: 韓國法思想에 대한 試論」, 『文學과 知性』 제6권 제3호, 문
　　　학과지성사, 1975; 『법사와 법사상』, 박영사, 1980.

한영우, 『왕조의 설계자 정도전』, 지식산업사, 1999.

한영우, 『鄭道傳思想의 硏究』, 서울대학교 韓國文化硏究所, 1973, 개정판: 1987.

『(국역)삼봉집1-2』, 민족문화추진회, 1982.

한국고전번역원, 한국고전종합DB(https://db.itkc.or.kr/)

국사편찬위원회, 조선왕조실록(https://sillok.history.go.kr/main/main.do)

제8장 정도전의 진법 훈련과 군제 개혁

윤훈표(성균관대 한국철학문화연구소 연구원)

1. 머리말

2. 연구사 정리

3. 진법서의 찬술과 강습의 시행

4. 군제 개혁안의 마련과 『조선경국전』·『경제문감』의 저술

5. 진법 훈련의 주도 및 요동 정벌과 사병 혁파의 계획

6. 맺음말

1. 머리말

고려에서 조선으로의 왕조 교체의 주역이자 신왕조 통치 체제의 기초를 놓았다고 평가되는 정도전의 정치 사상 가운데 군사 분야의 골격이 되는 부분을 정리하고자 한다. 구체적으로 군사 제도에 관한 전반적인 개혁과 함께 교육 부문에서 핵심에 속하는 진법 훈련 등을 검토하려

는 것이다. 특히 내용 분석보다 의미 파악에 중점을 두고자 한다.

여말선초의 상황은 국내외를 막론하고 매우 혼란스러웠다. 전에 없던 규모의 압력이 안팎으로 가중되었다. 심지어 홍건적이나 왜구처럼 외국의 반란 세력까지 침공했으며 역사상 보기 드물게 아군이 요동이나 대마도 등지를 정벌하기도 했다. 군사 분야가 모두의 핵심이 되기에 이르렀다. 이는 국가나 통치 체제에 국한된 것이 아니라 그 운영에 깊숙이 개입된 인물에게도 적용되었다. 당면 입장과 품성에 따라 차이가 있지만 어떤 형태로든 간여했다면 얼마나 능동적으로 활동했느냐에 따라 그의 위상이 결정될 정도였다. 정도전도 이런 추세를 파악하여 자발적으로 군사 문제에 몰두했으며 상당한 업적을 남겼다. 특히 조선 건국 작업에 참여했던 것을 계기로 통치 체제의 정비에 전력을 쏟았는데 군사 분야에도 거대한 발자취를 남겼다.

본 논문은 정도전의 군사 분야를 대상으로 추진했거나 구상했던 것을 구체적으로 고찰하려고 한다. 먼저 우왕 9년(1983) 함주막에서 당시 동북면 도지휘사로 재직했던 이성계와의 만남 이후 태조 즉위 직후까지 시행했던 진법서의 찬술과 그에 대한 강습 문제를 다루고자 한다. 다음으로 조선 건국 이후 판의흥삼군부사(判義興三軍府事)에 오르면서 본격적으로 추진했던 군제 개혁의 내용과 성격을 『조선경국전』, 『경제문감』 등의 편찬 작업과 연관시켜 검토하고자 한다. 『조선경국전』, 『경제문감』 등은 국가 운영의 기본 원칙을 담고 있기에 개혁 작업의 성과물이 집약되었다고 볼 수 있다. 따라서 단순히 개혁 작업으로 끝난 것이 아니라 군대의 골격이 수립되었다고 보아야 하며 그런 입장에서 정리하고자 한다. 끝으로 명과의 외교 마찰 등으로 촉발된 요동 정벌과 내적으로 일원적 통수 체계의 수립과 관련하여 추진했던 사병 혁파 등을 위해 진법 훈련을 주도하게 되었던 경위와 그 의미 등을 다루고자 한다.

이성계와의 만남을 기점으로 조선왕조의 창건 과정을 통해서 그동안 구상해왔던 것을 하나씩 단계적으로 실행하면서 전체적인 군제 개혁과 관련된 통치 체제의 전반에 걸친 내용과 성격, 그 의미 등을 구체적으로 기술하고자 한다. 더불어 명과의 관계가 악화하면서 신생 국가의 군제를 단지 체제 정비하는 것에 그치지 않고 궁극적으로 군사 대결까지 염두에 두면서 전투태세를 확립하는 단계로까지 진전되는 과정과 최종적으로 사병 혁파를 통해 통수 체계의 일원화를 추진하고자 했던 것을 동시에 달성하고자 시도했던 진법 훈련의 의의를 밝혀보고자 한다. 결론적으로 정도전이 주도했던 군제 개혁과 진법 훈련이 차지하는 역사적 의미 등을 파악하고자 한다.

2. 연구사 정리

먼저 정도전의 사상을 종합 정리하여 그의 역사적 위상을 자리매김함으로써 새로운 고찰 방향을 마련했다고 평가되는 『鄭道傳思想의 研究』에서는 그가 남긴 저술에 대한 소개와 함께 국방관을, '자주의식(自主意識)과 사대론(事大論)'이라는 서로 상반된 입장에서 조명하고 있는 점이 특징이다. 전자는 군사 부문에, 후자는 외교 분야에 정치시키면서 내부적으로는 강병(強兵)으로 실력배양을, 외적으로는 평화를 표방한 안정을 추구했다고 파악하고 있다.[1] 표면상 상호 모순된 것처럼 보이나 실제로는 상통되는 것으로 간주함으로써 새로운 통치 체제의 성격을 드러내고자 했다. 이런 관점으로 인해 지금까지도 다 각도로 검토 대상이 되고 있다.

이어서 정도전의 문집인 『삼봉집』에 수록된 군제 개혁안에 대해 구체적으로 검토했던 연구가 제출되었다. 『경제문감』, 『조선경국전』, 『진법』 등의 군사 관련 조목들과 더불어 『태조실록』에 수록된 관계 사료 등을 종합적으로 파악하여 정도전의 군제 개혁안의 성격을 국초의 사병을 혁파하고 대신에 시위군을 강화함으로써 신왕조의 기틀을 확고히 다지고자 했던 것으로 논증했다.[2] 이를 통해 이 분야 연구의 기초를 제공했다. 이어서 정도전의 군사관(軍事觀)을 전반적으로 살펴보되 특히 독자적인 병법의 창안, 중국의 것을 선택적으로 수용해서 수립했던 군사 제도 등을 중점적으로 소개했던 연구도 제출되었다.[3]

한편 고려말의 상소를 통해 통치 체제의 전면적 개혁을 주도했던 조준 등의 군제 개편안과 조선왕조 개창 직후의 군제 개혁을 주도했던 정도전의 방안 등을 비교, 검토해서 그 특징을 밝힌 연구들도 제출되었다.[4] 정도전이 추구했던 군제 개혁의 방향을 좀 더 선명하게 헤아릴 수 있게 만들었다.

군사 제도의 개편과 함께 정도전이 상당한 노력을 기울여 추진했던

---

1) 韓永愚, 『(改正版)鄭道傳思想의 硏究』, 서울大學校出版部, 1983.
2) 鄭杜熙, 「三峰集에 나타난 鄭道傳의 兵制改革案의 性格」, 『震檀學報』 50, 1980.
3) 李鍾學, 「鄭道傳의 軍事觀 硏究」, 『國防硏究』 27-2, 1984.
4) 柳昌圭, 「高麗末 趙浚과 鄭道傳의 改革 方案」, 『國史館論叢』 46, 1993; 정일태, 「여말선초 병제개혁 논의와 사병혁파(私兵革罷)를 통한 '공가지병(公家之兵)'의 구현」, 『軍史』 112, 2019.

것은 각종 병법서의 편찬과 더불어 이에 기초한 교육 및 훈련 등의 체계적 실시였다. 이 문제에 대해 집중적으로 검토했던 연구 성과 등이 다수 제출되었다. 먼저 조선 초기 군사와 관련된 중요한 관심사가 대외적으로는 명나라와의 관계에서 요동을 수복하는 계획과 북방에서의 여진족 평정 문제, 대내적으로는 병권의 중앙집중과 군제의 확립 및 화약 무기의 발달 등으로 파악하고 이들과 직접적으로 연관된 병법서의 간행과 훈련 등을 주제별로 구분해서 그 각각에 대해 구체적으로 검토하였다.[5] 이 역시 이 분야 연구의 기초를 놓았다고 평가되었으며 이후의 후속 작업에도 상당한 영향을 끼쳤다.

그 뒤를 이어서 한층 더 심화시킨 연구 성과가 제출되었다. 먼저 북한에서 조선 초기 첫 군사 훈련 교범집인 ≪진도≫의 편찬 경위와 그 내용에 대한 고증 및 분서 평가를 시도하는 연구가 제출되었다. 그런데 ≪진도≫가 현존하지 않았던 반면에 정도전이 저술한 ≪진법≫이 남아 있었기 때문에 두 병서의 상호 관계를 밝히는 동시에 ≪진법≫의 내용을 고찰하는 식으로 논지를 펼쳤다. 결론적으로 ≪진도≫가 직진, 예진, 곡진, 방진, 원진 등 5진법의 위주로 기술된 훈련 교범집의 특성이 강했던 것에 비해 ≪진법≫은 그보다 군사 원리 문제를 담고 있는 경서류의 성격이 농후하다고 파악했다.[6] 비슷한 시기에 한국에서도 『삼봉집』에 소재한 『진법』에 대해 집중적으로 검토했던 연구가 제출되었다. 그에 따르면 『진법』은 『진도』의 해설문에 후손들이 유고(遺稿)을 합한 후에 붙인 서

---

5) 河且大, 「朝鮮初期 軍事政策과 兵法書의 發展」, 『軍史』 19, 1989.
6) 최흥록, 「리조초기의 첫 군사훈련교범인 ≪진도≫와 정도전의 ≪진법≫에 대하여」, 『력사과학』 1992-4, 1992.

명일 것으로 추정했다. 따라서 전반부는 최초에 도보(圖譜)가 함께 있었는데 어떤 경로로 해서 유실되어 버리고 그 밖의 남아 있던 『진도』의 해설문으로 구성되었다. 그리고 후반부는 정도전이 평상시의 필요를 위해 용병에 관해 적어 놓은 초록으로 구성되었다고 보았다.[7]

한편 태조대 군사력을 재건하기 위한 훈련 교재로서 편찬되었다고 파악하는 연구도 제출되었다. 먼저 『진법』에서는 대규모 병력 운용을 위해 음양오행의 원리에 의해 하나의 진(陣) 속에 5개의 소부대가 편성되는 오진법 체계를 적용하고 있다는 것을 전제로 한다. 그리고 이를 통해 추구하고자 하는 주된 내용은 '분수'의 법칙에 의해 대규모 병력을 지휘할 수 있는 방법과 기본 군사 훈련을 위한 소규모 대형수립에 있었다고 한다.[8] 이어서 조선 초기 진법서의 편찬 배경과 활용 문제를 다루면서 정도전의 『진법』 편찬은 전례와 고제에 해당하는 고대의 진법을 정리하는 과정에 해당하는 것으로 보는 시각도 있다.[9]

『진법』에 보이는 병학 사상을 검토한 연구도 나왔다. 그에 따르면 『진법』이 제도보다는 관련 이론을 체계화하기 위해 편찬했는데, 구체적으로 후반부의 병학이론에 관련해서 무경칠서 등의 병서를 직접 인용한 것이 아니라 『통전(通典)』을 재인용했다는 점을 주목했다. 그 과정에서 비유교적 요소의 배제와 보병 중심의 진법 훈련을 강조하는 경향을 보여준다고 한다.[10] 계속해서 태조대 정도전의 주도로 추진되었던 유교

---

7) 김광수, 「鄭道傳의 『陣法』에 대한 고찰」, 『陸士論文集』 50, 1996.
8) 김동경, 「정도전의 『진법(陣法)』과 태조대 군사력 재건」, 『한국문화』 53, 2011.
9) 곽성훈, 「조선 초기 진법서의 편찬 배경과 활용」, 『역사와 현실』 97, 2015.
10) 허대영, 「정도전의 『陣法』에 보이는 병학사상에 대한 검토」, 『朝鮮時代史學報』 92, 2020.

의례로서 훈련제도의 정립 문제를 다루었다.[11] 이로써 정도전이 편찬한 병학서 및 그의 주도로 추진되었던 군사 교육과 훈련 등의 골격이 대개 밝혀졌다.

그런데 정도전의 정치론을 섭렵하고자 특히 『조선경국전』이나 『경제문감』 등을 통해 그 의미와 성격 등을 파악하는 작업을 수행하면서 군사 방면에 관한 것을 검토했던 연구도 상당수에 달한다.[12] 더불어 조선 초기의 군사 제도를 해명하는 작업에서 정도전이 주도했거나 간여했던 조치의 내용과 의의 등을 다루었던 성과도 다수 제출되었다.[13]

이 외에도 당시 그가 차지했던 위상으로 인해 여러 관련 분야에 걸쳐 상당한 연구 성과들이 제출되었다. 하지만 본 연구에서는 별도로 다루지 않고 봉화정씨 영남문회·삼봉연구원 편, 「삼봉 정도전 관련 논저 목록 작성 및 수합 사업 결과보고서」, 2023을 참조하는 것으로 대신하고자 한다.

---

11) 허대영, 「조선 초기 군사훈련의례와 병학」, 서울대학교 박사학위논문, 2021.

12) 都賢哲, 『高麗末 士大夫의 政治思想研究』, 一潮閣, 1999; 김영수, 『건국의 정치』, 이학사, 2006; 최상용·박홍규, 『정치가 정도전』, 까치, 2007; 김당택, 『이성계와 조준·정도전의 조선왕조 개창』, 전남대학교출판부, 2012; 도현철, 『조선전기 정치사상사』, 태학사, 2013 외 다수.

13) 閔賢九, 『朝鮮初期의 軍事制度와 政治』, 韓國研究院, 1983; 尹薰杓, 『麗末鮮初軍制改革研究』, 혜안, 2000; 윤훈표, 「조선건국의 과정과 군제개편」·「중앙집권적 군사체제의 확립」, 『한국군사사 5 조선전기 Ⅰ』, 육군본부, 2012; 김웅호, 『조선초기 중앙군 운용 연구』, 경인문화사, 2023 외 다수.

3. 진법서의 찬술과 강습의 시행

정도전의 일생에서 가장 극적인 순간은 우왕 9년 함주막에서 동북면 지휘사였던 이성계와의 만남이었다. 당시 태조의 호령이 엄숙하고 대오가 정제된 것을 보고서 '참으로 훌륭합니다. 이런 군대를 가지고 무슨 일을 못 하겠습니까?'라고 말했다는 것이다.[14] 이는 그동안 관심만 가지고 있던 병학을 본격적으로 탐구하여 현실에 적용해보려고 시도하는 계기가 되었다.

『태조실록』의 졸기에 따르면 정도전은 '일찍이 곤궁하게 살고 한가롭게 지내면서도 스스로 문무의 재간이 있다고 여겼다.'라고 한다.[15] 이듬해 함주막을 다시 찾았다가 돌아가는 길에 썼던 자영 5수(自詠五首) 가운데 한 수에서 다음과 같이 읊었다.

또[又]

유술이란 알고 보면 자기 일에 졸한 거라 / 自知儒術拙身謀

병법에 뜻을 두어 손·오를 배웠었네 / 兵畧方師孫與吳

세월은 흘러가고 공은 끝내 못 세우니 / 歲月如流功未立

먼지 낀 책상에 병법 책을 폐했다오 / 素塵牀上廢陰符[16]

위에서 『손자』·『오자』 등의 병법서에 관심이 많아 공부했으나 막상 공

---

14) 『태조실록』 권14, 태조 7년 8월 26일(기사); 『용비어천가』 12장.

15) 『태조실록』 권14, 태조 7년 8월 26일(기사).

16) 『삼봉집』 권2, 칠언절구 自詠五首.

을 세우지 못했음을 탄식하였다. 얼마 지나지 않아 이성계의 집권과 더불어 현실에서 실행할 기회가 주어졌다. 『태조실록』의 졸기에 따르면 대사성을 거쳐 십학도제조에 임명되었는데 이때 상명·태일 등 여러 산법[詳明太一諸算法]을 가르쳤다.[17] 좀 더 자세하게 알아보면 공양왕 원년(1389)에 십학교수관(十學敎授官)를 설치했는데, 예학은 성균관, 악학은 전의시, 병학은 군후소(軍候所), 율학은 전법사, 자학은 전교시, 의학은 전의시, 풍수음양학은 서운관에, 이학은 사역원에 각각 예속시켰다.[18] 십학도제조란 새로 설치된 십학의 책임자 자리인데 정도전은 다른 교수관과 같이 직접 생도들을 가르쳤다. 그런데 산법은 어디에서 교육했는지가 분명하지 않다. 이로 인해 위 십학 가운데 직접적으로 언급되지 않았으나 산학(算學)이 소속되었을 가능성이 크다.[19] 즉 산학에서 산법을 교육했을 것이다.

『태조실록』에 따르면 중군 군후소에서 진도의 법을 가르쳤다.[20] 중군 군후소의 전신이 곧 십학의 병학 군후소라고 생각된다. 그런데 현재 전해지지 않지만 정도전은 『팔진삼십육변도보』·『태을칠십이국도』를 저술했다.[21] 권근이 쓴 「삼봉집서」에 이들이 언급되어 있어 우왕 11년 이전에 쓴 것이 분명한데 함주막으로 이성계를 찾아갈 무렵에 지은 것으로 추측된다.[22] 계속해서 권근은 그 내용이 간략하면서도 곡진하여 세상의

17) 『태조실록』 권14, 태조 7년 8월 26일(기사).
18) 『고려사』 권77, 백관지 2 諸司都監各色 十學.
19) 李成茂, 「朝鮮初期 技術官과 그 地位」, 『惠菴柳洪烈博士華甲紀念論叢』, 1971, 197쪽.
20) 『태조실록』 권4, 태조 2년 7월 13일(병진).
21) 『삼봉집』 권8, 부록 사실.
22) 韓永愚, 『(改正版)鄭道傳思想의 研究』, 서울大學校出版部, 1983, 35쪽.

명장과 술사들이 모두 좋게 여겼다고 칭찬하고 있다. 정황상『팔진삼십육변도보』는 병학 군후소에서 교재로 사용했을 가능성이 있다.『태을칠십이국도』는 추정이지만 산학에서 교재로 채택하여 가르쳤을 수도 있다.[23]

이렇듯 정도전에게는 대사성을 거쳐 십학도제조 등을 제수하여 일단 문무 교육 분야의 일을 맡겼다. 성과가 좋았는지 갑자기 파격적인 인사가 이루어졌다. 공양왕 3년(1391) 1월에 삼군도총제부(三軍都摠制府)가 설치되었다.[24] 고려의 오군을『주례』에 의거하여 제후국에 해당하는 삼군으로 개편하는 것을 명분으로 삼았다. 실제로는 권세가 등이 거느리고 있었던 사병 조직이나 여러 갈래로 분산되어 혼란에 빠진 관리 기구 등을 바로잡아 이성계를 정점으로 일원적인 통수 체제에 귀속시키려는 것이다.[25] 전군의 실권을 장악하여 군제 개혁을 효율적으로 추진하려고 했다.

이때 이성계가 삼군도총제사, 배극렴이 중군총제사, 조준이 좌군총제사, 정도전이 우군총제사가 되었다.[26] 이성계는 말할 나위 없고 배극렴은 여러 차례 지방 관직에 제수되어 직접 전투에 참전해서 원수까지

---

23) 천문에서 태일(太一)은 태을(太乙)이라 불리는데 역학에서 태을수(太乙數)와 밀접한 관련이 있다고 한다(최정준,「조선시대 太一殿 移方의 易學的 原理」,「동방문화와 사상」3, 2017, 101쪽). 그렇다면『태을칠십이국도』를 교재로 삼아 태을산법을 강의했을지도 모른다. 태을산은 군대의 기동과 관련하여 날씨 등을 점치는데 활용되었다(정다함,「정벌이라는 전쟁／정벌이라는 제사」,「한국사학보」52, 2013, 289~90쪽).

24)『고려사절요』권35, 공양왕 3년 1월.

25) 尹薰杓,『麗末鮮初軍制改革研究』, 혜안, 2000, 160~1쪽.

26)『고려사』권46, 세가 공양왕 3년 1월 을미.

지냈던 인물이고,[27] 조준은 여러 무반직을 거치면서도 직접 전투에 참여한 적은 없었으나 최영의 명으로 체복사에 임명되어 제대로 싸우지 못했던 지방관과 장수 등을 처벌하기도 하고 왜구가 강릉교주도로 침략해 오자 도검찰사에 임명돼 선위좌명공신의 칭호를 받기도 했다. 그리고 위화도 회군 이후에는 군제 개혁에 관한 상소를 올렸다.[28] 반면에 정도전은 그 흔한 무반직에 임명된 적이 없으며 외직도 간청하여 남양부사를 지낸 것이 전부였다.[29] 이전까지 군사 관련 관직이나 보직에 제수된 바가 없었으며 실전 경험도 없었다.[30] 이성계 휘하의 전투 참여나 무반직 경험이 많은 사람들을 제쳐두고 우군총제사를 제수했다는 것은 특별한 우대 조치였다.[31] 이를 계기로 갑자기 유력 인사가 되었다. 하지만 이런 파격적 인사의 후유증도 컸던 모양이다.

정도전이 사양하며 말하기를, "삼군을 만들 때 신은 중국에 있었기에 헌사에서 아뢴 바를 잘 알지 못합니다. 그러나 원수를 없애 삼군으로 만들면서 저를 총제사로 삼는다면 여러 원수의 직위에서 쫓겨난 사람들이 반드시 앙앙불락하면서, '정도전이 원수를 없애고 스스로 총제가 되었구나.'라고

|||||||||||||||||||||||||||||||||||||||||||||||||||||||||||||||||||||||||||||||||

27) 『태조실록』 권2, 태조 1년 11월 26일(계묘) 졸기.

28) 『고려사』 권118, 열전 조준.

29) 『고려사』 권119, 열전 정도전. 그의 관직 이력을 보면 대간이니 관리 인사를 담당하는 이부·병부의 낭관을 거친 적도 없으며 비교적 한직으로 돌았다고 했다(이익주, 『정도전』 창비, 2024, 19쪽).

30) 실전 경력이 없다는 점이 문제였다(李鍾學, 「鄭道傳의 軍事觀 硏究」, 『國防硏究』 27-2, 1984, 223쪽).

31) 이성계 휘하의 인물군에 관해서는 윤훈표, 「고려말 이성계의 군사 활동과 조선 건국 주도 세력의 결집 양상」 『韓國史學史學報』 33, 2016을 참조할 것.

말하면서 원망이 자자하게 일어날 것입니다. 또 신은 활쏘기와 말타기에도 익숙하지 못하니 감당하기 어렵습니다. 사전을 없애고 관복을 고치는 등의 일은 모두 제가 한 것이 아닌데도 좌우에서 모두 저를 지목하고 있으니 신이 다시 외람되게 이 임무를 맡게 되면 참소하는 말이 날마다 나와 신이 위태롭게 될 것입니다. 원컨대 다른 사람으로 바꾸도록 명하소서."라고 하니, 왕이 말하기를, "큰 나라가 삼군을 두는 것은 고제인데 중간에 권신들에 의해 폐지되고 재상들이 각자 원수를 칭하니 한 백성도 그들의 소유가 아님이 없다. 지금 원수를 혁파하고 삼군을 세우는 것은 옛것을 복구할 기회이다. 총제는 막중한 임무를 맡은 자리라, 두 시중과 의논해 그대를 임명한 것이니 경은 사양하지 말라."고 했다. 정도전은 "만약 참소하는 말이 나오더라도 청컨대 받아들이지 마시고 미천한 신하를 끝까지 지켜주소서."라고 하면서 드디어 사양하지 않으니 왕이 기뻐하였다.[32]

위에서 정도전은 우군총제사의 발령을 거둬줄 것을 청하면서 겸양의 표현인지 활쏘기와 말타기에도 익숙하지 못하며 즉 무재(武才)도 갖추지 못했을 뿐만 아니라 삼군도총제부의 설치 문제에 개입한 적도 없고 사전 혁파나 관복 개정 등의 일에도 간여한 바가 없다고 주장하였다. 이를 그대로 받아들이면 어떻게 우군총제사에 임명되었는지 의심스럽다. 특별한 것이 있었기에 가능했을 것이다. 왕이 두 시중과 의논해서 임명했다는데 아마도 이성계의 추천으로 이루어졌을 것이다. 역설적으로 삼군도총제부의 설치, 사전 혁파나 관복 개정 등의 작업에 깊이 간여했던

<hr>

32) 『고려사』 권119, 열전 정도전.

결과로 말미암은 것이 아닌가 한다.[33)

　이성계가 추천했던 이유는 여러 가지이겠지만 그가 보여준 군사 교육에 대한 능력을 높이 샀을 것이다. 당시 군대의 취약점 가운데 하나는 외적 방어를 위해 출동했던 장수와 그 휘하인들의 들쑥날쑥한 전투력이었다.[34) 이성계나 최영 같은 인물들은 출동했을 때마다 승리를 거뒀다. 반면에 형편없는 실력으로 졸전만 벌이다가 패했던 사례도 비일비재했다. 문제는 강력한 국가의 정규군을 상대했던 것이 아니라 일종의 외지 반란 세력이라고 볼 수 있는 홍건적, 왜적, 심지어 여진족의 한 무리인 호발도(胡拔都), 몽골군의 잔당에 속했던 나하추(納哈出) 등에게 번번이 졌다는 사실이다.

　이렇게 전력이나 전공(戰功)의 편차가 매우 커지게 된 근본 요인은 원의 간섭을 받은 뒤부터 국방체계가 무너지고 위급할 때마다 급하게 병력을 동원해서 출동시키는 식으로 대처했기 때문이다. 공민왕대 반원

<hr>

33) 삼군도총제부의 전신격인 궁중숙위부의 설치를 건의했던 바가 있었기에 실질적으로 간여했을 것으로 추정된다(尹薫杓, 『麗末鮮初軍制改革研究』혜안, 2000, 158쪽 주 230).

34) 이 사실은 공양왕 원년 12월에 올린 헌사 상소의 "근년 이래로 군사를 거느리는 소임은 그 재능을 묻지 않고 다만 재상의 지위에 있으면 즉시 임명해서 파견하니 지휘 통솔[節制]이 적절함을 얻지 못하고 적의 세력은 더욱 떨쳐 침입하게 되어 군현이 텅 비게 되었습니다. 고인이 이르기를, '임금이 장수를 제대로 택하지 못하면 그 나라를 적에게 주는 것이요, 장수가 군사 업무를 알지 못하면 그 임금을 적에게 넘겨주는 것이다.'라고 했다." 라는 지적을 통해 미루어 짐작할 수 있다(『고려사』권81, 병지 1 병제, 공양왕 원년 12월 헌사상소). 전투에 출전하는 장수를 능력 대신 지위에 의거하여 선임하는 것에 따른 폐해에 대해서는 이미 숱한 사례를 통해 입증된 바 있었다. 이로 인해 발생한 문제에 대해 상소에서도 계속하여 "근래에 병제가 크게 무너져 군사를 동원한 지 30여 년이 되도록 군정은 기율이 없고 전술 없는 장수로써 가르치지 않은 백성으로 싸우게 하니 소문만 듣고도[望風] 무너져 도망하니 천리에 시체가 널려있습니다. 보잘것없는 왜노(倭奴)가 나라의 근심이 되니 마음이 아프지 않을 수 있습니까?"라는 문제점을 언급하였다. 이 같은 당시의 혼란과 병폐를 근본적으로 해결하기 위해 군사 교육과 훈련 체계의 개혁을 시도하면서 그 책임자로 정도전을 발탁, 지명했던 것으로 이해된다.

개혁 정치를 단행하면서 전민변정 사업 등과 연계해서 군제의 복구를 시도했지만 만족할만한 성과를 얻지 못한 채 계속해서 혼란 상태에 놓였다.[35] 그로 인해 이른바 패기(牌記)라 불리는 사병제가 활성화되었다. 관에 병적을 등록시키는 것이 아니라 장수 각자가 스스로 점유해서 통솔하는 식으로 운영하였다. 이성계를 필두로 최영·변안열·지용수·우인열 등의 무장들이 거느렸다.[36] 이런 상황에서는 이성계의 휘하처럼 호령이 엄숙하고 정제된 대오를 갖춘 군대는 이길 확률이 높았고 그렇지 못한 부대는 졸전을 면치 못했다.

그런 상황에서 삼군도총제부가 설치되면서 사병제 형태로 각각의 지휘관 아래 자의적으로 통솔되던 병력이 갑자기 통합되었다.[37] 그동안 뿔뿔이 흩어져서 움직이다가 돌연히 합쳐졌을 때 가장 필요한 것은 조직을 빠르게 총괄할 수 있는 제도와 기구, 규정 따위를 마련하는 일이다. 이 분야를 맡을만한 사람은 군제를 포함한 각종 개혁안을 제출하는 데 앞장섰던 조준이라고 판단했던 것 같다. 그다음 들쑥날쑥한 전력을 이른 시간 안에 정제된 대오를 갖추도록 상향 평준화하는 작업은 그간 군사 교육 분야에서 상당한 성과를 보여준 정도전에게 맡기는 것이 좋다고 생각했던 모양이다. 이로써 인사 방면에서 전체적인 윤곽이 마련

35) 尹薰杓, 「高麗末期 軍制改革의 추진과 그 성격」, 『麗末鮮初軍制改革研究』, 혜안, 2000.

36) 『태조실록』 권1, 총서.

37) 고려말 패기 형태 병력의 실제 운영 모습을 보여주는 것으로 주목되는 견해가 제출되었다. 즉 당시 고려 군사들은 소규모 정예 기병을 중심으로 해서 이를 활용한 요격전 위주로 전투에 임했다는 것이다. 그리고 대규모로 군대를 조직하더라도 각각의 장수가 자신의 군사를 따로 지휘하는 형태였다는 것이다(허대영, 「조선 초기 군사훈련의례와 병학」, 서울대학교 박사학위논문, 2021, 55쪽). 이런 상태에서 하나로 통합하는 데는 제도나 기구, 규정 등의 마련뿐만 아니라 교육 및 훈련체계 등의 수립도 매우 중요했을 것이다.

되었다.

그런데 정도전은 이후 군사 분야 이외의 방면에서 전에 없는 엄청난 건의안을 쏟아내기 시작했다. 그중에는 공양왕으로서는 도저히 받아들일 수 없는 것까지 포함되었다. 불교 비판이라든가 심지어 이색과 우현보 등의 처형까지 요구할 정도였다. 양자의 불화가 극대화되면서 정도전은 재차 우군총제사에서 물러나게 해 주기를 요청했다. 사직서 안에서 논쟁 중인 갖가지 현안들을 거론하며 자신의 무관함과 참소에 대한 억울함 등을 호소하고 재차 물러날 뜻을 밝혔다. 이에 대한 임금의 반응은 차가웠다. 간관이 '정도전의 공은 사직(社稷)에 있습니다. (그런데) 사직(辭職)하는 전을 올렸음에도 불구하고 여러 날 답을 내리지 않는 등 공신으로 제대로 대우해주지 않아서 곤란합니다.'라고 하니 그때 다시 정당문학으로 삼았다. 그 뒤에도 몇 차례 충돌하다가 유배되었는데 정몽주 등이 제거된 다음에 풀려났다. 얼마 지나지 않아서 조선으로 왕조가 교체되었다.[38)

정치적으로 극단적 행보를 걸었던 탓인지 본령이라고 볼 수 있는 군사 교육 분야는 오히려 어수선해졌다. 태조 2년 7월 도평의사사의의 계에 따르면 고려말에 법령이 해이해지면서 병법을 필요치 않은 일로 여겨져 중군 군후소의 진도(陣圖)의 법과 교학(敎學)의 명칭이 모두 문구(文具), 즉 법문으로만 갖춰진 것처럼 되어버렸다. 이에 건국하면서 새로 설치한 훈련관에서 양반 자제와 성중관들을 모아서 병서와 진도를 강습

받도록 할 것을 건의하여 실행했다.[39] 아마도 정도전이 곤경에 처했을 때 제대로 운영되지 못했기에 조선에 들어와 새롭게 정비하려는 시도로 보인다. 얼마 뒤 중군 군후소는 폐지되고 훈련관에 병합되었다.[40]

조선에 들어와 군사 교육 및 훈련 체계의 정비는 정도전이 주도했다. 태조의 즉위 교서를 작성하면서 문과 실시와 더불어 무과에 해당하는, 즉 강무하는 법을 관장하는 훈련관에서 때때로『무경칠서』와 사어의 기술을 강습시켜 통달한 경서의 많고 적은 것과 기예의 정밀하거나 조잡한 것으로써 높고 낮은 등급을 정하여 합격자 33명에게 출신패(出身牌)를 지급하고, 명단을 병조로 보내 탁용에 대비하게 할 것이라고 천명했다.[41] 이어서 좌명공신문하시랑찬성사의흥친군위절제사로 임명되었기에 자연스럽게 그 일도 맡았을 것이다.[42]

이때 훈련관에서 교습시키는 양반 자제란 관료의 후손들 가운데 아직 관직에 나가지 않은 자들을 가리키는 것이다. 그리고 성중관이란 시대에 따라 조금씩 의미가 변했는데 고려말에는 주로 궁관(宮官)과 시위 군사를 가리켰다.[43] 건국 직후이니 이 뜻으로 쓰였을 것이다. 그러므로 이들은 양반의 후손들이나 국왕의 측근 인사들이었다. 개중에 군사도 있었을 것이나 왕의 호위병 역할 정도를 했을 것이다. 그러므로 훈련관에서의 강습은 관료 예비군, 또는 준비생을 모아 가르쳐서 등용하려는

---

39) 『태조실록』 권4, 태조 2년 7월 13일(병진).
40) 『태조실록』 권5, 태조 3년 1월 12일(임자).
41) 『태조실록』 권1, 태조 1년 7월 28일(정미).
42) 『태조실록』 권1, 태조 1년 7월 28일(정미).
43) 韓永愚,「朝鮮 初期의 上級胥吏「成衆官」－成衆官의 錄事로의 一元化 過程－」,「東亞文化』 10, 1971, 9쪽.

것이었다.

한편 제도 정비에 나섬과 동시에 강습서의 찬술 작업도 재개했다. 태조 1년에 『주례』의 사마가 수수(蒐狩)하던 법, 그리고 진·위·제·진(晉魏齊秦)과 양저(穰苴)·이정(李靖)·제갈무후(諸葛武侯) 등의 병법을 가지고 『오행진출기도』를 짓고, 다시 『사마병법』을 증손(增損)하며 『강무도』를 만들어서 바쳤더니, 왕이 칭찬하고 군사들에게 (이들을) 연습하도록 명했다는 것이다.[44] 다시 이듬해 8월에는 『사시수수도』를 지어서 바쳤다.[45] 이윽고 11월에는 임금에게 말해서 절제사들이 거느린 군사 중에서 무략이 있는 사람을 뽑아 『진도』를 가르쳤다.[46] 무략자란 절제사 휘하 중에서 최고 정예에 속하는 부류였다. 그들만 가려내 가르치게 했던 이유가 궁금하다.

초창기라 의흥친군위에 소속된 절제사들이 거느리는 병력은 과거의 사병적 체질에서 벗어나지 못했다. 그런 상태에서 정예들을 추려 『진도』를 교습했다는 것은 우선 교육 및 훈련 체계부터 일원화시켜 장차 하나로 통합된 통수 체제를 운영하기 위한 발판 작업으로 보인다. 즉 전환에 대비해 핵심 간부층을 양성하겠다는 의도였다. 이 방안은 태조의 지지를 얻어서 차후 정도전이 주도했던 사병 혁파의 기본 방향으로 자리 잡게 되었다. 그런데 『진도』을 교습했다는 점으로 미루어 태조 1년에 찬술했던 『오행진출기도』 등을 주로 활용했을 것이다. 이때 고려말에 찬술했던 『팔진삼십육변도보』와 『오행진출기도』의 차이점을 고찰했던 견해

44) 『삼봉집』 권8, 부록 사실.
45) 『태조실록』 권4, 태조 2년 8월 20일(계사).
46) 『태조실록』 권4, 태조 2년 11월 9일(경술).

가 주목되는데, 전자는 비록 고전의 팔진을 근본으로 삼았던 것이나 배열법과 훈련 방법 등이 구체적으로 전해진 것이 없었기 때문에 더 이상의 진척이 곤란하다고 판단했던 모양이다. 그 대신 고대 진법의 전통을 계승한 후대의 이론과 훈련법을 참고하되 여기에 유교 윤리를 가미하여 오행진과 5진체제로 새롭게 정립했다고 한다. 그리고 이것이 이후까지 이어지는 원형이 되었다고 했다.[47]

태조의 허락을 받자마자 정도전은 군사를 구정(毬庭)에 모아 진도를 설치하고서, 그들에게 고각·기휘·좌작진퇴의 절차를 익히게 했다.[48] 성과가 좋았다고 판단했는지 규모를 크게 확대하였다. 임금이 직접 임진의 수미포에 거둥하여 정도전에게 오군진도(五軍陣圖)를 연습하도록 명했다. 계속해서 첨절제사 진충귀와 대장군 이귀령을 중군사마로 삼으며 여러 절제사를 불러서 전에 이미 각기 진도를 연습하라고 명했던 적이 있었는데 내일 만약 연습하지 않는 자와 영을 어긴 자가 있으면 자신이 처벌하겠다고 말했다.[49]

그리고 재차 정도전에게 옛날에는 봄사냥과 겨울사냥해서 종묘에 짐승을 바쳤는데, 지금 봄사냥해서 짐승을 잡아 먼저 종묘에 바치는 것이 어떨지를 물었더니 대향(大享)이 이미 지났으니 망제(望祭)에 올리는 것이 좋겠다고 답했다.[50] 이는 『사시수수도』와 『강무도』마저 실습하는데 태조가 힘을 보태겠다는 의중을 드러낸 것으로 보인다.[51]

<hr>

47) 허대영, 「조선 초기 군사훈련의례와 병학」, 서울대학교 박사학위논문, 2021, 53~71쪽.
48) 『태조실록』 권4, 태조 2년 11월 12일(계축).
49) 『태조실록』 권5, 태조 3년 3월 11일(경술).
50) 『태조실록』 권5, 태조 3년 3월 11일(경술).
51) 태조 때 군사 훈련은 재상 주도로 거행했다고 보기도 한다(김웅호, 「조선초기 중앙군 운

이를 통해 정도전이 태조의 독려를 받으면서 절제사 휘하의 군대를 교육 및 훈련해서 단기간 내에 소기의 성과를 거두고자 했음을 알 수 있다. 그 배경에는 중국의 고전적인 병법서 등을 상세하게 검토한 뒤 조선에 적합한 진법서를 찬술해서 강습하겠다는 의지가 깔려있었다. 이를 높이 평가한 태조는 그것을 전군에 교육하고 훈련하도록 확대했다. 그리고 군사 교육 분야의 총괄 역할을 부여했다. 문제는 거기서 끝내려고 하지 않았다는 사실이다. 다음 단계로 나아가기 위한 발판으로 삼고자 했다. 다만 짧은 기간 내에 다양한 교재를 찬술해서 강습하고 실습시킨다는 것이 본인에게는 실력 입증의 기회가 되었을 것이나 이들을 익혀야 하는 절제사와 휘하 병력에게는 커다란 부담이 되었다.

4. 군제 개혁안의 마련과 『조선경국전』· 『경제문감』의 저술

태조 2년 9월에 삼군총제부를 의흥삼군부로 개편하고 중방을 폐지했다.[52] 고려적 색채를 지우고 조선식의 면모를 갖추기 위함이며,[53] 설치 때 삼군도총제사였던 태조가 즉위하고 중군총제사였던 배극렴이 사망함[54]에 따라 자연히 인사 이동과 조직 개편 등이 행해질 필요가 있었다.

용 연구』, 경인문화사, 2023, 121~2쪽).
52) 『태조실록』 권4, 태조 2년 9월 14일(병진).
53) 尹薰杓, 『麗末鮮初軍制改革研究』, 혜안, 2000, 188쪽.
54) 『태조실록』 권2, 태조 1년 11월 26일(계묘).

여전히 건재한 좌군총제사 조준과 우군총제사 정도전의 역할이 더욱 중요해졌다.

먼저 정도전의 정식 임명 기록은 보이지 않으나 태조 3년 1월에 판의흥삼군부사로서 둑제(纛祭)를 주관했다.[55] 조준은 태조 6년 12월에야 겸판의흥삼군부사에 제수되었다.[56] 이렇게 보면 처음에 조준이 관계하지 못했던 것처럼 보인다. 하지만 태조 3년 3월 좌시중 조준을 교주·강릉·서해·경기좌·우오도총제사로, 판삼사사 정도전을 경상·전라·양광삼도 도총제사로 삼았다.[57] 이는 좌·우총제사를 고스란히 연상시키는 인사로 보인다. 조준이 직접 간여하지 않더라도 군권의 행사는 보장되었으며 상하 관계도 확실히 했다.[58]

한편 정도전은 판삼사사(判三司事)에도 임명되었다.[59] 즉 늠봉을 주고 지용을 계산하는 등의 일을 관장하는 삼사의 책임자가 되었다.[60] 군사와 녹봉·회계 업무의 양편을 동시에 관장하는 것이 비상 상황이 발생했을 때 즉각적인 대처가 가능하다는 장점뿐만 아니라 삼군부 소속의 절제사들에게는 상당한 압력으로 작용했을 것이다. 사병적 요소가 여전한 상황에서 녹봉·회계 업무 등을 동시 관장한다는 것은 어떤 형태로든 개

<hr>

55) 『태조실록』 권5, 태조 3년 1월 27일(정묘). 한편 태조 2년 9월에 정도전이 의흥삼군부 판사가 되었다고 보기도 한다(김웅호, 『조선초기 중앙군 운용 연구』, 경인문화사, 2023, 133쪽 주470). 의흥삼군부로의 개편과 동시에 판사에 임명되었다는 것이다.

56) 『태조실록』 권12, 태조 6년 12월 16일(갑오).

57) 『태조실록』 권5, 태조 3년 3월 3일(임인).

58) 조준 등이 병권을 장악하고 또 정권마저 장악하는 것이 불가하다고 비판했던 변중량·박포 등을 국문하라고 명했던 것을 통해 이를 짐작할 수 있다[『태조실록』 권6, 태조 3년 11월 4일(경자)].

59) 『태조실록』 권4, 태조 2년 9월 13일(을묘).

60) 『태조실록』 권1, 태조 1년 7월 28일(정미).

입하거나 간섭할 수 있는 통로가 마련되었다고 볼 수 있기 때문이다.

둑제를 마친지 한 달이 지난 태조 3년 2월 그 이전, 또는 이후에도 보기 힘든 규모의 군제 개혁안이 정도전의 명의로 공포되었다.[61] 이어서 같은 해 5월에『조선경국전』을 편찬했다.[62] 한 달이 채 지나지 않아서 역대부병시위지제(歷代府兵侍衛之制)를 찬진했다.[63] 이 모든 작업이 태조 3년 상반기 안에서 이루어졌다. 그리고 태조 4년 2월에 서반관제(西班官制)가 개정되고,[64] 일련 작업의 기착점으로 보이는『경제문감』이 동년 6월에 편찬되었다.[65]

먼저 실질적 출발이라고 할 수 있는 군제 개혁안 전문에서 그 취지를 다음과 같이 밝혔다.

‘예로부터 나라를 다스리는 사람은 문으로써 다스림을 이루고 무로써 난리를 평정합니다. 문무 양직은 사람의 두 팔과 같으므로 어느 것도 소홀히 해서는 안 됩니다. 이에 본조에는 이미 백사 서부(百司庶府)가 있고 또 제위 각령(諸衛各領)이 있으므로 문무의 직이 갖춰져 있습니다. … 지금 전하께서 하늘의 큰 명령을 받고 성대하게 일을 하시니 마땅히 구폐를 고쳐 나라의 형세를 두텁게 만들고 천재를 그치게 하여 유신하는 정치를 이뤄야 할 것입니다. 그러나 사람들이 보고 듣는 데 익숙해져서 오랫동안 쌓인 폐해는 고치기 어려우나 제왕이 천명을 받으면 반드시 복색을 변경하고 휘호를

---

61) 『태조실록』 권5, 태조 3년 2월 29일(기해).
62) 『태조실록』 권5, 태조 3년 5월 30일(무진).
63) 『태조실록』 권6, 태조 3년 6월 24일(임진).
64) 『태조실록』 권7, 태조 4년 2월 13일(정축).
65) 『태조실록』 권7, 태조 4년 6월 6일(무진).

고치는 것은 시청을 한결같이 하여 폐단을 제거해서 새롭게 하기 위함입니다. 이에 송태종은 금군의 구호를 아름다운 칭호로 고쳐 사기를 더욱 진작시켰습니다. 지금 전하께서는 동반의 관명과 직호는 모두 개정하여 명칭에 따라 실상을 책임 지우게 해서 백관이 일에 나아가 성공에 힘쓰게 했는데 유독 부위의 칭호만 예전대로여서 폐단도 또한 전과 같습니다.'[66]

위 전문에서는 송태종의 고사에 따라 금군의 옛 호칭을 고친다고 했으나 그 이하의 조문 내용을 보면 서반관제의 전반적 개정을 건의한 것으로 되었다. 구체적으로 제1조목에는 중·좌·우의 3군 10사(司) 50령(領)으로 편성된 중앙군 조직 분야가 수록되었다. 제2조목에는 상장군 이하의 관직과 정원, 그리고 지방군의 조직 등이, 제3조목에는 시위군 조직의 임무와 통솔체계, 제4조목에는 궁관 계통의 시위 조직이라고 볼 수 있는 애마의 조직과 인원, 제5조목에는 위령 인원 선발, 제6조목에는 위령과 성중애마의 명부와 감독·감찰, 제7조목에는 군법과 그 적용, 마지막 제8조목에는 전군의 지휘 통솔체계가 수록되었다.[67] 그러므로 전문에서 언급했던 부위의 칭호에 국한된 것이 아니라 서반의 범주에 해당하는 것들의 전반적 개정을 포괄하여 규정했다.[68]

이상의 내용으로 구체적인 개혁 대상이 분명해졌다. 그것은 대체로 태조 1년 7월에 정해진 문무백관제였다. 당시 서반의 경우 정3품 절충

---

66) 『태조실록』 권5, 태조 3년 2월 29일(기해).

67) 『태조실록』 권5, 태조 3년 2월 29일(기해).

68) 한편 정도전의 군제 개혁의 의의가 국초의 사병을 혁파하는 대신 시위군을 강화함으로써 신왕조의 기틀을 확고히 다지는 것으로 보는 시각도 있다(鄭杜熙, 「三峰集에 나타난 鄭道傳의 兵制改革案의 性格」, 『震檀學報』 50, 1980, 146쪽).

장군(折衝將軍) 이하 종8품 수의부위(修義副尉)까지의 무산계, 그리고 의흥친군좌위 이하 10위와 그 각각의 소속 관직·정원·품계 등이 규정되었을 뿐이다.[69] 반면에 동반에는 문산계를 시작으로 사직단직(社稷壇直)·동요직(東窯直)·서요직(西窯直)·감직(監直)에 이르기까지 총 53개 조목에 걸쳐서 각종 부서가 기록되었다. 동반의 방대함에 비해 서반의 상대적인 빈약한 구성은 『고려사』 백관지의 그것과 유사하다. 서반에는 2군 6위, 즉 응양·용호군과 좌우·신호·흥위·금오위·천우위·감문위, 6위 장사(長史) 직책, 도부외, 의장부, 견예부, 충용사위 등이 전체였다.[70] 동반의 삼사·삼공 이하의 나열된 조직 규모와 비교해 보면 매우 왜소했음을 알 수 있다.[71]

　이로써 군제 개혁안 전문에서 문무 양직은 어느 것도 소홀해서는 안 된다고 전제했던 것과 말미에 부위의 칭호 등에 고려적 색채를 제거해야 한다고 주장했던 이유를 어느 정도 파악할 수 있다. 태조 1년 7월에 정해진 서반은 고려의 체제를 거의 그대로 답습했던 관계로 동반에 비해 크게 왜소했다. 더구나 근간이 되는 부위는 고려식 명칭을 계속 유지하며 조직 체계나 운영 방식 등도 구제에서 벗어나지 못했다. 따라서 전반적인 개정을 통해 면모를 일신해서 문무의 균형을 이룬 새로운 체제를 확립하려고 했다. 표면상으로는 부위의 칭호 정도를 바꾼다 했으나 실제로는 전반적 개정을 통해 동반과 나름 대등한 서반관제를 구축하고

---

69) 『태조실록』 권1, 태조 1년 7월 28일(정미).

70) 『고려사』 권77, 백관지 2 西班.

71) 제3분류인 서반과 제1분류인 동반·경직을 비교하면 후자가 전자보다는 훨씬 더 커다란 비중을 차지하는 기구·조직이었다고 할 수 있다(朴龍雲, 『『高麗史』 百官志 譯註』, 신서원, 2009, 32~3쪽).

자 했다. 이를 통해 여전히 문제가 되는 사병적 요소를 불식해서 군대를 일원적으로 지휘 통솔할 수 있는 제도를 확립하고자 했다.[72] 특히 구체제에서는 사병적 요소에 따른 폐단이 태생적으로 일어날 수밖에 없었기에 그 기반을 부정해야만 재현 현상을 막을 수 있었다.

태조 3년 2월에 올린 정도전의 군제 개혁안을 임금이 그대로 따랐다[上從之].[73] 하지만 제1조목에 해당하는 3군 10사로의 개편은 그로부터 1년 뒤인 4년 2월에 실행되었다.

> 서반관제를 개정하였다. 의홍친군좌위를 의홍시위사, 우위를 충좌시위사, 웅양위를 웅무시위사, 금오위를 신무시위사, 좌우위를 용양순위사, 신호위를 용기순위사, 홍위위를 용무순위사, 비순위를 호분순위사, 천우위를 호익순위사, 감문위를 호용순위사로 고치었다.[74]

위 서반관제의 개정에서는 3년 2월의 정도전 건의안에서 제1조목의 내용만 제시되었으나 명칭이나 상황 등으로 미루어 전체가 모두 법제화되었을 것으로 추정된다. 서반관제의 개정이라고 특별히 서두에 명기했던 것을 통해 짐작하는 바이다.[75] 앞서 3년 2월에 임금이 그대로 따랐다

---

72) 사병 혁파와 병권의 귀일 및 지휘계통의 일원화 문제는 일찍이 선학들에 의해서 지적되었다(閔賢九, 「五衛體制의 確立과 中央軍制의 成立」, 『韓國軍制史 −近世朝鮮前期篇−』, 陸軍本部, 1968, 57~60쪽; 鄭杜熙, 「三峰集에 나타난 鄭道傳의 兵制改革案의 性格」, 『震檀學報』 50, 1980, 142쪽).

73) 『태조실록』 권5, 태조 3년 2월 29일(기해).

74) 『태조실록』 권7, 태조 4년 2월 13일(정축).

75) 『경제문감』에 군제 개혁안의 전문 및 제1, 2, 3조목이 모두 실렸다는 사실을 통해 그렇게 짐작했다(鄭杜熙, 「三峰集에 나타난 鄭道傳의 兵制改革案의 性格」, 『震檀學報』 50,

고 되었으나 법으로써 실행된 것은 그 뒤 1년이 지난 4년 2월에 이르러서 였다. 복잡한 논의 과정을 거쳐서 마침내 1년 뒤 확정된 것으로 보인다.

그런데 서반관제가 4년 2월에 확정되었기 때문에 3년 5월 편찬된『조선경국전』에는 수록될 수 없었다. 그 대신 태조 1년 7월의 구제가 올랐다.[76] 그러면 무슨 이유로 5월에『조선경국전』을 저술했는지가 궁금하다.[77] 이미 선행연구들에서 고려말부터 도입을 추진했던 육전체제의 첫 번째 귀결이『조선경국전』이라고 파악했다.[78] 이를 통해 얻고자 했던 것은 새로 개편된 통치 체제의 전체를 하나로 집약시켜 과거의 폐단을 철저히 제거하는 동시에 새로 확립된 것이 제 기능을 발휘할 수 있게 하는 틀의 구축이었다.[79]

정도전에 따르면 고려의 경우 사건이 작으면 중랑장 이하를 보내고 사건이 크면 상장군과 장군을 보내어 이를 막게 하고 부득이한 경우 군현의 군사를 징발하여 밖의 적을 공격하고 안의 국토를 지키게 해서 4백여 년이나 전했으니 그 당시 부병의 강성함을 알 수 있다. 사변이 없으면 병법을 익히게 하고 사변이 있어 군대를 출동시키면 반드시 오진으로 하였으니 그 당시 병법의 익힘도 또한 알 수 있다고 했다.[80] 즉 고

1980, 145쪽).

76) 이익주, 『정도전』 창비, 2024, 54쪽 주 36).

77) ≪조선경국전≫이 통치 이념과 통치 조직의 종합적인 체계를 제시한 것이라면, ≪경제문감≫은 그중에서 특히 치전의 내용을 보완한 것이라고 한다(韓永愚, 『(改正版)鄭道傳思想의 硏究』, 서울大學校出版部, 1983, 42~3쪽).

78) 윤훈표·임용한·김인호, 「조선경국전과 경제육전의 성격」, 『경제육전과 육전체제의 성립』, 혜안, 2007.

79) 尹薰杓, 「高麗末 改革政治와 六典體制의 導入」, 『學林』 27, 2006.

80) 『태조실록』 권5, 태조 3년 2월 29일(기해).

려 전기에서는 전시와 평시의 구분을 매우 엄격하게 적용하고 그때의 상황에 맞게 적절히 조처했다는 것이다.

그런데 고려말에 이르면 상황이 급변한다. 동아시아 국제정세가 혼란에 빠지면서 외적들의 잦은 침공, 그로 인한 공포와 내부 모순의 증대에 따른 사회 불안의 고조 등으로 군대가 상시로 동원되었으며 이들을 지휘하기 위해 다양한 종류의 지휘관들이 파견되었다.[81] 그리고 마침내 관에 군적을 등록시키지 않고 장수들이 각기 점모(占募)하여 군사로 삼는 패기 형태가 출현하기에 이르렀다.[82] 그뿐만 아니라 공양왕 2년(1390) 12월 헌사에서 각도의 절제사가 통첩을 내려 도내의 군현과 경기의 농민에게 일이 없는 때라도 여러 달 동안 개경에 머무르게 하니 사람과 말이 피곤하여 원망이 심하다. 공부를 부담하는 백성뿐만 아니라 향·사·리의 장(長)에 이르기까지 모두 예속되니, 이는 나라에 불리하고 백성들에게 불편하다며 절제사의 축소와 지방과 경기 군현의 군민을 모두 돌려보낼 것을 건의해서 허락을 받기도 했다.[83] 이를 통해 상시 동원 체제에서는 지휘관들이 아무런 간섭이나 제재 없이 누구라도 군사로 삼아서 마음대로 징발하여 거느렸음을 알 수 있다.[84]

또한 휘하 군관들의 인사권을 자의적으로 행사하기도 했다. 단적인 예로 공민왕 23년(1374) 이희를 양광도안무사겸왜인추포만호로, 정준제

---

81) 尹薰杓, 「朝鮮初期 '軍官'의 機能變化」, 「河炫綱敎授定年紀念論叢」, 혜안, 2000, 310쪽.
82) 「태조실록」 권1, 총서.
83) 「고려사」 권81, 병지 1 병제, 공양왕 2년 12월.
84) 공양왕 3년 우군총제사의 임명을 사양하던 정도전에게 국왕이 '재상들이 각자 원수를 칭하니 한 백성도 그들의 소유가 아님이 없었다[宰相各稱元帥 一民莫非其有]'라고 당시의 폐단을 지적했던 것을 통해 그런 상황에 놓였음을 짐작할 수 있다(「고려사」 권119, 열전, 정도전).

를 전라도안무사겸왜인추포만호로 임명하고 이희의 반당(伴倘) 67명과
정준제의 반당 85명에게 모두 첨설직을 제수하면서 밀직사에게 공명천
호첩(空名千戶牒) 20장과 백호첩(百戶牒) 200장을 나눠 주게 했던 것을 들
수 있다.[85] 여기서 이희 등의 반당들은 그를 따르던 사병 같은 존재들이
었는데 첨설직을 받으면서 정식으로 관직 신분에 오르게 되었다.[86] 나
아가 공명천호첩 따위를 받았던 이희 등은 자기 뜻에 따라 필요한 사람
들에게 나눠줄 수 있었다. 당시 정황으로 미루어 이런 일이 이희 등에
국한되지 않았을 것이며 그들보다 상위의 지휘관들은 더 폭넓게 행사했
을 것이다.

좀 더 심각했던 것은 왜구 침입 등으로 재정이 어려워져서 지원이 줄
어들자 지휘관들이 수조권 등을 활용해서 자체적으로 각종 물품을 거둬
들임에 따라서 민생까지 피폐해졌다는 사실이다.[87] 우왕 9년 이성계가
올린 안변책에 따르면 여러 관청과 원수들이 파견한 자들이 무리를 지
어 다니면서 접대를 받고 껍질을 벗기고 골수를 긁어내는 것처럼 수탈
하니 백성들이 고통을 참지 못하여 흩어지고 도망치는 자가 10에 8,9나
된다. 이런 상황에서는 군량을 조달할 길이 없으니 이런 행위를 금지해
백성들을 편안하게 해 줄 것을 건의했다.[88]

이런 현상은 변경에 국한되지 않았다. 우왕 14년(1388) 7월 조준의 상
서에서 겸병을 일삼는 집안에서 조(租)를 거두는 무리가 병마사·부사·

---

85) 『고려사』 권83, 병지 3 선군 공민왕 23년 1월.
86) 尹薰杓, 「朝鮮初期 '軍官'의 機能變化」, 『河炫綱敎授定年紀念論叢』, 혜안, 2000, 310쪽.
87) 尹薰杓, 「朝鮮初期 '軍官'의 機能變化」, 『河炫綱敎授定年紀念論叢』, 혜안, 2000, 312쪽.
88) 『고려사』 권135, 열전 우왕 9년 8월.

판관, 혹은 별좌라고 칭하면서 종자 수십 명을 거느리고 말 수십 필을 타고 다니면서 수령을 능욕하고 안렴사를 굴복시키며 음식을 물 쓰듯이 하고 주전(廚傳)에서 비용을 낭비하고 있다. 봄부터 가을까지 무리를 이루어 횡행하면서 횡포를 부리고 빼앗고 약탈함이 도적보다 배나 심하니 지방이 이들 때문에 시들고 쇠약해졌다는 것이다.[89] 겸병을 일삼는 집 안에서 조를 거두는 무리가 병마사·부사·판관, 혹은 별좌라고 칭했던 것은 실제로 그렇게 해야만 수령·안렴사 등을 제압하고 백성들에게 조를 거둘 수 있었기 때문이다. 즉 이성계의 안변책에서 묘사했던 바와 같이 여러 관청과 원수들이 파견한 자들이 수탈하는 방식을 흉내 냈던 것으로 보인다. 병마사 등은 원수가, 별좌는 관청에서 파견했던 것을 모방했던 것에서 유래하지 않았는가 한다.[90] 이런 사례들을 통해 지휘관들이 군량 등의 조달을 구실로 민간 등에서 수탈했으며 이를 지방관조차 막지 못한 채 수수방관하던 상황이 벌어졌음을 알 수 있다.

한편 패기를 거느리는 지휘관들은 소속 막료와 사졸 가운데 자기 뜻대로 움직이지 않는 사람이 있으면 욕설로 꾸짖고 혹은 매질을 가해 죽이기까지 했을 정도였다.[91] 전시에는 장수가 예하 장졸들의 생살여탈권을 지니는 것이 당연했다. 하지만 평상시에는 제약이 많았는데 위급 상황이 아님에도 처형까지 할 수 있었다는 것은 초월적인 권한을 행사했음을 의미했다. 상시 동원 체제에서는 억제하기가 쉽지 않았을 것이다.

더구나 고려 말의 군사 훈련은 공적인 제도에 의해 통일된 훈련 양식

---

89) 『고려사』 권78, 식화지 1 전제 전시과 우왕 14년 7월 大司憲趙浚等上書.
90) 尹薰杓, 「朝鮮初期 '軍官'의 機能變化」, 『河炫綱敎授定年紀念論叢』, 혜안, 2000, 313쪽.
91) 『태조실록』 권1, 총서.

에 따라 시행되지 않았고 개별 무장 혹은 관료들에 의해 나름의 방식으로 시행되었다.[92] 조선 건국 직후에도 이런 양상이 지속되었을 것이다. 이런 경우 훈련의 불성실 등의 이유로 지휘관이 휘하 병졸들을 마음대로 처벌해도 어쩔 도리가 없었다.

위급한 상황을 구실로 상시 동원 태세에 있던 군대는 자연히 지휘관의 자의적인 통솔체계에 의해 움직일 수밖에 없었다. 그 지휘관은 장졸의 징발·동원부터 인사, 군수품 조달, 보급, 징벌, 훈련 등에 이르기까지 뜻대로 일 처리를 했을 것이다. 그에 따른 국방상의 혼란과 사회 불안은 매우 심각했다. 조속한 해소를 위해 패기 형태로 운영되던 사병을 혁파해서 하나로 통합된 기구나 제도에 흡수해야 했다. 조선에 들어와 이 작업은 삼군도총제부의 후신인 의흥삼군부에 의해 계승되었다.

정도전은 근본적 해결을 위해서는 상황에 따라 일이 벌어지거나 사건이 터졌을 때 수시로 하달되는 왕명에 의존하기보다 법에 근거하여 제도화된 시스템을 도입해서 모든 국정을 일원적으로 관리하는 방안을 창출하고자 노력했다. 육전체제를 바탕으로 하는 성문법전의 편찬이 곧 그 해답으로 등장했다. 그 첫 번째 결실이『조선경국전』이었다.

군사 분야를 통해 그 구조 및 특징을 파악해보고자 한다. 첫머리에 해당하는 치전을 보면 먼저 총재(冢宰)가 관장한다고 했다. 다음으로 관제에서는 동반관제를 정리하고 그 아래 입관(入官)을 통해 관리 등용을 위한 인재의 양성 및 선발 제도를 즉 교육 기관과 문과·문음 등을 언급했다. 이어서 군대는 나라에서 항상 갖추고 있어야 할 것이니 무예를 연

---

92) 허대영, 2021, 「조선 초기 군사훈련의례와 병학」, 서울대학교 박사학위논문, 60쪽.

습시키지 않을 수 없다고 여겨 훈련관을 설치하고 도략(韜略)과 전진법(戰陣法)을 가르치고 있다고 했다.

그 뒤에 군관(軍官)으로 이어지는데 재상은 대개 통솔하지 않는 것이 없기는 하지만 군기와 같이 중대한 일을 반드시 묘당에서 알게 했으니, 그것은 체통을 보전하기 위한 것이다. 무기를 진신이 잘 다루지 못하나 계책을 결정하여 승리를 가져오는 것은 도략에 능통한 사람을 기다린 뒤에야 요량할 수 있는 일이다. 그리고 비로소 10위 50영의 기구 편성을 기록하고, 상장군 이하 무관직과 그들을 의흥삼군부에서 통솔케 하였다고 언급했다. 재상이 의흥삼군부의 일과 제위의 일을 맡아 중관으로 경관을 통어하고, 소관을 대관에 소속시킴으로써 체통을 엄격히 했다. 끝으로 각도에는 절제사를 두고 주군의 군사를 당번제로 상경시켜 숙위하게 하였으니 이것은 중앙과 지방이 서로 유기적인 관계를 맺도록 하고자 하는 뜻에서며 지방군을 의흥삼군부의 진무소에 소속시킨 것은 중앙이 지방을 통어하고자 하는 뜻이라고 했다.[93]

위의 치전 구성을 보면 태조 3년 2월 군제 개혁안의 서두에서 천명했던 문무 균형의 원칙이 관철되었음을 알 수 있다. 동반관제만 수록한 『경국대전』 이전과 달리 서반관제도 포괄하였다.[94] 즉 치전이 동서반을 모두 포괄하였다. 이는 총재가 동서반을 총괄해야 한다는 이념의 실현과 관련된다.[95] 그런데 이런 체제에서 총재가 군사에 대한 식견이 없거

---

93) 『삼봉집』 권13, 조선경국전 상 치전.

94) 이는 원의 『경세대전서록』 치전의 구성을 따른 것이라고 한다(송재혁, 「정도전(鄭道傳)의 국가론－『조선경국전(朝鮮經國典)』과 원(元) 제국의 유산－」, 『韓國思想史學』 65, 2020, 182쪽).

95) 都賢哲, 『高麗末 士大夫의 政治思想研究』, 一潮閣, 1999, 214~5쪽.

나 부족하면 그 자격에 문제가 된다. 군대를 통솔하려면 문관 출신의 경우 도략, 즉 전략과 전술에 대한 이해도가 높아야 한다. 자연히 총재를 고를 때 문무를 겸비했는지 따져야 했다.

다른 한편으로 당시 여전히 패기를 거느린 절제사들이 지녔던 군의 인사권을 박탈하고 국가 기구로 흡수하기 위한 법적 장치를 마련하는 것도 포함되었다. 무관으로 선발되기 위해서는 무예에 능숙할 뿐만 아니라 훈련관에서 도략과 전진법 등도 배워야 했다. 즉 문무를 겸비해야 했다. 제도화된 교육과 훈련을 통해 양성된 사람들이 무과를 통해 입관해서 진출하도록 했다. 결국 시종일관 일원적 과정을 밟도록 해서 다른 사적인 요소가 개입하는 것을 원천 차단했다.

다음으로 병전에 해당하는 정전(政典)에서는 총서에서 육전이 모두 정(政)인데 유독 병전에서만 정이라고 말을 한 것은 사람의 부정(不正)을 바로잡는 것이기 때문이다. 오직 자기 자신을 바룬 사람이라야 남을 바룰 수 있다고 했다.[96] 그러므로 병은 내외의 적을 막는 것뿐만 아니라 부정한 자들을 바르게 하는 일도 해야 했다. 이를 확대해석하면 유교 사회의 수호자가 되어야 했다. 그대로 실행된다면 병은 그저 무예나 병법만 숙달해서는 곤란하다. 반드시 인의에 어긋나는 행위를 감별할 수 있는 능력도 겸비해야 한다. 문무의 겸비는 이제 필수가 되었다.

정전의 구성과 『경국대전』 병전을 비교하면 노동력 징발과 관련된 공역, 둔전, 역전 등에서 차이가 있음을 파악할 수 있다.[97] 『경국대전』 병

<hr>

96) 『삼봉집』 권14, 조선경국전 하 정전 총서.
97) 정전도 원의 『경세대전서록』을 따른 것이라고 한다(송재혁, 「정도전(鄭道傳)의 국가론 ― 『조선경국전(朝鮮經國典)』과 원(元) 제국의 유산 ―」, 『韓國思想史學』 65, 2020, 180~1쪽).

전이 대체로 서반관제 및 그에 직결된 사항들로 편성되었던 관계로 공역, 둔전, 역전[98] 등은 제외되었다.[99] 그들도 군사와 관련되나 그보다 민관의 영역에서 처리하는 것이 타당하다고 여겼기 때문이 아닌가 한다. 반면에 정전에서는 문무겸비가 중시되었다.

결국 『조선경국전』을 통한 군제 개혁은 제도적으로는 문무의 균형과 더불어 서반직자는 물론 병사까지도 문무겸비를 이루자는 것이다. 이를 통해 내외의 적을 물리치는 것뿐만 아니라 부정한 자들도 바로잡는 역할을 실행하는 것이었다. 그리고 혼란의 근원으로 여겨지는 군내의 사적인 행태나 요소 따위를 제거하고 과거의 잘못된 관행이나 관습 등을 불식해서 재발하지 않도록 성문법전에 따른 일원적 통수 체제를 확립하는 것이다. 더불어 무질서하게 분산되어 임무 수행에 방해되거나 쓸데없이 합쳐놓아 낭비와 더불어 권한 남용에 따른 부패의 소지가 있던 부문을 육전체제에 기반해서 정리 정돈하는 작업을 펼쳐서 체계적으로 작동하도록 조정하였다.

그런데 문제는 『조선경국전』의 서반관제가 태조 1년 7월의 옛 제도였다는 점이다. 따라서 그대로 집행할 수는 없었다. 이 문제를 해결하고자 태조 4년 6월 『경제문감』을 찬진하면서 위병(衛兵)에 개정된 3군 10사를 수록했다.[100] 그리고 자신의 안(按)[101]으로 궁정(宮正)과 궁백(宮伯)은 모

---

98) 『경국대전』 병전에는 역마(驛馬)로 편성되어 오직 그 관련 조문만 수록하였다. 그런 점에서 역참의 전반적인 사항을 수록한 정전의 역전과는 차이가 있다.

99) 윤국일, 『≪경국대전≫연구』, 과학.백과사전출판사, 1986, 134~6쪽.

100) 이익주, 2024, 『정도전』 창비, 191쪽 주128).

101) 실제로는 『주례정의』 권5, 천관(天官)의 우안(愚按) 즉 왕여지의 말인데 이를 자신의 글로 변경했다고 한다(최민규, 「정도전 『삼봉집』의 판본과 연구 자료」, 『정도전연구입문』, 주류성, 2025, 89~90쪽).

두 총재에 소속시키고 거느리게 하였다는 사실을 적시했다.[102] 다만 위병은 궁궐과 도성을 지키는 중앙군을 지칭하기에[103] 그것을 제외한 나머지 사항은『조선경국전』의 규정을 따라야 했다.[104] 이로 인해 현실 적용에 효율성이 떨어지고 불편하였다.

이 문제에 착안하여 통일 법전을 편찬해서 나누어진 것들을 합쳐 하나의 체계로 종합하려 했다. 육전체제의 실효성을 높여 신왕조의 제도 문물을 조기에 정착시켜 안정화를 이룩하고자 했다. 이 작업은 조준이 주도했다.[105] 그 결과 태조 6년 12월 최초의 성문법전이었던『경제육전』이 편찬되었다. 도당에서 검상조례사가 무진년(우왕 14) 이후의 합행조례(合行條例)를 책으로 엮도록 해서 간행되었다.[106] 그 직전에 조준이 판의흥삼군부사를 겸했다.[107]

『경제육전』의 구조상 총재가 군사 분야를 총괄했을 것으로 당시 재상이던 조준이 담당했을 것이다. 그동안 군제 개혁을 주도했던 것은 정도전이었는데 결과는 총재인 조준이 총괄하는 위치에 서게 되었다. 이러한 사정이 양측의 불화를 조성하는 계기가 되었다.

---

102)『삼봉집』권10, 경세문감 하 위병.

103) 이익주,『정도전』, 창비, 2024, 190쪽 주124).

104)『조선경국전』은 정치 제도론의 성격을 지녔고,『경제문감』은 관료론, 신하론을 제시했다고 보는 시각도 있다(송재혁,「정도전 저작의 군신공치론적 구조:『진서산독서기』와의 연관성을 중심으로」,『공자학』52, 2024, 164쪽).

105)『태종실록』권9, 태종 5년 6월 27일(신묘).

106)『태조실록』권12, 태조 6년 12월 26일(갑진).

107)『태조실록』권12, 태조 6년 12월 16일(갑오).

5. 진법 훈련의 주도 및 요동 정벌과
사병 혁파의 계획

정도전의 위상에 변화가 일어난 계기는 먼저 외적인 요인에서 비롯되었다. 그 시초는 태조 1년 10월 명에 사은사로 파견된 것이었다.[108] 이 듬해 3월 귀국 길에 사은표를 가지고 들어가던 최영지(崔永沚)를 가로막고서 그가 오랫동안 서북면에서 군사를 거느렸던 관계로 중국에도 명성이 알려졌기에 가면 안 된다고 건의하여 결국 다른 사람으로 교체시켰다.[109] 반면에 본인은 황제가 융숭하게 대우하여 가고 싶은 곳은 어디건 가게 했다고 주장했다.[110] 곧이어 동북면도안무사로 임명되었다가[111] 1달 뒤 이지란으로 바뀌었다.[112] 그리고 『사시수수도』를 찬진하고,[113] 이어 절제사들이 거느린 군사 중 무략자를 뽑아 『진도』를 가르쳤다.[114]

그런 상황에서 태조 2년 5월 본국인 출신인 명의 사신이 황제의 수조(手詔)을 가지고 왔다. 그 내용은 조선 국왕이 계속 흔단을 일으킨다며 꾸짖고 유인해간 여진인을 돌려보내지 않으면 군대를 보내겠다고 위협하는 것이었다.[115] 이를 통해 정도전의 주장처럼 명태조가 융숭하게 대

---

108) 『태조실록』 권2, 태조 1년 10월 25일(계유).
109) 『태조실록』 권3, 태조 2년 3월 20일(을축).
110) 『삼봉집』 권8, 부록 사실.
111) 『태조실록』 권4, 태조 2년 7월 5일(무신).
112) 『태조실록』 권4, 태조 2년 8월 2일(을해).
113) 『태조실록』 권4, 태조 2년 8월 2일(을해).
114) 『태조실록』 권4, 태조 2년 11월 9일(경술).
115) 『태조실록』 권3, 태조 2년 5월 23일(정묘). 이런 내용은 명실록에서도 확인된다[『태조고
　　　황제실록』 권228, 홍무 26년 6월 18일(임진)].

우했다는 것은 사실이 아닐 가능성이 크다. 오히려 정도전의 귀국 길이 전례를 따르기보다 만약을 위해 미리 조치했던 것처럼 비추어지기도 했다. 차후 이 사건이 명에 알려지면서 요주의 대상이 되었다.

그런데 당시 명의 강한 압박에 불만을 표했지만 일단 그 요구를 수용해서 여진인들을 돌려보내기로 했다.[116] 하지만 명은 조선에 대한 경계를 늦추지 않았다. 사신의 입국을 차단하고서 요동의 방어시설을 늘리며 압록강 연변까지 순찰을 강화했다.[117] 이후 조선의 거듭된 해명과 요청에도 불구하고 상황은 좀처럼 호전되지 않았으며 오히려 요동 공격에 대비하는 태세를 강화했다.[118] 이윽고 그간의 정보망을 통해 파악했던, 강경파, 즉 무력 대결을 염두에 둔 인물의 대표격인 정도전 등에 초점을 맞추며 공세를 이어갔다.[119]

드디어 태조 5년 6월 명에서 표문을 지었던 정도전 등을 보내라는 예부의 자문이 전달되었다.[120] 계속해서 그가 반드시 화의 근원일 것이며 귀국하는 길에 산해위(山海衛)에 이르러 '(명과 사이가) 좋아지면 좋은 것이고, 안 좋아지면 와서 부딪치겠다[好便好不好來搶一場].'라고 했다고 주장했다.[121] 이로써 실제로는 표문 작성이라기보다 과거 태조 2년 귀국 길에서 일어났던 사건이 문제였다고 생각된다. 즉 정도전 관련 이

---

116) 정다함, 「朝鮮 太祖代 遼東 공격 시도에 대한 재해석 – 여말선초 동아시아의 광역적 통치질서 재구성과 '경계인' 이성계 –」, 「역사와 담론」 84, 2017, 135~6쪽.
117) 「(명)태조고황제실록」 권229, 홍무 26년 7월 8일(신해).
118) 이규철, 「정벌과 사대 15세기 조선의 대외정벌과 대명의식」, 역사비평사, 2022, 44쪽.
119) 이규철, 「정벌과 사대 15세기 조선의 대외정벌과 대명의식」, 역사비평사, 2022, 41쪽.
120) 「태조실록」 권9, 태조 5년 6월 11일(정유).
121) 「태조실록」 권11, 태조 6년 4월 17일(기해).

야기를 뒤늦게 전해 들었던 명태조가 군사적 대결까지 각오했던 고의적 행위였다고 인식했던 것 같다.

반면에 조선으로서는 더는 물러서기가 곤란했다. 이를 계기로 인적, 물적, 심지어 영토의 양보까지 요구할 기세로 간주했기 때문이다. 마침내 군사적 충돌까지 염두에 둘 필요가 있다고 여겼다. 태조 6년 6월 정도전이 일찍이 찬진했던 『오진도』와 『수수도』를 임금이 좋게 여겨 훈도관을 두고서 가르치고, 절제사·군관·서반각품·성중애마에게 『진도』를 강습시키되 통달한 사람을 각도에 파견해서 가르치게 했다.[122] 이때 기록상 최초로 정도전 등이 요동 정벌[123]을 건의하면서 조준에게 받아들일 것을 통보했으나 거절당했다.[124] 하지만 태조는 안심하지 못했는지 같은 해 12월 정도전을 동북면도선무순찰사(東北面都宣撫巡察使)로 임명하는 교서를 내렸다.

경은 학문이 고금을 통하고 재주는 문무를 겸하여 일대의 전장이 경으로 말미암아 제작되었으므로 이제 명하여 동북면도선무순찰사로 삼으니 갈지어다. 무릇 원릉을 봉안하는 것은 모두 성전을 따라서 빠뜨림이 없이 거행하고 성보를 수축하여 거민을 편안하게 하되 적당히 참호를 두어 왕래를 편하게 하며 주군의 경계를 구획하여 분쟁을 막고 군민의 호를 정제하여 등급

---

122) 『태조실록』 권11, 태조 6년 6월 14일(갑오).

123) 이 시기 요동 정벌 문제에 관해서는 김인호, 「제6장. 정도전의 화이론(華夷論)과 중국 인식, 요동 정벌 연구」, 『정도전 연구입문』 주류성, 2025에서 상세하게 연구사적 검토가 이루어져서 참조된다.

124) 박홍규, 「정도전의 '공요(攻遼)'기도 재검토: 정치사상의 관점에서」, 『정치사상연구』 10-1, 2004, 15~6쪽.

을 정하고 단주부터 공주의 경계까지 모두 찰리사의 통치안에 예속시키고 호구의 액수와 군관의 재품을 자세히 갖추어 아뢰되 가지고 있는 백성을 편하게 할 조건을 편의에 따라 거행하라. 아! 조상을 받들어 효도하기를 생각하는 것은 자식의 정성이요 명을 지키어 오직 부지런히 하는 것은 신하의 직분이니 가서 공경할지어다.[125]

위 교서를 통해 이곳은 예부터 조상의 땅이기에 우리의 고유한 영토임이 분명하다면서 어떤 경우를 막론하고 사수하도록 필요한 조치를 베풀 것과 지역민의 삶을 안정시키도록 하며 끝으로 효와 충으로써 맡은 바의 직분을 다할 것을 간곡하게 당부하였다. 영토만큼은 결코 포기할 수 없음을 분명히 했다.

이때 주목되는 점은 이지란을 정도전의 부행(副行)으로 삼았다는 사실이다.[126] 동시에 최영지는 서북면도안무찰리사가 되었다.[127] 앞서 언급했듯이 그는 서북면의 군사통이었다. 이로써 명과의 주 전쟁터가 되는 동·서북면에 최고의 군사통이 동시에 포진하게 되었다. 만약 전쟁이 일어난다면 정도전의 총지휘 아래 이지란과 최영지가 각 방면에서 군대를 통솔하게 될 전망이었다. 하지만 군사적 출동은 발생하지 않았다. 하지만 상황이 종료된 것이 아니며 언제든지 불거질 수 있었다. 계속해서 방어 체계의 정비에 나섰다. 서북면에는 선주·평양에 성을 쌓게 했

---

125) 『태조실록』 권12, 태조 6년 12월 22일(경자).

126) 『태조실록』 권12, 태조 6년 12월 24일(임인).

127) 『태조실록』 권12, 태조 6년 12월 17일(을미). 그 역시 교서를 받았다[『태조실록』 권13, 태조 7년 1월 17일(을축)].

다.[128] 얼마 뒤 이천우를 최영지에게 보내 관모와 병기를 주고 선주·평양성의 수축 상황을 보게 했다.[129] 비슷한 시기 동북면 경원부에는 정도전이 성을 쌓았다.[130]

어느 정도 안정되었다고 파악했는지, 명에 대한 지나친 경계를 의식했는지 태조 7년 3월에 동시에 두 명을 소환했다. 먼저 최영지가 내알(來謁)했는데,[131] 다음 날 이지란 등과 복명하는 자리에서 임금이 정도전에게 공이 윤관보다 크다고 칭찬했다. 마침 그 자리에 있었던 남은이 여러 절제사를 혁파하고 합하여 관군(官軍)으로 만들자고 건의해서 왕의 칭찬을 받았다.[132] 이를 계기로 진법 훈련은 외부, 즉 명의 압박에 대응하기 위한 전력 강화뿐만 아니라 이른바 사병 혁파에 따른 관군화 작업을 동시에 수행하는 역할을 맡게 되었다.

이후에도 명의 압박은 계속되었다. 태조 7년 5월 예부시랑의 서신 등이 도착했는데 천추절 계본을 잘못 쓴 3명을 추가 압송하라는 것이었다.[133] 이 문제의 처리를 둘러싼 논의[134]가 계속되는 와중에 정도전이 주도하는 진법 훈련이 갑자기 재개되었다. 먼저 양주목장에서 『진도』를 연습하였다.[135] 다음 날에는 다음과 같이 강도를 더 높여 실시하였다.

---

128) 『태조실록』 권13, 태조 7년 1월 24일(임신).
129) 『태조실록』 권13, 태조 7년 3월 9일(병진).
130) 『태조실록』 권13, 태조 7년 2월 16일(계사).
131) 『태조실록』 권13, 태조 7년 3월 19일(병인). 최영지는 동년 5월에 판삼사사에 임명되었는데[『태조실록』 권14, 태조 7년 5월 21일(정묘)], 전에 정도전이 맡았던 관직이었다.
132) 『태조실록』 권13, 태조 7년 3월 20일(정묘).
133) 『태조실록』 권14, 태조 7년 5월 14일(경신).
134) 『태조실록』 권14, 태조 7년 5월 16일(임술); 『태조실록』 권14, 태조 7년 윤5월 3일(무인).
135) 『태조실록』 권14, 태조 7년 윤5월 28일(계묘).

처음에 황제가 표사(表辭)로 기모(欺侮)했다며 공사를 정도전에게 관련지어 칙령으로 입조하게 하니 도전이 병을 핑계로 가지 않았는데 장차 죄를 묻는 일이 있을까 두려워하여 임금에게 계책을 올렸다. '군사들은 병법을 몰라서는 안 될 것입니다.' 마침내 『진도』를 찬술하여 올리고 제도의 절제사와 군사들에게 약속을 정해 갑자기 연습시키고 사졸을 매질하니 이를 많은 사람이 원망했다.[136]

위에서의 진법 훈련은 이전의 그것과 성격이 달랐다. 겉으로 표방은 하지 않았으나 내용상 명을 겨냥한 것이 확실했다.[137] 그런 점 때문인지 왕명으로 하달되었다는 직접적인 증거는 보이지 않는다. 단지 정도전이 절제사와 군사들에게 약속하는 것으로부터 시작되었다. 약속할 때 본 훈련의 취지와 내용 등을 설명하면서 은밀하게 임금의 지시가 전해졌을 것이다. 아울러 명령에 대한 절대적 복종 등이 강조되었을 것이다. 그 결과 훈련임에도 사졸을 혹독하게 처벌했을 정도로 강도가 높았다.

훈련 장소가 양주목장이라는 점도 주목된다. 양주목장에서는 지난해, 태조 6년 12월 강무가 실시되었다.[138] 그 무렵 앞서 언급했듯이 최영지를 서북면, 정도전·이지란을 동북면에 보내 방어태세를 강화했던 적이 있었다. 동계 강무를 실행했을 뿐이라고 해도 정황이 심상치 않았다. 그런데 특별히 목장에서의 강무는 기병도 함께 동원되었을 가능성이 있

---

136) 『태조실록』 권14, 태조 7년 윤5월 29일(갑진).

137) 이미 태조 6년 6월 『진도』 강습 명령이 전국에 하달되었을 때 정도전 등은 요동 정벌을 임금에게 건의했다. 하지만 태조는 조준의 의견에 따라 동의하지 않았다[『태조실록』 권11, 태조 6년 6월 14일 (갑오)]. 이후 상황이 악화함에 따라 대응 방식을 바꾼 것으로 보인다.

138) 『태조실록』 권12, 태조 6년 12월 15일(계사).

다. 근래 정도전이 대열 형식의 진법 훈련을 통해 보병의 역할을 증대시키고자 했다는 견해가 있으나,[139] 이는 기본기 습득을 목표로 했을 경우 혹시 그런 면이 있을 수 있겠다. 하지만 강무장으로 사용되는 목장에서 실전 위주로 했다면 기·보병의 연합 전술을 펼치는 방식으로 전개되었을 것이다.[140]

무엇보다 이를 계기로 전에 없는 강도의 진법 훈련이 계속되었다. 지방까지 확대했는데 전라도와 경상도가 특별히 지목되었다. 실시는 물론 점검까지 시행하여 불통한 자를 태형에 처하기도 했다.[141] 북방에 일이 터지면 특히 후방의 안전이 시급하기에 왜구 방어의 일선인 양도의 방어태세를 미리 강화할 필요가 있었다.

마침내 훈련 강화의 여파로 친왕자를 필두로 종친, 개국공신 등에 이르는 최고위층까지 예외 없이 참가하여 숙달해야 했으며 소홀히 여기면 탄핵당하는 사태에 이르렀다. 그 이유가 고작 강습하도록 명령한 지가 몇 해가 되었는데도 절제사 이하의 대소 원장(大小員將)들이 스스로 강습하지 아니하고 그 직책을 게을리했다는 것이다. 하지만 진짜 사연은 따로 있었으니 다시 조준을 통해 정도전 등의 건의로 요동 정벌을 기획한 데서 비롯된 것이라는 상황이 전달되었다.[142]

이로써 그 목적이 분명해졌다. 밖으로는 명과의 일전도 가능하도록

---

139) 허대영, 「정도전의 『陣法』에 보이는 병학사상에 대한 검토」, 『朝鮮時代史學報』 92, 2020.

140) 양주목장이 강무장으로 활용된 것은 홍정덕, 「楊州 「綠楊」의 변천 과정 연구」, 『京畿鄕土史學』 9, 2004를 통해 확인된다.

141) 『태조실록』 권14, 태조 7년 6월 24일(무진); 『태조실록』 권14, 태조 7년 7월 25일(무술); 『태조실록』 권14, 태조 7년 7월 27일(경자).

142) 『태조실록』 권14, 태조 7년 8월 1일(갑진); 『태조실록』 권14, 태조 7년 8월 4일(정미); 『태조실록』 권14, 태조 7년 8월 7일(경술); 『태조실록』 권14, 태조 7년 8월 9일(임자).

군대를 단련하되, 심지어 선제공격까지 염두에 두고서 강력한 전력을 갖추려면 우선 내적으로 사병을 혁파하여 일원적인 통수 체제를 구축해야 한다는 것이다. 다시 말해 안으로 사병 혁파에 따른 획일화된 조직 체계를 확립하기 위한 명분으로 외부의 거대한 압박에 대응하는 조치를 서둘러 추진함을 내세울 필요가 있었다. 즉 외부의 심각한 강압에 맞서려면 내부의 문제부터 정리해야 한다는 논리를 전개했다.

하지만 이런 식으로 사태가 전개되자 우선 조준부터 반발했다. 기본 절차를 무시하고 재상인 자신에게 국왕 아닌 정도전 등이 사후 통보 격으로 정벌 승인을 요구하자 그 내용의 무리함을 이유로 격하게 거부하였다.[143] 더구나 일이 잘못되었을 경우 정도전보다도 자신이 먼저 명의 최고 기피 대상자가 되어 소환을 요구받게 될지도 몰랐다.

또 다른 문제는 절제사와 사졸들의 반발이었다. 요동 정벌을 계기로 고구려의 옛 영토까지 수복하자는 정도전 등의 주장은 그들의 의기로움을 과시하는 것이었으나 당시 군대에게는 돌발적인 문제 제기였을 뿐이다.[144] 평소에 당위성이나 가능함에 대해 진지한 논의가 있었던 것이 아니었다. 사전에 정벌의 정당함과 지휘자에 대한 강한 신뢰감을 부여하는 조치 없이 갑자기 통수권자가 아닌 인물을 통해 중대사가 전달되는 상태에서 군대를 출동시켰을 때 벌어질 일은 누구나 예상 가능했다. 즉 위화도 회군이 재현될 수 있음을 걱정했을 것이다. 조준을 재상에서 밀어내고서 추진하는 것의 불가능함을 알았기에 결국 후퇴했다.[145]

---

143) 「태종실록」 권9, 태종 5년 6월 27일(신묘) 조준 졸기.
144) 「태종실록」 권9, 태종 5년 6월 27일(신묘) 조준 졸기.
145) 「태종실록」 권9, 태종 5년 6월 27일(신묘) 조준 졸기.

부차적으로 수군의 반발도 무시하기 어려웠다. 태조 즉위교서에서 정도전은 수군의 어려움을 고려하여 부역을 감면하고 조호(助戶)를 더 정하여 윤번으로 배를 타게 하고 생선과 소금의 이익을 자취하도록 허용하겠다고 천명했다.[146] 하지만 이는 제대로 실행되지 못했다.[147] 오히려 후방 안정을 기한다는 명목으로 수군의 잦은 출동을 초래하게 돼 부담만 가중할 뿐이었다. 수군의 소홀한 대우가 정도전과 태조 정권이 무너지는 간접적인 요인이 되었을 것이다. 그것은 정종이 즉위한 뒤 일시적으로 수군의 대대적인 감축을 단행했던 것을 통해 짐작된다.[148]

근본적으로 태조와 정도전 등은 과거의 함주막 시절처럼 군이 일사불란하게 복종하며 따를 것으로 기대했다. 하지만 그들은 조선 건국 등을 거치며 공신 책정과 각종 포상 등으로 이미 기득권층으로 자리 잡았다.[149] 이런 사정을 제대로 고려하지 않은 채 충분한 설득과 호응을 얻기 위한 유인책을 미처 마련하지 못했던 것이 결국 화근이 되었다. 군대의 적극적 지지와 동의를 얻기 어려운 상황에서 내외 문제의 해결을 위해 시도했던 진법 훈련 등은 결국 반대편 인사들의 활동 공간을 넓혀주는 촉매제가 됨으로써 실패의 요인이 되고 말았다.

---

146) 『태조실록』 권1, 태조 1년 7월 28일(정미).

147) 『태조실록』 권14, 태조 7년 윤5월 11일(병술).

148) 윤훈표, 「조선 건국 초창기 수군의 구휼에 관한 문제」, 『한국유교문화』 3, 2024, 21~26쪽.

149) 이 문제에 관해서는 朴天植, 「朝鮮 建國功臣의 硏究 − 政治勢力 규명의 일환으로 −」, 전남대학교박사학위논문, 1985의 'Ⅱ. 功臣受封의 事由와 그 類型에서 상세하게 다루어진 바가 있다. 軍官職者로서 太祖推戴의 補翊者, 東北面出身의 太祖麾下 有功者, 東北面 女眞人의 功臣受封者 등이 대표적인 경우에 속했다.

6. 맺음말

지금까지 정도전이 추진했던 군제 개혁과 진법 훈련의 성격과 그 의미 등을 살펴보았다. 우왕 9년 이성계와의 만남을 계기로 관심이 많았던 병법을 본격적으로 탐구하여 현실에 적용해보려고 노력했다. 위화도 회군으로 이성계가 집권하면서 대사성을 거쳐 십학도제조에 임명되어 문무 교육 분야의 일을 책임지게 되었다. 그에 대한 성과가 좋았다고 평가되었는지 공양왕 3년에 설립된 당시 군사 총괄 기구였던 삼군도총제부의 우군총제사로 발탁되었다. 군사 관련 관직이나 보직에 제수된 바가 없었고 실전 경험도 없었던 정도전에게는 뜻밖의 인사였다. 대개 좌군총제사 조준이 제도 개편 등을 담당하고 정도전에게는 군사 교육 분야를 전담시키고자 조치했던 것으로 보인다.

이를 계기로 급부상한 정도전은 이후 연달아 폐불론 등의 강력한 의견을 피력하여 한때 유배당하기도 했으나 이성계파의 반격에 힘입어 다시 제자리로 돌아왔다. 이윽고 조선이 개창되었는데 변동 없이 군사 교육 분야를 맡으며 관련 제도 정비에 나섬과 동시에 각종 병법서 찬술 작업도 재개했다. 그리고 이를 토대로 하는 강습에 열중했다. 특히 여전히 절제사들이 군대를 사적으로 지휘 통솔하고 있던 상태에서 그 예하의 정예들을 추려『진도』를 교습함으로써 우선 교육 및 훈련 체계부터 일원화시켜 장차 하나로 합일된 통수 체제로 운영되도록 하기 위한 기반을 조성하려고 했다. 더불어 새로 설립된 훈련관의 강습은 관료 예비군, 또는 준비생들을 모아 가르쳐서 입문하여 등용하려는 것이었다. 문무를 겸비한 신왕조의 중견 무반층을 양성함으로써 구체제의 요소들을 대체하고자 했다. 이런 방안들이 태조의 지지를 얻어서 차후 정도전이 주도했던 사병 혁파의 기본 방책으로 자리를 잡게 되었다.

교육 분야에서 거둔 성공은 다음 단계로 나아가는 발판이 되었다. 태조 2년 9월 삼군총제부를 의흥삼군부로 개편하고 중방을 폐지했던 조치로부터 시작되었다. 이듬해 1월 둑제를 시작으로 2월에 군제 개혁안을 공포했다. 5월에는 『조선경국전』을 찬진했다. 태조 4년 2월 서반관제가 개정되고 동년 6월 『경제문감』의 찬진과 더불어 개혁 작업이 일단락되었다.

그 기본 취지는 군제 개혁안의 전문에서 밝혔는데 고려의 유제를 답습했던 태조 1년 7월에 정해진 문무백관제 가운데 서반관제를 전면적으로 개편하자는 것이었다. 기존의 서반은 동반에 비해 크게 왜소했다. 근간이 되는 부위는 조직 체계나 운영 방식 등에서 구제를 벗어나지 못했다. 전반적인 개혁을 통해 문무의 균형을 이루어 동반과 비교하여 나름 대등한 서반관제를 확립하고자 했다. 이를 통해 사병적 요소를 불식해서 일원적으로 지휘 통솔할 수 있게 만들려고 했다.

하지만 서반관제가 4년 2월에 확정되었기 때문에 3년 5월에 편찬된 『조선경국전』에는 수록될 수 없었다. 그 대신 태조 1년 7월의 구제가 올랐다. 그런데도 『조선경국전』을 간행한 것은 육전체제에 입각하여 통치 조직 전체를 하나로 집약시켜 과거의 폐단을 제거하는 동시에 새로 개편된 것이 제 기능을 발휘할 수 있게 하는 틀을 구축하기 위함이었다. 한편 제도적으로는 문무의 균형과 더불어 서반직자는 물론 병사까지도 문무 겸비를 이루게 했다. 이를 통해 내외의 적을 물리치는 것뿐만 아니라 부정한 자, 즉 내부적으로 혼란을 초래하는 자들도 바로잡는 역할을 실행하고자 했다.

그런데 개정된 서반관제는 『경제문감』에 수록되었다. 이로 인해 현실 적용에 효율성이 떨어지고 불편했다. 문제 해결을 위해 통일 법전인, 태조 6년 12월 최초의 성문법전 『경제육전』이 편찬되었다. 구조상 총재가 군사 분야를 총괄했을 것인데 그동안 군제 개혁을 주도했던 것은 정도전이었지만. 재상인 조준이 총재 위치에 서게 됨으로써 양측의 불화가 조성되는 계기가 마련되었다.

정도전의 위상에 변화가 일어난 동기는 먼저 외적인 요인에서 비롯되었다. 태조 1년 명에 사은사로 갔다가 이듬해 귀국하면서 황제의 융숭한 대우를 받았다고 주장하며 전례 없던 길을 택했으며 서북면 군사통인 최영지의 사신 파견을 차단했다. 그리고 절제사들이 거느린 군사 중 무략자를 뽑아 『진도』를 가르쳤다. 한편 명은 그 직후부터 조선에 외교적 압박을 가했다. 점차 심해지면서 태조 5년 6월 명에서 표문을 이유로 정도전의 입조를 주문했다. 그 과정에서 귀국 길의 행적까지 거론했다.

이를 거부하면서 정도전이 찬술했던 병법서에 의거 대대적인 진법 훈련을 실시했다. 이때 비로소 요동 정벌을 건의했다고 알려졌다. 그리고 정도전·이지란을 동북면에, 최영지를 서북면에 파견하여 방비를 강화했다. 지나친 경계를 의식했는지 양자를 불러들였다. 그 자리에서 사병 혁파의 건의가 이루어지면서 이를 계기로 진법 훈련이 외부의 압박에 대응하기 위한 전력 강화뿐만 아니라 사병 혁파에 따른 관군화 작업을 동시에 수행하는 역할을 하게 되었다. 갈수록 강도가 높아짐에 따라 훈련 대상인 군의 불만이 증폭되었다. 조선 건국 이후 각종 훈공 포상 등을 통해 체질이 변했던 사실을 고려하지 않았다는 점도 문제로 작용했다. 더구나 태조의 직접적 지시 없이 정도전등이 조준에게 통보하는 식으로 전개되는 양상으로 인해 신뢰감이 부족했다. 여기에 조준의 거부는 사태를 한층 악화시켰다. 마침내 내외 문제의 해결을 위해 시도했던 진법 훈련은 반대편 인사들의 활동 공간을 넓혀주는 촉매제가 됨으로써 실패의 요인이 되고 말았다.

다만 정도전이 주도했던 군제 개혁과 진법 훈련 등은 결과적으로『경국대전』에 이르는 개편 과정에서 원형으로 여겨지며 제 부문에 걸쳐 많은 영향을 끼쳤다.

〈참고문헌〉

(사)삼봉연구원 편, 『정도전 연구입문』, 주류성, 2025.

韓永愚, 『(改正版)鄭道傳思想의 研究』, 서울大學校出版部, 1983.

閔賢九, 『朝鮮初期의 軍事制度와 政治』, 韓國研究院, 1983.

윤국일, 『≪경국대전≫연구』, 과학.백과사전출판사, 1986.

都賢哲, 『高麗末 士大夫의 政治思想研究』, 一潮閣, 1999.

尹薰杓, 『麗末鮮初軍制改革研究』, 혜안, 2000.

김영수, 『건국의 정치』, 이학사, 2006.

윤훈표·임용한·김인호, 『경제육전과 육전체제의 성립』, 혜안, 2007.

최상용·박홍규, 『정치가 정도전』, 까치, 2007.

朴龍雲, 『『高麗史』百官志 譯註』, 신서원, 2009.

김당택, 『이성계와 조준·정도전의 조선왕조 개창』, 전남대학교출판부, 2012.

도현철, 『조선전기 정치사상사』, 태학사, 2013.

이규철, 『정벌과 사대 15세기 조선의 대외정벌과 대명의식』, 역사비평사, 2022.

김웅호, 『조선초기 중앙군 운용 연구』, 경인문화사, 2023.

이익주, 『정도전』, 창비, 2024.

韓永愚, 「朝鮮 初期의 上級胥吏 「成衆官」 - 成衆官의 錄事로의 一元化 過程 -」, 『東亞
  文化』 10, 1971.

李成茂, 「朝鮮初期 技術官과 그 地位」, 『惠菴柳洪烈博士華甲紀念論叢』, 1971.

鄭杜熙, 「三峰集에 나타난 鄭道傳의 兵制改革案의 性格」, 『震檀學報』 50, 1980.

朴天植, 「朝鮮 建國功臣의 研究 - 政治勢力 규명의 일환으로 -」, 전남대학교박사학위논문, 1985.

河且大, 「朝鮮初期 軍事政策과 兵法書의 發展」, 『軍史』 19, 1989.

최홍록, 「리조초기의 첫 군사훈련교범인 《진도》와 정도전의 《진법》에 대하여」, 『력사과학』 1992-4, 1992.

柳昌圭, 「高麗末 趙浚과 鄭道傳의 改革 방안」, 『國史館論叢』 46, 1993.

김광수, 「鄭道傳의 『陣法』에 대한 고찰」, 『陸士論文集』 50, 1996.

尹薰杓, 「朝鮮初期 '軍官'의 機能變化」, 『河炫綱敎授定年紀念論叢』 혜안, 2000.

박홍규, 「정도전의 '공요(攻遼)'기도 재검토: 정치사상의 관점에서」, 『정치사상연구』 10-1, 2004.

尹薰杓, 「高麗末 改革政治와 六典體制의 導入」, 『學林』 27, 2006.

김동경, 「정도전의 『진법(陣法)』과 태조대 군사력 재건」, 『한국문화』 53, 2011.

윤훈표, 「조선건국의 과정과 군제개편」·「중앙집권적 군사체제의 확립」, 『한국군사사 5 조선전기 Ⅰ』 육군본부, 2012.

정다함, 「정벌이라는 전쟁/정벌이라는 제사」, 『한국사학보』 52, 2013.

곽성훈, 「조선 초기 진법서의 편찬 배경과 활용」, 『역사와 현실』 97, 2015.

윤훈표, 「고려말 이성계의 군사 활동과 조선 건국 주도 세력의 결집 양상」, 『韓國史學史學報』 33, 2016.

정다함, 「朝鮮 太祖代 遼東 공격 시도에 대한 재해석 – 여말선초 동아시아의 광역적 통치질서 재구성과 '경계인' 이성계 –」, 『역사와 담론』 84, 2017.

최정준, 「조선시대 太一殿 移方의 易學的 原理」, 『동방문화와 사상』 3, 2017.

정일태, 「여말선초 병제개혁 논의와 사병혁파(私兵革罷)를 통한 '공가지병(公家之兵)' 의 구현」, 『軍史』 112, 2019.

송재혁, 「정도전(鄭道傳)의 국가론 – 『조선경국전(朝鮮經國典)』과 원(元) 제국의 유산 -」, 『韓國思想史學』 65, 2020.

허대영, 「정도전의 『陣法』에 보이는 병학사상에 대한 검토」, 『朝鮮時代史學報』 92, 2020.

허대영, 「조선 초기 군사훈련의례와 병학」, 서울대학교박사학위논문, 2021.

송재혁, 「정도전 저작의 군신공치론적 구조: 『진서산독서기』와의 연관성을 중심으로」, 『공자학』 52, 2024.

윤훈표, 「조선 건국 초창기 수군의 구휼에 관한 문제」, 『한국유교문화』 3, 2024.

김인호, 「제6장. 정도전의 화이론(華夷論)과 중국 인식, 요동 정벌 연구」, 『정도전 연구입문』 주류성, 2025.

〈집필자 약력〉

■ **강문식** 姜文植

숭실대학교 사학과 교수, 서울대학교 국사학과, 동 대학원 졸업(문학박사)

주요 논저: 『권근의 경학사상 연구』(2008), 『종묘와 사직』(공저, 2011), 『적상산사고의 운영
과 봉안 자료 연구』(공저, 2020), 『정몽주 다시 읽기』(2024) 등

■ **도현철** 都賢喆

연세대 사학과 교수, 연세대 사학과, 동대학원 졸업(문학박사)

대표 논저: 『고려말 사대부의 정치사상연구』(1999): 『조선전기정치사상사−『삼봉집』과
『경제문감』의 실증적 분석을 중심으로』(2013): 『이곡의 개혁론과 유교 문명
론』(2021): 「조선 건국 과정에서 역사 기록의 상이한 평가와 해석」, 『역사학보』
248(2020); 『이색』(2024); 「조선건국의 개혁사상과 문명론」(2024) 등

■ **정재훈** 鄭在薰

경북대학교 사학과 교수, 서울대 국사학과 동대학원 졸업(문학박사)

주요 논저: 『조선전기 유교정치사상연구』(2005), 『조선시대의 학파와 사상』(2008), 『조선국
왕의 상징』(2018), 『18세기 조선의 만난 문명』(2023) 등

■ **최민규** 崔珉圭

연세대 강사, 연세대학교 사학과/독문과, 동대학원 졸업(문학박사)

주요 논저: <이황의 주자서절요 편찬과 사대부 성학론>(2023), <세종대 성리대전 도입과
주희 문헌 활용>(2024), <16세기 조선의 '황극' 이해와 공론정치>(2025), <고려
말 사서오경 도입과 군주일심성패론의 대두>(2025)

■ 이정훈 李貞薰

연세대학교 학술연구교수, 연세대학교 사학과, 동대학원 졸업(문학박사)

주요 논저: 「고려전기 정치제도 연구」(2007), 『Koryosa-The History of Koryo, Anals of the Kings, 918-1095』 I, II (2024) 등

■ 박창규 朴椙圭

사)삼봉연구원 학술이사, 경북대학교 정치외교학과, 동 대학원졸업(정치학박사)

주요 논저: <노동운동의 정당으로의 전환과정-영국, 프랑스, 독일을 중심으로>(1996), 삼봉 민본정신의 형성과정(2024)년

■ 정긍식 鄭肯植

서울대학교 법학전문대학원 교수, 서울대학교 법과대학, 동 대학원 졸업(법학박사)

조선어학회 수난 사건 탐구: 법률문서의 분석(2025), 조선시대 제사승계의 법제와 현실(2021), 한국 가계계승법제의 역사적 탐구: 유교적 제사승계의 식민지적 변용(2019), 조선의 법치주의 탐구(2018)

■ 윤훈표 尹薰杓

성균관대학교 한국철학문화연구소 연구원, 연세대학교 사학과, 동대학원 졸업(문학박사)

주요 논저: 「조선 건국 초창기 수군의 수률에 관한 문제」(2024), 「조선 태종대 지방군제의 개편 방향」(2020), 「조선 개국 초 지방군 운용 체계의 구축과 그 개편」(2016), 「고려말 이성계의 군사 활동과 조선 건국 주도 세력의 결집 양상」(2016) 등